成长春　徐长乐／主　编

叶　磊　孟越男　杨凤华／副主编

长江经济带
协调性均衡发展指数报告（2020~2021）

THE REPORT OF COORDINATED BALANCED DEVELOPMENT INDEX
IN THE YANGTZE RIVER
ECONOMIC BELT
(2020-2021)

社会科学文献出版社
SOCIAL SCIENCES ACADEMIC PRESS (CHINA)

主要编撰者简介

成长春　管理学博士，博士生导师，江苏长江经济带研究院院长，教授。主要从事区域经济、流域经济开发与管理研究。近年来主持研究阐释党的十九届六中全会精神国家社会科学基金重大项目1项、教育部哲学社会科学研究重大课题攻关项目1项、国家社科基金重点项目1项、中宣部马克思主义理论研究和建设工程重大项目子课题1项，主持完成国家自然科学基金、教育部规划基金等省部级及以上项目10项，先后在《光明日报》等报刊发表学术论文100余篇，其中被《新华文摘》、人大复印报刊资料等转载或索引30余篇，著有《赢得未来——高校核心竞争力研究》《江苏沿海港口、产业、城镇联动发展研究》等论著20余部，两次荣获江苏省哲学社科优秀成果二等奖，10余篇咨询研究报告得到原国家领导人和江苏省委、省政府主要领导的批示。被聘为国家社科基金项目通讯鉴定专家库专家、江苏沿海发展研究基地首席专家，南通大学"江苏省中国特色社会主义理论体系研究基地"主任、首席专家。

徐长乐　华东师范大学教授，人文地理学、区域经济学、人类（生态）学硕士生导师，人文地理学博士生导师，上海市注册咨询专家。长期从事上海市、长江三角洲及长江流域区域发展战略、流动人口问题、城市灾害减防等领域的教学科研与决策咨询工作。先后主持各类科研及决策咨询项目78项，其中主持省部级及以上纵向项目32项，获上海市科技进步奖、上海市哲学社科优秀成果奖、上海市政府决策咨询奖等省部级奖励7项。

叶磊 理学博士，硕士研究生导师，南通大学地理科学学院长助理，副教授。主要研究方向为城市发展与区域规划。主持江苏省自然科学基金、江苏省高校哲学社会科学一般项目、中国科学院流域地理学国家重点实验室开放基金项目、江苏省重点智库课题、南通市科技计划项目等多项纵向科研课题，作为项目骨干参与了教育部哲学社会科学重大攻关项目、国家社科基金重点项目和多项服务地方项目。近五年以第一作者/通讯作者发表论文10余篇，获得第17届"江苏青年五四奖章集体"（集体负责人）、江苏省哲学社会科学精品应用工程二等奖、江苏省第十五届哲学社会科学大会优秀论文一等奖等荣誉。

孟越男 理学博士，江苏长江经济带研究院讲师。主要研究方向为区域协调发展、长江经济带协调性均衡发展等。参与多项国家级课题的申报与编写，主要包括教育部哲社科重大攻关项目1项、国家社科基金重点项目3项、省部重点项目1项。

杨凤华 管理学博士，硕士研究生导师，南通大学江苏沿海沿江发展研究院副院长，教授。主要从事区域发展与管理研究。近年来，主持国家社科基金项目1项，主持或参与完成省部级及以上项目3项，出版专著1部，在《管理评论》《上海金融》《中国社会科学报》等报刊发表论文20余篇，撰写的决策咨询研究报告得到省、市主要领导肯定批示。获评江苏省高校"青蓝工程"中青年学术带头人培养对象。

前　言

　　"长江经济带"相关概念从 1984 年提出至今已有 37 年的时间①，其间，政府相关部门和学者们对其内涵和外延都做出了不同的解读，2013 年 9 月国家发改委和交通部共同起草了《依托长江建设中国经济新支撑带指导意见》，2014 年 9 月 25 日国务院印发《关于依托黄金水道推动长江经济带发展的指导意见》，才正式确定了"9 省 2 市"的行政区划范围。这沿江 11 省市又可分为上中下游三大流段：下游包括上海、江苏、浙江、安徽一市三省，中游包括江西、湖北、湖南三省，上游包括重庆、四川、贵州、云南一市三省。

　　2016 年 1 月，习近平总书记在上游重庆市召开的推动长江经济带发展座谈会上强调要增强系统思维，统筹各地改革发展、各项区际政策、各领域建设、各种资源要素，使沿江各省市协同作用更明显，促进长江经济带实现上中下游协同发展、东中西部互动合作。2018 年 4 月，习近平总书记在中游武汉主持召开的深入推动长江经济带发展座谈会上提出了推动长江经济带发展需要正确把握的五大关系，强调要树立"一盘棋"思想，把自身发展放到协同发展的大局之中，实现错位发展、协调发展、有机融合，形成整体合力。2020 年 11 月，习近平总书记在下游南京市召开的全面推动长江经济带发展座谈会上进一步强调"要加强协同联动，推动上中下游地区的互动

---

　　① "长江经济带"从概念提出到明确区域范围，经历了近 30 年的时间。有关长江经济带发展问题由来已久。1984 年陆大道院士提出"长江沿岸产业带"，而后陆续出现"长江流域产业密集带""长江沿岸经济区""长江流域经济区""长江产业带"等概念，涉及范围也不尽相同。2013 年底国家发改委正式划定长江经济带范围为沪苏浙皖赣鄂湘川渝黔滇 9 省 2 市。

协作，打造区域协调发展新样板"。党的十九大报告、《长江经济带发展规划纲要》、《中共中央　国务院关于建立更加有效的区域协调发展新机制的意见》及《中华人民共和国国民经济和社会发展第十四个五年规划和2035年远景目标纲要》都提出推动长江经济带发挥产业协同联动整体优势，实现高质量发展。因此，推动长江经济带协调发展、均衡发展是当前和今后相当长一个时期内确定未来发展战略、制定发展政策和实施宏观调控的基本出发点。

特别需要指出的是，习近平总书记在深入推动长江经济带发展座谈会上从发展战略认识、生态环境形势、协同保护体制机制、发展不平衡不协调问题、主观能动性五个方面，对长江经济带当前所面临的困难挑战和突出问题进行了系统梳理和总结，其中对"流域发展不平衡不协调问题突出"进行了深刻概括，强调"长江经济带横跨我国东中西部，地区发展条件差异大，基础设施、公共服务和人民生活水平的差距较大。三峡库区、中部蓄滞洪区和7个集中连片特困地区脱贫攻坚任务还很繁重。区域合作虚多实少，城市群缺乏协同，带动力不足"。这一重要论述成为本报告开展长江经济带协调性均衡发展指数分析的重要指南。

2015年我首次提出"区域协调性均衡发展"的概念［参见《南通大学学报》（社会科学版）2015年第1期］，强调区域发展存在"低水平均衡→非均衡→协调性均衡"动态演进过程。而区域协调性均衡发展，就是在区域发展高级阶段形成的一种高水平、高效率、融合共生的区域发展模式，旨在增强区域发展的协调性、均衡性和可持续性，提高区域要素的配置效率，促进高质量发展。而后在2016年国家社科基金重点项目"长江经济带协调性均衡发展研究"和2017年教育部哲学社会科学研究重大课题攻关项目"推动长江经济带发展重大战略研究"中，对上述理论进行了丰富和拓展。研究发现，当前长江经济带正处于向更高水平均衡——"协调性均衡"演进的起步阶段，但流域发展依然存在资源利用效率有待提高、生态环境压力大、综合立体交通体系发展不协调、产业结构仍需优化、中心城市间分工不尽合理、体制机制有待完善等突出问题。为此，在新发展格局背景下，长江经济带应在畅通黄金水道、完善交通网络、推动产业创新、提升城镇化质量、增创开放优势、建设生态廊道、创新社会治理、加强区域合作、推进载体建设等过程中，使市场在资源配置中起决定性作用和更好发挥政府作用，努力加快形成协调性均衡发展格局，推动区域内不同地区之间形成融合发展态势、不同经济主体之间以及人与自然之间形成互利共生关系，实现长江经济带更有效率、更加公平、更可持续发展。

近些年来，国内不少研究团队围绕长江经济带发展出版了一系列著作，发表了大量学术论文，为推动长江经济带高质量发展提供了重要的智力支持。本报告从一个新的视角对长江经济带发展状况进行深入研究，依据协调性均衡的基本内涵，以长江经济带110个地级及以上城市为研究对象，通过构建以协调度指数、均衡度指数和融合度指数为维度的30项指标，对长江经济带协调性均衡发展水平展开多方位的科学测度与系统分析，以期得出有价值的相关结论，并在此基础上提出有针对性的对策建议。

该研究成果对深刻理解和应用协调性均衡发展理念，总结长江经济带各城市协调性均衡发展特征和规律、识别协调性均衡发展驱动要素具有重要意义。具体而言，协调性均衡发展指数直观反映了长江经济带协调性均衡发展水平；协调度指数、均衡度指数、融合度指数三大分指数揭示了长江经济带为实现协调性均衡发展的投入和成效，全方面、多角度地反映了长江经济带发展动态，对总结提炼国家流域经济区实现协调性均衡发展的核心内涵和重要着力点具有很强的指导价值。

报告共分八章。第一章在系统梳理长江经济带发展历程的基础上，详细介绍了协调性均衡发展的基本概念、内涵及重要意义。第二章简要介绍了长江经济带发展的历史沿革，厘清发展态势，解析关键指标，梳理沿江9省2市"十三五"时期推进长江经济带协调性均衡发展的重要举措。第三章进一步细化协调度指数、均衡度指数、融合度指数三大指数，覆盖人民生活水平、基本公共服务、基础公共设施、产业协调、城镇协调、社会协调、人与自然协调、生态优美、交通顺畅、经济协调、市场统一和机制科学等，构建协调性均衡发展评价指标体系，并详细阐释指标体系的构建思路、主要过程、评价方法等。第四章结合评价结果，系统分析了地级市尺度下长江经济带协调性均衡发展指数，并从协调度指数、均衡度指数和融合度指数等方面进行了全面分析。第五章基于地级市尺度，重点对长江经济带上中下游的协调性均衡发展指数三大分项进行了深入分析，并对 9 省 2 市的发展特征进行总结。第六章是基于前述实证分析结果，探讨当下长江经济带协调性均衡发展在产业协同、新型城镇化、立体交通走廊与生态环境等方面存在的问题。第七章提出未来进一步推动长江经济带协调性均衡发展的对策建议。第八章是围绕近些年来江苏长江经济带研究院在长江经济带协调性均衡发展领域的研究成果，从理论拓展、产业发展、城市发展、生态环境、文化法治和创新发展等方面予以介绍。

总之，长江经济带协调性均衡发展指数研究是一项长期且系统的工程，江苏长江经济带研究院团队希冀通过理论和实践层面进一步深化对协调性均衡发展理念的认知，不断优化评价指标体系与方法，为推动长江经济带协调性均衡发展提供智力支撑。

成长春

目 录 ⟍⟋

第一章　协调性均衡发展的
概念与理论基础

第一节　协调性均衡发展概念的提出

当下长江经济带在经济发展质量、城市功能定位与生态环境保护等方面面临诸多严峻挑战，从深层次原因来讲这些都是长江经济带发展不均衡、不协调的突出表现。为应对上述挑战，长江经济带协调性均衡发展指数研究课题组创造性地构建区域协调均衡发展理论框架并将其运用于指导解决长江经济带发展不平衡、不协调问题，希冀为长江经济带实现要素投入少、资源效率高、环境成本低和社会效益好的可持续发展贡献力量。

一　协调性均衡发展理论的缘起与概念辨析

"区域协调性均衡发展"的概念最早是由成长春在 2015 年发表的学术论文《长江经济带协调性均衡发展的战略构想》中提出的。他指出，改革开放以来长江经济带的区域经济发展大体经历了低水平均衡、梯度性非均衡、调整中趋衡三个阶段，正处于在区域协调发展理念指引下形成的地区之间经济交往密切、空间相互作用程度大，以及发展中关联互动、优势互补、分工协作的高水平、高效率、共生型均衡的新阶段，即协调性均衡发展阶段。① 在《协调性均衡发展——长江经济带发展新战略与江苏探索》中，成长春等在深入分析市场（均衡）与政府（调控）之间的关系的基础上，将"区域协调性均衡发展"界定为"以推动区域经济更有效率、更加公平、更

---

① 成长春：《长江经济带协调性均衡发展的战略构想》，《南通大学学报》（社会科学版）2015 年第 1 期。

可持续发展为核心，使市场在区域资源优化配置中起决定性作用和更好发挥政府的调节作用，促进各地区协调发展、协同发展、共同发展，同时保持各地区经济、人口、生态三者空间均衡，最终形成不同地区之间公共服务大体均等、生活条件大体均等、生活水平大体均等、经济分布与人口分布大体均衡、经济和人口分布与当地资源环境承载能力相协调的状态"。[①]

在充分肯定和认同上述分析观点的基础上，本报告认为，不论是侧重数量、状态分析的均衡、非均衡视角，还是侧重彼此联系、互动关系分析的协调、不协调视角，都不足以反映与诠释区域发展全貌，对于地大物博、区情省情复杂多样的我国区域发展而言尤为如此。因此，本报告尝试从区域协调与区域均衡、非均衡理论及其内在关系出发，围绕区域协调性均衡发展探寻一个既覆盖"协调性"又涵盖"均衡性"的新视角。其中，协调性侧重于区域内外的联系，均衡性则强调区域众多要素的分布及其发展状态。两者既可以在水平与结构、体量与质量、内在与外在、静态与动态、等级与次序等不同视域下独自展开，又可以在"融合共生"的耦合机制下实现辩证统一，形成"一体两面"的综合研究分析框架。

二 社会主要矛盾的变化与理论分析体系和实践政策体系的转变

长期以来，区域经济学、发展经济学研究主要聚焦如何促进发展中国家和欠发达地区经济发展问题，所形成的实现手段、路径和范式构成了以均衡发展与非均衡发展为主的两大流派观点和系统理论成果。这些都是基于促进发展目标而进行的理论和政策探讨。然而，伴随着我国经济从高速增长阶段向着高质量发展阶段转变，我国新时代社会经济的主要发展任务已经不再是追求"发展本身"而是追求"怎样的发展"：是高质量的发展还是低质量的发展，是协调的发展还是不协调的发展，是可持续的发展还是不可持续的发展，任务目标体系的转变，需要理论和政策体系也随之转变。

[①] 成长春、杨凤华等：《协调性均衡发展——长江经济带发展新战略与江苏探索》，人民出版社，2016。

随着我国新时代任务目标体系的转变，我国区域发展的理论与实践应当从注重"均衡、非均衡"的分析视角转向注重"协调、不协调"的分析视角。在实证分析中，要把我国区域发展以及人与生态环境之间不协调、非均衡的矛盾，作为我国社会经济现象的基本特征之一，并且作为这一阶段"人民日益增长的美好生活需要和不平衡不充分发展的矛盾"在区域空间上的映射和响应，把促进区域协调发展作为从区域空间结构优化视域应对新时代我国社会主要矛盾的重要抓手和政策工具。

三　推动长江经济带协调性均衡发展的战略要求

在中国共产党带领全国各族人民意气风发向着全面建成社会主义现代化强国的第二个百年奋斗目标迈进的今天，长江经济带形成协调性均衡发展的新格局，不仅有利于将各流段相互独立的区域发展单元融合为一个整体，而且有利于更好地解决各流段人民日益增长的美好生活需要和不平衡不充分的发展之间的矛盾。

（一）融合发展

长江经济带协调性均衡发展，是区域内相互独立的地区单元、产业部门、经济主体等融合成为一个具有整体性和层次性等特征的复杂系统的过程，融合发展是长江经济带协调性均衡发展的本质特征。作为典型的流域经济形态，长江经济带在历经多年发展后仍未很好地形成一体化大格局，非均衡化、碎片化发展痕迹十分明显。① 因此，长江经济带协调性均衡发展的重要抓手就是要以推动实现融合发展为指向，促进各地在经济规划、基础设施、产业发展、城镇建设和环境保护等领域加强协调、联通和联合，使地区经济在一个更大的区域尺度上提升资源要素的配置效率。

（二）共生发展

推动长江经济带协调性均衡发展，就是要促进区域内各经济利益主体之间以及人与自然、生态之间，以追求共生利益为动力，以共生资源利用

---

① 彭劲松：《长江经济带区域协调发展的体制机制》，《改革》2014 年第 6 期。

方式对区域资源进行整体性、系统性综合开发和利用为原则，以兼顾实现经济价值和生态价值的共生价值为追求目标，将长江经济带各单元之间从被动的他组织融合行为转向主动的自组织共生行为，构建起科学、合理、互惠的地域分工、地域运动和地域组织管理体系，恢复曾因行政区划而被切断了的资源共生本性，使各单元之间不断消除区域内耗，持续放大共生乘数效应。

（三）协调发展

党的十九大报告中提到"过去五年我国区域发展协调性增强，长江经济带发展成效显著"以及"共抓大保护"，习近平总书记在长江经济带发展座谈会上提出五大关系，这些都明确指明了长江经济带要实现高质量发展，必须遵循协调性发展的方向。与此同时，长江经济带的高质量发展必须立足协调性，真正把握整体推进和重点突破、生态环境保护和经济发展、总体谋划和久久为功、破除旧动能和培育新动能、自我发展和协同发展的关系，离开协调性一切都无从谈起，要紧抓协调性，促进高质量发展。[①]

（四）均衡发展

长江经济带发展的核心问题是城乡之间、省市之间、东西之间以及人与自然之间不平衡不充分的发展，这种不平衡性不充分性仍有加剧的趋势，如何实现长江经济带均衡发展，也成为当前亟须解决的一大问题。[②] 当前，在我国黄河、长江、珠江、淮河、海河、辽河和松花江七大流域经济带中，长江经济带位居中国流域经济之首，但长江经济带人均 GDP 仅排第 6 位，不均衡不充分问题十分突出。然而，长江经济带也蕴藏着巨大的流域经济均衡发展空间和动力，加快长江经济带均衡发展绝不是要拔苗助长，而应因势利导。

---

① 陈鸿宇等：《协调发展理念研究：新时代全面发展的制胜要诀》，社会科学文献出版社，2020。
② 成长春：《长江经济带协调性均衡发展的战略构想》，《南通大学学报》（社会科学版）2015年第 1 期。

第二节　国内外相关研究进展

区域协调发展是习近平总书记在党的十九大报告中提出的"新时代"的重大命题，是解决新时代人民日益增长的美好生活需要和不平衡不充分发展之间的矛盾的关键途径，也是中国特色社会主义伟大理论与实践在中国广袤大地上的深刻响应与生动映射。本节将从党实施区域协调发展的理论探索、区域协调发展的核心内涵、区域协调发展的理论演化、区域协调发展的体制机制、区域协调发展的评价标准和区域协调发展的调控思路等方面展开相关文献述评。

一　文献综述

2006 年《中华人民共和国国民经济和社会发展第十一个五年规划纲要》首次对东、中、西、东北这"四大板块"的战略布局进行了完整的表述，并明确了区域协调发展的总体思路。2011 年，《中华人民共和国国民经济和社会发展第十二个五年规划纲要》提出协同推动沿海、内陆、沿边开放，形成优势互补、分工协作、均衡协调的区域开放格局。2018 年11 月，《中共中央　国务院关于建立更加有效的区域协调发展新机制的意见》明确了全面落实区域协调发展战略各项任务，提出了区域协调发展"三步走"的总体目标。2021 年 11 月 11 日，党的十九届六中全会《中共中央关于党的百年奋斗重大成就和历史经验的决议》更是进一步指出实施区域协调发展战略是增强我国经济发展平衡性、协调性、可持续性的必由之路，引发了国内学界对区域协调发展研究的新一轮热潮。利用中国学术期刊全文数据库（CNKI），以篇名＝"区域协调发展"，检索得到学术期刊类文献 1406 篇、学位论文 114 篇、会议论文 72 篇、报纸文章 485 篇，四个数据库共检索得到相关文献 2077 篇，时间范围为 2006～2021 年（见图 1-1）。

依据区域协调发展类文献研究主题及内容，本报告首先系统梳理了党领导实施区域协调发展的理论探索，继而将现有文献划分为理论演化、核心内

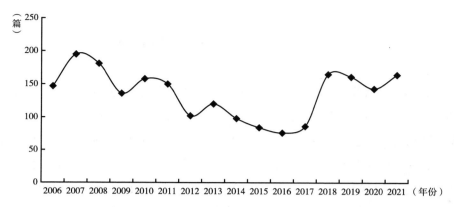

图1-1　2006~2021年区域协调发展研究发文量年度变化趋势

涵、体制机制、评价标准、发展调控思路五大类，并就其代表性成果进行综述和分析评价。

（一）实施区域协调发展的理论探索

中国共产党是马克思主义政党，也是一个拥有百年辉煌历史的执政党。在100年来革命、建设、改革、开放的伟大实践中，中国共产党人系统地继承和发展了马克思主义的协调发展理念。中国共产党在长期实践中形成的关于协调发展的理念和战略，已经成为中国特色社会主义理论体系的重要组成部分。

早在新中国成立初期，毛泽东同志在《关于正确处理人民内部矛盾的问题》中提出了"统筹兼顾、适当安排"的方针，就特别强调协调发展首先是对"矛盾"的正确分析和把握，并提出了协调所要达到的目标，即通过集中资源攻克主要矛盾，解决重点问题，进而实现更高水平的协调。[1] 改革开放前后，邓小平同志认为中国的发展应该是"波浪式"和"渐进式"的，通过"点"的突破，带动"面"的发展，在协调的基础上实现持续发展，因为"社会主义的目的就是要全国人民共同富裕，而不是两极分化"。[2] 1992年，邓小平同志在南方讲话中强调要协调处理好改革、发展、稳定的

---

① 毛泽东：《关于正确处理人民内部矛盾的问题》，人民出版社，1957。
② 中共中央文献编辑委员会：《邓小平文选》（第三卷），人民出版社，1957。

关系，"注意经济稳定、协调地发展，但稳定和协调也是相对的，不是绝对的，发展才是硬道理"。20 世纪 90 年代，在我国经济高速增长的同时，新的矛盾也逐渐浮出水面。要实现我国经济社会事业的持续、稳定、快速发展，必须在更大范围和更高层次上实施协调。1995 年，在《正确处理社会主义现代化建设中的若干重大关系》的讲话中，江泽民同志深入系统地分析了我国现代化发展的十二组关系，深入诠释了区域间、产业间、多种经济成分间的对立统一关系，指出"我们要善于统观全局，精心谋划，从整体上把握改革、发展、稳定之间的内在关系，做到相互协调、相互促进"。此外，江泽民同志高度重视经济发展、消费结构、资源环境之间的协调，是"三个代表"重要思想的重要内容之一。随着我国经济发展的不断推进，对协调的要求不断提升，统筹兼顾成为我国经济社会发展中更为迫切的课题。在党的十六届三中全会上，中央提出了"以人为本、全面协调可持续的科学发展观"，提出了"五个统筹"的协调发展目标。党的十七大报告对科学发展观的内涵做出了完整表述，明确说明了科学发展观和协调发展理念的相互依存关系，必须坚持全面协调可持续发展。2004 年 5 月，胡锦涛同志在江苏考察工作时强调，可持续发展战略事关中华民族的长远发展，事关子孙后代的福祉，具有全局性、根本性、长期性。实施可持续发展战略，促进人与自然和谐，实现经济发展和人口、资源、环境相协调，这既是全面建设小康社会的必然要求，也是贯彻落实科学发展观的重要实践。

在党的十八大以后，习近平总书记多次强调要继续实施区域发展总体战略，促进区域协调发展，强调这是相当长一段时期内区域发展的基本战略思想。随后，中央提出了京津冀协同发展、长江经济带建设和"一带一路"倡议，由此我国的新区域发展战略形成了"四大板块+三大战略"的整体格局。① 党的十九大报告进一步将区域协调发展战略上升为统领性的战略，使之成为新时代解决"不平衡不充分"社会主要矛盾的重要锁钥。报告中还

---

① 陈鸿宇等：《协调发展理念研究：新时代全面发展的制胜要诀》，社会科学文献出版社，2020。

将"实施区域协调发展战略"单列一部分，具体阐释为"加大力度支持革命老区、民族地区、边疆地区、贫困地区加快发展，强化举措推进西部大开发形成新格局，……坚持陆海统筹，加快建设海洋强国"。据此可知，区域协调发展战略已经与乡村振兴战略等一起成为新时代建设现代化经济体系的重要组成部分。[①] 在 2017 年 12 月召开的中央经济工作会议上，习近平总书记明确提出了区域协调发展的三大目标，要实现基本公共服务均等化、基础设施通达程度比较均衡、人民生活水平大体相当。在 2021 年 11 月 11 日党的十九届六中全会上，习近平总书记在《中共中央关于党的百年奋斗重大成就和历史经验的决议》中进一步强调了区域协调发展在我国经济建设领域的重要价值。他指出，实施区域协调发展战略，促进京津冀协同发展、长江经济带发展、粤港澳大湾区建设、长三角一体化发展、黄河流域生态保护和高质量发展，高标准高质量建设雄安新区，推动西部大开发形成新格局，推动东北振兴取得新突破，推动中部地区高质量发展，鼓励东部地区加快推进现代化，支持革命老区、民族地区、边疆地区、贫困地区改善生产生活条件。

至此，实施区域协调发展的理论探索和战略实践日臻成熟，战略目标清晰明确，实施范围和实施重点覆盖了我国"五大国家战略区域+一个高标准新区+四大区域板块+四大特定地区"（以下简称"5144"）的国土空间全域，成为指导我国国民经济和社会发展的基本战略之一，是解决新时代人民日益增长的美好生活需要和不平衡不充分的发展之间的矛盾的关键途径。

（二）区域协调发展的核心内涵

1994 年，国务院发展研究中心课题组的《中国区域协调发展战略》一书，是我国较早提出区域协调发展战略的研究成果之一。但是关于区域协调发展战略的内涵，仍是众说纷纭，没有统一的界定和认知。有观点认为，区域协调发展就是区域经济的协调发展。区域税收政策课题组认为，区域协调发展是指各地区人均实际 GDP 在时间序列中有所增长。[②] 对于中国来讲，

---

① 孙久文等：《区域经济前沿：区域协调发展的理论与实践》，中国人民大学出版社，2020。
② 区域税收政策课题组：《促进区域经济协调发展的税收政策》，《改革》1998 年第 4 期。

中西部省份应该适当加快经济增长速度。徐现祥、舒元认为，省域协调发展的实质无非是使落后省份能追赶上发达省份，即从经济增长的角度来看，区域协调发展属于趋同的研究范畴。① 范恒山认为，生产总值适度差距、区域间优势互补、公共服务均等、比较优势充分发挥、人地关系协调和谐等五个方面共同构成了区域协调发展的内涵。② 张敦富、覃成林认为，区域经济协调发展是指区域之间在经济交往上日益密切、相互依赖日益加深、发展上关联互动的过程，针对区域经济协调发展应该从三个方面予以把握：目的和核心是实现区域经济发展的和谐、经济发展水平和人民生活水平的共同提高、社会的共同进步；实现方式是使区域之间在经济发展上形成相互联系、关联互动、正向促进；衡量标准是区域之间在经济利益上是否同向增长以及经济差异是否趋于缩小③。可见，这种观点主要是从经济角度看待区域协调发展，认为这是实现区域协调发展的基础。另一种观点认为区域协调发展是区域经济、社会、环境等诸因素的协调发展。孙海燕、王富喜将区域协调发展定义为区域内部的和谐及与区域外部的共生，是内在性、整体性和综合性的发展聚合，即区域内部形成一个有机整体，相互促进、协同，通过良性竞争与紧密合作，与区域外部融洽区域经济关系，创造最佳总体效益，形成优势互补、整体联动的经济、社会、文化和生态可持续发展格局。④ 薄文广等和周毅仁认为，区域协调发展要同时考虑社会保障、教育、医疗等公共服务的差异和人均 GDP、基尼系数等经济发展水平的差异。⑤ 廖耀华和徐凯赟提出新时代区域高质量协调发展应强化要素支撑，突破区域协调发展的多维瓶颈约束，优化推进机制，探索多重难题的系统化求解方案，建立都市圈基本框架。⑥ 赵

---

① 徐现祥、舒元：《协调发展：一个新的分析框架》，《管理世界》2005 年第 2 期。
② 范恒山：《我国促进区域协调发展的理论与实践》，《经济社会体制比较》2011 年第 6 期。
③ 张敦富、覃成林：《中国区域经济差异与协调发展》，中国轻工业出版社，2001。
④ 孙海燕、王富喜：《区域协调发展的理论基础探究》，《经济地理》2008 年第 6 期。
⑤ 薄文广、安虎森、李杰：《主体功能区建设与区域协调发展：促进亦或冒进》，《中国人口·资源与环境》2011 年第 10 期；周毅仁：《加快构建更加有效的区域协调发展新机制》，《中国经贸导刊（中）》2020 年第 7 期。
⑥ 廖耀华、徐凯赟：《新时代区域高质量协调发展战略内涵、机理及路径》，《宁夏社会科学》2019 年第 3 期。

霄伟从国家发展规划的历史变迁角度提出，区域协调发展需要以构建新发展格局为根本方向，以推进高质量发展为根本要求，以增进民生福祉为根本宗旨，以坚持系统观念为根本方法，进而从战略、准则、目标、机制等维度提出筑牢区域协调发展的"四梁八柱"，以及加快推进区域协调发展战略精准落地、区域政策精准施策、重大平台精准服务等政策举措。[①] 可见，上述研究将经济、社会、环境等因素均归入区域协调发展的内涵，使区域协调发展的内容更加丰富。

目前区域协调发展内涵研究方面存在的主要不足：一是"重实践、轻理论"的研究特点较为明显，对区域协调发展内涵的理论认知不够深入，特别是紧密结合中国特色社会主义理论的创新研究成果不多；二是基于时空两大维度综合开展内涵、外延分析的研究成果不多；三是基于"基本公共服务均等化、基础设施通达程度比较均衡、人民生活水平大体相当"三大目标导向的区域协调发展内涵的研究成果不多；四是基于共同富裕、中国式现代化等视角的研究还没有真正破题。

（三）区域协调发展的理论演化

人类对区域协调发展的理论认知起源于对人地关系的理解与认识，其发展经历了漫长的历史过程。西方近代地理学在关于人地关系的探索过程中产生了许多不同的学派，如德国地理学家拉采尔的环境决定论、法国"人地学派"创始人白兰士首倡的或然论（可能论）、美国学者巴罗斯提出的适应论等。[②] 关于人地关系，国外学术界主要有两种不同的观点：一种是以马尔萨斯为代表的悲观论，认为在不考虑受战争、饥荒、疾病等不可控因素影响的情况下，人口的几何级数增长远快于生活资料供应的算数级数增长；而另一种持乐观论的学者认为，当今全球性的资源环境问题并不会如悲观论学者所认为的那么严重，技术进步等外部因素能够拓展全新的资源利用方式，能

---

① 赵霄伟：《新时期区域协调发展的科学内涵、框架体系与政策举措：基于国家发展规划演变的研究视角》，《经济问题》2021 年第 5 期。

② 金其铭、张小林、董新编著《人文地理概论》，高等教育出版社，1994；马振宁、米文宝：《人地关系论演变的历史轨迹及其哲学思考》，《城市地理》2016 年第 12 期。

够解决困扰人类的环境问题。[①]

我国的区域经济理论也经历了从强调均衡发展到非均衡发展再到协调发展的演变过程。改革开放前，传统生产力布局理论以及马克思主义经典作家关于均衡发展的思想主导着我国区域经济理论研究。改革开放初，从培育增长极、提高区域发展效率的角度出发，学界逐渐兴起了区域重点发展理论研究，其中影响最大的是夏禹龙、刘吉等提出的梯度推移理论，并促成了我国沿海发展战略的实施。[②] 随后，为缓解东中西区域发展差距，学界又陆续提出了 T 字形发展理论、π 型布局理论等所谓的"区域发展中性论"。[③] 随着改革的不断深化，理论界对区域发展问题的研究进入了区域协调发展的新阶段。魏后凯提出了非均衡协调发展战略，指出区域经济的非均衡发展是欠发达国家经济发展的必经阶段，但国民经济作为一个有机的整体，各地区、各产业的发展需要保持协调。[④] 非均衡协调发展概念实质上是一种寻求把效率与平等目标统一于一体的"边增长、边协调"的思想，强调适度倾斜和协调发展相结合成为非均衡协调发展思想的核心内容。曾坤生提出的区域经济动态协调发展观也体现了在发展中求协调，注意适时、适地、适度支持某些地区和产业优先发展，以达到整体经济的快速发展的思想。[⑤] 关于区域协调发展的理论支撑，李具恒将梯度的内涵扩展至自然要素、经济、社会、人力资源、生态环境、制度等多维层面，以梯度的多元层面含义、梯度之间的互动关联及其梯度推移的多元交叉互推机理整合了众多区域发展理论，尝试以广义梯度理论构建区域经济协调发展理论的合理内核。[⑥] 颜鹏飞、阙伟成立足增长极理论，论述了区域协调型增长极对于实现区域协调发展的意义。[⑦]

---

① Vogela R. K., Savitch H. V., Xu J., "Governing Global City Regions in China and the West," *Progress in Planning*, 2010, 73 (1).

② 夏禹龙、刘吉、冯之浚等：《梯度理论和区域经济》，《科学学与科学技术管理》1983 年第 2 期。

③ 权衡：《中国区域经济发展战略理论研究述评》，《中国社会科学》1997 年第 6 期。

④ 魏后凯：《区域经济发展的新格局》，云南人民出版社，1995。

⑤ 曾坤生：《论区域经济动态协调发展》，《中国软科学》2000 年第 4 期。

⑥ 李具恒：《广义梯度理论：区域经济协调发展的新视角》，《社会科学研究》2004 年第 6 期。

⑦ 颜鹏飞、阙伟成：《中国区域经济发展战略和政策：区域协调型经济增长极》，《云南大学学报》（社会科学版）2004 年第 4 期。

兰肇华认为产业集群理论应该是指导我国区域非均衡协调发展的理论选择，认为产业集群理论可以克服梯度转移理论和增长极理论的缺陷，通过发挥欠发达地区比较优势，促进区域经济内源性发展，构建区域创新体系，促进区域创新，有助于减少政府过多干预，减轻政府负担。① 刘志彪指出协调发展强调的是一种整体性和系统性的发展。资源环境与社会经济的协调发展，是人与自然之间的相对平衡，新时代赶超战略的关键问题与政策取向就是均衡协调发展。② 孙久文等进一步提出构建新发展格局需要在继续深入实施区域协调发展战略以缩小区域发展差距的过程中稳步推进。当前，需要加快缩小东西发展差距，重视南北发展差距新动向。③ 成长春等基于党的十九届六中全会决议，认为"一促进、三推动、一支持"是新形势下深入实施区域协调发展战略的重要指南，对于贯彻新发展理念，实现共同富裕，推进社会主义现代化强国建设具有重要意义。④

目前区域协调发展理论研究方面存在的主要不足：区域协调发展理论研究已经引起了学者们的高度关注和广泛研究，但由于不同学科领域和学科视角的局限性，区域协调发展研究的整体性、全局性和战略性欠高欠全。这突出表现在：一是对于我国区域经济理论从强调均衡发展到不均衡发展再到协调发展的演变机理、内在逻辑，以及均衡与非均衡、协调与不协调两两四对之间的相互关系，缺乏系统深入研究；二是基于习近平新发展理念的分析研究成果尚不多；三是大部分较为成熟的研究成果都集中在区域经济学领域，将资源、环境、人口、社会等因素综合统筹分析的成果欠缺，经济地理学、人文地理学等在区域协调发展研究理论与方法等方面突出的跨学科优势尚未得到充分体现。

---

① 兰肇华：《我国非均衡区域协调发展战略的理论选择》，《理论月刊》2005 年第 11 期。
② 刘志彪：《均衡协调发展：新时代赶超战略的关键问题与政策取向》，《经济研究参考》2018 年第 1 期。
③ 孙久文、张皓：《新发展格局下中国区域差距演变与协调发展研究》，《经济学家》2021 年第 7 期。
④ 成长春、刘峻源、殷洁：《"十四五"时期全面推进长江经济带协调性均衡发展的思考》，《区域经济评论》2021 年第 4 期。

（四）区域协调发展的体制机制

对于区域协调发展的体制机制问题，目前学界普遍认为可以从市场、企业、政府三个方面展开研究，但侧重点各有不同。在强调单一市场机制作用方面，樊明认为建立规范的市场经济制度才是实现区域协调发展的根本途径，中央政府在基础设施建设和转移支付方面对某地区的倾斜以及地方政府设法多从中央政府得到这些方面的支持则是计划经济时代的表现。[1] 在强调市场和政府双重机制方面，周叔莲、魏后凯认为要充分发挥政府和市场的双重调控作用，并着重研究了政府尤其是中央政府在区域协调发展中的作用，认为政府可以运用经济、法律和行政等多种手段，全方位促进地区经济协调发展。[2] 张庆杰等在回顾与评述我国体制机制演变发展历程、存在的问题的基础上，提出在国家层面促进分散管理向统一管理转变，提出加快推进区域协调发展体制改革和机制创新的思路和重点。[3] 吴殿廷认为，区域经济协调发展首先要符合市场经济的基本要求，发挥市场机制的作用；政府虽然具有推动和组织的作用，但必须基于市场机制来选择促进区域经济协调发展的方式和政策。[4] 在强调市场、企业与政府的机制方面，田扬戈指出任何一种协调机制都不可能独立完成区域经济的协调任务，必须协调好三种机制的关系，实现三种机制之间的合理分工。市场机制是起基础性作用的协调机制，企业机制是在市场交易成本过高时对市场机制的一种替代机制，政府协调机制则更多地侧重于保障上述两种机制的正常运转和克服市场失灵。[5] 此外，学术界大都以特定区域为对象，开展区域协调发展体制机制研究，如路洪卫[6]、郁鸿胜[7]、

① 樊明：《市场经济条件下区域均衡发展问题研究》，《经济经纬》2006年第2期。
② 周叔莲、魏后凯：《论政府在地区经济协调发展中的作用》，《特区实践与理论》1998年第12期。
③ 张庆杰、申兵、汪阳红、袁朱、贾若祥、欧阳慧：《推动区域协调发展的管理体制及机制研究》，《宏观经济研究》2009年第7期。
④ 吴殿廷：《区域经济学》，科学出版社，2003。
⑤ 田扬戈：《论区域经济协调发展》，《党政干部论坛》2000年第2期。
⑥ 路洪卫：《完善长江经济带健康发展的区域协调体制机制》，《决策与信息》2016年第3期。
⑦ 郁鸿胜：《不断开创长江三角洲区域协调发展体制机制的新局面》，《上海企业》2017年第3期。

刘志彪等[1]分别对长江经济带、长三角、东北老工业基地等区域协调发展的体制机制进行了研究。

目前区域协调发展体制机制研究方面存在的主要不足：一是现有成果大多局限于长三角、长江经济带、京津冀、粤港澳等特定区域的体制机制问题剖析，而针对全国尺度的整体分析研究成果还不多，尚待进一步加强；二是涉及各大区域板块之间体制机制关联与创新的研究成果甚少，仅长江经济带上中下游之间形成了一些初步研究成果；三是涉及区域协调发展重点领域的顶层设计、政策制定、措施落地、体制机制创新等研究成果尚待进一步凝练和提升。

（五）区域协调发展的评价标准

赫特纳认为地理学是一门研究地表人类与自然的区域性学科，其重要的方法就是区域比较法。区域是探索区域协调发展的空间基础，在不同层次的区域范围内探讨区域协调发展，已然成为此类问题研究的基本遵循。目前研究中，学者们主要利用指标体系法和模型法对城市群协调发展水平进行评价，如通过经济发展差距、经济联系强度及经济增长率等反映经济协调度；[2] 基于产业同构系数与专业化系数等指标表征产业协调度；[3] 通过失业率与人口密度等指标反映人口协调度等；[4] 利用城市建成区面积与绿化面积等指标反映空间协调度；[5] 等等。也有学者通过耦合协调度模型分析城市群社会、空间、人口、经济及环境等多方面的协调性。[6] 城市综合质量与相互

① 刘志彪、全文涛：《双循环新发展格局视角下推进区域协调发展——论东北老工业基地振兴》，《江苏行政学院学报》2021年第1期。

② 程玉鸿、李克桐：《"大珠三角"城市群协调发展实证测度及阶段划分》，《工业技术经济》2014年第33期。

③ 朱江丽、李子联：《长三角城市群产业—人口—空间耦合协调发展研究》，《中国人口·资源与环境》2015年第2期。

④ 田时中、涂欣培：《长三角城市群综合发展水平测度及耦合协调评价——来自26城市2002~2015年的面板数据》，《北京理工大学学报》（社会科学版）2017年第6期。

⑤ 曾鹏、张凡：《十大城市群"产业—人口—空间"耦合协调度的比较》，《统计与决策》2017年第10期。

⑥ 成长春、刘峻源、殷洁：《"十四五"时期全面推进长江经济带协调性均衡发展的思考》，《区域经济评论》2021年第4期；陈刚、刘景林、尹涛：《城市群产业、人口、空间耦合协调发展研究——以珠三角城市群为例》，《西北人口》2020年第2期。

的经济联系强度不仅反映了城市群内部的经济发展水平与差距，也揭示了要素流动与市场开放的程度，进而成为表征经济与空间协调发展的重要指标。① 另有一些学者侧重于从空间差异性来评价区域协调发展，如赵兴国等以云南省为考察对象，通过人地关系演进评价模型，定量分析了资源环境基础、人口密度、经济密度以及人地关系状态，以揭示人地关系状态及其构成要素的空间差异。② 王晓云、范士陈探讨了区域人地关系随时空变化递次演进的机制问题，为区域开发与社会发展间产生积极共轭关系提供了很好的研究思路。③ 陈栋生认为可从两个方面检测区域发展的协调性：一是地区发展水平、收入水平和公共产品享用水平；二是区域分工协作的发育水平。④ 周国富则设计了评价区域经济发展的四条评价标准：一是是否处理好了效率与公平的关系；二是是否促进了国民经济整体效益的提高；三是是否有效发挥了各地区的比较优势；四是一地区的发展是否以牺牲其他地区的经济利益为代价。⑤ 国家发改委宏观经济研究院课题组认为，评价区域经济协调发展涉及三个基本指标体系：一是反映人均可支配收入方面的协调程度，二是反映人均可享有基本公共产品和公共服务方面的协调程度，三是反映地区发展保障条件方面的协调程度。⑥

目前区域协调发展评价研究方面存在的主要不足：一是改革开放 40 多年来，我国区域协调发展的战略重点和政策重心不断发生变化，区域政策体系日臻完善，但相应的区域协调发展评价研究的步伐明显跟不上区域发展及其战略的步伐，存在比较明显的滞后；二是作为中国特色社会主义理

---

① 覃成林、崔聪慧：《粤港澳大湾区协调发展水平评估及其提升策略》，《改革》2019 年第 2 期；方创琳、王振波、马海涛：《中国城市群形成发育规律的理论认知与地理学贡献》，《地理学报》2018 年第 4 期。

② 赵兴国、潘玉君、丁生：《云南省区域人地关系及其空间差异实证研究》，《云南地理环境研究》2010 年第 4 期。

③ 王晓云、范士陈：《区域开发人地关系时空演进研究——以近现代海南岛为例》，《生产力研究》2012 年第 9 期。

④ 陈栋生：《论区域协调发展》，《北京社会科学》2005 年第 2 期。

⑤ 周国富：《中国经济发展中的地区差距问题研究》，东北财经大学出版社，2001。

⑥ 国家发改委宏观经济研究院课题组：《我国"十二五"时期至 2030 年经济增长潜力和经济增长前景分析研究》，《经济学动态》2008 年第 3 期。

论与实践的重要组成部分，围绕区域协调发展的战略目标、政策设计、地区差异、实施结果、绩效评估等尚未形成一整套科学、客观、综合的评价体系，对区域发展不均衡、不协调、不可持续三大突出问题的分析评价亦然。

（六）区域协调发展的调控思路

国外关于区域协调发展中政府调控作用的理论研究源于1929年资本主义经济危机，欧美各国意识到放任自由主义的不可行性，政府纷纷开始干预经济，先后制定和出台了一系列影响区域经济发展的政策，并由此加强了针对政府调控作用的理论创建和案例研究。20世纪60年代以来，美国成立了大都会政府理事会，以提供最低限度的区域协调政策；欧洲各国也在区域治理领域开展了广泛实践，包括1964年的荷兰大鹿特丹政府、1965年的英国大伦敦政府和1974年的西班牙巴塞罗那联合政府等。在保守主义盛行的20世纪80年代，在受到公共选择理论支持者的攻击后，欧美区域协调机构和政府部分职能被一再撤回。[1] 20世纪90年代以来，区域主义发展模式逐渐成为主流，形成了三种比较常见的区域协调机构：一是由地方自发形成的自愿性区域机构，如美国的区域委员会；[2] 二是由地方约定而成的约束性区域机构，这类机构在美国普遍存在；[3] 三是各级政府部门主导设立的区域管理组织，如田纳西河流域管理局。[4]

目前区域协调发展调控政策研究方面存在的主要不足：一是制定和实施区域协调政策的各级行政主体多、利益诉求多、矛盾纠纷多，致使诸多区域调控研究成果都带有较明显的行政性、地方性色彩，客观、规范、科学的区域调控研究成果偏少；二是区域调控政策研究始终未能摆脱道义约束的局限，在如何优化利益激励机制方面的研究还有所欠缺；三是调控政策措施大

---

① 许丰功、易晓峰：《西方大都市政府和管治及其启示》，《城市规划》2002年第6期。

② Miller D. Y. , The Regional Governing of Metropolitan America , Boulder Colorado：Westview Press，2002.

③〔美〕尼古拉斯·亨利：《公共行政与公共事务》（第7版），项龙译，华夏出版社，2002。

④ 刘绪贻：《田纳西河流域管理局的性质、成就及其意义》，《美国研究》1991年第4期。

都注重强调政府的主导作用，而忽略了各类社会组织的有效参与；四是针对配套政策供给方面的研究不足，忽视了政策供给与地区间竞争和协作关系的不对称问题；五是区域调控政策研究未能根据区域协调发展的新情况、新要求及时调整研究重点和研究方向，促进、推动、支持差别化政策实施的研究不足；六是区域调控政策研究主要关注经济因素，忽略了经济与社会、生态和资源的统筹发展。

二　研究述评

上述学术史梳理、综述与评价结果如图 1-2 所示。

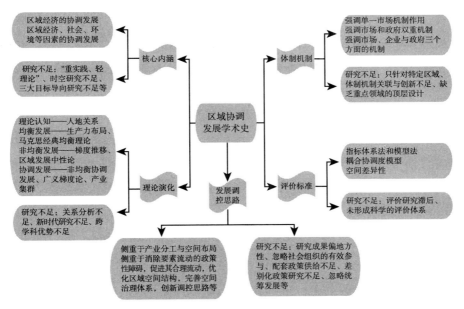

图 1-2　学术史梳理、综述与评价示意

第二章　长江经济带发展概况简析

"朝辞白帝彩云间，千里江陵一日还。两岸猿声啼不住，轻舟已过万重山。"这首流传千古的李白名诗表面上写的是长江水流湍急、舟行若飞的浪漫主义场景，但从地理学的角度看则反映出千百年来长江作为沟通我国东、中、西部的重要载体，沿岸各地区之间联系日益紧密。进入 21 世纪以来，随着三峡工程顺利完成、三大两小城市群正式列入国家"两横三纵"城市化战略、年货运量位居全球内河第一，黄金水道的战略地位不断凸显。2016年 3 月 25 日，《长江经济带发展规划纲要》由中共中央政治局审议通过，为世人擘画了长江经济带发展的宏伟蓝图。

第一节　长江经济带发展战略简介

一　战略演进

长江经济带发展战略演进主要得益于四个历史性重大契机，并由此构成了四个主要发展阶段：一是 20 世纪 80 年代初至 1991 年，为长江经济带发展战略孕育期，主要标志性事件是全国国土总体规划纲要的研究与编制工作；二是 1992~2012 年，为长江经济带发展战略萌芽期，主要标志性事件是上海浦东开发开放的实质性启动；三是 2013~2015 年，为长江经济带发展战略确立期，主要标志性事件是《国务院关于依托黄金水道推动长江经济带发展的指导意见》和系列相关重要文件的出台；四是 2016 年至今，为长江经济带战略拓展期，主要标志性事件是习近平总书记先后三次主持召开长江经济带发展座谈会。

（一）20世纪80年代初至1991年：战略孕育期

党的十一届三中全会以后，我国经济发展发生了重大转折，开始逐步贯彻"以经济建设为中心、实行改革开放"的国家战略。此时，上海、苏南等地都对原有部分工业企业进行了大规模的设备更新和技术改造，电子、家用电器、机械纺织、食品等行业有了极大发展。另外，以长江干流为主的水电建设也得到了空前加强，葛洲坝电站部分投产，三峡工程开始展开论证，并着手对中上游原有的工业基础进行扩建，攀钢、武钢（现为中国宝武武钢集团有限公司）、湖北汽车制造业和四川电子业均在这一时期初步形成了较强的生产能力。1987 年 10 月《全国国土总体规划纲要》（试行）正式印发到各省区市和中央有关部门，提出了"依托全国 T 字形（沿海地带和长江沿岸地带）地带为主轴线进行重点开发与布局，逐步形成 19 个综合开发的重点地区和城市化及城镇格局"的战略设想。

1990 年国家正式提出了开发开放浦东的重大举措，党的十四大又提出"以上海浦东开发开放为龙头，进一步开放沿江城市，带动长三角和整个长江流域经济的新飞跃"。此时，浦东的开发开放激起了中上游地区的强烈开放意识，各省市开始逐步有计划地将发展重点转向沿江城市。

（二）1992～2012年：战略萌芽期

1992 年邓小平南方谈话之后，浦东开发开放获得了实质性启动并得到了迅猛发展，上海的开放与崛起对长三角和长江沿江地区都产生了十分深远的影响。1992 年 6 月 24～27 日，国务院召开了长江三角洲及长江沿江地区经济规划座谈会。参加会议的有长江三角洲及长江沿江地区八省市及四个计划单列市和国务院有关部门的负责同志。江泽民总书记、李鹏总理以及国务院的其他领导同志和各民主党派的有关负责人出席了会议。会议期间，国务院副总理兼国家计委主任邹家华作了关于长江三角洲及长江沿江地区经济发展的基本思路的讲话。各省市和计划单列市及国务院有关部门的负责同志结合本地区和本部门的实际，对如何发挥整体优势，规划好这一地区的经济发展作了发言。座谈会结束时，江泽民、李鹏分别就如何贯彻落实邓小平南方谈话及党中央关于"以上海浦东开发为龙头，进一步开放长江沿岸城市"

的战略决策发表了重要讲话。

1992年10月，党的十四大报告明确提出"以浦东开发开放为龙头，进一步开放长江沿岸城市，尽快把上海建成国际经济、金融、贸易中心之一，带动长江三角洲和整个长江流域地区新飞跃"的重大战略决策，从而把浦东开发开放和上海未来发展的命运与长江经济带的整体发展紧紧捆绑在了一起。然而，由于诸多历史因素的制约，长江经济带的整体开发始终未能得到实质性启动，取而代之的是1999年中央提出的西部大开发战略和2004年提出的中部崛起战略。

尽管如此，为响应党的十四大的号召，长江沿江地区的各省市政府和高等院校、科研机构纷纷行动起来，通过成立专门机构、申报国家和省市重大项目、著书立说、联合开展专题研究等，于20世纪90年代掀起了长江经济带战略研究的第一波热潮。例如，1996年12月2日，由上海市政府经济协作办公室、华东师范大学、浦东发展银行、长江经济社会发展联合（集团）公司和上海市政府发展研究中心等五家单位发起，联合沿江7省（川、鄂、湘、赣、皖、苏、浙）4市（渝、汉、宁、甬）的14家省级政府有关部门，共同成立了"长江流域发展研究院"。上海市政府经济协作办公室主任姜光裕任该研究院管理委员会主任，华东师范大学党委书记陆炳炎任常务副主任，华东师范大学副校长俞立中任院长。上海市委书记黄菊专门为研究院的成立发来了贺信，上海市副市长华建敏和赵启正出席了成立大会并为研究院揭牌。该研究院成立之后就开展了有关长三角和长江经济带的系列研究，相继举办了六届"长江发展论坛"（1998~2003年），承接了一批来自国家、沿江省市和企业的研究项目，发布了《长江经济带发展战略研究》①、《上海及长江流域地区经济协调发展》②、《长江流域产业、开发区和港口发展报告》③等著作。此外，20世纪90年代形成的主要研究成果还有：

---

① 陆炳炎主编《长江经济带发展战略研究》，华东师范大学出版社，1999。
② 杨万钟主编《上海及长江流域地区经济协调发展》，华东师范大学出版社，2001。
③ 沈玉芳、张浩：《长江流域产业、开发区和港口发展报告》，上海科学技术文献出版社，2003。

姚锡棠主编的《长江流域经济发展论》① （国家哲社"八五"重点课题）、朱鸿飞等著的《发展与危机：长江流域发展战略思考》② （国家"八五"重点科技攻关课题）、虞孝感主编的《长江产业带的建设与发展研究》③ （国家"八五"重点科技攻关课题）、徐国弟主编的《21世纪长江经济带综合开发》④ 等。

（三）2013~2015年：战略确立期

2013年7月21日，习近平总书记考察湖北时指出，长江流域要加强合作，发挥内河航运作用，把全流域打造成黄金水道，特别强调要将长江流域建设成为我国未来新的经济支撑带，由此标志着长江经济带发展战略的正式启动，并与"一带一路"建设和京津冀区域协同发展并列为我国新时期区域经济发展的三大战略。

2014年4月28日，国务院总理李克强在重庆主持召开了"依托黄金水道建设长江经济带"座谈会。会上，国家发改委负责人汇报了长江经济带建设总体考虑和相关规划。上海、江苏、浙江、安徽、江西、湖北、湖南、四川、重庆、云南、贵州等11个沿江省市政府主要负责人汇报了对建设长江经济带的思考和建议，基本确立了长江经济带所覆盖的行政区划范围。

2014年6月11日，李克强总理主持召开国务院常务会议，部署建设综合立体交通走廊打造长江经济带。

2014年9月25日，《国务院关于依托黄金水道推动长江经济带发展的指导意见》（国发〔2014〕39号）正式发布，明确提出长江经济带要打造建设电子信息、高端装备、汽车、家电、纺织服装等五大世界级产业集群。

2015年4月5日，国务院批复同意《长江中游城市群发展规划》。这是继《国家新型城镇化规划（2014—2020年）》出台后国家批复的第一个跨

---

① 姚锡棠主编《长江流域经济发展论》，上海社会科学院出版社，1996。
② 朱鸿飞、吕薇、李向平等：《发展与危机：长江流域发展战略思考》，上海人民出版社，1996。
③ 虞孝感主编《长江产业带的建设与发展研究》，科学出版社，1997。
④ 徐国弟主编《21世纪长江经济带综合开发》，中国计划出版社，1999。

区域城市群规划，包括以武汉城市群、环长株潭城市群、环鄱阳湖城市群为主体形成的特大型城市群。

（四）2016年至今：战略拓展期

2016年1月5日，习近平总书记在重庆召开的推动长江经济带发展座谈会上强调，当前和今后相当长一个时期，要把修复长江生态环境摆在压倒性位置，共抓大保护，不搞大开发。必须从中华民族长远利益考虑，走生态优先、绿色发展之路。

2016年3月2日，国家发展改革委、科技部、工业和信息化部联合发布《长江经济带创新驱动产业转型升级方案》，明确提出要打造新型平板显示、集成电路、先进轨道交通装备、汽车制造、电子商务等五大世界级产业集群，培育生物医药、研发设计服务、检验检测服务、软件和信息技术服务、新材料、现代物流、现代金融服务、节能环保、新能源装备、航空航天等十大新兴产业集群。

2016年3月25日，中共中央政治局审议通过了《长江经济带发展规划纲要》，指出长江经济带发展的战略定位必须坚持生态优先、绿色发展，共抓大保护，不搞大开发。要强化创新驱动转型升级，打造建设电子信息、高端装备、汽车、家电、纺织服装等五大世界级产业集群。要按照全国主体功能区规划要求，建立生态环境硬约束机制，列出负面清单，设定禁止开发的岸线、河段、区域、产业，强化日常监测和问责。

2016年5月11日，国务院常务会议通过《长江三角洲城市群发展规划》，明确将长三角城市群的规划范围由原来江浙沪的15市扩大至包括皖江城市带8市在内的沪苏浙皖26个地级及以上城市，发展目标是到2030年全面建成具有全球影响力的世界级城市群。

2017年10月18日，习近平总书记在十九大报告中再次强调，以共抓大保护、不搞大开发为导向推动长江经济带发展。

2018年以来，长江经济带发展战略出现了一些新的重大调整和变化。国家进一步加强了沿江11省市面上的各项工作部署，包括2018年1月10日，张高丽主持召开推动长江经济带发展工作会议，深入学习贯彻党的十九大、中央经济工作会议、中央农村工作会议精神，总结近年来推动长江经济带发展工作，研究部署下一步重点工作；2018 年 12 月 14 日，韩正主持召开推动长江经济带发展领导小组会议，全面贯彻落实习近平总书记在深入推动长江经济带发展座谈会上的重要讲话精神，坚持问题导向，推动长江经济带共抓大保护取得新进展，等等。特别是习近平总书记 2018 年 4 月 26 日在武汉主持召开深入推动长江经济带发展座谈会并发表重要讲话，强调新形势下推动长江经济带发展，关键是要正确把握整体推进和重点突破、生态环境保护和经济发展、总体谋划和久久为功、破除旧动能和培育新动能、自我发展和协同发展的关系，坚持新发展理念，坚持稳中求进工作总基调，坚持共抓大保护、不搞大开发，加强改革创新、战略统筹、规划引导，以长江经济带发展推动经济高质量发展。

2018 年 4 月 16 日，习近平总书记就上海市委、市政府呈报的关于长三角合作的工作汇报做了一个专门的批示，明确提出上海要进一步发挥龙头带动作用，苏浙皖要各展其长，长三角要实现更高质量的一体化发展。随后，习近平总书记在 2018 年 11 月 5 日首届中国国际进口博览会开幕式上作主旨演讲时正式宣布，（中央）支持长江三角洲区域一体化发展并上升为国家战略。

2019 年 5 月 13 日，中共中央政治局审议通过了《长三角区域一体化发展规划纲要》并于 12 月正式印发，明确提出要把长三角打造成为我国发展强劲活跃增长极、全国高质量发展样板区、率先基本实现现代化引领区、区域一体化发展示范区、新时代改革开放新高地。这既标志着长三角区域经济开始迈入更高质量一体化发展的新阶段，也标志着长江经济带整体发展战略在其下游地区获得了双重国家战略叠加的新态势和新优势，标志着以长三角更高质量一体化发展来统领长江经济带整体发展新阶段的到来。

2020 年 10 月 16 日，中共中央政治局召开会议审议通过了《成渝地区双城经济圈建设规划纲要》，指出推动成渝地区双城经济圈建设，有利于形成优势互补、高质量发展的区域经济布局，有利于拓展市场空间、优化和稳定产业链供应链，是构建以国内大循环为主体、国内国际双循环相互促进的新发展格局的一项重大举措。会议要求成渝地区牢固树立"一盘棋"思想和一体化发展理念，健全合作机制，打造区域协作的高水平样板。唱好"双城记"，联手打造内陆改革开放高地，共同建设高标准市场体系，营造一流营商环境，以共建"一带一路"为引领，建设好西部陆海新通道，积极参与国内国际经济双循环。坚持不懈抓好生态环境保护，走出一条生态优先、绿色发展的新路子，推进人与自然和谐共生。

2020年11月14日，习近平总书记在江苏省南京市主持召开全面推动长江经济带发展座谈会并发表重要讲话，强调"要坚定不移贯彻新发展理念，推动长江经济带高质量发展，谱写生态优先绿色发展新篇章，打造区域协调发展新样板，构筑高水平对外开放新高地，塑造创新驱动发展新优势，绘就山水人城和谐相融新画卷，使长江经济带成为我国生态优先绿色发展主战场、畅通国内国际双循环主动脉、引领经济高质量发展主力军"。这进一步表明，全面推动长江经济带发展，既是一场攻坚战，更是一场持久战。

二 战略意义

本报告认为，长江经济带是新时期我国实现"两个一百年"奋斗目标和中华民族伟大复兴的战略支撑带，其战略意义体现如下。

（一）沿海与沿江，是我国最可宝贵的两大"黄金"地带，构成了我国"T"字形的两大发展战略主轴

改革开放以来我国率先实施的沿海经济发展战略，促使沿海省市的社会经济面貌发生了翻天覆地的变化，形成了长三角、珠三角、环渤海等牵引中国经济高速增长的三大引擎，取得了举世瞩目的辉煌成就。相比之下，开发建设长江经济带的战略意义，就在于充分发挥长江这条黄金水道承东启西、接南济北、开边出海的天然纽带作用，把沿海经济发展战略取得的辉煌成果迅速传导给长江上中游地区和广大的中西部地区，能够有效带动我国内地经济社会的整体发展与腾飞。因此，开发开放沿海与沿江，两者的开发时序虽有先后，战略着力点亦各有不同，但两者对于我国实现"两个一百年"奋斗目标与中华民族伟大复兴的战略价值和战略意义却是等量齐观的。

（二）长江经济带的可流动与腾挪的战略空间巨大，未来发展的潜力与前景不可限量

长江经济带既有下游及河口地区发达的加工型产业体系，又有上中游地区丰富的资源型产业体系，上中下游之间的产业互补性强，建立在分工与合作基础之上的市场一体化基础好，从而为沿江各省市、城市间的要素流动与配置提供了广阔的市场和巨大的流动空间。反映在城市群的发育发展程度上，目前沿江地区业已形成了上游成渝城市群、长江中游城市群以及下游及河口地区的长三角城市群的整体架构，其体量、规模、影响力和未来的竞争力都丝毫不亚于沿海三大城市群，并且具有联系更紧密、腹地更深广、发展潜力更大、更具持续性和爆发力的明显后发优势。

（三）长江经济带是衔接与贯通"一带一路"的天然纽带和战略通道

2013年习近平总书记提出的"一带一路"倡议，开启了新时期中国更加主动融入经济全球化浪潮、与世界各国人民共同建设命运共同体和国际政治经济新秩序的历史新篇章。而长江经济带则是衔接与贯通"丝绸之路经济带"与"21世纪海上丝绸之路"的天然纽带和战略通道，两者之间存在极为紧密的互联互通、互促互进的战略依存关系，必将共同构筑未来我国对内区域空间格局重塑和对外全方位开发开放的新蓝图。一方面，长江黄金水道与沿江铁路枢纽实现联通，西部陆海新通道建设日益加快，长江经济带与"一带一路"沿线国家的互联互通不断加强；另一方面，长江经济带航运联盟等平台在推进长江航运、金融、技术等资源和要素的优化配置方面发挥了重要作用，并进一步促进长江经济带相关行业在更高层次、更广领域参与国际合作和竞争。

（四）长江经济带是我国国民经济和社会发展的重要国土安全屏障和环境生态屏障

长江经济带东西延绵数千公里，横跨我国地形地势西高东低的三级阶梯，日照充足、降雨丰沛、地域广袤、物产富饶，自古以来就是我国国民经济和社会发展的重要国土安全屏障和环境生态屏障。深入贯彻学习和秉持落实习近平总书记关于建设长江经济带要"共抓大保护，不搞大开发"的重

要指示精神，把保护与改善修复生态环境放在长江经济带发展战略中压倒一切的首要位置，以建设生态绿色、集约协调、可持续发展的生态文明先行示范带为目标，以水资源的合理开发、科学利用与有效保护为核心，以全流域跨区域协调、多主体协同、多手段联动的综合治理模式为手段，着力解决长江经济带环境保护与生态修复所面临的沿江地区冶金、化工、建材等部分重污染行业过度集聚所带来的环境污染与生态退化等一系列重大问题和挑战。这样，不仅可以确保长江流域的天更蓝、水更清、地更绿、环境更优美，永葆中华民族子孙后代千秋万代的可持续发展，而且可以为全球节能减排和当代人类面临的重大环境生态问题的有效解决贡献中国智慧，为全球大河流域的综合治理提供可资借鉴的中国方案，其生态意义、社会意义和国际意义重大而又深远。

第二节　长江经济带发展态势简析

一　研究区域概况

长江自古以来就是中华民族的两大母亲河和重要发祥地之一。早在200万年前，长江流域的重庆巫山段生活着亚洲最早的直立人——"巫山人"。[1] 而170万年前，长江上游的金沙江流域生活着云南的元谋人，是东方人类起源的重要一环。[2] 后有"长阳人（早期智人）""资阳人（晚期智人）"等人类化石的发现。旧石器时代遗迹遍布长江中游平原。2019年7月，位于钱塘江与太湖流域的浙江省杭州市良渚文化遗址正式列入世界文化遗产，成为5000年中华文明的有力实证，[3] 填补了长江的大河文明空缺。[4] 考古证据

---

[1]　第四纪科研组：《巫山发现新石器时代人类化石》，《成都地质学院学报》1975年第Z1期。

[2]　王文成：《元谋人与东方人类的起源》，《云南民族大学学报》（哲学社会科学版）2007年第4期。

[3]　朱叶菲：《良渚古城：实证中华5000年文明的圣地》，《中国自然资源报》2019年7月11日。

[4]　陈同滨：《填补长江流域的大河文明空缺》，《中国文物报》2019年7月9日。

的陆续发现，更加印证了长江流域的人类活动由来已久。

作为中国第一、世界第三大河，长江拥有着极其丰沛的淡水资源、水能资源和航道资源，每年入海的径流量约为 9857 亿立方米，约占全国河川径流总量的 36.4% 和七大水系的 63.4%，成为中外闻名的"黄金水道"，在农业、水利、航运、经济发展、城镇建设等方面都有着得天独厚的自然资源优势。但对于长江经济带具体范围的确定在不同时期存在不同的观点，具体如表 2-1 所示。经过近 30 年的争议，最终于 2014 年在《国务院关于依托黄金水道推动长江经济带发展的指导意见》中明确了"9 省 2 市"的行政区划范围。

表 2-1　长江经济带范围的不同界定

序号	名称	提出年份	范围	区域面积	作者代表
1	长江沿岸产业带	1984	仅包括长江干流沿岸地区，构成"T"字形结构的东西向轴带，具体范围模糊	不定	陆大道
2	长江流域产业密集带	1985	以长江流域若干超级城市或特大城市为中心，通过辐射、联结各自腹地的大中小型城市和农村组成的经济区	模糊	郭振淮及中国生产力经济学研究会
3	长江沿岸开发轴线	1987	长江口到四川渡口，全长约 3000 公里,南北宽约 50 公里	模糊	陆大道
4	长江沿岸经济区	1992	沪苏浙皖赣鄂湘川黔滇	205.5 万平方公里	国家计委
5	长江流域经济区	1993	沪苏浙皖赣鄂湘川黔滇青藏	180 余万平方公里	陈国阶
6	东中经济区	1994	沪苏浙皖赣鄂湘为第一成员，豫、陕南、川东南为第二成员	模糊	胡序威
7	长江地区	1995	长江三角洲 14 个市、沿江 23 个市及 4 个地区	30 余万平方公里	徐国弟
8	长江产业带	1997	沪苏浙皖赣鄂湘川	143.3 万平方公里	虞孝感
9	长江经济带	1999	沪苏浙皖赣鄂湘渝川	约 150 万平方公里	陆炳炎

序号	名称	提出年份	范围	区域面积	作者代表
10	长江流域经济协作区	2001	以长江干流的辐射效应为依据,范围变动。以沿长江中下游辐射的范围为长度、以垂直于长江的辐射范围为宽度形成的区域	有机变动	厉以宁
11	长江经济带	2013	沪苏浙皖赣鄂湘川渝黔滇	205.5万平方公里	国家发改委
12	长江经济带	2014	沪苏浙皖赣鄂湘川渝黔滇	205.23万平方公里	国务院

资料来源：徐廷廷：《长江经济带产业分工合作演化研究》，华东师范大学博士学位论文，2015。

二 主要发展态势

2019年以来，长江经济带保持了较快的经济增长速度，产业结构逐步优化，基础设施快速完善，新型城镇化质量快速提升，生态环境日益改善。但总体发展态势向好的同时，沿江地区各流段的经济—社会—生态环境也呈现出了一些新特点。

（一）产业经济维度

如表2-2所示，总体上看，2019年长江经济带各城市的经济发展水平表现出下游>中游>上游的态势。

表2-2 2019年长江经济带各城市产业经济发展状况

单位：亿元，%

城 市	GDP	第二、第三产业占比	城 市	GDP	第二、第三产业占比
上 海	38156	99.73	南 通	9383	95.43
南 京	14031	97.95	连云港	3139	88.45
无 锡	11852	98.97	淮 安	3871	90.02
徐 州	7151	90.45	盐 城	5702	89.13
常 州	7401	97.88	扬 州	5850	94.99
苏 州	19236	98.98	镇 江	4127	96.60

续表

城 市	GDP	第二、第三产业占比	城 市	GDP	第二、第三产业占比
泰 州	5133	94.30	新 余	972	93.55
宿 迁	3099	89.53	鹰 潭	941	93.12
杭 州	15373	97.88	赣 州	3474	89.17
宁 波	11985	97.31	吉 安	2085	89.20
温 州	6606	97.70	宜 春	2688	88.97
嘉 兴	5370	97.75	抚 州	1511	85.76
湖 州	3122	95.71	上 饶	2513	89.12
绍 兴	5781	96.40	武 汉	16223	97.66
金 华	4560	96.80	黄 石	1767	94.12
衢 州	1574	94.50	十 堰	2013	91.48
舟 山	1372	89.33	宜 昌	4461	90.67
台 州	5134	94.51	襄 阳	4813	90.67
丽 水	1477	93.23	鄂 州	1140	91.19
合 肥	9409	96.90	荆 门	2034	88.06
淮 北	1078	93.24	孝 感	2301	86.51
亳 州	1749	86.38	荆 州	2516	82.73
宿 州	1979	85.47	黄 冈	2323	82.65
蚌 埠	2057	88.61	咸 宁	1595	87.46
阜 阳	2705	87.05	随 州	1162	86.56
淮 南	1296	89.96	长 沙	11574	96.89
滁 州	2909	91.43	株 洲	3003	92.65
六 安	1620	86.60	湘 潭	2258	93.58
马鞍山	2111	95.54	衡 阳	3373	88.73
芜 湖	3618	95.95	邵 阳	2152	83.68
宣 城	1561	90.40	岳 阳	3780	89.93
铜 陵	960	94.51	常 德	3624	89.08
池 州	832	89.92	张家界	552	87.42
安 庆	2381	90.92	益 阳	1792	84.36
黄 山	818	92.45	郴 州	2411	90.19
南 昌	5596	96.20	永 州	2017	82.63
景德镇	926	93.38	怀 化	1617	86.12
萍 乡	930	92.68	娄 底	1641	89.37
九 江	3121	93.21	重 庆	23606	93.43

城　市	GDP	第二、第三产业占比	城　市	GDP	第二、第三产业占比
成　都	17013	96.40	巴　中	754	83.55
自　贡	1428	85.83	资　阳	778	81.74
攀枝花	1010	90.92	贵　阳	4040	96.01
泸　州	2081	89.57	六盘水	1266	87.78
德　阳	2336	89.96	遵　义	3483	87.60
绵　阳	2856	89.41	安　顺	924	82.99
广　元	942	83.76	毕　节	1901	76.91
遂　宁	1346	86.24	铜　仁	1249	79.59
内　江	1433	83.22	昆　明	6476	95.83
眉　山	1380	85.57	曲　靖	2638	83.38
南　充	2322	82.59	玉　溪	1950	90.69
乐　山	1863	86.97	保　山	961	78.69
宜　宾	2602	89.33	昭　通	1194	83.49
广　安	1250	83.65	丽　江	473	86.42
达　州	2042	83.11	普　洱	875	77.26
雅　安	724	82.31	临　沧	759	72.47

下游城市经济发展水平最高而中游城市间经济发展水平差距最小。从各城市的 GDP 来看，前十位的城市分别是上海、重庆、苏州、成都、武汉、杭州、南京、宁波、无锡和长沙，其中下游有 6 个城市，中游和上游各有 2 个城市。此外，长江经济带及其上、中、下游城市 GDP 的变异系数分别为 1.3219、1.6211、1.0013、1.1652，中游城市间 GDP 的差距最小，而上游城市间的 GDP 差距最大。

下游城市大都已进入工业化后期，而中上游城市发展相对滞后。从各城市的第二、第三产业占比来看，前十位的城市分别是上海、苏州、无锡、南京、常州、杭州、嘉兴、温州、武汉和宁波，除武汉是中游城市外，其他均为下游城市，可见下游地区大多数城市已进入了工业化后期甚至是后工业化时期。比较长江经济带及其上、中、下游城市第二、第三产业占比的变异系数发现，长江经济带第二、第三产业占比的区域差异相对较大，突出表现在上游城市和中、下游城市的第二、第三产业占比的差异较大，其中上游城市第二、第三产业占比的变异系数是下游城市的 1.51 倍。

具体到上、中、下游各省市分析可知，下游沪苏两省市的产业经济发展水平相对较高。下游城市 GDP 和第二、第三产业占比的平均值分别是 5794.34 亿元和 93.39%。据此，可将下游 41 个城市分为两大类，一类是以上海、南京、杭州、合肥为代表的高于平均值的城市，共有 12 个，沪、苏、浙、皖分别有 1 个、7 个、3 个和 1 个；另一类是以连云港、湖州、蚌埠为代表的低于平均值的城市，共有 29 个，苏、浙、皖分别有 6 个、8 个和 15 个。

中游湖北省的产业经济发展水平相对较高。中游城市 GDP 和第二、第三产业占比的平均值分别是 2969.42 亿元和 89.69%。据此，可将中游 36 个城市分为两大类，一类是以南昌、武汉、长沙为代表的高于平均值的城市，共有 11 个，赣、鄂、湘分别有 3 个、3 个和 5 个；另一类是以景德镇、黄石、张家界为代表的低于平均值的城市，共有 25 个，赣、鄂、湘分别有 8 个、9 个和 8 个。

上游重庆和四川两省市的产业经济发展水平相对较高。上游城市 GDP 和第二、第三产业占比的平均值分别是 2907.7 亿元和 85.66%。据此，可将上游 33 个城市分为两大类，一类是以重庆、成都、贵阳和昆明为代表的高于平均值的城市，共有 5 个，渝、川、贵、云分别有 1 个、1 个、2 个和 1 个；另一类是以自贡、安顺、曲靖为代表的低于平均值的城市，共有 28 个，川、贵、云分别有 17 个、4 个和 7 个。

（二）基础设施维度

如表 2-3 所示，总体上看，2019 年长江经济带各城市的基础设施发展水平呈现出下游>上游>中游的态势。

表 2-3　2019 年长江经济带各城市基础设施发展状况

单位：万户，公里/平方公里

城　　市	互联网接入用户数	建成区路网密度	城　　市	互联网接入用户数	建成区路网密度
上　　海	890	4.44	常　　州	264	6.42
南　　京	537	7.56	苏　　州	667	14.76
无　　锡	395	8.07	南　　通	354	8.68
徐　　州	337	8.69	连云港	175	5.86

城　市	互联网接入用户数	建成区路网密度	城　市	互联网接入用户数	建成区路网密度
淮　安	179	8.07	景德镇	54	7.55
盐　城	282	8.81	萍　乡	57	8.20
扬　州	185	9.60	九　江	137	6.74
镇　江	162	9.47	新　余	39	6.22
泰　州	206	9.73	鹰　潭	38	6.48
宿　迁	180	8.13	赣　州	217	8.95
杭　州	524	6.02	吉　安	116	8.70
宁　波	426	3.66	宜　春	141	8.01
温　州	405	5.92	抚　州	85	7.80
嘉　兴	187	6.62	上　饶	162	6.63
湖　州	204	7.22	武　汉	532	7.71
绍　兴	217	5.26	黄　石	75	10.46
金　华	305	7.68	十　堰	139	7.93
衢　州	88	8.29	宜　昌	141	8.01
舟　山	56	8.05	襄　阳	173	8.10
台　州	253	16.23	鄂　州	38	5.94
丽　水	99	6.38	荆　门	83	8.77
合　肥	348	5.95	孝　感	94	10.47
淮　北	67	7.22	荆　州	146	9.67
亳　州	124	5.61	黄　冈	183	7.82
宿　州	146	9.46	咸　宁	79	7.45
蚌　埠	92	7.50	随　州	57	4.84
阜　阳	199	6.38	长　沙	380	3.93
淮　南	87	7.60	株　洲	128	11.91
滁　州	118	8.28	湘　潭	101	3.40
六　安	114	7.33	衡　阳	140	5.77
马鞍山	77	4.35	邵　阳	139	3.03
芜　湖	135	8.33	岳　阳	144	7.03
宣　城	86	8.87	常　德	152	6.25
铜　陵	45	3.69	张家界	52	8.28
池　州	49	11.23	益　阳	103	6.36
安　庆	125	4.21	郴　州	126	2.24
黄　山	53	8.07	永　州	111	7.86
南　昌	265	4.56	怀　化	115	7.02

城　市	互联网接入用户数	建成区路网密度	城　市	互联网接入用户数	建成区路网密度
娄　底	100	5.67	雅　安	55	8.48
重　庆	1372	6.32	巴　中	79	7.43
成　都	782	5.11	资　阳	64	5.02
自　贡	85	8.47	贵　阳	194	3.77
攀枝花	45	9.48	六盘水	67	4.58
泸　州	136	5.26	遵　义	151	3.84
德　阳	135	6.29	安　顺	53	4.71
绵　阳	184	8.09	毕　节	77	3.72
广　元	88	7.44	铜　仁	75	5.25
遂　宁	79	3.79	昆　明	275	4.14
内　江	390	6.65	曲　靖	123	8.25
眉　山	111	7.41	玉　溪	57	9.02
南　充	161	4.77	保　山	59	5.40
乐　山	114	8.60	昭　通	71	3.97
宜　宾	137	5.52	丽　江	30	5.57
广　安	127	8.00	普　洱	58	8.09
达　州	104	8.07	临　沧	65	5.52

下游城市互联网基础设施发展水平最高而中游城市间互联网基础设施发展水平差距最小。从各城市的互联网接入用户数来看，前十位的城市分别是重庆、上海、成都、苏州、南京、武汉、杭州、宁波、温州和无锡，其中下游有7个城市，中游和上游分别有1个城市和2个城市。此外，长江经济带及其上、中、下游城市互联网接入用户数的变异系数分别为1.0467、0.7869、0.7092、1.5049，中游城市间互联网接入用户数的差距最小，而下游城市间互联网接入用户数的差距最大。

中、下游城市的道路基础设施相对比较完善且城市间的差距也较小。从各城市的建成区路网密度来看，前十位的城市分别是台州、苏州、株洲、池州、孝感、黄石、泰州、荆州、扬州和攀枝花，其中下游有5个城市，中游有4个城市，上游有1个城市，可见不少下游和中游城市建成区路网密度相对较高，道路基础设施比较完善。比较长江经济带及其上、中、下游城市建成区路网密度的变异系数发现，长江经济带建成区路网密度的区域差异相对较小，差异最大的下游城市也仅是差异最小的上游城市的 1.14 倍，体现了近些年交通基础设施建设取得的突出成绩。

具体到上、中、下游各省市分析可知，下游沪苏两省市的基础设施发展水平相对较高。以信息化社会最重要的互联网接入用户数指标为例，下游城市互联网接入用户数的平均值是 230.29 万户。据此，可将下游 41 个城市分为两大类，一类是以上海、南京、杭州、合肥为代表的高于平均值的城市，共有 14 个，沪、苏、浙、皖分别有 1 个、7 个、5 个和 1 个；另一类是以连云港、嘉兴、蚌埠为代表的低于平均值的城市，共有 27 个，苏、浙、皖分别有 6 个、6 个和 15 个。

中游湖南和湖北两省的基础设施发展水平相对较高。中游城市互联网接入用户数的平均值是 134.5 万户。据此，可将中游 36 个城市分为两大类，一类是以南昌、武汉、长沙为代表的高于平均值的城市，共有 16 个，赣、鄂、湘分别有 4 个、6 个和 6 个；另一类是以景德镇、黄石、益阳为代表的低于平均值的城市，共有 20 个，赣、鄂、湘分别有 7 个、6 个和 7 个。

上游重庆的基础设施发展水平相对较高。上游城市互联网接入用户数的平均值是 169.79 万户。据此，可将上游 33 个城市分为两大类，一类是以重庆、成都、贵阳和昆明为代表的高于平均值的城市，共有 6 个，渝、川、贵、云分别有 1 个、3 个、1 个和 1 个；另一类是以攀枝花、毕节、玉溪为代表的低于平均值的城市，共有 27 个，川、贵、云分别有 15 个、5 个和 7 个。

（三）新型城镇化维度

如表 2-4 所示，总体上看，2019 年长江经济带各城市的新型城镇化发展水平呈现出下游>中游>上游的态势。

表 2-4　2019 年长江经济带各城市新型城镇化发展状况

单位：%

城　市	城镇化率	中心城区人口占比	城　市	城镇化率	中心城区人口占比
上　海	88.3	60.5	常　州	73.3	64.6
南　京	83.2	83.5	苏　州	77.0	34.9
无　锡	77.1	40.7	南　通	68.1	29.4
徐　州	66.7	38.9	连云港	63.6	49.9

续表

城　市	城镇化率	中心城区人口占比	城　市	城镇化率	中心城区人口占比
淮　安	63.5	67.7	景德镇	68.0	28.6
盐　城	64.9	33.8	萍　乡	70.0	45.3
扬　州	68.2	51.2	九　江	56.8	20.7
镇　江	72.2	32.2	新　余	70.1	76.3
泰　州	66.8	35.4	鹰　潭	62.1	54.2
宿　迁	61.1	36.0	赣　州	51.8	26.5
杭　州	78.5	63.4	吉　安	52.5	12.1
宁　波	73.6	35.2	宜　春	51.2	21.0
温　州	70.5	18.7	抚　州	51.4	42.4
嘉　兴	67.4	19.6	上　饶	53.5	33.5
湖　州	64.5	36.6	武　汉	80.5	80.8
绍　兴	68.4	44.3	黄　石	62.9	25.1
金　华	68.7	17.8	十　堰	56.5	35.0
衢　州	60.0	38.3	宜　昌	55.6	30.9
舟　山	68.6	61.2	襄　阳	61.7	40.1
台　州	63.7	26.5	鄂　州	66.3	64.5
丽　水	63.0	19.0	荆　门	60.1	22.4
合　肥	76.3	35.5	孝　感	58.3	19.5
淮　北	65.9	46.3	荆　州	56.4	19.4
亳　州	42.2	32.3	黄　冈	48.2	5.5
宿　州	44.0	33.9	咸　宁	54.6	24.7
蚌　埠	58.6	34.0	随　州	52.9	29.7
阜　阳	44.6	28.1	长　沙	79.6	43.4
淮　南	65.0	52.4	株　洲	68.1	32.8
滁　州	54.5	13.5	湘　潭	63.8	29.9
六　安	47.1	45.6	衡　阳	54.9	13.8
马鞍山	69.1	34.7	邵　阳	48.2	9.5
芜　湖	66.4	40.0	岳　阳	59.2	19.2
宣　城	56.3	32.3	常　德	54.5	24.4
铜　陵	57.2	55.5	张家界	50.5	34.9
池　州	54.9	45.1	益　阳	52.9	30.5
安　庆	50.0	15.7	郴　州	56.0	16.8
黄　山	52.5	33.1	永　州	50.9	21.5
南　昌	75.1	56.1	怀　化	49.0	8.0

续表

城　市	城镇化率	中心城区人口占比	城　市	城镇化率	中心城区人口占比
娄　底	49.3	15.7	雅　安	46.9	40.3
重　庆	69.5	77.3	巴　中	41.9	40.6
成　都	73.1	53.6	资　阳	42.7	42.6
自　贡	52.6	50.3	贵　阳	76.1	53.7
攀枝花	66.6	52.6	六盘水	50.2	16.9
泸　州	50.5	35.2	遵　义	54.0	36.0
德　阳	52.3	26.5	安　顺	53.6	55.8
绵　阳	52.5	36.0	毕　节	50.4	25.2
广　元	45.6	34.5	铜　仁	50.0	16.0
遂　宁	50.0	45.6	昆　明	50.0	46.8
内　江	49.1	37.6	曲　靖	49.6	23.0
眉　山	46.3	40.2	玉　溪	53.0	31.4
南　充	48.1	30.1	保　山	38.5	35.7
乐　山	51.8	35.5	昭　通	35.3	17.0
宜　宾	49.6	50.5	丽　江	41.6	12.3
广　安	41.9	38.9	普　洱	44.6	9.0
达　州	45.5	30.8	临　沧	43.1	13.0

　　下游城市的城镇化发展水平最高而中游城市间的城镇化发展水平差距最小。从各城市的城镇化率来看，前十位的城市分别是上海、南京、武汉、长沙、杭州、无锡、苏州、合肥、贵阳和南昌，其中下游有 6 个城市，中游和上游分别有 3 个城市和 1 个城市。此外，长江经济带及其上、中、下游城市的城镇化率的变异系数分别为 0.1956、0.1607、0.1475、0.2217，中游城市间的城镇化率差距最小，而上游城市间的城镇化率差距较大。

　　各流段的主城带动作用呈现出下游城市相对较强、中游城市次之、上游城市较弱的特征。从各城市的中心城区人口占比来看，前十位的城市分别是南京、武汉、重庆、新余、淮安、常州、鄂州、杭州、舟山和上海，其中下游有 6 个城市，中游有 3 个城市，上游有 1 个城市。可见，不少下游和中游城市的中心城区人口占比相对较高，进而首位度也相对较高。比较长江经济带及其上、中、下游城市的中心城区人口占比的变异系数发现，中心城区人口占比的区域差异相对较大，其中中游城市的变异系数为 0.6555，是下游城市的 1.68 倍。

具体到上、中、下游各省市分析可知，下游沪苏浙三省市的城镇化发展水平相对较高。以新型城镇化中最重要的城镇化率指标为例，下游城市的城镇化率的平均值是 64.52%。据此，可将下游 41 个城市分为两大类，一类是以上海、南京、杭州、合肥为代表的高于平均值的城市，共有 24 个，沪、苏、浙、皖分别有 1 个、10 个、8 个和 5 个；另一类是以淮安、衢州、阜阳为代表的低于平均值的城市，共有 17 个，苏、浙、皖分别有 3 个、3 个和 11 个。

中游江西和湖南两省市的城镇化发展水平相对较高。中游城市的城镇化率的平均值是 58.72%。据此，可将中游 36 个城市分为两大类，一类是以南昌、武汉、长沙为代表的高于平均值的城市，共有 14 个，赣、鄂、湘分别有 5 个、5 个和 4 个；另一类是以九江、十堰、衡阳为代表的低于平均值的城市，共有 22 个，赣、鄂、湘分别有 6 个、7 个和 9 个。

上游重庆和四川的城镇化发展水平相对较高。上游城市的城镇化率的平均值是 50.5%。据此，可将上游 33 个城市分为两大类，一类是以重庆、成都、乐山和贵阳为代表的高于平均值的城市，共有 11 个，渝、川、贵分别有 1 个、7 个、3 个；另一类是以广元、毕节、丽江为代表的低于平均值的城市，共有 22 个，川、贵、云分别有 11 个、3 个和 8 个。

（四）生态环境维度

如表 2-5 所示，总体上看，2019 年长江经济带各城市的生态环境发展水平表现出中游>上游>下游的态势。

表 2-5　2019 年长江经济带各城市生态环境发展状况

单位：千瓦时，吨

城　　市	万元 GDP 电耗	万元 GDP "三废"排放	城　　市	万元 GDP 电耗	万元 GDP "三废"排放
上　海	411.1	0.89	常　州	683.5	1.60
南　京	443.0	0.93	苏　州	802.9	1.90
无　锡	633.5	1.67	南　通	481.2	1.46
徐　州	519.0	0.45	连云港	585.1	1.11

城 市	万元 GDP 电耗	万元 GDP "三废"排放	城 市	万元 GDP 电耗	万元 GDP "三废"排放
淮 安	494.1	0.62	南 昌	441.7	0.71
盐 城	574.7	1.61	景德镇	651.6	2.15
扬 州	443.4	1.21	萍 乡	823.8	0.44
镇 江	640.6	1.22	九 江	684.6	2.82
泰 州	576.7	0.90	新 余	935.5	2.29
宿 迁	675.1	2.15	鹰 潭	551.5	1.01
杭 州	531.3	1.32	赣 州	601.5	1.69
宁 波	674.1	1.30	吉 安	571.9	1.37
温 州	667.7	0.70	宜 春	754.4	1.27
嘉 兴	1001.9	3.51	抚 州	623.9	1.28
湖 州	945.0	2.50	上 饶	675.8	2.62
绍 兴	799.8	4.65	武 汉	379.4	0.83
金 华	865.5	1.61	黄 石	839.4	1.84
衢 州	1170.6	5.72	十 堰	512.3	0.35
舟 山	477.4	1.06	宜 昌	524.7	2.26
台 州	645.1	0.99	襄 阳	342.3	0.80
丽 水	761.0	1.77	鄂 州	647.5	1.27
合 肥	399.0	0.42	荆 门	538.5	1.12
淮 北	630.7	1.38	孝 感	633.8	1.68
亳 州	428.3	0.76	荆 州	576.9	1.73
宿 州	485.2	7.79	黄 冈	601.7	1.14
蚌 埠	433.9	0.78	咸 宁	610.0	1.11
阜 阳	587.9	0.76	随 州	395.5	0.28
淮 南	737.3	3.09	长 沙	342.1	0.34
滁 州	658.6	0.83	株 洲	376.1	0.69
六 安	640.4	0.35	湘 潭	563.5	0.99
马鞍山	997.4	4.35	衡 阳	494.5	0.81
芜 湖	560.3	1.00	邵 阳	460.4	0.72
宣 城	863.3	1.00	岳 阳	414.6	1.66
铜 陵	1024.0	3.26	常 德	344.3	0.13
池 州	913.8	0.64	张家界	514.5	0.17
安 庆	488.0	1.20	益 阳	480.1	0.57
黄 山	501.1	0.91	郴 州	547.7	1.51

续表

城　市	万元 GDP 电耗	万元 GDP "三废"排放	城　市	万元 GDP 电耗	万元 GDP "三废"排放
永　州	508.4	0.29	达　州	448.6	0.54
怀　化	635.7	0.89	雅　安	1554.0	1.09
娄　底	885.6	1.50	巴　中	466.3	0.21
重　庆	491.5	0.96	资　阳	358.9	0.43
成　都	407.8	0.55	贵　阳	712.0	1.45
自　贡	298.9	0.74	六盘水	842.2	4.76
攀枝花	1339.4	4.87	遵　义	717.5	0.40
泸　州	463.1	2.02	安　顺	754.7	0.43
德　阳	550.4	1.53	毕　节	536.2	1.12
绵　阳	404.3	0.67	铜　仁	768.9	3.31
广　元	635.5	0.71	昆　明	581.2	0.50
遂　宁	376.6	0.93	曲　靖	1126.6	0.62
内　江	562.9	0.67	玉　溪	743.9	1.04
眉　山	890.0	1.20	保　山	839.8	0.90
南　充	340.2	0.66	昭　通	1208.1	2.55
乐　山	1163.8	2.35	丽　江	868.5	0.65
宜　宾	391.9	2.53	普　洱	553.4	3.29
广　安	528.8	0.79	临　沧	441.4	1.54

注："三废"指工业废水排放量、工业 SO_2 排放量和工业 NO_x 排放量。

　　中、上游城市的万元 GDP 电耗相对较低且上游城市间的万元 GDP 电耗差距最小。从各城市的万元 GDP 电耗（负指标，由小到大排列）来看，前十位的城市分别是自贡、南充、长沙、襄阳、常德、资阳、株洲、遂宁、武汉和宜宾，其中中游和上游各有 5 个城市。此外，长江经济带及其上、中、下游城市的万元 GDP 电耗的变异系数分别为 0.3580、0.2947、0.2650、0.4586，中游城市间的万元 GDP 电耗差距最小，而下游城市间的万元 GDP 电耗差距较大。

　　中游城市的生态环境质量相对较好且城际差距相对较小。从各城市的万元 GDP "三废"排放（负指标，由小到大排列）来看，前十位的城市分别是常德、张家界、巴中、随州、永州、长沙、六安、十堰、遵义和合肥，其中下游有2个城市，中游有6个城市，上游有2个城市，可见不少中游城市的万元GDP"三废"排放水平不高，绿色发展表现相对较好。比较长江经济带及其上、中、下游城市的万元GDP"三废"排放的变异系数发现，万元GDP"三废"排放的区域差异相对较大，其中下游城市的万元GDP"三废"排放的变异系数达到了0.8857，是中游城市的1.49倍。

具体到上、中、下游各省市分析可知，下游沪苏两省市的生态环境相对较好。以生态环境保护中最重要的万元GDP"三废"排放指标为例，下游城市的万元GDP"三废"排放的平均值是1.74吨。据此，可将下游41个城市分为两大类，一类是以苏州、嘉兴、淮南为代表的高于平均值的城市，共有10个，苏、浙、皖分别有2个、4个和4个；另一类是以上海、无锡、温州、亳州为代表的低于平均值的城市，共有31个，沪、苏、浙、皖分别有1个、11个、7个和12个。

中游湖南和湖北两省的生态环境相对较好。中游城市的万元GDP"三废"排放的平均值是1.18吨。据此，可将中游36个城市分为两大类，一类是以景德镇、黄石、岳阳为代表的高于平均值的城市，共有16个，赣、鄂、湘分别有8个、5个和3个；另一类是以南昌、十堰、张家界为代表的低于平均值的城市，共有20个，赣、鄂、湘分别有3个、7个和10个。

上游重庆和四川两省市的生态环境相对较好。上游城市的万元GDP"三废"排放的平均值是1.39吨。据此，可将上游33个城市分为两大类，一类是以攀枝花、贵阳、昭通和临沧为代表的高于平均值的城市，共有10个，川、贵、云分别有4个、3个和3个；另一类是以重庆、成都、巴中和昆明为代表的低于平均值的城市，共有23个，渝、川、贵、云分别有1个、14个、3个和5个。

三　关键指标解析

（一）人均GDP

2019年长江经济带人均GDP为69548元，按当年平均汇率6.981折算

为 9962 美元，整体处于工业化后期阶段。其中，上、中、下游地区人均
GDP 分别为 7088 美元、8982 美元和 13136 美元，即下游四省市业已整体迈
入了工业化后期，而上、中游地区依然处于工业化后期阶段，上游地区人均
GDP 水平仅相当于下游地区的 54% 左右；上、中、下游地区的城镇化率分
别为 50.5%、58.7% 和 64.5%，下游地区处于工业化后期阶段，上、中游地
区则处于工业化中期阶段。通过查询相关统计年鉴可知，2019 年上、中、
下游地区第一产业增加值占比分别为 14.34%、10.31% 和 6.61%，同时考虑
到农业的人均产出绩效要明显低于制造业与服务业的实际情况，可以判定
中、上游地区三次产业结构仍处于工业化中期至后期阶段，下游地区则已进
入工业化后期至后工业化阶段。

表 2-6　工业化不同阶段的判断标志

指标	换算因子	前工业化阶段	工业化实现阶段			后工业化阶段
			工业化初期	工业化中期	工业化后期	
人均 GDP（1995 年美元）	1	610~1220	1220~2430	2430~4870	4870~9120	9120≤
人均 GDP（2018 年美元）	1.54	939~1879	1879~3742	3742~7500	7500~14045	14045≤
三次产业结构		A>I	A>20%,A<I	A<20%,I>S	A>10%,I>S	A<10%,I<S
一产从业人员占比		60%<	45%~60%	30%~45%	10%~30%	≤10%
城镇化率		<30%	30%~50%	50%~60%	60%~75%	75%≤

注：2005~2018 年对 1995 年美元的换算因子是根据美国历年的物价平减指数计算的，据此划分每年的工业化发展阶段；A、I、S 分别代表第一、第二、第三产业产值在 GDP 中的比重。

资料来源：1995 年的发展阶段划分依据来自 "皮书数据库"《中国经济特区发展报告（2014）》。三次产业结构、城镇化率对应发展阶段的划分标志来自陈佳贵、黄群慧、钟宏武《中国地区工业化进程的综合评价和特征分析》，《经济研究》2006 年第 6 期；秦月《长江经济带城市群联动发展研究》，华东师范大学博士学位论文，2020。

（二）三次产业结构

从协调性均衡发展的视角分析，长江经济带的产业结构依然存在不少问
题。首先，服务业的整体发展还比较滞后、发展水平偏低，服务业增加值占

比仍低于全国平均水平。其次，沿江110个城市之间的产业发展水平不一、差距较大，农业产值占比最高的临沧（27.53%）是最低的上海（0.27%）的102倍；第二、第三产业产值占比最高的上海（99.73%）与最低的临沧（72.47%）则相差了27.26个百分点。最后，上、中、下游地区都形成了"三二一"的产业发展格局，但产业发展尤其是制造业的原有基础、规模和实力并不相同，下游地区江浙沪三省市要明显优于其他沿江省市，上、中游地区农业产值占比依旧偏高，还需要不断释放农业剩余劳动力进入工业和服务业。

（三）外向度

从表2-7可知，国内100强企业分支机构数居长江经济带前五位的城市分别是上海、杭州、成都、南京和武汉，五大城市合计766家，占长江经济带的45.42%；世界100强企业分支机构数排长江经济带前五位的城市分别是上海、武汉、重庆、南京和成都，五大城市合计751家，占长江经济带的47.92%。从流段维度看，在国内100强企业分支机构数方面，上、中、下游地区分别有342家、276家和1068家，而在世界100强企业分支机构数方面，上、中、下游地区分别有284家、279家和1004家。因此，总体上看，下游城市尤其是长三角地区的城市参与全球劳动地域分工和嵌入全球产业链、供应链的程度相对较高，而除部分区域中心城市外，中、上游地区的城市参与全球化的程度相对较低。

表2-7 2019年长江经济带各城市外向度状况

单位：家

城　市	国内100强企业分支机构数	世界100强企业分支机构数	城　市	国内100强企业分支机构数	世界100强企业分支机构数
上　海	389	401	连云港	10	6
南　京	88	85	淮　安	8	5
无　锡	31	33	盐　城	14	5
徐　州	7	8	扬　州	10	9
常　州	18	16	镇　江	13	8
苏　州	69	65	泰　州	12	7
南　通	21	18	宿　迁	25	4

续表

城　市	国内 100 强企业分支机构数	世界 100 强企业分支机构数	城　市	国内 100 强企业分支机构数	世界 100 强企业分支机构数
杭　州	111	75	赣　州	14	3
宁　波	62	55	吉　安	9	2
温　州	13	11	宜　春	0	0
嘉　兴	12	43	抚　州	0	1
湖　州	8	21	上　饶	5	1
绍　兴	7	9	武　汉	81	95
金　华	3	4	黄　石	0	1
衢　州	6	1	十　堰	6	0
舟　山	2	5	宜　昌	6	10
台　州	4	8	襄　阳	2	7
丽　水	0	0	鄂　州	7	0
合　肥	49	43	荆　门	2	4
淮　北	1	3	孝　感	4	5
亳　州	7	1	荆　州	6	5
宿　州	4	1	黄　冈	5	5
蚌　埠	1	4	咸　宁	4	7
阜　阳	6	5	随　州	0	3
淮　南	4	1	长　沙	44	54
滁　州	8	13	株　洲	6	8
六　安	3	11	湘　潭	2	6
马鞍山	2	8	衡　阳	4	1
芜　湖	21	9	邵　阳	3	4
宣　城	6	0	岳　阳	5	3
铜　陵	2	0	常　德	3	6
池　州	3	1	张家界	0	0
安　庆	7	2	益　阳	3	4
黄　山	1	0	郴　州	2	6
南　昌	22	20	永　州	15	2
景德镇	0	1	怀　化	1	4
萍　乡	0	1	娄　底	6	4
九　江	6	6	重　庆	81	91
新　余	3	0	成　都	97	79
鹰　潭	0	0	自　贡	0	1

续表

城　　市	国内 100 强企业分支机构数	世界 100 强企业分支机构数	城　　市	国内 100 强企业分支机构数	世界 100 强企业分支机构数
攀枝花	0	2	资　阳	3	1
泸　州	2	24	贵　阳	28	17
德　阳	4	2	六盘水	3	2
绵　阳	4	5	遵　义	11	1
广　元	4	0	安　顺	1	2
遂　宁	1	0	毕　节	1	1
内　江	0	1	铜　仁	4	0
眉　山	6	6	昆　明	36	34
南　充	4	1	曲　靖	5	4
乐　山	0	0	玉　溪	1	3
宜　宾	34	1	保　山	3	1
广　安	0	0	昭　通	0	1
达　州	2	0	丽　江	0	4
雅　安	0	0	普　洱	1	0
巴　中	6	0	临　沧	0	0

（四）城市规模

从 2019 年长江经济带城市规模等级的空间分布情况看，下游 41 个地级及以上城市中除了黄山、丽水 2 个 I 型小城市和马鞍山、铜陵、舟山、安庆、宣城、衢州、池州、滁州等 8 个中等城市外，其余 31 个均为 II 型以上大城市，其中涌现出 1 个超大城市、4 个特大城市和 5 个 I 型大城市；而在中游的 36 个地级及以上城市中，除了 1 个超大城市（武汉）、1 个 I 型大城市（长沙）和 15 个 II 型大城市外，中等城市多达 12 个，I 型小城市更是多达 7 个，占长江经济带全部 11 个小城市的 63.6%，城市规模等级和发育程度最低；上游的 33 个地级及以上城市规模等级和发育程度则介乎下游与中游之间。

（五）城乡居民可支配收入

城乡之间、地区之间以及农业与非农业之间发展不平衡、不充分的三大差别，是当前我国社会经济发展中矛盾最尖锐的三大顽疾，并且在长江经济带尤其是上、中游地区表现得较为突出。2019 年长江经济带 110 个城市中，城乡收入水平最高的是上海，为 53405 元；其次为苏州（51891 元）、杭州（51162 元）、宁波（50759 元）和绍兴（50028 元），均为下游城市；城乡收入水平较低的则为铜仁（21209 元）、临沧（20716 元）、昭通（20243元）、怀化（19989 元）和张家界（19711 元），大都为上游城市，最高是最低的 2.7 倍。城乡居民人均可支配收入比也存在类似现象，2019 年长江经济带 110 个城市中，城乡居民人均可支配收入比最大的城市是赣州（3.28），是比值最小城市嘉兴（1.66）的 1.98 倍（见表 2-8）。

表 2-8　2019 年长江经济带各城市城乡居民收入状况

单位：元

城　市	城镇居民人均可支配收入	农村居民人均可支配收入	城　市	城镇居民人均可支配收入	农村居民人均可支配收入
上　海	73615	33195	金　华	59348	28511
南　京	64372	27636	衢　州	46933	24426
无　锡	61915	33574	舟　山	61479	36784
徐　州	36215	19873	台　州	60351	30221
常　州	58345	30491	丽　水	46437	21931
苏　州	68629	35152	合　肥	45404	22462
南　通	50217	24303	淮　北	34727	14052
连云港	35390	18061	亳　州	32409	14102
淮　安	38952	18567	宿　州	32643	13213
盐　城	38816	22258	蚌　埠	37028	16666
扬　州	45550	23333	阜　阳	32844	13079
镇　江	52713	26785	淮　南	35826	14250
泰　州	47216	23116	滁　州	34091	14487
宿　迁	30614	18121	六　安	31788	13244
杭　州	66068	36255	马鞍山	49010	23473
宁　波	64886	36632	芜　湖	42064	22745
温　州	60957	30211	宣　城	39976	17542
嘉　兴	61940	37413	铜　陵	39256	15791
湖　州	59028	34803	池　州	33747	16099
绍　兴	63935	36120	安　庆	34041	14347

续表

城　　市	城镇居民人均可支配收入	农村居民人均可支配收入	城　　市	城镇居民人均可支配收入	农村居民人均可支配收入
黄　　山	36658	16970	怀　　化	29107	10870
南　　昌	44136	19498	娄　　底	30512	12928
景德镇	40143	17985	重　　庆	37939	15133
萍　　乡	38502	19536	成　　都	45878	24357
九　　江	38076	15772	自　　贡	36622	17277
新　　余	40610	19481	攀枝花	41864	18352
鹰　　潭	37151	17668	泸　　州	37252	16531
赣　　州	34826	10609	德　　阳	37222	18249
吉　　安	39608	16491	绵　　阳	37454	17735
宜　　春	34831	16362	广　　元	33481	13127
抚　　州	34518	16081	遂　　宁	34854	16358
上　　饶	37456	14670	内　　江	36059	16450
武　　汉	51706	24776	眉　　山	36743	18177
黄　　石	38725	16516	南　　充	33749	15027
十　　堰	33577	11378	乐　　山	36676	16728
宜　　昌	38463	18134	宜　　宾	36692	16999
襄　　阳	37297	18933	广　　安	36005	16445
鄂　　州	34541	19313	达　　州	33823	15504
荆　　门	36805	20556	雅　　安	35043	14586
孝　　感	35374	17090	巴　　中	33663	13232
荆　　州	35910	18893	资　　阳	36236	17592
黄　　冈	30826	14693	贵　　阳	38240	17275
咸　　宁	33191	16591	六盘水	33048	11043
随　　州	31961	18094	遵　　义	36362	13565
长　　沙	55211	32329	安　　顺	32345	10896
株　　洲	46553	21680	毕　　节	32638	10364
湘　　潭	39890	21116	铜　　仁	32158	10259
衡　　阳	38479	21305	昆　　明	46289	16356
邵　　阳	29503	13055	曲　　靖	37314	13697
岳　　阳	35116	16878	玉　　溪	40700	15719
常　　德	33896	10480	保　　山	35351	12499
张家界	27884	11538	昭　　通	29930	10555
益　　阳	33274	18818	丽　　江	35667	11475
郴　　州	35160	16339	普　　洱	31456	11502
永　　州	31089	15275	临　　沧	29524	11907

四　"十三五"时期各省市推进协调性均衡发展重要举措

长江经济带各省市在"十三五"规划的指引下，紧紧把握经济发展新常态的客观现实，全面践行"五位一体"发展理念。为此，本部分将在前述区域概况、发展态势的基础上，进一步详细梳理9省2市在"十三五"期间为推进区域协调发展与均衡发展采取的重要举措，以期为后续问题诊断与对策建议提供有力支撑。

（一）上海市

上海市在国民经济和社会发展第十三个五年规划纲要中明确提出要与沿江省市共建长江经济带，具体见专栏1。

专栏 1：上海市推进长江经济带协调均衡发展的重要举措

坚持深化、放大、提升、搭台，共同推动长江经济带转型升级，打造中国经济新支撑带。推动区域生态环保机制向全流域延伸，加强长江流域水环境综合治理，构建沿江绿色生态廊道。统筹水路、铁路、公路、航空建设，打造综合立体交通走廊，鼓励港航企业以资本、技术、信息为纽带，深化沿江港口协作联动。推动口岸城市群合作和口岸监管部门一体化改革，强化大通关协作机制，与沿江省市共同构建长江物流一体化运营平台。加强长江经济带统一市场建设，推动实施规则体系共建、创新模式共推、市场监管共治、流通设施互联、市场信息互通、信用体系互认。加强与长江中上游地区产业合作，搭建跨区域产业合作平台，探索共建产业园区，促进沿江产业合理布局和集群化发展。

资料来源：《上海市国民经济和社会发展第十三个五年规划纲要》，2016 年 1 月 29 日。

（二）江苏省

江苏省在国民经济和社会发展第十三个五年规划纲要中明确提出要打造长江经济带建设先行先导地区，具体见专栏2。

专栏 2：江苏省推进长江经济带协调均衡发展的重要举措

在建设长江经济带中发挥引领作用。坚持生态优先、绿色发展，严守生态安全底线和生态保护红线，科学规划、合理利用岸线资源，严格控制和治理水污染，促进长江生态持续好转，打造沿江绿色生态廊道和黄金旅游休闲带。统筹基础设施建设和服务功能强化，推进内河航道网、快速交通网和高速信息网叠加互动，率先建成综合立体交通走廊。依托长江黄金水道，加速推进长江南京以下 12.5 米深水航道二期工程，提升南京区域性航运物流中心功能，开展沿江港口一体化改革试点，打造长江江苏南京以下江海联运港区，推广应用江海直达标准化船型，强化与上海洋山港、舟山江海联运服务中心的合作互动，增强长江现代航运服务能力。强化创新驱动，推进产业优化升级、延伸融合和集聚发展，构建产品、服务、园区、城市"四位一体"的品牌体系。

深化与长江中上游地区合作。坚持市场主导、政府推动、利益共享，引导相关优势产业和加工制造业环节向中西部地区有序转移，进一步优化完善产业链。积极创建长江经济带国家级转型升级示范开发区，鼓励省内外开发区、大型企业合作共建园区，支持有条件的长江中上游城市和企业在我省开发区设立"区中区""园中园"。开展技术合作、战略联盟、外包等非产权合作，拓宽地区间开放互动发展新路径。

资料来源：《江苏省国民经济和社会发展第十三个五年规划纲要》，2016 年 1 月 28 日。

（三）浙江省

浙江省在国民经济和社会发展第十三个五年规划纲要中明确提出要积极参与长江经济带建设和区域合作发展，具体见专栏 3。

专栏 3：浙江省推进长江经济带协调均衡发展的重要举措

积极参与长江经济带建设。统筹铁路、公路、水运、航空、管道建设，推动多式联运发展，率先建成对接长江经济带的现代立体综合交通运输体系。加强省际产业合作，建设长江经济带国家级转型升级示范开发区，引进、消化、吸收国际高端技术产品，努力向长江中上游地区输出技术、资本、人才、信息和管理经验，促进产业有序转移和生产要素合理流动。

深入推进长三角区域协同协调发展。主动接轨上海，重点推动交通、环保、公共服务、科技创新等领域共建共治共享，合力打造长三角世界级城市群。加强与上海的沟通协商和对接合作，加快推进小洋山北侧陆域和大洋山区域开发建设。积极对接上海制造业和服务业发展，支持临沪地区共建产城融合平台。推动浙闽赣皖四省九市协同发展，加强与海西区对接融合，合力打造国家东部生态文明旅游区。

深化国内合作和对口支援（帮扶）。积极参与西部大开发、东北等老工业基地振兴、中部崛起和京津冀协同发展等区域发展战略实施。加强与能源资源富集省份的合作交流，重点抓好与新疆和宁夏等省区的能源合作、与黑龙江等粮食主产区的粮食产销合作。进一步做好对口支援新疆阿克苏（生产建设兵团农一师）、西藏那曲、青海海西、四川阿坝州和凉山州木里县、重庆涪陵和对口帮扶贵州黔东南、黔西南等工作。进一步拓展与港澳台地区合作空间。

资料来源：《浙江省国民经济和社会发展第十三个五年规划纲要》，2016 年 1 月 28 日。

（四）安徽省

安徽省在国民经济和社会发展第十三个五年规划纲要中明确提出要积极打造长江经济带重要战略支撑，具体见专栏 4。

专栏 4：安徽省推进长江经济带协调均衡发展的重要举措

把修复长江生态环境摆在压倒性位置，走生态优先、绿色发展之路。在生态环境容量过紧日子前提下，把实施重大生态修复工程作为优先优选项目，形成节约能源资源和保护生态环境的产业结构、增长方式、消费模式。统筹长江水资源保护和综合利用，强化沿江污染治理与生态保护，建设沿江生态廊道。高效利用长江岸线资源，严格生态岸线保护。加强与沿江省市协作联动，共同实施航道畅通、枢纽互通、江海联通、关检直通"四通工程"，推进一批跨区域铁路、公路、航空、管道建设，打造长江经济带综合立体交通走廊。优化沿江产业与城镇布局，提升承接产业转移水平，加快建设特色现代产业基地。创新区域开放合作机制，共同构建生态环境联防联治、市场体系统一开放、基础设施共建共享、流域管理统筹协调的区域协调发展新机制。

资料来源：《安徽省国民经济和社会发展第十三个五年规划纲要》，2016年2月21日。

（五）江西省

江西省在国民经济和社会发展第十三个五年规划纲要中明确提出要全面参与长江经济带发展，具体见专栏5。

专栏5：江西省推进长江经济带协调均衡发展的重要举措

充分发挥江西省承东启西的区位优势，全面推进与沿江省份对接合作，创新开放合作模式，把江西省建设成为长江经济带的重要战略支撑。

强化基础设施对接。以高等级航道和快速铁路建设为重点，积极对接沿长江综合运输通道建设，构建便捷高效、联江通海的现代化立体交通格局。

强化产业合作对接。坚持优势互补、错位发展，主动对接沿江临港产业，培育发展港口经济，积极参与沿江经济协作区建设，大力承接长三角先进制造业和先进技术转移，形成一批竞争优势明显的产业集群和产业基地。

强化政策体系对接。主动对接上海、福建、广东自贸区发展，借鉴复制其试点经验，争取设立自由贸易园（港）区。全面融入长江大通关体系，推动九江、南昌等港区与沿江沿海港区无缝对接，加快实现"三互"大通关。建立与沿江省市政府间沟通协商制度，共同推进区域市场一体化、公共服务资源共建共享、社会治理联动、生态保护合作。

资料来源：《江西省国民经济和社会发展第十三个五年规划纲要》，2016年1月29日。

（六）湖北省

湖北省在国民经济和社会发展第十三个五年规划纲要中明确提出要加快长江经济带开发开放，具体见专栏6。

专栏6：湖北省推进长江经济带协调均衡发展的重要举措

坚持生态优先、绿色发展的战略定位，加快长江经济带开发开放，建设生态长江、经济长江、文化长江，努力打造长江经济带的"脊梁"。加快实施长江防护林体系建设、水土流失及岩溶地区石漠化治理、退耕还林还草、水土保持、河湖和湿地生态保护修复等工程，构建绿色生态长廊，打造长江中游生态文明示范带。以建设武汉长江中游航运中心为重点，统筹发展多种运输方式，构建综合立体交通运输体系。以武汉建设具有全球影响力的产业创新中心为引领，培育发展具有世界先进水平的产业集群，着力建设现代产业走廊，打造产业转型升级支撑带。发挥中心城市和重要节点城市的引领作用，推动跨江、跨区域合作，打造长江新型城镇连绵带。

资料来源：《湖北省国民经济和社会发展第十三个五年规划纲要》，2016年4月11日。

（七）湖南省

湖南省在国民经济和社会发展第十三个五年规划纲要中明确提出要全面参与长江经济带建设，具体见专栏7。

专栏7：湖南省推进长江经济带协调均衡发展的重要举措

深化国内合作。强化长株潭城市群在长江中游城市群中的重要地位，发挥岳阳通江达海的"桥头堡"作用，加强与长三角城市群、长江中游城市群、成渝城市群等多领域合作，加快融入沿江产业发展链。加快湘赣开放合作试验区建设，打造湖南东部开放型经济走廊。深入实施中部崛起战略，加强与中部省份产业与科技协作。深化泛珠区域合作，辐射带动湘南区域开放发展。推进湘黔中西部区域合作示范区、通平修区域合作示范区，以及龙凤、大新经济协作示范区建设。推进援藏、援疆等对口支援工作。

强化发展联动。打破地区、行业界限，健全区域互动合作机制，实现重点领域互惠共赢。以洞庭湖为中心，加强黄金水道建设，推动江湖河联通，增开岳阳城陵矶港、长沙霞凝港、常德盐关港等对外直航航线，疏通区域微循环。推动长江沿线园区合作，加快产业转型升级。深化流域、区域通关一体化改革，提高口岸大通关效率。启动湖南内河航运信息集散和物流交易中心建设。创新跨区域生态保护与环境治理机制，推进流域生态治理和修复合作。

承接产业转移。瞄准珠三角、长三角、京津冀、港澳台等重点地区，大力开展产业链招商，引进一批大企业、大项目，吸引跨国公司区域总部、营运中心和研发中心落户湖南。充分发挥湘南、娄邵承接产业转移示范区等平台优势，加强与东部及沿海地区对接，积极承接资源加工型、劳动密集型、资本及技术密集型等具有成本优势的产业转移。

资料来源：《湖南省国民经济和社会发展第十三个五年规划纲要》，2016 年 1 月 30 日。

（八）重庆市

重庆市在国民经济和社会发展第十三个五年规划纲要中明确提出要在参与长江经济带建设中实现更大作为，具体见专栏 8。

专栏 8：重庆市推进长江经济带协调均衡发展的重要举措

依托长江大通道，加快建成长江上游航运中心、全国重要物流枢纽、通信枢纽，全面提升金融、贸易、物流、信息、科技、人才等要素集散功能，辐射带动周边地区共同发展，促进"一带一路"与长江经济带互联互通和联动发展，成为我国经济新支撑带向内陆纵深推进的重要枢纽和门户。

深化与长江经济带沿线省市的合作交流，主动参与构建长江经济带区域合作机制，与沿江城市共同推动基础设施互联互通、市场一体化发展、公共服务共建共享、环境保护联防联治，共同培育世界级产业集群，有序承接产业转移。打造重庆承接沿江产业转移高地，支持与沿江省市开展园区共建、

"产业飞地"战略合作试点，合力构建沿江优势产业联盟。

建成全国重要物流枢纽。畅通物流大通道，建成以国家级综合交通枢纽为支撑的物流通道网络，形成国家"五横五纵"路网西部地区重要交汇点及"一带一路"和长江经济带在内陆地区的重要联接点，形成内陆地区与东部沿海地区以及长江经济带与欧洲、南亚等地区的物流主通道。

资料来源：《重庆市国民经济和社会发展第十三个五年规划纲要》，2016 年1 月 28 日。

（九）四川省

四川省在国民经济和社会发展第十三个五年规划纲要中明确提出要主动参与长江经济带建设，具体见专栏 9。

专栏 9：四川省推进长江经济带协调均衡发展的重要举措

加强与沿江省市协同协作，共同促进长江经济带实现上中下游协同发展、东中西部互动合作，共建生态文明建设的先行示范带、创新驱动带、协同发展带。以贯通长江干、支线航道水运为重点，统筹铁路、公路、航空、管道等综合交通体系建设，共建长江经济带综合立体交通走廊。推进与沿江省份产业联动，培育一批承接产业转移示范区和加工贸易梯度转移承接地，形成集聚度高、竞争力强的现代产业走廊。以修复长江生态环境为重点，共抓大保护，推动生态环境联防联控，切实保护和利用好长江水资源，共同加强长江沿线生态建设和环境保护。

资料来源：《四川省国民经济和社会发展第十三个五年规划纲要》，2016 年1 月 29 日。

（十）贵州省

贵州省在国民经济和社会发展第十三个五年规划纲要中明确提出要深度融入长江经济带建设，具体见专栏 10。

专栏10：贵州省推进长江经济带协调均衡发展的重要举措

紧紧抓住国家依托黄金水道推动长江经济带发展的战略机遇，着力加强以连接长江中上游中心城市和主要港口、连接东西两头开放、连接长江经济带南北交通通道为重点的综合交通基础设施建设，形成与长江经济带各省（市）互联互通；进一步加强与成渝、长株潭、长三角等经济区在文化旅游、现代农业、资源深加工产业、战略性新兴产业、能源、现代服务业、科技教育等领域的合作，扩大合作发展空间，推动区域产业优势互补、分工协作，促进产业转型升级；深化全省生态建设、环境保护与沿江各省（市）合作，推动形成流域生态环境污染联防联控、协同保护的治理格局，共同打造长江绿色生态走廊和生态安全屏障。

资料来源：《贵州省国民经济和社会发展第十三个五年规划纲要》，2016年1月31日。

（十一）云南省

云南省在国民经济和社会发展第十三个五年规划纲要中明确提出要全面融入长江经济带建设，具体见专栏11。

专栏11：云南省推进长江经济带协调均衡发展的重要举措

以融入长江经济带为主线，以加强与周边省（区、市）和长江中下游地区合作为重点，努力把金沙江对内开放合作经济带建设成为长江上游重要的生态安全屏障和重要经济增长极。

全面融入长江经济带建设，共同打造国家生态文明建设先行示范带、创新驱动带、协调发展带。深化泛珠三角区域合作，积极参与构建区域互动合作机制，加强通道连接、资本引进、市场对接，深度开展资本和产业合作，联合、借力国内腹地增强对外开放支撑。有机衔接成渝、黔中及北部湾经济区发展，推进珠江—西江经济带、赣湘黔滇和粤桂黔滇高铁经济带、左右江革命老区、文山—百色跨省经济合作区、北海云南临海产业园建设。提升滇粤、滇浙等省际合作水平，加强与川渝黔桂藏等周边省（区、市）合作。

完善沪滇对口帮扶合作机制，深化产业转移与承接、园区共建、金融中心建设、科技创新、人才培养等方面的合作。深化与香港、澳门和台湾地区的合作发展。

资料来源：《云南省国民经济和社会发展第十三个五年规划纲要》，2016 年 1 月 29 日。

第三章 长江经济带协调性均衡发展评价指标体系构建及方法

区域协调性均衡发展中,区域的"均衡性"侧重于强调区域内外众多要素的数量关系和发展及分布状态,区域的"协调性"则侧重于反映区域内外的良性互动关系和联系,两者既可以在水平与结构、体量与质量、内在与外在、静态与动态、等级与次序等不同视域下独自展开,又可以在"融合共生"的耦合机制下达到辩证统一,形成"一体两面"的统一研究分析框架。①

第一节 评价指标体系设计思路

一 指标体系的特征分析

区别于其他区域发展,区域协调性均衡发展需要同时具备以下五个方面的基本特征。

（一）现状的合理性

现状的合理性即一个客观存在的区域事物或者区域发展现象,不论表现形式是均衡的还是非均衡的,是协调的还是不协调的,都有其存在的客观合理性和内在的逻辑依据,成为支撑区域空间景观与表象的根源。

（二）状态的稳定性

状态的稳定性主要体现为一个相对均衡、协调的区域系统必然处于结构

---

① 孟越男、徐长乐:《区域协调性均衡发展理论的指标体系构建》,《南通大学学报》(社会科学版) 2020 年第 1 期。

相对稳态、关系相对恒定、各方力量相对势均力敌的平衡位势。这种平衡位势一旦形成，在中短期内是很难轻易改变的，其内在的逻辑依据来自区域组织结构的长期稳定性。

（三）功能的完备性

功能的完备性主要体现为区域的主体功能能够得到最大化的发挥。如在大河流域的上游地区，应当最大限度地以自然保护、生态修复、植被覆盖、水源涵养为主，尽可能减少人类活动和干预，仅少部分地区涉及农副产品的种植、生产和加工，能源、矿产资源开采，具有流量限制的旅游观光活动，以及相对集聚的人口、城镇、村舍和基础设施等。中游地区作为上下游的过渡地带，兼顾生态保护和中等强度人类活动。而在流域的下游地区，则可以人类的强势活动为主，即较高密度的人口及资源要素集聚，较高强度的人类开发利用活动，以及较大区域范围的拓展人类活动领域的深度和广度。

（四）关系的共生性

关系的共生性主要体现为两个及以上发生相互作用关系的区域事物之间，存在互为依存（即"你中有我、我中有你"）、联系密切、彼此竞合的良性互动关系，形成一个不可分割的存在共同体、利益共同体和命运共同体。对于"流域"尤其是像长江流域这种特殊的巨型区域而言，这种共生性在上中下游地区之间、干流支流之间、左岸右岸之间以及人与自然之间，更是表现得淋漓尽致，成为流域有别于一般区域的一大鲜明特征。

（五）系统的和谐性

系统的和谐性即区域作为一个自然—经济—社会的复合生态系统，一是基本维持系统长期、稳定的物质循环、能量流动、物种繁衍和动态平衡；二是不断满足结构优化、关系良化、功能进化的自身发展需求；三是通过目标设计、结构优化、功能完善、一体化发展等系列举措，最终实现"整体大于部分之和""1+1>2"的系统功效。

在上述五个特征的基础上，还要考虑数据指标的科学性、适用性、可靠性、客观性、可得性、可比性等方面，力求在指标体系构建过程中体现区域协调性均衡发展的概念和内涵。

二 指标体系框架

基于区域协调性均衡发展的特征，围绕长江经济带协调性均衡发展的内涵，根据上述分析依据，构建由均衡度指数、协调度指数和融合度指数组成的指标体系。

均衡度指数的构建依据的是 2018 年 11 月 18 日发布的《中共中央 国务院关于建立更加有效的区域协调发展新机制的意见》中提出的基本公共服务均等化、基础设施通达程度比较均衡、人民基本生活保障水平大体相当的三大目标，具体包括"人民生活水平""基本公共服务""基础设施建设"3 个二级指标和 10 个三级指标。

协调度指数的构建依据的是区域发展所必须涉及的产业、城镇、社会、人与自然等四大重点关系领域，具体包括"产业协调""城镇协调""社会协调""人与自然协调"4 个二级指标和 10 个三级指标。

融合度指数的构建依据的是 2018 年 4 月 26 日习近平总书记在武汉主持召开的深入推动长江经济带发展座谈会上明确要求"努力把长江经济带建设成为生态更优美、交通更顺畅、经济更协调、市场更统一、机制更科学的黄金经济带"的五个"更"的美好愿景，作为区域均衡性与区域协调性在"融合共生"耦合机制下所达到的理想状态，具体包括"生态优美""交通顺畅""经济协调""市场统一""机制科学"5 个二级指标和 10 个三级指标。

第二节 评价指标体系构建及指标说明

一 指标体系构建

根据上述分析依据，本研究构建了由均衡度指数、协调度指数和融合度指数 3 个一级指标，以及 12 个二级指标和 30 个三级指标所组成的区域协调性均衡发展指标体系，并以长江经济带 110 个地级及以上城市为典型样板区域予以实证分析评价（见表 3-1）。

表3-1 区域协调性均衡发展指标体系

一级指标	二级指标	三级指标	单位	指标描述
协调性均衡发展指数 A	均衡度指数 B1(10)	人民生活水平 C1(4)	城乡居民人均可支配收入 D1	元	人均收入指标
			人均社会消费品零售额 D2	元	人均消费指标
			人均住户年末储蓄款余额 D3	元	人均财富指标
			城镇登记失业率 D4	%	就业指标
		基本公共服务 C2(3)	每万人拥有病床数 D5	张	人均医疗指标
			每万人拥有公共图书馆藏书 D6	册	人均文化设施指标
			城镇职工基本养老保险覆盖率 D7	%	养老保障普及率
		基础设施建设 C3(3)	互联网接入用户数 D8	万户	信息化水平指标
			建成区路网密度 D9	公里/公里²	道路通达性指标
			建成区排水管道密度 D10	米/公里²	城市基础性指标
	协调度指数 B2(10)	产业协调 C4(3)	第二、第三产业占比 D11	%	产业结构高度化指标
			规上企业利润总额 D12	亿元	产业效率指标
			"三资"企业数量占比 D13	%	产业国际化指标
		城镇协调 C5(2)	中心城区人口占比 D14	%	中心城市辐射带动指标
			城乡居民人均可支配收入比 D15	—	城乡收入差异指标
		社会协调 C6(2)	社会网络联系度 D16	—	社会网络强度指标
			失业保险覆盖率 D17	%	社会保障状况指标

续表

一级指标	二级指标	三级指标	单位	指标描述
	人与自然协调 C7(3)	人口密度比 D18	—	人口与自然相对协调指标
		经济密度比 D19	—	经济与自然相对协调指标
		城镇密度比 D20	—	城镇与自然相对协调指标
	生态优美 C8(3)	万元 GDP 电耗 D21	千瓦时	能源可持续发展指标
		万元 GDP"三废"排放 D22	吨	环境可持续发展指标
		建成区绿化覆盖率 D23	%	生态可持续发展指标
融合度指数 B3(10)	交通顺畅 C9(2)	每万人交通客运量 D24	人	区域通达性指标
		每万人交通货运量 D25	吨	
	经济协调 C10(2)	人均 GDP D26	元	经济综合发展指标
		R&D 经费支出占财政支出的比重 D27	%	科技支撑强度指标
	市场统一 C11(2)	国内 100 强企业分支机构数 D28	家	企业跨域发展指标
		世界 100 强企业分支机构数 D29	家	国内外市场开放指标
	机制科学 C12(1)	以水资源保护与水环境综合治理为核心的联防联控机制和生态环境补偿机制 D30	个	区域一体化机制指标

协调性均衡发展指数 A

二 评价区域

本研究所涉及的长江经济带协调性均衡发展指数的评价区域包括两个层级：省市层级包括上海、江苏、浙江、安徽、江西、湖北、湖南、重庆、四川、贵州、昆明等沿江 11 个省市，其中下游地区 4 个，中游地区 3 个，上游地区 4 个；地市层级包括沿江 11 个省市的 110 个地级及以上城市，其中下游地区 41 个，中游地区 36 个，上游地区 33 个，未包括湖北恩施，湖南湘西，四川阿坝、凉山、甘孜，贵州黔东南、黔南、黔西南，云南德宏、怒江、迪庆、大理、楚雄、红河、文山、西双版纳等民族自治州，以及湖北省三个直管县仙桃、潜江和天门（见表 3-2）。

表 3-2 长江经济带协调性均衡发展指数评价区域

省级	地级及以上城市（共计 110 个地级市，未包含民族自治地区）
上海	上海
江苏	南京、无锡、徐州、常州、苏州、南通、连云港、淮安、盐城、扬州、镇江、泰州、宿迁
浙江	杭州、宁波、温州、嘉兴、湖州、绍兴、金华、衢州、舟山、台州、丽水
安徽	合肥、淮北、亳州、宿州、蚌埠、阜阳、淮南、滁州、六安、马鞍山、芜湖、宣城、铜陵、池州、安庆、黄山
江西	南昌、景德镇、萍乡、九江、新余、鹰潭、赣州、吉安、宜春、抚州、上饶
湖北	武汉、黄石、十堰、宜昌、襄阳、鄂州、荆门、孝感、荆州、黄冈、咸宁、随州
湖南	长沙、株洲、湘潭、衡阳、邵阳、岳阳、常德、张家界、益阳、郴州、永州、怀化、娄底
重庆	重庆
四川	成都、自贡、攀枝花、泸州、德阳、绵阳、广元、遂宁、内江、眉山、南充、乐山、宜宾、广安、达州、雅安、巴中、资阳
贵州	贵阳、六盘水、遵义、安顺、毕节、铜仁
云南	昆明、曲靖、玉溪、保山、昭通、丽江、普洱、临沧

三 数据来源及主要指标说明

（一）数据来源

数据来自《中国城市统计年鉴 2019》、《中国城市建设统计年鉴 2019》、各省市 2020 年统计年鉴以及 2019 年企业公开年报。

（二）指标说明

D2 人均社会消费品零售额用以衡量社会消费水平。人均社会消费品零售额＝社会消费品零售额/常住人口数。

D3 人均住户年末储蓄存款余额用以衡量住户财富水平。人均住户年末储蓄存款余额＝住户年末储蓄存款余额/常住人口数。

D5 每万人拥有病床数用以衡量医疗资源水平。每万人拥有病床数＝卫生机构病床数量/常住人口数。

D6 每万人拥有公共图书馆藏书用以衡量公用文化事业水平。每万人拥有公共图书馆藏书＝公共图书馆藏书量/常住人口数。

D7 城镇职工基本养老保险覆盖率用以衡量城镇职工基本养老保险覆盖情况。城镇职工基本养老保险覆盖率＝城镇职工基本养老保险缴纳人数/城镇职工总数×100%。

D11 第二、第三产业占比用以衡量产业结构比例。第二、第三产业占比＝（第二产业产值+第三产业产值）/地方国民生产总值×100%。

D13 "三资"企业数量占比用以衡量产业国际化水平。"三资"企业数量占比＝（在中国境内设立的中外合资经营企业数+中外合作经营企业数+外商独资经营企业数）/该地区企业总数×100%。

D14 中心城区人口占比用以衡量中心城区辐射带动能力。中心城区人口占比＝中心城区人口数/常住人口数×100%。

D15 城乡居民人均可支配收入比用以衡量城乡差异。城乡居民人均可支配收入比＝城镇居民人均可支配收入/农村居民人均可支配收入。

D16 社会网络联系度用以衡量社会网络强度，通过收集各城市间的铁路客运班次数据导入 Ucient 计算得出。

D17 失业保险覆盖率用以衡量社会保障情况。失业保险覆盖率＝失业保险缴纳人数/失业人数×100%。

D18 人口密度比用以衡量长江经济带人口协调程度。人口密度比＝该地区人口密度/长江经济带 110 个地级及以上城市平均人口密度。

D19 经济密度比用以衡量长江经济带经济协调程度。经济密度比＝该地区经济密度/长江经济带 110 个地级及以上城市平均经济密度。

D20 城镇密度比用以衡量长江经济带城镇协调。城镇密度比＝该地区城镇密度/长江经济带 110 个地级及以上城市平均城镇密度。

D21 万元 GDP 电耗用以衡量能量利用效率。万元 GDP 电耗＝电能消耗总量/GDP。

D22 万元 GDP "三废"排放用以衡量环境污染状况。万元 GDP "三废"排放＝（工业废水排放量+工业 SO_2 排放量+工业 NO_x 排放量）/GDP。

D24 每万人交通客运量用以衡量区域客运通达程度。每万人交通客运量＝（公路客运量+水路客运量+民航客运量）/常住人口数。

D25 每万人交通货运量用以衡量区域货运通达程度。每万人交通货运量＝（公路货运量+水路货运量+民航货运量）/常住人口数。

D26 人均 GDP 用以衡量经济总体发展水平。人均 GDP＝GDP/常住人口数。

D27 R&D 经费支出占财政支出的比重用以衡量政府对科技创新支持的力度。R&D 经费支出占财政支出的比重＝R&D 经费/财政支出总量×100%。

D28 国内 100 强企业分支机构数用以衡量企业跨域发展程度。以东方财富网 2019 年公布的上市公司市值前 100 强名单（包括境内以及港股、台股、美股等）为准，分支机构数以各公司年报披露的子公司及附属公司数为准。

D29 世界 100 强企业分支机构数用以衡量国内外市场开放程度。以跨国公司为主，分支机构数以各公司年报披露的子公司及附属公司数量为准。

D30 以水资源保护与水环境综合治理为核心的联防联控机制和生态环境补偿机制用以衡量机制建设且是唯一的定性指标。网络查询各城市相关机制（文件）的数量，若不存在记为 0。

第三节　评价方法

一　基本原理

在信息论中，熵是对不确定性的一种度量，不确定性越大，熵越大，包含的信息量就越大；不确定性越小，熵越小，包含的信息量就越小。

根据熵的特性，可以通过计算熵值来判断一个事件的随机性及无序程度，也可以用熵值来判断某个指标的离散程度，指标的离散程度越大，对综合评价的影响（权重）就越大。比如，样本数据在某指标下取值都相等，则对总体评价的影响为 0，权重为 0。

熵权法是一种客观赋权法，仅依赖于数据本身的离散性。

二 熵权法步骤

1. 基于 n 个样本、m 个指标，则 x_{ij} 为第 i 个样本的第 j 个指标的数值（$i=1,\cdots,n$；$j=1,\cdots,m$）

2. 指标的归一化处理：异质指标同质化

由于各项指标的计量单位并不统一，在用它们计算综合指标之前，先要进行标准化处理，即把指标的绝对值转化为相对值，从而解决各项不同质指标值的同质化问题。

另外，正向指标和负向指标数值代表的含义不同（正向指标数值越高越好，负向指标数值越低越好），因此，对于正向和负向指标需要采用不同的算法进行数据标准化处理。

正向指标：

$$x'_{ij}=\frac{x_{ij}-\min\{x_{ij},\cdots,x_{nj}\}}{\max\{x_{1j},\cdots,x_{nj}\}-\min\{x_{1j},\ldots,x_{nj}\}}$$

负向指标：

$$x'_{ij}=\frac{\max\{x_{1j},\cdots,x_{nj}\}-x_{ij}}{\max\{x_{1j},\cdots,x_{nj}\}-\min\{x_{1j},\cdots,x_{nj}\}}$$

为了方便起见，归一化后的数据 x'_{ij} 仍记为 x_{ij}。

3. 计算第 j 项指标下 i 个样本值占该指标的比重

$$p_{ij}=\frac{x_{ij}}{\sum_{i=1}^{n}x_{ij}}$$

其中，$i=1$，$\cdots$，n；　$j=1$，$\cdots$，m。

4. 计算第 j 个指标的熵值

$$e_j = -k \sum_{i=1}^{n} p_{ij} \ln(p_{ij})$$

其中，$j=1$，$\cdots$，m；$k=1/\ln\ (n)\ >0$，满足 $e_j \geq 0$。

5. 计算信息熵冗余度（差异）

$$d_j = 1 - e_j$$

其中，$j=1$，$\cdots$，m。

6. 计算各指标的权重

$$w_j = \frac{d_j}{\sum_{j=1}^{m} d_j}$$

其中，$j=1$，$\cdots$，m。

7. 计算各样本的综合得分

$$s_i = \sum_{j=1}^{m} w_j x_{ij}$$

其中，$i=1$，$\cdots$，n；x_{ij} 为标准化后的数据；所有计算过程均在 DPS 18. 10 高级版中得以实现。

第四章　长江经济带协调性均衡
发展指数分析

2019 年是新中国成立 70 周年，这一年长江经济带经济仍保持快速发展势头，地区生产总值增加至 457805 亿元，同比增长 6.9%，高于同期全国平均增速 0.8 个百分点。但新冠肺炎疫情突袭而至，世界经济增长低迷，国际经贸摩擦加剧，我国经济下行压力加大，长江经济带协调性均衡发展面临新挑战。因此，本章以 2019 年长江经济带 110 个城市的统计数据为基础，从长江经济带协调性均衡发展总指数及协调度、均衡度和融合度三个维度对长江经济带协调性均衡发展水平展开系统分析与评价，并为提出长江经济带各流段的协调性均衡发展对策奠定基础。

第一节　长江经济带协调性均衡发展指数测度

一　长江经济带协调性均衡发展总指数

为了对比和把握长江经济带协调性均衡发展态势，依据前文提出的测度方法及指标体系，对长江经济带 110 个城市的基础统计数据展开计算，具体测度结果及排名情况如表 4-1 所示。

表 4-1　长江经济带协调性均衡发展总指数及排名情况

排名	城市	得分	排名	城市	得分
1	上海	4.912	3	南京	2.416
2	苏州	2.757	4	杭州	2.312

排名	城市	得分	排名	城市	得分
5	无锡	2.089	39	连云港	0.909
6	武汉	2.081	40	襄阳	0.900
7	成都	2.009	41	新余	0.885
8	宁波	1.950	42	九江	0.876
9	重庆	1.745	43	湘潭	0.873
10	长沙	1.659	44	赣州	0.873
11	常州	1.623	45	黄石	0.868
12	嘉兴	1.595	46	马鞍山	0.861
13	舟山	1.577	47	德阳	0.852
14	合肥	1.547	48	绵阳	0.848
15	贵阳	1.506	49	淮南	0.844
16	南通	1.414	50	黄山	0.842
17	湖州	1.349	51	鹰潭	0.838
18	绍兴	1.313	52	铜陵	0.837
19	镇江	1.306	53	内江	0.835
20	台州	1.260	54	常德	0.835
21	昆明	1.243	55	宣城	0.835
22	金华	1.235	56	萍乡	0.830
23	温州	1.228	57	鄂州	0.823
24	南昌	1.205	58	宿迁	0.813
25	泰州	1.201	59	攀枝花	0.803
26	扬州	1.146	60	宜春	0.795
27	阜阳	1.135	61	泸州	0.791
28	芜湖	1.134	62	吉安	0.789
29	衢州	1.091	63	安庆	0.781
30	徐州	1.077	64	宜宾	0.777
31	宜昌	1.010	65	上饶	0.764
32	遵义	1.004	66	咸宁	0.763
33	株洲	0.983	67	岳阳	0.763
34	蚌埠	0.965	68	广安	0.759
35	淮安	0.932	69	池州	0.759
36	丽水	0.926	70	自贡	0.759
37	滁州	0.912	71	玉溪	0.756
38	盐城	0.911	72	十堰	0.749

续表

排名	城市	得分	排名	城市	得分
73	六安	0.737	92	广元	0.667
74	景德镇	0.736	93	抚州	0.666
75	孝感	0.733	94	宿州	0.666
76	荆门	0.730	95	丽江	0.653
77	郴州	0.729	96	张家界	0.650
78	眉山	0.710	97	达州	0.644
79	雅安	0.709	98	资阳	0.644
80	荆州	0.709	99	益阳	0.637
81	衡阳	0.704	100	铜仁	0.632
82	娄底	0.698	101	曲靖	0.589
83	乐山	0.695	102	随州	0.576
84	安顺	0.689	103	普洱	0.550
85	淮北	0.687	104	六盘水	0.549
86	南充	0.677	105	邵阳	0.544
87	永州	0.676	106	巴中	0.534
88	亳州	0.674	107	毕节	0.529
89	怀化	0.672	108	保山	0.514
90	遂宁	0.669	109	临沧	0.435
91	黄冈	0.668	110	昭通	0.376

总体上看，长江经济带协调性均衡发展总指数得分与长江经济带经济社会发展水平基本保持一致，即呈现出下游高、中上游偏低的空间分布格局。分城市来看，在 ArcGIS 中采用自然断裂点法将 110 个城市划分为五个层级。

第一层级是协调性均衡发展总指数得分大于 2.758 的城市，仅有上海 1 个城市，占全部研究单元的 0.9%。

第二层级是协调性均衡发展总指数得分为 1.746~2.757 的城市，包括苏州、南京、杭州、无锡、武汉、成都和宁波 7 个城市，约占全部研究单元的 6.36%，其中上游城市有 1 个，中游城市有 1 个，下游城市有 5 个，绝大多数城市分布在下游地区。

第三层级是协调性均衡发展总指数得分为 1.092~1.745 的城市，包括重庆、长沙、常州、嘉兴、舟山、合肥、贵阳、南通、湖州、绍兴、镇江、台州、昆明、金华、温州、南昌、泰州、扬州、阜阳和芜湖20个城市，约占全部研究单元的18.18%。其中上游城市有3个，中游城市有2个，下游城市有15个，绝大多数城市分布在下游地区。

第四层级是协调性均衡发展总指数得分为0.750~1.091的城市，包括衢州、徐州、宜昌、遵义、株洲、蚌埠、淮安、丽水、滁州、盐城、连云港、襄阳、新余、九江、湘潭、赣州、黄石、马鞍山、德阳、绵阳、淮南、黄山、鹰潭、铜陵、内江、常德、宣城、萍乡、鄂州、宿迁、攀枝花、宜春、泸州、吉安、安庆、宜宾、上饶、咸宁、岳阳、广安、池州、自贡和玉溪43个城市，约占全部研究单元的39.09%。其中上游城市有10个，中游城市有17个，下游城市有16个，绝大多数城市分布在中下游地区。

第五层级是协调性均衡发展总指数得分为0.376~0.749的城市，包括十堰、六安、景德镇、孝感、荆门、郴州、眉山、雅安、荆州、衡阳、娄底、乐山、安顺、淮北、南充、永州、亳州、怀化、遂宁、黄冈、广元、抚州、宿州、丽江、张家界、达州、资阳、益阳、铜仁、曲靖、随州、普洱、六盘水、邵阳、巴中、毕节、保山、临沧和昭通39个城市，约占全部研究单元的35.45%。其中，上游城市有19个，中游城市有16个，下游城市有4个，绝大多数城市分布在中上游地区。

综上，就整个长江经济带协调性均衡发展总指数而言，下游尤其是长三角地区的城市表现出色，基本都处于第一至第三层级，总指数得分在1以上；中游除武汉、长沙、南昌等少数省会城市外，大多数城市的总指数得分并不理想，普遍处于第四至第五层级；上游地区的情况与中游地区类似，除重庆和成都外，大都处于第四至第五层级，协调性均衡发展总指数得分偏低。这也表明不少中上游城市在协调性均衡发展方面与下游尤其是长三角地区的城市相比存在较大差距，在全球经济低迷与我国经济下行的双重压力下，暴露出了不少问题。

二 长江经济带典型城市协调性均衡发展指数的特征分析

本部分将在前述研究的基础上将长江经济带110个城市（主要依据城

市所属的层级）具体划分为龙头城市、核心城市、重要城市、节点城市和一般城市 5 种类型。结合各项指标数据对不同类型城市的协调性均衡发展特征展开分析，旨在勾勒出长江经济带各城市的协调性均衡发展轮廓，探究各城市在协调性均衡发展中存在的显著优劣势。

（一）龙头城市

如表 4-1 所示，2019 年上海的协调性均衡发展总指数排名居全部研究单元的第一位且与第二位的苏州拉开了较大的差距，是当之无愧的长江经济带协调性均衡发展中的龙头城市。

进一步观察具体指标可知，上海在城乡居民人均可支配收入、人均住户年末储蓄存款余额和每万人拥有公共图书馆藏书等 11 项指标方面均位列第一，尤其是在国内 100 强企业分支机构数和世界 100 强企业分支机构数两项指标方面，分别是第二位的杭州和武汉的 3.5 倍和 4.2 倍，优势十分明显。作为我国改革开放的前沿、国家经济中心之一和长三角地区核心城市，上海在经济社会发展方面的优势较为突出，人民生活水平高、基本公共服务完善、三次产业协调、人地关系和谐（见表 4-2）。特别是近些年来，在上海"五个中心"建设的背景下，上海进一步加大了在城市基本公共服务、产业结构调整、社会民生方面的投入，统计数据显示上海 2019 年在上述领域的关键数据表现上均居长江经济带前列。由此可见，在强大经济实力的支撑下，针对社会民生、生态环境、基础设施等的高强度投入是上海协调性均衡发展的关键所在。

表 4-2　上海排名首位的指标数据

指标	数值	名次	后一位城市（数值）
城乡居民人均可支配收入	53405 元	1	苏州（51891 元）
人均住户年末储蓄存款余额	130667 元	1	杭州（112712 元）
每万人拥有公共图书馆藏书	33206 册	1	苏州（31572 册）
第二、第三产业占比	99.73%	1	苏州（98.98%）
规上企业利润总额	2927.07 亿元	1	苏州（1953.04 亿元）
"三资"企业数量占比	36.66%	1	苏州（35.9%）

指标	数值	名次	后一位城市（数值）
社会网络联系度	0.0504	1	南京（0.045）
人口密度比	9.95	1	阜阳（7.82）
经济密度比	19.8	1	无锡（8.43）
国内100强企业分支机构数	389家	1	杭州（111家）
世界100强企业分支机构数	401家	1	武汉（95家）

尽管上海在前述指标中处于全面领先地位，但上海在城镇协调、生态优美等方面还存在明显短板。在城镇协调方面，上海的城乡居民人均可支配收入比为2.22，仅列所有研究单元的第65位；中心城区人口占比为60.5%，仅列所有研究单元的第10位；在生态优美方面，上海的万元GDP电耗、万元GDP"三废"排放和建成区绿化覆盖率分别为411.1千瓦时、0.89吨和39.7%，分列所有研究单元的第15位、第41位和第88位。由此可见，上海在城乡居民人均可支配收入比和建成区绿化覆盖率等方面表现欠佳，基本处于所有研究单元的中下游位置。反观上海周边的宁波、苏州、常州、南京等城市的上述指标表现较为出色，这也在一定程度上表明上海虽然在城镇协调、生态优美等方面投入较大，但部分指标表现并不尽如人意。为了进一步加快"五个中心"建设，上海在城镇协调、生态优美方面仍需加大投入力度，努力缩小城乡居民收入差距，优化生态环境。

（二）核心城市

在协调性均衡发展总指数中，有苏州、南京、杭州、无锡、武汉、成都、宁波、重庆①等8个城市被归入核心城市类型。上述城市或是沿江省会，或是副省级城市，或是地方经济重镇，重庆更是直辖市和国家中心城市。核心城市在协调性均衡发展指数各维度的表现均较为突出，未来将成为带动各自所在区域协调性均衡发展的关键引擎，并在此基础上有效带动长江

---

① 重庆的协调性均衡发展指数得分相对较低，但考虑到现有的中央政府定位、长江上游区域中心城市和航运中心以及直辖市地位，本研究仍将其列为核心城市之一展开分析。

经济带各流段的协调性均衡发展水平提升。

上述 8 个城市，除重庆外（居第 38 位），其他城市人均 GDP 均排所有研究单元的前 10 位，雄厚的经济基础使得地方财政资金相对充裕，对社会民生、生态环境、产业协调、基本公共服务的投入较大，进一步促进了人民生活水平的提高、基本公共服务的完善、三次产业的协调和人地关系和谐。因此，在协调性均衡发展指数评价中，8 个核心城市各分项指标排名大都居于所有研究单元的前列，呈现出较高的协调性均衡发展水平（见表 4-3）。

表 4-3　8 个核心城市的部分三级指标表现

城市	城乡居民人均可支配收入（元）	每万人拥有公共图书馆藏书（册）	互联网接入用户数（万户）	规上企业利润总额（亿元）	社会网络联系度	世界 100 强企业分支机构数（家）
苏州	51891（2）	31572（2）	667（4）	1953.0（2）	0.0298（5）	65（5）
南京	46004（10）	27353（3）	537（5）	646.7（11）	0.045（2）	85（4）
杭州	51162（3）	24681（4）	524（7）	1126.2（6）	0.0428（3）	76（6）
无锡	47745（8）	13593（14）	395（10）	1214.2（4）	0.0275（7）	33（13）
武汉	38241（17）	8000（32）	532（6）	867.2（7）	0.0292（6）	95（2）
成都	35118（22）	18542（6）	782（3）	737.6（9）	0.0183（15）	79（5）
宁波	50759（4）	14552（9）	426（8）	13398.7（3）	0.0137（25）	55（8）
重庆	26536（63）	5930（51）	1372（1）	1210.3（5）	0.0143（20）	91（3）

注：括号内为排名。

苏州是国务院批复确定的长江三角洲重要的中心城市之一、国家高新技术产业基地和风景旅游城市。2019 年，苏州在促进区域协调性均衡发展方面成效显著。主动融入长三角区域一体化发展大局，制定实施苏州行动计划，启动建设长三角生态绿色一体化发展示范区。统筹打好蓝天、碧水、净土保卫战，环境质量持续好转。加强环境突出问题整治，中央环保督察及"回头看"等反馈问题均按进度要求完成整改。推进 711 项治气工程项目，完成燃煤锅炉整治、堆场扬尘治理、挥发性有机物综合治理等年度任务，PM$_{2.5}$ 平均浓度每立方米 39 微克，空气质量优良天数比例为 77.8%。实施

"水十条"、太湖治理、阳澄湖生态优化行动等重点项目 575 个，完成 4.5
万亩太湖网围清拆和阳澄湖生态修复一期工程，国考和省考断面水质优Ⅲ比
例分别达到 87.5% 和 86%，提高 18.8 个和 10 个百分点。持续扩大教育服务
供给，建成投用中小学幼儿园 80 所，增加学位 7.3 万个，普通高中继续扩
招。深入实施健康苏州系列行动计划，加快医疗卫生资源补缺补短，市第九
人民医院建成投用，苏大附一院二期、市中医院二期等工程扎实推进，新
建、改扩建基层医疗卫生机构 20 家，新增慢病社区防治站 105 家。多措并
举加大民生投入，城乡公共服务支出占一般公共预算支出的比重达
到 78.7%。[①]

　　南京是江苏省会、副省级市、特大城市、南京都市圈核心城市，是国务
院批复确定的中国东部地区重要的中心城市、全国重要的科研教育基地和综
合交通枢纽。2019 年，南京在推动区域协调性均衡发展方面成效显著，城
乡功能品质加快提升。落实落细长三角区域一体化发展战略，成立领导推进
小组，制定南京实施方案，加快区域和城乡协调发展。城市格局进一步拓
展。国土空间总体规划编制取得阶段性成果，"多规合一"深入实施。加快
江北新主城建设，54 个教育、医疗项目同步推进，"三横两纵"快速路网初
步形成。编制完成紫东地区近期发展纲要。支持六合、高淳加快高质量发
展，开发区对口合作等机制得到落实。交通体系进一步完善。宁淮铁路开工
建设，4 条高速公路、6 条过江通道、9 条轨道交通等重大基础设施有序推
进，南京港口型（生产服务型）国家物流枢纽获批。打通断头路、治理交
通拥堵深入开展。城乡环境进一步改善。完成主城 10 个片区、93 个老旧小
区环境综合整治，实施 580 个片区雨污分流建设，新建 299 公里绿道、新改
建 16 处游园绿地。一体化推进农村垃圾分类、污水治理和厕所革命，4 个
村庄入选省级特色田园乡村。高分通过国家卫生城市复审。区域联动进一步
强化。推进南京都市圈、宁杭生态经济带建设，启动共建宁淮特别合作区和

---

①《2020 年政府工作报告——2020 年 1 月 8 日在第十六届人大四次会议上》，http：//
www. suzhou. gov.cn/szsrmzf/zfgzbg/202002/63cf1cfead834713a16dbb0c38123930. shtml，2020
年 2 月 17 日。

宁滁、宁马跨界一体化示范区，促成三省一市共建长三角科创圈创新平台。①

杭州是浙江省省会、副省级市、杭州都市圈核心城市，国务院批复确定的浙江省经济、文化、科教中心，长江三角洲中心城市之一。2019年，杭州市在推进区域协调性均衡发展方面主要开展了以下工作。着力稳企业稳增长，开展"走亲连心三服务"，走访企业18万余家，协调解决问题2.6万余个，新引进20亿元以上产业项目69个，"152"项目工程落地率72.5%，固定资产投资增长11.6%。加快补齐生态环境短板，新建改造污水处理配套管网150公里，创建美丽河湖30条（段），地表水省考断面达到或优于Ⅲ类水质比例为96.9%，$PM_{2.5}$达标天数同比增加7天。市域面貌明显改善，钱塘新区产城融合加速，湘湖与三江汇流区规划管控加强，城西科创大走廊引领科技创新作用日益增强，大城北规划建设全面实施，西湖景区品质进一步提升，杭州富春湾新城、临安滨湖新城、桐庐富春未来城、建德高铁新区、淳安高铁新区建设加快。民生福祉持续增进，提升改造农村生活污水终端设施，覆盖730个行政村，新增受益人口56.6万人，建成高品质"四好农村路"2035公里，所有建制村实现"村村通客车"，高品质推进"城中村"改造，安置房开工面积2612万平方米、竣工面积511万平方米，回迁安置1.85万户。②

无锡是国务院批复确定的长江三角洲地区中心城市之一、上海大都市圈的重要组成部分。2019年，无锡市在推进区域协调性均衡发展方面主要开展了以下工作。经济运行稳中有进，全市生产总值增长7%，提前实现比2010年翻一番目标，社会消费品零售总额增长8.8%，居全省第一。转型升级成效明显。科技进步贡献率提高到64.8%，继续保持全省第一的位置，

① 《2020年南京市人民政府工作报告——2020年1月9日在南京第十六届人大三次会议上南京市人民政府代市长 韩立明》，http：//www. nanjing. gov. cn/zdgk/202001/t20200117_1776396. html，2020年1月17日。

② 《2020杭州市政府工作报告全文》，https：//baijiahao. baidu. com/s？ id = 1665637622495736111&wfr=spider&for=pc，2020年5月3日。

全社会研发投入占地区生产总值的比重提高到 2.9%，高新技术产业产值占规上工业产值的比重提高到 45.4%。生态环境稳定向好，$PM_{2.5}$ 平均浓度下降 4.9%，绝对值降至全省第二低，主要入湖河道和入江支流水质首次全面达到Ⅲ类标准及以上，市区 41 条黑臭水体基本消除黑臭。人民生活不断改善，民生支出占一般公共预算支出的比例达 78.9%，全体居民人均可支配收入增长 9%，增幅居全省前列，一批教育、卫生、民政等重点项目稳步推进，无锡在全国公共服务质量监测中获得总体满意度第一名的好成绩，连续三年获评中国内地宜居城市第一名。[①]

武汉是湖北省省会，中部六省唯一的副省级市，特大城市，中国中部地区的中心城市，全国重要的工业基地、科教基地和综合交通枢纽。2019 年，武汉在推动区域协调性均衡发展方面成效显著。经济保持平稳较快增长，地区生产总值增长 7.8% 左右。新动能加快成长，高新技术产业增加值占经济总量的比重达 24.5%，数字经济占比 40% 左右，"芯屏端网"产业规模不断壮大，五大产业基地建设全面提速，构筑起高质量发展的强大支撑。污染防治有力推进，"三湖三河"流域治理全面启动，建成各类公园 45 个，新建绿道 303 公里，新增绿地 650 万平方米，打造花田花海 600 万平方米，生态文明建设迈出新步伐。市民高质量发展获得感不断增强，多措并举稳就业，城镇新增就业 24.3 万人，城镇登记失业率 2.02%，各项教育改革深入推进，新增入园入学学位 3.5 万个，实施棚户区改造 3.5 万户，建成保障房 2.7 万套，落实大学毕业生保障性住房 41.5 万平方米，完成 53 个老旧小区改造和 300 处居民住宅二次供水设施改造，建成智慧平安小区 500 个，实现老旧小区"红色物业"全覆盖。[②]

成都是四川省省会，副省级市，特大城市，成渝地区双城经济圈核心城

---

① 《无锡市政府工作报告（2021 年 1 月 8 日 杜小刚）》，http：//district. ce. cn/newarea/roll/202003/16/t20200316_ 34497840. shtml，2020 年 3 月 16 日。

② 《武汉市 2020 年政府工作报告——2020 年 1 月 7 日在武汉市第十届人民代表大会第五次会议上市长 周先旺》，http：//www. wuhan. gov. cn/zwgk/xxgk/ghjh/zfgzbg/202003/t20200316_ 970158. shtml，2020 年 1 月 11 日。

市，国务院批复确定的中国西部地区重要的中心城市，国家重要的高新技术产业基地、商贸物流中心和综合交通枢纽。2019 年，成都市在推进区域协调性均衡发展方面主要开展了以下工作。持续优化产业结构，围绕构建"5+5+1"现代化开放型产业体系，优化调整 66 个产业功能区、14 个产业生态圈规划布局，引进重大项目 411 个、总投资 6785 亿元。持续完善功能品质，深入推进"两拆一增"，增加开敞空间 752 万平方米，积极改造棚户区、老旧院落，实施"城中村"改造 1.68 万户。美丽乡村加快建设，分类重点推进 30 个特色镇（街区）建设和 107 个高品质精品林盘保护修复，完成农村户厕改造 29.6 万户。生态环境切实改善，$PM_{2.5}$ 平均浓度下降6.5%，全年空气质量优良天数达 287 天，地表水优良水体比例增长 15.2个百分点。持续增进民生福祉，发放失业保险金 27.5 亿元，城镇新增就业 26.4 万人，城镇登记失业率 3.3%，新增中小学、幼儿园学位 10 万个，新增床位 4315 张，20 家医院通过三级医院现场评审，新增三级甲等中医医院 7 家，完成 670 个基层医疗卫生机构能力提升工程，实现医联体基层全覆盖。[①]

  宁波是国务院批复确定的中国东南沿海重要的港口城市、长江三角洲南翼经济中心。2019 年，宁波市在推进区域协调性均衡发展方面主要开展了以下工作。全市实现地区生产总值 11985 亿元，总量跃居全国城市第 12 位，完成一般公共预算收入 1468.4 亿元，外贸进出口总额达到 9170.3 亿元，出口额跻身全国城市第 5 位，占全国份额从 3.38% 提高到 3.46%，研发投入强度接近 2.8%，新增国家制造业单项冠军 11 个，总数达到 39 个，居全国城市首位。有序推进污染防治，全市空气质量优良率达到 87.1%，$PM_{2.5}$ 平均浓度下降至 29 微克/立方米，市控以上断面水质优良率达到 83.8%，"污水零直排区"覆盖 85% 以上的乡镇（街道）。城乡融合发展加速推进，调整完善市与区县（市）财政和土地管理体制，启动市县两级国土空间总体规

---

① 《速看！2020 年成都市政府工作报告（全文）》，https：//www.thepaper.cn/newsDetail_ forward_ 7458540，2020 年 5 月 19 日。

划编制，启动"城中村"改造 558 万平方米，小城镇环境综合整治全面完成。人民群众有更多获得感，新增城镇就业 25.4 万人，城镇登记失业率 1.61%，新改扩建幼儿园、中小学校各 20 所，普惠性幼儿园覆盖率达到 90.8%，江北区通过首批全国义务教育优质均衡发展区评估，通过国家卫生城市复审，在全国率先启动消除丙肝行动计划，组建县域医共体 25 个。[①]

重庆是国家中心城市，超大城市，国务院批复确定的中国重要的中心城市之一，长江上游地区经济中心，国家重要的现代制造业基地，西南地区综合交通枢纽。2019 年重庆的地区生产总值为 2.36 万亿元，人均地区生产总值突破 1 万美元，工业经济逐步回暖，规上工业增加值增长 6.2%，服务业支撑力增强，服务业增加值增长 6.4%，对经济增长贡献率达到 51.3%。产业结构持续优化，传统产业转型升级步伐加快，高技术制造业和战略性新兴产业增加值分别增长 12.6%、11.6%。生态环境质量持续改善，长江干流重庆段水质总体为优，空气质量优良天数达到 316 天，$PM_{2.5}$ 平均浓度下降 5%。农村人居环境持续改善，新建"四好农村路"2.5 万公里，改造农村危房 3.9 万户，农村卫生厕所普及率达到 79.7%，行政村生活垃圾有效治理率达到 93%，城市功能品质进一步提升，现代综合立体交通网络不断完善，"两江四岸"十大公共空间加快建设。城乡居民人均可支配收入分别增长 8.7%、9.8%。基本养老、医疗保险参保率均稳定在 95% 以上。学前教育普惠率、义务教育巩固率分别达到 81.6%、95%。"三通"紧密型医共体试点覆盖 18 个区县，县域内就诊率高于全国平均水平。[②]

（三）重要城市

在协调性均衡发展总指数中，有长沙、常州、嘉兴、舟山、合肥、贵阳、南通、湖州、绍兴、镇江、台州、昆明、金华、温州、南昌、泰州、扬州、阜阳和芜湖 19 个城市被归入重要城市类型。其中，常州、嘉兴、舟山、合肥

---

① 《宁波市政府工作报告》，https：//www.nbdx. cn/xwgk/swsy/202005/t20200502_ 7744. shtml，2020 年 5 月 2 日。

② 《重庆市人民政府工作报告（2020 年）》，http：//www.cq. gov. cn/zwgk/zfxxgkml/zfgzbg/ 202001/t20200119_ 8804778. html，2020 年 1 月 19 日。

和南通等15个城市来自下游的长三角地区，除合肥为安徽省省会城市外，其余城市均为地级市，与核心城市中的南京、杭州、苏州一同构成了以上海为龙头，等级层次清晰的长三角协调性均衡发展城市群体系；剩余的4个城市中长沙、贵阳、昆明和南昌分别是湖南省、贵州省、云南省和江西省的省会城市，是推动长江经济带中上游地区协调性均衡发展的重要载体与辐射中心。

常州、嘉兴、镇江、扬州等城市均位于我国经济社会发展水平较高的江浙地区，芜湖来自安徽省，是合芜蚌国家自主创新示范区的重要组成部分。与核心城市相比，这些城市在人民生活水平、基本公共服务、产业协调、人与自然协调、市场统一等方面不具有明显优势，但在市场经济发育程度、一般公共预算收入、对外开放力度和产业基础等领域具有一定的优势，再加上地处长三角城市群，毗邻上海、南京、杭州、苏州等城市的区位优势，上述城市的协调性均衡发展总指数得分均进入了重要城市行列，甚至一些城市的部分指数得分还高于部分中西部省会城市。2019年长江经济带110个城市统计数据表明，一些城市在协调性均衡发展总指数下的部分指标方面具有突出优势。例如，扬州的城镇登记失业率仅为2.82%，列所有研究单元的第1位；台州的建成区路网密度高达16.23公里/平方公里，列所有研究单元的第1位；嘉兴和舟山的城乡居民人均可支配收入比分别为1.66和1.67，分列所有研究单元的第1位和第2位；合肥的R&D经费支出占财政支出的比重高达17.47%，居所有研究单元的第1位；舟山的每万人交通货运量高达357.12吨，列所有研究单元的第1位（见表4-4）。

表4-4　长三角地区部分城市Top5的指标情况

具体指标	城　　市
人均住户年末储蓄存款余额	南通（4）
城镇登记失业率	扬州（1）、合肥（5）
城乡居民人均可支配收入	绍兴（1）
每万人拥有公共图书馆藏书	嘉兴（5）
城镇职工基本养老保险覆盖率	舟山（3）、绍兴（4）
建成区路网密度	台州（1）

具体指标	城　　市
城乡居民人均可支配收入比	嘉兴（1）、舟山（2）、湖州（4）
失业保险覆盖率	嘉兴（4）
人口密度比	阜阳（2）
每万人交通货运量	舟山（1）
R&D 经费支出占财政支出的比重	合肥（1）、芜湖（2）

注：括号内为排名。

　　长沙、贵阳、昆明和南昌均处于长江经济带中上游地区，所在流段区域发展基础相较于下游地区显得薄弱，进而其协调性均衡发展特征与下游的合肥、常州等城市也不尽相同。上述城市区域发展相对滞后，协调性均衡发展总指数下的部分指标排名较为靠后。例如，贵阳的城乡居民人均可支配收入仅为 27758 元，列所有研究单元的第 45 位；贵阳的万元 GDP 电耗高达 712 千瓦时，仅列所有研究单元的第 80 位。但是，这些城市首位度一般都比较高，在区域性协调性均衡发展方面能够获得较多的政策支持，因而在本省范围内具有协调性均衡发展优势，从而成为各自省份引领协调性均衡发展的重要城市。特别需要指出的是，长沙作为中游地区仅次于武汉的重要城市，在区域协调性均衡发展方面也是亮点颇多。

　　长沙是国务院批复确定的长江中游地区重要的中心城市，全国"两型社会"综合配套改革试验区，中国重要的粮食生产基地，长江中游城市群和长江经济带重要的节点城市。2019 年，长沙市在推进区域协调性均衡发展方面主要有以下亮点。产业发展成效显著，22 条工业新兴及优势产业链完成投资 875 亿元，工程机械产业链总产值首破 2000 亿元，新增规模以上工业企业 311 家。宜居品质全面提升，城市空间结构不断优化，六大片区等重点区域城市设计、功能布局日益完善，城市基础建设持续加快，芙蓉南路快速化改造、湘雅路过江通道加快建设，地铁 4 号线试运营，地铁 3 号线、5 号线试运行。农村人居环境逐步改善，农村"五治"扎实推进，农村旱厕全面清零，改造无害化厕所 22 万户，垃圾分类减量行政村覆盖率提高至 92.8%。民生实事全面完成，"15 分钟生活圈"实现城区全覆盖，公办幼儿园新改扩建和社区居家养老服务中心、敬老院照料护理区建设顺利完成，"健康长沙"建设 PPP 项目深入实施，新改扩建乡镇卫生院 16 个、村卫生室 83 个，门诊统筹报销比例提高至 70%。[①]

表 4-5　长沙排名前十的指标情况

具体指标	数值	排名
人均社会消费品零售额	62506 元	5
每万人拥有病床数	77.42 张	2
城乡居民人均可支配收入比	1.71	5
社会网络联系度	0.0314	4
万元 GDP 电耗	342.09 千瓦时	3
万元 GDP"三废"排放	3417 吨	6
国内 100 强企业分支机构数	44 家	10
世界 100 强企业分支机构数	54 家	9

（四）节点城市和一般城市

在协调性均衡发展总指数中，衢州、徐州和宜昌等 43 个城市被归入节点城市类型，景德镇、孝感和荆门等 39 个城市被归入一般城市类型。从各城市的具体排名来看，在节点城市类型排名前十位的城市中仅有宜昌、遵义和株洲不属于下游长三角地区，而在一般城市行列中仅有亳州和宿州来自下游长三角地区，其余城市均属于经济基础相对薄弱的中上游地区。据此可知，无论是节点城市类型还是一般城市类型，下游地区城市的协调性均衡发展总指数得分大都要高于中上游地区城市。

尽管节点城市和一般城市的协调性均衡发展总指数排名相对靠后，人民

---

① 《长沙市政府工作报告（2020 年 1 月 9 日 胡忠雄）》，http：//district.ce.cn/newarea/roll/202002/21/t20200221_ 34324103.shtml，2020 年 2 月 21 日。

生活水平、基本公共服务、产业协调、人与自然协调、经济协调和市场统一等维度的指数得分相对较低，但通过对具体指标的逐一考察，仍可以发现个别城市在某些特定领域具有一定优势或亮点，值得进一步深入培育或完善，使之成为提升城市的协调性均衡发展水平的突破口。例如，在城镇登记失业率方面，排名前十位的城市中有十堰、遂宁、黄石、丽江、景德镇和荆州等6个节点城市和一般城市；在每万人拥有病床数方面，攀枝花、雅安和广元等三个城市进入了前十位；在建成区路网密度和建成区排水管道密度方面，分别有6个和7个城市进入了前十位；等等（见表4-6）。

表4-6 节点城市和一般城市排名进入前十位的具体指标

具体指标	城 市	具体数值	排名
城镇登记失业率(%)	十 堰	2.05	3
	遂 宁	1.79	4
	黄 石	1.75	6
	丽 江	1.58	8
	景德镇	1.56	9
	荆 州	1.53	10
每万人拥有病床数(张)	攀枝花	76.54	4
	雅 安	73.13	7
	广 元	64.77	9
建成区路网密度（公里/公里^2）	株 洲	11.91	3
	池 州	11.23	4
	孝 感	10.47	5
	黄 石	10.46	6
	荆 州	9.67	8
	攀枝花	9.48	10
建成区排水管道密度（米/公里^2）	丽 江	26.20	1
	衢 州	24.53	3
	普 洱	21.67	5
	黄 石	19.73	6
	铜 陵	19.70	7
	池 州	19.37	8
	丽 水	18.93	9

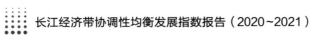
续表

具体指标	城 市	具体数值	排名
建成区绿化覆盖率(%)	新 余	50.65	1
	景德镇	50.06	2
	赣 州	49.89	3
	抚 州	48.90	4
	九 江	48.68	5
	宜 春	48.00	6
	黄 山	47.91	7
	郴 州	46.54	8
	吉 安	46.42	9
人口密度比	阜 阳	7.82	2
	淮 南	3.03	7
万元 GDP 电耗(千瓦时)	自 贡	298.95	1
	南 充	340.18	2
	襄 阳	342.32	4
	常 德	344.32	5
	资 阳	358.87	6
	株 洲	376.12	7
	遂 宁	376.60	8
	宜 宾	391.85	10
万元 GDP"三废"排放（吨）	常 德	1336.00	1
	张家界	1743.00	2
	巴 中	2060.00	3
	随 州	2850.00	4
	永 州	2906.00	5
	十 堰	3524.00	7
	六 安	3535.00	8
	遵 义	3980.00	9
R&D 经费支出占财政支出的比重（%）	毕 节	14.31	3
	株 洲	12.87	4
	铜 陵	12.20	5
	鹰 潭	11.68	6
	湘 潭	11.25	8
	衢 州	11.23	9
	绵 阳	10.95	10

值得注意的是，在建城区绿化覆盖率这一项指标中，新余、景德镇、赣州等 7 个城市均来自江西省，反映出该省在生态环境保护领域取得的不凡成绩。通过查阅相关资料可知，2019 年江西省积极推进国家生态文明试验区建设，生态环境保护工作责任规定、督察工作实施办法等制度创新走在全国前列。启动了 36 个美丽宜居试点县建设，14 个县（市、区）开展农村垃圾分类减量和资源化利用。推动出台生态文明建设促进条例，初步形成生态环境地方标准体系，开展自然资源统一确权登记，建立省内流域上下游横向生态保护补偿机制，签订第二轮东江流域上下游横向生态补偿协议，建成覆盖省市县生态环境部门和企业的危险废物监管平台。在全国率先出台污染防治攻坚战考核办法、率先启动按流域设置生态环境监管和行政执法机构试点，江西省入选全国生态综合补偿试点省，九江获批创建长江经济带绿色发展示范区，抚州成为全国第二个长江经济带生态产品价值实现机制试点城市。①

总的来说，节点城市和一般城市，基于规模原因，在基本公共服务、生态优美、基础设施建设等维度表现相对出色。但这并不足以成为驱动上述城市在协调性均衡发展总指数方面进一步提升的关键动力因子，未来应加大在协调度与融合度等方面的投入，以便推动城市协调性均衡发展总指数的稳步提升。

第二节　长江经济带协调性均衡发展分指数分析

一　均衡度指数

为了对比和把握长江经济带均衡度指数发展态势，依据前文提出的测度方法及指标体系，对长江经济带 110 个城市的基础统计数据展开计算，具体测度结果及排名情况如表 4-7 所示。

---

① 《政府工作报告——2020 年 1 月 15 日在江西省第十三届人民代表大会第四次会议上》，http：//www. jiangxi. gov. cn/art/2020/2/11/art_ 392_ 1503503. html，2020 年 2 月 11 日。

表 4-7　2019 年长江经济带均衡度指数及排名情况

排名	城　市	得分	排名	城　市	得分
1	上　海	2.747	35	攀枝花	1.019
2	苏　州	2.656	36	雅　安	1.016
3	杭　州	2.376	37	淮　安	1.010
4	南　京	2.245	38	广　安	1.004
5	成　都	2.035	39	盐　城	0.993
6	无　锡	1.924	40	马鞍山	0.986
7	重　庆	1.858	41	黄　山	0.969
8	宁　波	1.766	42	铜　陵	0.961
9	武　汉	1.743	43	荆　门	0.957
10	台　州	1.712	44	宣　城	0.930
11	长　沙	1.684	45	滁　州	0.904
12	嘉　兴	1.681	46	池　州	0.904
13	舟　山	1.658	47	达　州	0.902
14	金　华	1.658	48	乐　山	0.901
15	南　通	1.593	49	宿　迁	0.899
16	湖　州	1.587	50	襄　阳	0.894
17	绍　兴	1.584	51	德　阳	0.889
18	温　州	1.566	52	玉　溪	0.889
19	常　州	1.546	53	鄂　州	0.883
20	衢　州	1.474	54	广　元	0.865
21	丽　水	1.356	55	泸　州	0.849
22	合　肥	1.351	56	新　余	0.842
23	镇　江	1.274	57	十　堰	0.825
24	昆　明	1.267	58	湘　潭	0.823
25	泰　州	1.238	59	连云港	0.821
26	扬　州	1.198	60	赣　州	0.811
27	贵　阳	1.149	61	内　江	0.800
28	芜　湖	1.119	62	蚌　埠	0.794
29	株　洲	1.115	63	萍　乡	0.792
30	南　昌	1.096	64	荆　州	0.791
31	黄　石	1.084	65	景德镇	0.790
32	宜　昌	1.077	66	资　阳	0.789
33	绵　阳	1.071	67	宜　宾	0.780
34	徐　州	1.056	68	吉　安	0.777

排名	城　市	得分	排名	城　市	得分
69	常　德	0.776	90	抚　州	0.650
70	九　江	0.772	91	鹰　潭	0.645
71	孝　感	0.770	92	阜　阳	0.643
72	眉　山	0.766	93	淮　南	0.613
73	南　充	0.751	94	娄　底	0.608
74	上　饶	0.747	95	曲　靖	0.602
75	宜　春	0.734	96	六　安	0.579
76	岳　阳	0.734	97	随　州	0.573
77	咸　宁	0.729	98	巴　中	0.564
78	衡　阳	0.719	99	怀　化	0.562
79	丽　江	0.718	100	铜　仁	0.561
80	自　贡	0.715	101	宿　州	0.560
81	黄　冈	0.712	102	亳　州	0.553
82	淮　北	0.707	103	张家界	0.549
83	永　州	0.684	104	安　顺	0.509
84	安　庆	0.683	105	邵　阳	0.483
85	益　阳	0.671	106	保　山	0.479
86	遵　义	0.668	107	六盘水	0.479
87	遂　宁	0.665	108	毕　节	0.419
88	郴　州	0.659	109	临　沧	0.403
89	普　洱	0.657	110	昭　通	0.327

从表4-7可知，总体上看长江经济带均衡度指数得分与长江经济带经济社会发展水平基本保持一致，即呈现出下游高、中上游偏低的空间分布格局。分城市来看，采用自然断裂点法将110个城市划分为五个层级。

第一层级是均衡度指数得分大于2.036的城市，有上海、苏州、杭州和南京4个城市，全部属于下游长三角地区，占全部研究单元的3.64%。

第二层级是均衡度指数得分为1.357~2.035的城市，包括成都、无锡、重庆、宁波、武汉、台州、长沙、嘉兴、舟山、金华、南通、湖州、绍兴、温州、常州和衢州16个城市，约占所有研究单元的14.55%，其中上游城市有2个，中游城市有2个，下游城市有12个，绝大多数城市分布在下游地区。

　　第三层级是均衡度指数得分为 0.962～1.356 的城市，包括丽水、合肥、镇江、昆明、泰州、扬州、贵阳、芜湖、株洲、南昌、黄石、宜昌、绵阳、徐州、攀枝花、雅安、淮安、广安、盐城、马鞍山和黄山 21 个城市，约占所有研究单元的 19.09%。其中上游城市有 6 个，中游城市有 4 个，下游城市有 11 个，大多数城市分布在下游地区。

　　第四层级是均衡度指数得分为 0.684～0.961 的城市，包括铜陵、荆门、宣城、滁州、池州、达州、乐山、宿迁、襄阳、德阳、玉溪、鄂州、广元、泸州、新余、十堰、湘潭、连云港、赣州、内江、蚌埠、萍乡、荆州、景德镇、资阳、宜宾、吉安、常德、九江、孝感、眉山、南充、上饶、宜春、岳阳、咸宁、衡阳、丽江、自贡、黄冈、淮北、永州 42 个城市，约占所有研究单元的 38.18%。其中上游城市有 14 个，中游城市有 20 个，下游城市有 8 个，大多数城市分布在上游地区。

　　第五层级是均衡度指数得分为 0.327～0.683 的城市，包括安庆、益阳、遵义、遂宁、郴州、普洱、抚州、鹰潭、阜阳、淮南、娄底、曲靖、六安、随州、巴中、怀化、铜仁、宿州、亳州、张家界、安顺、邵阳、保山、六盘水、毕节、临沧和昭通 27 个城市，约占所有研究单元的 24.55%。其中，上游城市有 12 个，中游城市有 9 个，下游城市有 6 个，绝大多数城市分布在中上游地区（见图 4-1）。

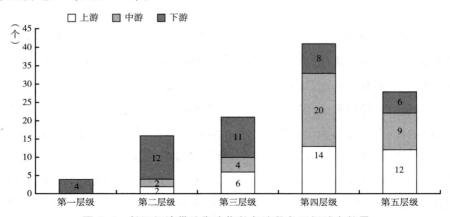

图 4-1　长江经济带均衡度指数各流段各层级城市数量

二　协调度指数

为了对比和把握长江经济带协调度指数发展态势，依据前文提出的测度方法及指标体系，对长江经济带 110 个城市的基础统计数据展开计算，具体测度结果及排名情况如表 4-8 所示。

表 4-8　2019 年长江经济带协调度指数及排名情况

排名	城　市	得分	排名	城　市	得分
1	上　海	5.812	27	贵　阳	1.114
2	苏　州	3.546	28	舟　山	1.092
3	无　锡	2.877	29	台　州	1.084
4	南　京	2.735	30	蚌　埠	1.049
5	杭　州	2.329	31	连云港	1.038
6	武　汉	2.264	32	芜　湖	0.974
7	宁　波	2.247	33	德　阳	0.945
8	常　州	2.147	34	宿　州	0.940
9	嘉　兴	2.023	35	九　江	0.938
10	阜　阳	1.972	36	淮　安	0.935
11	成　都	1.956	37	黄　石	0.923
12	长　沙	1.654	38	湘　潭	0.906
13	镇　江	1.614	39	娄　底	0.894
14	合　肥	1.505	40	赣　州	0.893
15	南　通	1.480	41	宜　昌	0.876
16	重　庆	1.451	42	衢　州	0.875
17	绍　兴	1.416	43	鹰　潭	0.868
18	南　昌	1.396	44	滁　州	0.859
19	泰　州	1.303	45	安　庆	0.844
20	湖　州	1.280	46	常　德	0.843
21	扬　州	1.222	47	遵　义	0.830
22	徐　州	1.219	48	萍　乡	0.820
23	金　华	1.202	49	盐　城	0.814
24	温　州	1.186	50	衡　阳	0.795
25	淮　南	1.167	51	宜　春	0.784
26	昆　明	1.162	52	宿　迁	0.784

续表

排名	城 市	得分	排名	城 市	得分
53	亳 州	0.772	82	咸 宁	0.626
54	上 饶	0.770	83	绵 阳	0.621
55	株 洲	0.763	84	乐 山	0.613
56	岳 阳	0.755	85	玉 溪	0.611
57	内 江	0.754	86	铜 仁	0.607
58	吉 安	0.751	87	昭 通	0.606
59	怀 化	0.748	88	资 阳	0.602
60	襄 阳	0.745	89	曲 靖	0.587
61	鄂 州	0.741	90	荆 州	0.585
62	六 安	0.734	91	永 州	0.579
63	遂 宁	0.732	92	攀枝花	0.577
64	自 贡	0.731	93	广 元	0.576
65	宜 宾	0.729	94	黄 山	0.575
66	南 充	0.722	95	邵 阳	0.562
67	新 余	0.715	96	毕 节	0.527
68	六盘水	0.711	97	丽 江	0.525
69	宣 城	0.710	98	池 州	0.523
70	马鞍山	0.704	99	黄 冈	0.521
71	淮 北	0.693	100	巴 中	0.513
72	孝 感	0.692	101	张家界	0.493
73	郴 州	0.690	102	荆 门	0.483
74	广 安	0.681	103	益 阳	0.480
75	泸 州	0.668	104	普 洱	0.479
76	铜 陵	0.661	105	抚 州	0.476
77	景德镇	0.659	106	达 州	0.476
78	十 堰	0.658	107	雅 安	0.473
79	安 顺	0.655	108	保 山	0.448
80	丽 水	0.648	109	随 州	0.416
81	眉 山	0.643	110	临 沧	0.325

从表4-8可知，总体上看长江经济带协调度指数得分与长江经济带经济社会发展水平基本保持一致，即呈现出下游高、中上游偏低的空间

分布格局。分城市来看，采用自然断裂点法将 110 个城市划分为五个层级。

第一层级是协调度指数得分大于 3.547 的城市，仅有上海，指数高达 5.812，是排第二位的苏州的 1.64 倍。

第二层级是协调度指数得分为 1.956~3.546 的城市，包括苏州、无锡、南京、杭州、武汉、宁波、常州、嘉兴、阜阳和成都 10 个城市，约占所有研究单元的 9.1%，其中上游城市有 1 个，中游城市有 1 个，下游城市有 8 个，绝大多数城市分布在下游地区。

第三层级是协调度指数得分为 1.084~1.955 的城市，包括长沙、镇江、合肥、南通、重庆、绍兴、南昌、泰州、湖州、扬州、徐州、金华、温州、淮南、昆明、贵阳、舟山和台州 18 个城市，约占所有研究单元的 16.36%。其中上游城市有 3 个，中游城市有 2 个，下游城市有 13 个，大多数城市分布在下游地区。

第四层级是协调度指数得分为 0.690~1.083 的城市，包括蚌埠、连云港、芜湖、德阳、宿州、九江、淮安、黄石、湘潭、娄底、赣州、宜昌、衢州、鹰潭、滁州、安庆、常德、遵义、萍乡、盐城、衡阳、宜春、宿迁、亳州、上饶、株洲、岳阳、内江、吉安、怀化、襄阳、鄂州、六安、遂宁、自贡、宜宾、南充、新余、六盘水、宣城、马鞍山、淮北、孝感和郴州 44 个城市，约占所有研究单元的 40%。其中上游城市有 8 个，中游城市有 21 个，下游城市有 15 个，大多数城市分布在中游地区。

第五层级是协调度指数得分为 0.325~0.689 的城市，包括广安、泸州、铜陵、景德镇、十堰、安顺、丽水、眉山、咸宁、绵阳、乐山、玉溪、铜仁、昭通、资阳、曲靖、荆州、永州、攀枝花、广元、黄山、邵阳、毕节、丽江、池州、黄冈、巴中、张家界、荆门、益阳、普洱、抚州、达州、雅安、保山、随州和临沧 37 个城市，约占所有研究单元的 33.64%。其中，上游城市有 21 个，中游城市有 13 个，下游城市有 3 个，绝大多数城市分布在中上游地区（见图 4-2）。

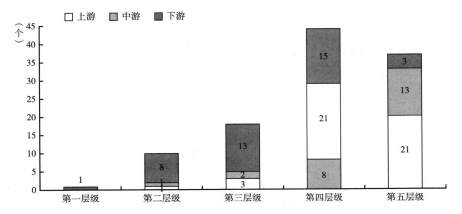

图 4-2　长江经济带协调度指数各流段各层级城市数量

三　融合度指数

为了对比和把握长江经济带融合度指数发展态势，依据前文提出的测度方法及指标体系，对长江经济带 110 个城市的基础统计数据展开计算，具体测度结果及排名情况如表 4-9 所示。

表 4-9　2019 年长江经济带融合度指数及排名情况

排名	城　市	得分	排名	城　市	得分
1	上　海	6.195	13	遵　义	1.539
2	贵　阳	2.298	14	无　锡	1.414
3	南　京	2.250	15	芜　湖	1.323
4	武　汉	2.237	16	昆　明	1.306
5	杭　州	2.227	17	湖　州	1.175
6	成　都	2.039	18	南　通	1.158
7	苏　州	2.016	19	常　州	1.140
8	舟　山	2.014	20	南　昌	1.114
9	重　庆	1.942	21	新　余	1.110
10	宁　波	1.822	22	株　洲	1.083
11	合　肥	1.795	23	宜　昌	1.083
12	长　沙	1.637	24	襄　阳	1.071

排名	城 市	得分	排名	城 市	得分
25	泰 州	1.053	59	淮 安	0.848
26	蚌 埠	1.053	60	郴 州	0.844
27	嘉 兴	1.047	61	吉 安	0.840
28	镇 江	1.010	62	自 贡	0.833
29	扬 州	1.010	63	金 华	0.832
30	鹰 潭	1.005	64	宜 宾	0.827
31	黄 山	0.996	65	攀枝花	0.821
32	台 州	0.980	66	安 庆	0.814
33	滁 州	0.978	67	岳 阳	0.802
34	内 江	0.960	68	黄 冈	0.778
35	徐 州	0.946	69	丽 水	0.777
36	咸 宁	0.946	70	上 饶	0.776
37	盐 城	0.931	71	玉 溪	0.774
38	衢 州	0.924	72	永 州	0.772
39	温 州	0.923	73	益 阳	0.771
40	张家界	0.923	74	十 堰	0.770
41	绍 兴	0.921	75	景德镇	0.763
42	九 江	0.917	76	荆 门	0.761
43	赣 州	0.914	77	荆 州	0.757
44	安 顺	0.912	78	宿 迁	0.756
45	六 安	0.904	79	随 州	0.751
46	马鞍山	0.898	80	阜 阳	0.747
47	铜 陵	0.897	81	孝 感	0.741
48	湘 潭	0.890	82	淮 南	0.738
49	常 德	0.889	83	铜 仁	0.732
50	抚 州	0.887	84	眉 山	0.724
51	萍 乡	0.882	85	丽 江	0.724
52	宣 城	0.871	86	德 阳	0.715
53	宜 春	0.870	87	怀 化	0.704
54	泸 州	0.864	88	亳 州	0.695
55	连云港	0.862	89	淮 北	0.659
56	池 州	0.860	90	毕 节	0.645
57	绵 阳	0.860	91	雅 安	0.644
58	鄂 州	0.848	92	保 山	0.621

续表

排名	城 市	得分	排名	城 市	得分
93	遂 宁	0.604	102	广 元	0.559
94	衡 阳	0.591	103	达 州	0.558
95	广 安	0.589	104	南 充	0.554
96	黄 石	0.587	105	资 阳	0.539
97	邵 阳	0.587	106	巴 中	0.525
98	临 沧	0.585	107	普 洱	0.515
99	娄 底	0.582	108	宿 州	0.481
100	曲 靖	0.577	109	六盘水	0.450
101	乐 山	0.567	110	昭 通	0.180

从表4-9可知，总体上看长江经济带融合度指数得分与长江经济带经济社会发展水平基本保持一致，即呈现出下游高、中上游偏低的空间分布格局。分城市来看，采用自然断裂点法将110个城市划分为五个层级。

第一层级是融合度指数得分大于2.299的城市，仅有上海，占全部研究单元的0.9%，指数得分高达6.195，是排第二位的贵阳的2.7倍。

第二层级是融合度指数得分为1.637~2.298的城市，包括贵阳、南京、武汉、杭州、成都、苏州、舟山、重庆、宁波、合肥和长沙11个城市，约占所有研究单元的10%，其中上游城市有3个，中游城市有2个，下游城市有6个，大多数城市分布在下游地区。

第三层级是融合度指数得分为0.996~1.636的城市，包括遵义、无锡、芜湖、昆明、湖州、南通、常州、南昌、新余、株洲、宜昌、襄阳、泰州、蚌埠、嘉兴、镇江、扬州、鹰潭和黄山19个城市，约占所有研究单元的17.27%。其中上游城市有2个，中游城市有6个，下游城市有11个，绝大多数城市分布在下游地区。

第四层级是融合度指数得分为0.715~0.995的城市，包括台州、滁州、内江、徐州、咸宁、盐城、衢州、温州、张家界、绍兴、九江、赣州、安顺、六安、马鞍山、铜陵、湘潭、常德、抚州、萍乡、宣城、宜春、泸州、连云港、池州、绵阳、鄂州、淮安、郴州、吉安、自贡、金华、宜宾、攀枝花、安庆、岳阳、黄冈、丽水、上饶、玉溪、永州、益阳、十堰、景德镇、荆门、荆州、宿迁、随州、阜阳、孝感、淮南、铜仁、眉山、丽江和德阳55个城市，约占所有研究单元的50%。其中上游城市有13个，中游城市有23个，下游城市有19个，绝大多数城市分布在中下游地区。

第五层级是融合度指数得分为0.180~0.714的城市，包括怀化、亳州、淮北、毕节、雅安、保山、遂宁、衡阳、广安、黄石、邵阳、临沧、娄底、曲靖、乐山、广元、达州、南充、资阳、巴中、普洱、宿州、六盘水和昭通24个城市，约占所有研究单元的21.82%。其中，上游城市有16个，中游城市有5个，下游城市有3个，绝大多数城市分布在上游地区（见图4-3）。

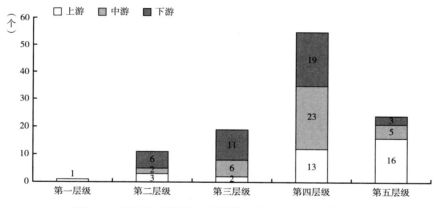

图4-3 长江经济带融合度指数各流段各层级城市数量

第三节 长江经济带协调性均衡发展总体特征分析

一 现状特征分析

第一，长江是中华民族的母亲河，沿江地区人口稠密、城镇密布、经济发达、文化昌盛、交通便捷、人杰地灵，近代以来就是我国的工业走廊、城镇走廊和商贸走廊，与沿海地区共同构成了我国"T"字形的发展主轴，各项宏观经济指标都占据我国40%以上的份额，并且空间腾挪余地广、区域互补特征强、市场发展潜力大，必将成为我国高质量发展最主要的经济支撑带与活跃增长极，战略地位极其重要。

第二，改革开放四十多年来，长江经济带的经济整体发展经历了相对均衡、相对不均衡、重归相对均衡的动态时空演绎过程，各项经济社会事业都得到了迅猛发展，2014年长江经济带建设上升为国家战略之后更是犹如插上了腾飞的翅膀。目前，沿江11个省市人均GDP已达到1.19万美元，整体迈入了工业化后期阶段；产业结构实现了从"二一三"、"二三一"向"三二一"的转变，区域现代产业体系初具规模，若干个世界级产业集群正在形成；城市数量由少到多、规模由小到大，由中小城市居多格局不断向着大型、特大型城市和城市群演进，长三角城市群、长江中游城市群、成渝城市群，以及滇中、黔中城市群等"三大二小"城市群业已成为引领带动长江经济带整体发展的新引擎；由高铁建设强力带动、多种交通方式共同打造的区域综合立体交通网络日臻完善，黄金水道效益日趋凸显，成为当之无愧的全球最大的内河航运带；环境治理与生态修复工作力度空前，流域生态环境质量得到明显改善，"生态优先、绿色发展"理念深入人心。

第三，我国地大物博、疆域辽阔，各省区市的地形地势、水土气候、资源禀赋条件复杂多样，社会经济发展基础和水平迥异，区域发展不均衡成为我国社会经济发展的基本特征之一。由于长江经济带横贯我国东中西三大自然经济区域，空间绵延数千公里，致使沿江11个省市经济社会之间以及人与自然之间非均衡、不协调的发展矛盾十分突出。而流域经济鲜明的地域多样性特征、上中下游之间"一损俱损、一荣俱荣"的自然—经济—社会紧密联系和不断恶化的流域生态环境，更是进一步加剧了这种不协调、非均衡的发展矛盾，成为牵动长江经济带发展重大战略问题的牛鼻子。

二 实证特征分析

第一，不论是侧重于数量、状态分析的均衡、非均衡视角，还是侧重于彼此联系、互动关系分析的协调、不协调视角，都不足以反映与诠释区域协调性均衡发展全貌，对于地大物博、区情省情复杂多样的长江经济带而言尤为如此。因此，本研究尝试以"均衡度"和"协调度"作为两个基本维度，以"融合度"作为两者之间"融合共生"的黏合剂及其良性互动的第三维度，构建了由均衡度、协调度和融合度3个一级指标，以及12个二级指标和30个三级指标所组成的长江经济带协调性均衡发展指标体系。

第二，通过对长江经济带11个省市的110个地级及以上城市的实证分析评价表明，长江经济带的协调性均衡发展指数得分不及全国平均水平，主要受制于协调度得分明显偏低，表明现阶段长江经济带"不协调、不充分"的矛盾性更为突出，任重道远。总指数及3个一级指标得分都呈现出下游地区>中游地区>上游地区的鲜明的共性特征；沿江11个省市中，上海的协调性均衡发展总指数及3个一级指标得分均高于其他城市，下游长三角地区的城市整体表现亮丽，上中游地区则武汉、成都和重庆的综合表现最佳。

第三，评价分析结果表明，随着我国进入高质量发展阶段，我国区域发展的理论与实践应当从以往更加注重"均衡、非均衡"的分析视角转向更加注重"协调、不协调"的分析视角。在实证分析中，要把我国区域发展以及人与生态环境之间不协调、非均衡的矛盾性，作为该阶段"人民日益增长的美好生活需要和不平衡不充分的发展之间的矛盾"在区域空间上的映射和响应，把促进我国区域协调性均衡发展作为从区域空间结构优化视域应对新时代我国社会主要矛盾的重要抓手和政策工具。

第五章 长江经济带协调性均衡发展分指数分析

第四章对长江经济带 110 个地级及以上城市的协调性均衡发展总指数进行了详细的分析，并从均衡度、协调度及融合度这三个维度分别指出了长江经济带协调性均衡发展的总体特征。本章将对 12 个二级指标进行进一步的分析，以期在二级指标的层面上提出对长江经济带协调性均衡发展的相关建议。

第一节 均衡度指数分析

在第四章中的表 4-7 展示了长江经济带 110 个地级及以上城市的均衡度指数得分情况。

一 人民生活水平

从表 5-1 可知，总体上看均衡度指数下的人民生活水平分项得分呈现从下游地区向上游地区递减的空间分布规律。分城市来看，采用自然断裂点法依据人民生活水平分项得分将 110 个城市划分为五个层级。

表 5-1 长江经济带人民生活水平分项得分和排名情况

排名	城 市	得分	排名	城 市	得分
1	上 海	2.584	5	宁 波	2.033
2	苏 州	2.436	6	绍 兴	2.001
3	杭 州	2.366	7	无 锡	1.994
4	南 京	2.361	8	金 华	1.956

续表

排名	城　　市	得分	排名	城　　市	得分
9	嘉　兴	1.952	44	鄂　州	0.936
10	长　沙	1.924	45	随　州	0.923
11	舟　山	1.919	46	德　阳	0.918
12	常　州	1.915	47	蚌　埠	0.899
13	湖　州	1.862	48	池　州	0.895
14	武　汉	1.861	49	宣　城	0.887
15	台　州	1.824	50	黄　石	0.865
16	温　州	1.784	51	铜　陵	0.865
17	南　通	1.737	52	眉　山	0.864
18	成　都	1.574	53	泸　州	0.862
19	镇　江	1.560	54	乐　山	0.847
20	丽　水	1.408	55	连云港	0.840
21	泰　州	1.332	56	安　庆	0.828
22	南　昌	1.310	57	衡　阳	0.819
23	合　肥	1.307	58	景德镇	0.815
24	衢　州	1.301	59	滁　州	0.812
25	芜　湖	1.252	60	荆　州	0.812
26	昆　明	1.238	61	九　江	0.798
27	马鞍山	1.197	62	广　安	0.779
28	株　洲	1.145	63	自　贡	0.771
29	盐　城	1.111	64	孝　感	0.768
30	徐　州	1.084	65	宿　迁	0.760
31	宜　昌	1.063	66	雅　安	0.759
32	黄　山	1.059	67	岳　阳	0.744
33	扬　州	1.048	68	鹰　潭	0.742
34	重　庆	1.048	69	郴　州	0.728
35	攀枝花	1.017	70	十　堰	0.717
36	荆　门	0.998	71	咸　宁	0.708
37	贵　阳	0.986	72	阜　阳	0.706
38	湘　潭	0.981	73	宜　宾	0.705
39	淮　安	0.980	74	淮　南	0.698
40	襄　阳	0.957	75	达　州	0.696
41	玉　溪	0.954	76	黄　冈	0.688
42	新　余	0.948	77	益　阳	0.684
43	绵　阳	0.941	78	上　饶	0.678

排名	城　市	得分	排名	城　市	得分
79	吉　安	0.678	95	邵　阳	0.575
80	资　阳	0.670	96	永　州	0.574
81	内　江	0.670	97	抚　州	0.553
82	常　德	0.668	98	娄　底	0.552
83	萍　乡	0.668	99	丽　江	0.538
84	南　充	0.662	100	张家界	0.533
85	六　安	0.658	101	保　山	0.530
86	淮　北	0.657	102	安　顺	0.517
87	遵　义	0.656	103	巴　中	0.506
88	宜　春	0.639	104	铜　仁	0.481
89	亳　州	0.636	105	怀　化	0.458
90	赣　州	0.620	106	普　洱	0.383
91	宿　州	0.611	107	六盘水	0.367
92	广　元	0.606	108	毕　节	0.355
93	曲　靖	0.594	109	临　沧	0.349
94	遂　宁	0.594	110	昭　通	0.327

第一层级是得分大于 1.575 的城市，有 17 个（排名第 1 至第 17 位），占所有研究单位的 15.5%。第一层级 17 个城市中，除长沙、武汉两个中上游省会城市之外，其他城市均为长三角城市。

第二层级是得分为 1.145~1.574 的城市（排名第 18 至第 28 位），包括 11 个城市（其中 4 个省会城市），占所有研究单位的 10%，其中下游城市有 7 个，中游城市有 2 个，上游城市有 2 个，以下游城市为主。

第三层级是得分在 0.828~1.144 的城市（排名第 29 至第 56 位），包括 28 个城市，占所有研究单元的 25.5%。其中下游城市有 11 个，中游城市有 8 个，上游城市有 9 个，以下游城市居多。

第四层级是得分为 0.575~0.827 的城市（排名第 57 至第 95 位），包括 39 个城市，约占所有研究单元的 35.5%。其中下游城市有 8 个，中游城市有 18 个，上游城市有 13 个，大多数城市分布在中游地区。

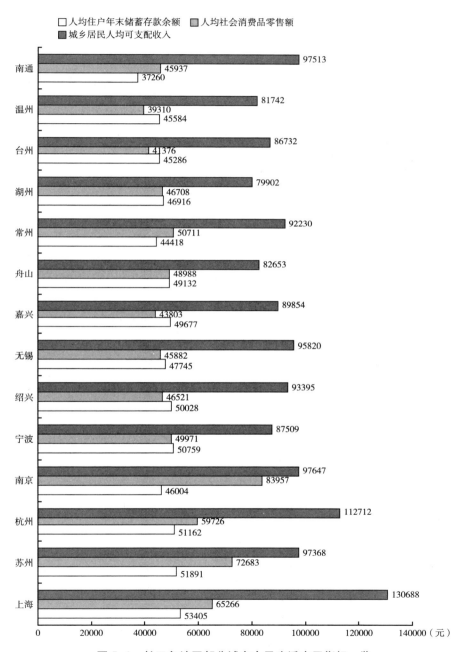

图 5-1 长三角地区部分城市人民生活水平指标一览

第五层级是得分为 0.327~0.574 的城市（排名第 96 至第 110 位），包括 15 个城市，约占所有研究单元的 13.6%。其中，中游城市有 5 个，上游城市有 10 个，均位于中上游地区。

第一层级中居第 1 位的上海人民生活水平得分 2.584 是居第 17 位的南通的 1.49 倍，是居最末位昭通的 7.90 倍，说明在人民生活水平方面第一层级城市尤其是长三角城市表现亮眼，内部差距较小；而相较而言，上游城市还有较大差距。贵阳作为地区中心城市与省会城市在 11 个省会及直辖市中人民生活水平得分垫底，仅为 0.986，仅相当于上海市得分的 38%。

二　基本公共服务

从表 5-2 可知均衡度指数下的基本公共服务分项得分。分城市来看，采用自然断裂点法依据基本公共服务分项得分将 110 个城市划分为五个层级。

表 5-2　长江经济带基本公共服务分项得分和排名情况

排名	城　市	得分	排名	城　市	得分
1	上　海	3.048	21	温　州	1.424
2	杭　州	2.982	22	广　安	1.415
3	苏　州	2.907	23	攀枝花	1.413
4	南　京	2.470	24	达　州	1.354
5	成　都	2.451	25	铜　陵	1.329
6	舟　山	2.066	26	合　肥	1.321
7	嘉　兴	2.003	27	宜　昌	1.304
8	长　沙	1.913	28	萍　乡	1.279
9	衢　州	1.882	29	常　州	1.269
10	贵　阳	1.778	30	扬　州	1.255
11	无　锡	1.766	31	南　通	1.254
12	宁　波	1.747	32	广　元	1.244
13	湖　州	1.686	33	黄　石	1.208
14	绍　兴	1.644	34	株　洲	1.142
15	丽　水	1.641	35	镇　江	1.107
16	雅　安	1.617	36	黄　山	1.060
17	台　州	1.601	37	绵　阳	1.053
18	武　汉	1.549	38	资　阳	1.043
19	昆　明	1.527	39	重　庆	1.039
20	金　华	1.463	40	泰　州	1.035

续表

排名	城 市	得分	排名	城 市	得分
41	鄂 州	1.031	76	丽 江	0.648
42	景德镇	1.014	77	自 贡	0.630
43	南 昌	1.005	78	郴 州	0.622
44	泸 州	1.004	79	衡 阳	0.613
45	马鞍山	0.981	80	赣 州	0.612
46	湘 潭	0.980	81	池 州	0.595
47	芜 湖	0.940	82	滁 州	0.592
48	新 余	0.939	83	六盘水	0.591
49	乐 山	0.935	84	荆 州	0.591
50	宜 宾	0.931	85	毕 节	0.584
51	遵 义	0.921	86	巴 中	0.577
52	十 堰	0.881	87	宜 春	0.572
53	宣 城	0.877	88	黄 冈	0.567
54	荆 门	0.856	89	普 洱	0.566
55	宿 迁	0.855	90	益 阳	0.562
56	淮 安	0.817	91	怀 化	0.554
57	南 充	0.813	92	抚 州	0.545
58	连云港	0.812	93	眉 山	0.521
59	遂 宁	0.781	94	岳 阳	0.516
60	徐 州	0.776	95	张家界	0.498
61	娄 底	0.768	96	上 饶	0.496
62	玉 溪	0.746	97	安 顺	0.489
63	德 阳	0.741	98	淮 南	0.467
64	淮 北	0.724	99	保 山	0.429
65	鹰 潭	0.721	100	六 安	0.398
66	蚌 埠	0.718	101	内 江	0.396
67	襄 阳	0.709	102	邵 阳	0.391
68	铜 仁	0.707	103	孝 感	0.390
69	永 州	0.707	104	曲 靖	0.368
70	安 庆	0.699	105	随 州	0.327
71	常 德	0.695	106	阜 阳	0.312
72	盐 城	0.685	107	昭 通	0.302
73	吉 安	0.681	108	临 沧	0.246
74	咸 宁	0.673	109	宿 州	0.184
75	九 江	0.660	110	亳 州	0.183

第一层级是得分大于 2.065 的城市，有 6 个（排名第 1 至第 6 位），分别为上海、杭州、苏州、南京、成都、舟山。其中，下游城市有 5 个，上游城市有 1 个。

第二层级是得分为 1.354~2.064 的城市（排名第 7 至第 24 位），包括 18 个城市。其中，下游城市有 10 个（仅浙江省就占据 9 席），中游城市有 2 个，上游城市有 6 个，以下游城市为主。

第三层级是得分为 0.881~1.353 的城市（排名第 25 至第 52 位），包括 28 个城市，占所有研究单元的 25.5%。其中，下游城市有 10 个，中游城市有 10 个，上游城市有 8 个。

第四层级是得分为 0.521~0.880 的城市（排名第 53 至第 93 位），包括 41 个城市，约占所有研究单元的 37.3%。其中，下游城市有 11 个，中游城市有 18 个，上游城市有 12 个。

第五层级是得分为 0.183~0.520 的城市（排名第 94 至第 110 位），包括 17 个城市。其中，下游城市有 5 个，中游城市有 6 个，上游城市有 6 个。据此可知，基本公共服务领域比较薄弱的城市基本分布在长江经济带三大城市群的周边区域。

三 基础设施建设

从表 3-1 可知，基础设施建设分项包含了 3 个三级指标，涉及信息化水平、道路通达性及城市基础性三个方面的指标。分城市来看，采用自然断裂点法依据基础设施建设分项得分将 110 个城市划分为五个层级（见表 5-3）。

表 5-3　长江经济带基础设施建设分项得分和排名情况

排名	城　市	得分	排名	城　市	得分
1	重　庆	3.753	9	南　通	1.743
2	苏　州	2.695	10	台　州	1.676
3	上　海	2.661	11	金　华	1.459
4	成　都	2.223	12	合　肥	1.440
5	无　锡	1.991	13	宁　波	1.434
6	南　京	1.865	14	温　州	1.423
7	武　汉	1.782	15	内　江	1.378
8	杭　州	1.779	16	扬　州	1.340

续表

排名	城　市	得分	排名	城　市	得分
17	滁　州	1.339	51	岳　阳	0.940
18	常　州	1.338	52	乐　山	0.938
19	泰　州	1.319	53	十　堰	0.910
20	徐　州	1.301	54	南　昌	0.905
21	衢　州	1.290	55	舟　山	0.904
22	赣　州	1.264	56	阜　阳	0.893
23	绵　阳	1.262	57	黄　冈	0.889
24	黄　石	1.246	58	广　安	0.888
25	淮　安	1.244	59	抚　州	0.884
26	池　州	1.226	60	眉　山	0.883
27	孝　感	1.154	61	宿　州	0.871
28	盐　城	1.147	62	宜　昌	0.868
29	长　沙	1.137	63	九　江	0.852
30	宿　迁	1.126	64	曲　靖	0.848
31	芜　湖	1.124	65	广　元	0.827
32	湖　州	1.124	66	亳　州	0.818
33	普　洱	1.111	67	咸　宁	0.812
34	上　饶	1.092	68	连云港	0.807
35	镇　江	1.065	69	永　州	0.806
36	株　洲	1.047	70	南　充	0.806
37	昆　明	1.044	71	益　阳	0.763
38	宣　城	1.039	72	黄　山	0.760
39	丽　江	1.028	73	淮　北	0.755
40	宜　春	1.024	74	雅　安	0.751
41	吉　安	1.005	75	蚌　埠	0.734
42	荆　门	1.003	76	贵　阳	0.732
43	常　德	1.000	77	自　贡	0.728
44	德　阳	1.000	78	宜　宾	0.726
45	丽　水	1.000	79	达　州	0.719
46	嘉　兴	1.000	80	铜　陵	0.718
47	襄　阳	0.999	81	马鞍山	0.712
48	绍　兴	0.973	82	怀　化	0.708
49	荆　州	0.964	83	衡　阳	0.696
50	玉　溪	0.946	84	资　阳	0.692

续表

排名	城 市	得分	排名	城 市	得分
85	泸 州	0.675	98	铜 仁	0.519
86	鄂 州	0.663	99	安 顺	0.519
87	六 安	0.657	100	六盘水	0.514
88	淮 南	0.648	101	安 庆	0.475
89	遂 宁	0.644	102	萍 乡	0.465
90	临 沧	0.634	103	保 山	0.463
91	巴 中	0.628	104	邵 阳	0.456
92	攀枝花	0.626	105	湘 潭	0.454
93	张家界	0.621	106	鹰 潭	0.441
94	郴 州	0.605	107	遵 义	0.428
95	新 余	0.604	108	随 州	0.358
96	景德镇	0.532	109	昭 通	0.354
97	娄 底	0.522	110	毕 节	0.338

第一层级是得分大于 1.992 的城市，有 4 个（排名第 1 至第 4 位），分别为重庆、苏州、上海、成都，上下游地区各占 2 席。

第二层级是得分为 1.226~1.991 的城市（排名第 5 至第 26 位），包括 22 个城市。其中，下游城市有 17 个，中游城市有 3 个，上游城市有 2 个，以下游城市为主。

第三层级是得分为 0.852~1.225 的城市（排名第 27 至第 63 位），包括 37 个城市，占所有研究单元的 33.7%。其中，下游城市有 12 个，中游城市有 17 个，上游城市有 8 个。

第四层级是得分为 0.532~0.851 的城市（排名第 64 至第 96 位），包括 33 个城市，约占所有研究单元的 30%。其中，下游城市有 9 个，中游城市有 10 个，上游城市有 14 个。

第五层级是得分为 0.338~0.531 的城市（排名第 97 至第 110 位），包括 14 个城市。其中，下游城市有 1 个，中游城市有 6 个，上游城市有 7 个。

第二节　协调度指数分析

在第四章中的表4-8展示了长江经济带110个地级及以上城市的协调度指数得分情况。

一　产业协调

产业协调二级指标下的3个三级指标分别为第二、第三产业占比，规上企业利润总额，"三资"企业数量占比，从表5-4可知产业协调指标得分。分城市来看，采用自然断裂点法依据产业协调分项得分将110个城市划分为五个层级。

表5-4　长江经济带产业协调分项得分和排名情况

排名	城　市	得分	排名	城　市	得分
1	上　海	6.902	21	九　江	1.358
2	苏　州	5.550	22	扬　州	1.280
3	宁　波	3.341	23	芜　湖	1.217
4	无　锡	3.315	24	淮　安	1.212
5	杭　州	2.822	25	昆　明	1.169
6	南　京	2.670	26	盐　城	1.144
7	重　庆	2.369	27	赣　州	1.137
8	嘉　兴	2.341	28	遵　义	1.103
9	武　汉	2.327	29	徐　州	1.094
10	常　州	2.300	30	宜　昌	1.084
11	南　通	2.157	31	襄　阳	1.076
12	成　都	1.924	32	滁　州	1.040
13	镇　江	1.740	33	台　州	1.013
14	长　沙	1.702	34	温　州	1.013
15	绍　兴	1.695	35	贵　阳	1.007
16	连云港	1.472	36	吉　安	1.001
17	泰　州	1.438	37	宿　迁	0.979
18	湖　州	1.419	38	马鞍山	0.968
19	南　昌	1.408	39	金　华	0.906
20	合　肥	1.398	40	宜　宾	0.906

排名	城　市	得分	排名	城　市	得分
41	黄　石	0.902	76	淮　南	0.569
42	宜　春	0.897	77	宿　州	0.563
43	鹰　潭	0.869	78	抚　州	0.548
44	衢　州	0.855	79	随　州	0.543
45	铜　陵	0.771	80	衡　阳	0.539
46	郴　州	0.747	81	眉　山	0.534
47	萍　乡	0.739	82	南　充	0.523
48	湘　潭	0.717	83	内　江	0.519
49	景德镇	0.709	84	池　州	0.515
50	舟　山	0.709	85	乐　山	0.506
51	常　德	0.695	86	资　阳	0.499
52	德　阳	0.695	87	阜　阳	0.497
53	泸　州	0.682	88	六　安	0.477
54	宣　城	0.677	89	荆　州	0.467
55	安　庆	0.676	90	黄　冈	0.448
56	上　饶	0.672	91	益　阳	0.429
57	新　余	0.667	92	自　贡	0.422
58	孝　感	0.660	93	广　安	0.414
59	岳　阳	0.658	94	怀　化	0.401
60	玉　溪	0.655	95	六盘水	0.387
61	荆　门	0.654	96	雅　安	0.387
62	淮　北	0.651	97	普　洱	0.379
63	株　洲	0.648	98	邵　阳	0.361
64	绵　阳	0.640	99	广　元	0.352
65	咸　宁	0.632	100	亳　州	0.346
66	鄂　州	0.626	101	安　顺	0.344
67	蚌　埠	0.626	102	丽　江	0.339
68	遂　宁	0.608	103	张家界	0.328
69	永　州	0.606	104	曲　靖	0.326
70	十　堰	0.603	105	达　州	0.311
71	黄　山	0.601	106	保　山	0.264
72	丽　水	0.598	107	巴　中	0.251
73	娄　底	0.584	108	铜　仁	0.200
74	攀枝花	0.583	109	毕　节	0.119
75	昭　通	0.574	110	临　沧	0.015

第一层级是得分大于 3.342 的城市，有 2 个（排名第 1 至第 2 位），为上海和苏州。

第二层级是得分为 1.741~3.341 的城市（排名第 3 至第 12 位），包括 10 个城市。其中，下游城市有 7 个，中游城市有 1 个，上游城市有 2 个，以下游城市为主。

第三层级是得分为 0.907~1.740 的城市（排名第 13 至第 38 位），包括 26 个城市。其中，下游城市有 16 个，中游城市有 7 个，上游城市有 3 个。

第四层级是得分为 0.507~0.906 的城市（排名第 39 至第 84 位），包括 46 个城市，约占所有研究单元的 41.8%。其中，下游城市有 13 个，中游城市有 22 个，上游城市有 11 个。

第五层级是得分为 0.015~0.506 的城市（排名第 85 至第 110 位），包括 26 个城市。其中，下游城市有 3 个，中游城市有 6 个，上游城市有 17 个。

二　城镇协调

城镇协调二级指标下包括中心城区人口占比和城乡居民人均可支配收入比两个三级指标。从表 5-5 可知，城镇协调指标排名的总体情况，与其他指标排第一位的几乎都为下游城市不同，城镇协调分项排首位的是鄂州。分城市来看，采用自然断裂点法依据城镇协调分项得分将 110 个城市划分为五个层级。

表 5-5　长江经济带城镇协调分项得分和排名情况

排名	城　市	得分	排名	城　市	得分
1	鄂　州	2.357	10	成　都	1.453
2	武　汉	1.806	11	上　海	1.409
3	南　京	1.737	12	扬　州	1.380
4	新　余	1.732	13	长　沙	1.366
5	舟　山	1.678	14	鹰　潭	1.359
6	杭　州	1.643	15	连云港	1.355
7	常　州	1.620	16	绍　兴	1.352
8	淮　安	1.584	17	南　昌	1.314
9	重　庆	1.551	18	贵　阳	1.299

续表

排名	城 市	得分	排名	城 市	得分
19	自 贡	1.287	53	嘉 兴	0.997
20	萍 乡	1.275	54	雅 安	0.988
21	宜 宾	1.271	55	株 洲	0.985
22	湖 州	1.259	56	黄 山	0.983
23	无 锡	1.257	57	荆 门	0.981
24	宿 迁	1.253	58	安 顺	0.979
25	攀枝花	1.248	59	泸 州	0.973
26	芜 湖	1.243	60	蚌 埠	0.969
27	徐 州	1.237	61	南 通	0.966
28	池 州	1.212	62	宜 昌	0.966
29	遂 宁	1.204	63	台 州	0.951
30	宁 波	1.201	64	达 州	0.935
31	铜 陵	1.199	65	德 阳	0.931
32	盐 城	1.191	66	巴 中	0.927
33	襄 阳	1.189	67	咸 宁	0.920
34	资 阳	1.187	68	宣 城	0.915
35	衢 州	1.182	69	亳 州	0.905
36	眉 山	1.166	70	昆 明	0.894
37	抚 州	1.143	71	南 充	0.894
38	淮 南	1.136	72	张家界	0.892
39	益 阳	1.125	73	荆 州	0.879
40	随 州	1.113	74	景德镇	0.874
41	苏 州	1.111	75	永 州	0.850
42	合 肥	1.089	76	宿 州	0.850
43	六 安	1.076	77	衡 阳	0.832
44	泰 州	1.076	78	广 元	0.823
45	广 安	1.065	79	温 州	0.813
46	镇 江	1.058	80	上 饶	0.805
47	湘 潭	1.057	81	孝 感	0.801
48	绵 阳	1.054	82	宜 春	0.797
49	淮 北	1.054	83	岳 阳	0.792
50	马鞍山	1.044	84	遵 义	0.787
51	内 江	1.042	85	丽 水	0.770
52	乐 山	1.008	86	金 华	0.767

排　名	城　市	得　分	排　名	城　市	得　分
87	黄　石	0.764	99	邵　阳	0.546
88	玉　溪	0.753	100	吉　安	0.523
89	阜　阳	0.736	101	临　沧	0.501
90	郴　州	0.718	102	昭　通	0.400
91	保　山	0.713	103	毕　节	0.387
92	九　江	0.660	104	赣　州	0.347
93	十　堰	0.643	105	常　德	0.335
94	娄　底	0.602	106	怀　化	0.326
95	安　庆	0.595	107	六盘水	0.325
96	滁　州	0.569	108	普　洱	0.316
97	黄　冈	0.557	109	铜　仁	0.243
98	曲　靖	0.551	110	丽　江	0.194

第一层级是得分大于 1.454 的城市，有 9 个（排名第 1 至第 9 位），分别为鄂州、武汉、南京、新余、舟山、杭州、常州、淮安、重庆。其中，下游城市有 5 个，中游城市有 3 个，上游城市有 1 个。

第二层级是得分为 1.144~1.453 的城市（排名第 10 至第 36 位），包括 27 个城市。其中，下游城市有 14 个，中游城市有 5 个，上游城市有 8 个。

第三层级是得分为 0.906~1.143 的城市（排名第 37 至第 68 位），包括 32 个城市。其中，下游城市有 14 个，中游城市有 8 个，上游城市有 10 个。

第四层级是得分为 0.603~0.905 的城市（排名第 69 至第 93 位），包括 25 个城市。其中，下游城市有 6 个，中游城市有 13 个，上游城市有 6 个。

第五层级是得分为 0.194~0.602 的城市（排名第 94 至第 110 位），包括 17 个城市。其中，下游城市有 2 个，中游城市有 7 个，上游城市有 8 个。

三　社会协调

社会协调二级指标包括社会网络联系度、失业保险覆盖率两个三级指标。

从表 5-6 可知，社会协调分项得分和排名情况。分城市来看，采用自然断裂点法依据社会协调分项得将 110 个城市划分为五个层级。

表 5-6　长江经济带社会协调分项得分和排名情况

排名	城　市	得分	排名	城　市	得分
1	杭　州	4.597	35	湘　潭	1.038
2	上　海	4.486	36	南　通	1.011
3	南　京	4.087	37	舟　山	1.000
4	苏　州	3.966	38	丽　水	0.955
5	无　锡	3.156	39	铜　陵	0.899
6	常　州	2.804	40	株　洲	0.886
7	成　都	2.618	41	新　余	0.885
8	武　汉	2.588	42	泰　州	0.860
9	长　沙	2.563	43	宜　春	0.855
10	宁　波	2.440	44	淮　南	0.817
11	嘉　兴	2.350	45	淮　安	0.806
12	合　肥	2.330	46	德　阳	0.801
13	金　华	2.115	47	岳　阳	0.799
14	湖　州	1.983	48	阜　阳	0.775
15	绍　兴	1.884	49	马鞍山	0.759
16	南　昌	1.776	50	九　江	0.730
17	镇　江	1.752	51	连云港	0.724
18	昆　明	1.692	52	宣　城	0.716
19	贵　阳	1.679	53	绵　阳	0.710
20	衢　州	1.627	54	黄　山	0.681
21	徐　州	1.617	55	郴　州	0.656
22	重　庆	1.519	56	咸　宁	0.643
23	温　州	1.382	57	黄　石	0.640
24	芜　湖	1.294	58	六　安	0.640
25	宜　昌	1.239	59	广　元	0.639
26	娄　底	1.224	60	滁　州	0.631
27	鹰　潭	1.213	61	襄　阳	0.615
28	怀　化	1.211	62	攀枝花	0.607
29	衡　阳	1.204	63	盐　城	0.603
30	上　饶	1.186	64	乐　山	0.594
31	台　州	1.184	65	安　顺	0.591
32	扬　州	1.162	66	淮　北	0.588
33	蚌　埠	1.136	67	遵　义	0.576
34	萍　乡	1.067	68	曲　靖	0.570

续表

排名	城　市	得分	排名	城　市	得分
69	池　州	0.558	90	荆　门	0.342
70	荆　州	0.524	91	益　阳	0.338
71	眉　山	0.520	92	泸　州	0.337
72	六盘水	0.515	93	铜　仁	0.336
73	吉　安	0.503	94	广　安	0.331
74	宜　宾	0.499	95	毕　节	0.306
75	安　庆	0.492	96	孝　感	0.295
76	永　州	0.490	97	内　江	0.294
77	张家界	0.477	98	南　充	0.284
78	十　堰	0.464	99	资　阳	0.279
79	雅　安	0.454	100	遂　宁	0.275
80	鄂　州	0.450	101	普　洱	0.211
81	宿　州	0.433	102	自　贡	0.210
82	邵　阳	0.430	103	丽　江	0.190
83	抚　州	0.422	104	达　州	0.188
84	赣　州	0.403	105	巴　中	0.186
85	宿　迁	0.389	106	保　山	0.180
86	玉　溪	0.383	107	临　沧	0.167
87	常　德	0.368	108	随　州	0.132
88	景德镇	0.357	109	黄　冈	0.113
89	亳　州	0.356	110	昭　通	0.092

第一层级是得分大于 3.157 的城市，有 4 个（排名第 1 至第 4 位），为杭州、上海、南京和苏州。

第二层级是得分为 1.885~3.156 的城市（排名第 5 至第 14 位），包括 10 个城市。其中，下游城市有 7 个、中游城市有 2 个，上游城市有 1 个，以下游城市为主。

第三层级是得分为 1.068~1.884 的城市（排名第 15 至第 33 位），包括 19 个城市。其中，下游城市有 9 个，中游城市有 7 个，上游城市有 3 个。

第四层级是得分为 0.525~1.067 的城市（排名第 34 至第 69 位），包括 36 个城市。其中，下游城市有 17 个，中游城市有 11 个，上游城市有 8 个。

第五层级是得分为 0.092~0.524 的城市（排名第 70 至第 110 位），包括 41 个城市，占全部研究单位的 37.3%。其中，下游城市有 4 个，中游城市有 16 个，上游城市有 21 个。

四 人与自然协调

从表 5-7 可知，人与自然协调分项得分和排名情况。人与自然协调二级指标主要包括人口密度比、经济密度比和城镇密度比三个三级指标。分城市来看，采用自然断裂点法依据人与自然协调分项得分将 110 个城市划分为五个层级。

表 5-7　长江经济带人与自然协调分项得分和排名情况

排名	城　市	得分	排名	城　市	得分
1	上　海	8.763	22	鄂　州	1.443
2	阜　阳	4.665	23	南　昌	1.441
3	无　锡	3.665	24	蚌　埠	1.434
4	南　京	3.120	25	温　州	1.381
5	武　汉	3.049	26	绍　兴	1.375
6	苏　州	3.016	27	自　贡	1.346
7	常　州	2.569	28	德　阳	1.322
8	成　都	2.408	29	亳　州	1.278
9	嘉　兴	2.373	30	台　州	1.227
10	宁　波	2.065	31	内　江	1.172
11	淮　南	2.015	32	湖　州	1.140
12	舟　山	2.014	33	湘　潭	1.109
13	镇　江	1.909	34	遂　宁	1.093
14	泰　州	1.760	35	连云港	1.056
15	长　沙	1.721	36	宿　迁	1.024
16	扬　州	1.567	37	广　安	1.019
17	南　通	1.488	38	南　充	1.006
18	合　肥	1.480	39	金　华	1.002
19	杭　州	1.479	40	贵　阳	0.992
20	宿　州	1.478	41	安　庆	0.982
21	徐　州	1.448	42	黄　石	0.975

续表

排　名	城　市	得　分	排　名	城　市	得　分
43	淮　安	0.921	77	九　江	0.453
44	六　安	0.832	78	咸　宁	0.451
45	孝　感	0.816	79	邵　阳	0.443
46	萍　乡	0.803	80	郴　州	0.420
47	重　庆	0.801	81	永　州	0.393
48	资　阳	0.797	82	宜　昌	0.383
49	衡　阳	0.783	83	遵　义	0.372
50	盐　城	0.775	84	绵　阳	0.368
51	眉　山	0.747	85	铜　仁	0.354
52	娄　底	0.746	86	随　州	0.349
53	新　余	0.727	87	攀枝花	0.328
54	芜　湖	0.727	88	池　州	0.324
55	鹰　潭	0.700	89	昭　通	0.317
56	岳　阳	0.676	90	吉　安	0.314
57	株　洲	0.676	91	广　元	0.301
58	泸　州	0.652	92	马鞍山	0.293
59	宜　宾	0.642	93	赣　州	0.284
60	昆　明	0.605	94	荆　门	0.270
61	常　德	0.599	95	曲　靖	0.264
62	荆　州	0.592	96	玉　溪	0.257
63	滁　州	0.575	97	丽　水	0.256
64	景德镇	0.567	98	上　饶	0.246
65	巴　中	0.533	99	怀　化	0.244
66	益　阳	0.533	100	张家界	0.239
67	淮　北	0.523	101	黄　山	0.235
68	黄　冈	0.511	102	毕　节	0.220
69	达　州	0.510	103	十　堰	0.220
70	宣　城	0.510	104	抚　州	0.188
71	乐　山	0.509	105	雅　安	0.162
72	襄　阳	0.508	106	保　山	0.130
73	衢　州	0.488	107	铜　陵	0.117
74	宜　春	0.477	108	临　沧	0.075
75	六盘水	0.472	109	丽　江	0.042
76	安　顺	0.462	110	普　洱	0.032

第一层级是得分大于 4.666 的城市，仅有 1 个（排名第 1），为上海。

第二层级是得分为 2.066~4.665 的城市（排名第 2 至第 9 位），有 8 个城市，包括阜阳、无锡、南京、武汉、苏州、常州、成都和嘉兴。其中，下游城市有 6 个，中游城市有 1 个，上游城市有 1 个，以下游城市为主。

第三层级是得分为 1.173~2.065 的城市（排名第 10 至第 30 位），包括 21 个城市。其中，下游城市有 16 个，中游城市有 3 个，上游城市有 2 个。

第四层级是得分为 0.606~1.172 的城市（排名第 31 至第 59 位），包括 29 个城市。其中，下游城市有 9 个，中游城市有 10 个，上游城市有 10 个。

第五层级是得分为 0.032~0.605 的城市（排名第 60 至第 110 位），包括 51 个城市。其中，下游城市有 9 个，中游城市有 22 个，上游城市有 20 个。

第三节　融合度指数分析

在第四章中的表 4-9 展示了长江经济带 110 个地级及以上城市的融合度指数得分情况。

一　生态优美

从表 5-8 可知，生态优美分项得分和排名情况。生态优美二级指标主要由万元 GDP 电耗、万元 GDP "三废" 排放及建成区绿化覆盖率 3 个三级指标组成。分城市来看，采用自然断裂点法依据生态优美分项得分将 110 个城市划分为五个层级。

表 5-8　长江经济带生态优美分项得分和排名情况

排名	城　市	得分	排名	城　市	得分
1	黄　山	1.288	6	南　充	1.238
2	赣　州	1.281	7	南　京	1.212
3	常　德	1.261	8	自　贡	1.206
4	抚　州	1.260	9	郴　州	1.191
5	景德镇	1.245	10	吉　安	1.186

续表

排名	城　市	得分	排名	城　市	得分
11	成　都	1.183	45	南　昌	1.054
12	宜　春	1.181	46	盐　城	1.050
13	合　肥	1.179	47	镇　江	1.050
14	株　洲	1.178	48	遵　义	1.050
15	滁　州	1.164	49	鄂　州	1.049
16	扬　州	1.158	50	池　州	1.046
17	徐　州	1.156	51	湘　潭	1.046
18	新　余	1.156	52	德　阳	1.042
19	鹰　潭	1.154	53	泸　州	1.037
20	九　江	1.149	54	益　阳	1.035
21	长　沙	1.144	55	连云港	1.030
22	南　通	1.142	56	上　海	1.030
23	蚌　埠	1.135	57	无　锡	1.026
24	淮　北	1.127	58	常　州	1.022
25	萍　乡	1.110	59	重　庆	1.021
26	淮　安	1.110	60	黄　冈	1.013
27	台　州	1.107	61	安　庆	1.012
28	十　堰	1.106	62	荆　门	1.010
29	随　州	1.099	63	资　阳	1.007
30	邵　阳	1.096	64	咸　宁	1.006
31	遂　宁	1.096	65	阜　阳	1.004
32	岳　阳	1.095	66	杭　州	0.995
33	芜　湖	1.090	67	湖　州	0.990
34	襄　阳	1.088	68	巴　中	0.984
35	衡　阳	1.083	69	宁　波	0.984
36	舟　山	1.081	70	达　州	0.979
37	绵　阳	1.081	71	广　元	0.979
38	六　安	1.078	72	丽　水	0.974
39	张家界	1.076	73	淮　南	0.972
40	泰　州	1.072	74	宜　宾	0.969
41	昆　明	1.069	75	玉　溪	0.967
42	广　安	1.063	76	永　州	0.954
43	武　汉	1.056	77	亳　州	0.946
44	上　饶	1.054	78	怀　化	0.941

排名	城 市	得分	排名	城 市	得分
79	宜 昌	0.939	95	绍 兴	0.836
80	眉 山	0.936	96	马鞍山	0.835
81	宣 城	0.931	97	内 江	0.830
82	苏 州	0.920	98	保 山	0.791
83	贵 阳	0.916	99	黄 石	0.790
84	安 顺	0.899	100	乐 山	0.760
85	温 州	0.894	101	宿 迁	0.754
86	孝 感	0.892	102	曲 靖	0.754
87	临 沧	0.889	103	铜 仁	0.717
88	丽 江	0.884	104	嘉 兴	0.653
89	普 洱	0.884	105	雅 安	0.643
90	金 华	0.879	106	衢 州	0.624
91	铜 陵	0.878	107	六盘水	0.617
92	娄 底	0.874	108	宿 州	0.601
93	荆 州	0.847	109	攀枝花	0.543
94	毕 节	0.845	110	昭 通	0.400

第一层级是得分大于 1.128 的城市，有 23 个（排名第 1 至第 23 位），其中下游城市有 8 个，中游城市有 12 个，上游城市有 3 个，主要集中在长江经济带东北部和南部。

第二层级是得分为 1.023~1.127 的城市（排名第 24 至第 57 位），包括 34 个城市。其中，下游城市有 13 个，中游城市有 14 个，上游城市有 7 个。

第三层级是得分为 0.900~1.022 的城市（排名第 58 至第 83 位），包括 26 个城市。其中，下游城市有 11 个，中游城市有 6 个，上游城市有 9 个。

第四层级是得分为 0.718~0.899 的城市（排名第 84 至第 102 位），包括 19 个城市。其中，下游城市有 6 个，中游城市有 4 个，上游城市有 9 个。

第五层级是得分为 0.400~0.717 的城市（排名第 103 至第 110 位），包括 8 个城市。其中，下游城市有 3 个，上游城市有 5 个。

二　交通顺畅

从表5-9可知，交通顺畅分项得分和排名情况。交通顺畅二级指数包括每万人交通客运量和每万人交通货运量两个三级指标。由于数据可得性等因素，货运量和客运量中未统计铁路运量，包括公路、水路及民航运量。分城市来看，采用自然断裂点法依据交通顺畅分项得分将110个城市划分为五个层级。

表5-9　长江经济带交通顺畅分项得分和排名情况

排名	城市	得分	排名	城市	得分
1	贵阳	6.579	26	鹰潭	1.058
2	舟山	6.000	27	台州	1.055
3	遵义	4.783	28	铜陵	1.051
4	内江	2.545	29	昆明	1.048
5	新余	2.212	30	保山	1.046
6	张家界	1.973	31	南京	1.042
7	攀枝花	1.815	32	马鞍山	1.019
8	安顺	1.754	33	重庆	1.019
9	蚌埠	1.490	34	眉山	1.014
10	湖州	1.461	35	淮南	0.985
11	宜昌	1.376	36	怀化	0.972
12	襄阳	1.374	37	合肥	0.971
13	池州	1.366	38	六安	0.948
14	衢州	1.345	39	长沙	0.940
15	丽江	1.292	40	九江	0.938
16	铜仁	1.286	41	阜阳	0.927
17	黄山	1.279	42	金华	0.911
18	萍乡	1.277	43	抚州	0.900
19	苏州	1.256	44	岳阳	0.899
20	咸宁	1.246	45	上饶	0.899
21	芜湖	1.172	46	株洲	0.896
22	宁波	1.131	47	玉溪	0.891
23	泰州	1.114	48	雅安	0.883
24	宣城	1.071	49	随州	0.883
25	温州	1.068	50	杭州	0.878

排名	城 市	得分	排名	城 市	得分
51	徐 州	0.852	81	景德镇	0.641
52	嘉 兴	0.851	82	衡 阳	0.635
53	临 沧	0.841	83	淮 北	0.624
54	宜 春	0.837	84	娄 底	0.620
55	常 德	0.825	85	宿 迁	0.618
56	武 汉	0.824	86	德 阳	0.613
57	鄂 州	0.819	87	广 安	0.602
58	滁 州	0.814	88	南 昌	0.594
59	泸 州	0.805	89	镇 江	0.585
60	黄 石	0.803	90	邵 阳	0.559
61	益 阳	0.777	91	成 都	0.556
62	荆 州	0.768	92	扬 州	0.555
63	亳 州	0.766	93	资 阳	0.554
64	乐 山	0.765	94	孝 感	0.540
65	郴 州	0.761	95	赣 州	0.503
66	黄 冈	0.750	96	达 州	0.501
67	淮 安	0.726	97	绍 兴	0.498
68	盐 城	0.706	98	南 充	0.496
69	无 锡	0.705	99	宿 州	0.489
70	连云港	0.699	100	绵 阳	0.474
71	安 庆	0.688	101	湘 潭	0.458
72	吉 安	0.686	102	宜 宾	0.432
73	丽 水	0.683	103	广 元	0.428
74	永 州	0.680	104	遂 宁	0.390
75	常 州	0.677	105	巴 中	0.374
76	上 海	0.659	106	荆 门	0.371
77	曲 靖	0.655	107	普 洱	0.368
78	自 贡	0.654	108	昭 通	0.198
79	南 通	0.651	109	毕 节	0.013
80	十 堰	0.645	110	六盘水	0.000

第一层级是得分大于 2.546 的城市，有 3 个（排名第 1 至第 3 位），为贵阳、舟山、遵义。

第二层级是得分为 1.491~2.545 的城市（排名第 4 至第 8 位），有 5 个城市，为内江、新余、张家界、攀枝花、安顺。第一、第二层级中，除舟山外，其他城市均为中上游城市。

第三层级是得分为 0.973~1.490 的城市（排名第 9 至第 35 位），包括 27 个城市。其中，下游城市有 16 个，中游城市有 5 个，上游城市有 6 个。

第四层级是得分为 0.603~0.972 的城市（排名第 36 至第 86 位），包括 51 个城市。其中，下游城市有 20 个，中游城市有 23 个，上游城市有 8 个。

第五层级是得分为 0.015~0.602 的城市（排名第 87 至第 110 位），包括 24 个城市。其中，下游城市有 4 个，中游城市有 6 个，上游城市有 14 个。

三　经济协调

从表 5-10 可知，经济协调分项得分和排名情况。经济协调二级指标主要由人均 GDP 和 R&D 经费支出占财政支出的比重两个三级指标组成。分城市来看，采用自然断裂点法依据经济协调分项得分将 110 个城市划分为五个层级。

表 5-10　长江经济带经济协调分项得分和排名情况

排名	城　市	得分	排名	城　市	得分
1	合　肥	2.536	13	长　沙	1.655
2	苏　州	2.340	14	鹰　潭	1.630
3	武　汉	2.276	15	镇　江	1.614
4	芜　湖	2.188	16	湘　潭	1.576
5	无　锡	2.086	17	扬　州	1.549
6	南　京	2.015	18	南　通	1.548
7	杭　州	2.003	19	衢　州	1.497
8	宁　波	1.991	20	宜　昌	1.478
9	上　海	1.859	21	铜　陵	1.458
10	常　州	1.767	22	成　都	1.455
11	绍　兴	1.732	23	襄　阳	1.435
12	株　洲	1.685	24	嘉　兴	1.433

续表

排名	城市	得分	排名	城市	得分
25	南　昌	1.423	59	新　余	0.884
26	舟　山	1.381	60	常　德	0.866
27	绵　阳	1.342	61	淮　安	0.864
28	毕　节	1.337	62	重　庆	0.853
29	湖　州	1.335	63	萍　乡	0.852
30	泰　州	1.321	64	郴　州	0.848
31	马鞍山	1.290	65	黄　石	0.840
32	蚌　埠	1.290	66	温　州	0.837
33	贵　阳	1.204	67	玉　溪	0.833
34	台　州	1.196	68	吉　安	0.828
35	盐　城	1.187	69	荆　州	0.823
36	丽　水	1.172	70	雅　安	0.809
37	宜　春	1.168	71	十　堰	0.806
38	荆　门	1.163	72	攀枝花	0.798
39	黄　山	1.146	73	安　顺	0.756
40	金　华	1.123	74	益　阳	0.740
41	岳　阳	1.115	75	黄　冈	0.737
42	宣　城	1.112	76	景德镇	0.726
43	自　贡	1.108	77	遵　义	0.695
44	徐　州	1.076	78	池　州	0.660
45	铜　仁	1.063	79	德　阳	0.660
46	滁　州	1.058	80	永　州	0.655
47	鄂　州	1.056	81	上　饶	0.652
48	赣　州	1.043	82	六盘水	0.645
49	抚　州	1.039	83	娄　底	0.599
50	宿　迁	1.019	84	宜　宾	0.597
51	咸　宁	1.019	85	随　州	0.571
52	安　庆	1.012	86	淮　南	0.532
53	连云港	0.980	87	泸　州	0.522
54	昆　明	0.974	88	亳　州	0.491
55	孝　感	0.972	89	衡　阳	0.486
56	九　江	0.955	90	资　阳	0.461
57	六　安	0.911	91	邵　阳	0.455
58	怀　化	0.887	92	遂　宁	0.436

排名	城 市	得分	排名	城 市	得分
93	张家界	0.432	102	广 元	0.260
94	阜 阳	0.396	103	眉 山	0.259
95	乐 山	0.394	104	达 州	0.239
96	内 江	0.357	105	广 安	0.227
97	普 洱	0.332	106	南 充	0.226
98	宿 州	0.331	107	临 沧	0.217
99	淮 北	0.319	108	保 山	0.199
100	丽 江	0.304	109	巴 中	0.082
101	曲 靖	0.272	110	昭 通	0.056

第一层级是得分大于 1.768 的城市，有 9 个（排名第 1 至第 9 位），为合肥、苏州、武汉、芜湖、无锡、南京、杭州、宁波和上海。其中，合肥、苏州、芜湖、杭州和上海为 G60 科创走廊城市（G60 科创走廊由 9 个城市组成，其他 4 个城市为嘉兴、金华、湖州、宣城）。

第二层级是得分为 1.205~1.767 的城市（排名第 10 至第 32 位），包括 23 个城市。其中，下游城市有 13 个，中游城市有 7 个，上游城市有 3 个，以下游城市为主。

第三层级是得分为 0.912~1.204 的城市（排名第 33 至第 56 位），包括 24 个城市。其中下游城市有 11 个，中游城市有 9 个，上游城市有 4 个。

第四层级是得分为 0.533~0.911 的城市（排名第 57 至第 85 位），包括 29 个城市。其中，下游城市有 4 个，中游城市有 16 个，上游城市有 9 个。

第五层级是得分为 0.056~0.532 的城市（排名第 86 至第 110 位），包括 25 个城市。其中，下游城市有 5 个，中游城市有 3 个，上游城市有 17 个。

四 市场统一

从表 5-11 可知，市场统一分项得分和排名情况。市场统一二级指标主要由国内 100 强企业分支机构数和世界 100 强企业分支机构数两个三级指标组成。分城市来看，采用自然断裂点法依据市场统一分项得分将 110 个城市划分为五个层级。

表 5-11　长江经济带市场统一分项得分和排名情况

排名	城　市	得分	排名	城　市	得分
1	上　海	6.766	35	六　安	0.484
2	杭　州	6.252	36	株　洲	0.477
3	武　汉	5.978	37	淮　安	0.436
4	成　都	5.937	38	台　州	0.412
5	南　京	5.854	39	九　江	0.406
6	重　庆	5.837	40	眉　山	0.406
7	苏　州	4.532	41	遵　义	0.394
8	宁　波	3.953	42	咸　宁	0.376
9	长　沙	3.331	43	阜　阳	0.371
10	合　肥	3.108	44	荆　州	0.371
11	昆　明	2.368	45	吉　安	0.364
12	无　锡	2.170	46	马鞍山	0.346
13	嘉　兴	1.902	47	黄　冈	0.339
14	贵　阳	1.510	48	娄　底	0.336
15	南　昌	1.420	49	襄　阳	0.311
16	南　通	1.317	50	常　德	0.309
17	常　州	1.149	51	孝　感	0.306
18	宜　宾	1.143	52	绵　阳	0.306
19	芜　湖	1.001	53	曲　靖	0.304
20	湖　州	0.999	54	安　庆	0.298
21	宿　迁	0.955	55	湘　潭	0.276
22	泸　州	0.909	56	郴　州	0.276
23	温　州	0.810	57	岳　阳	0.268
24	滁　州	0.718	58	亳　州	0.263
25	镇　江	0.705	59	舟　山	0.241
26	扬　州	0.642	60	金　华	0.238
27	泰　州	0.637	61	邵　阳	0.238
28	盐　城	0.632	62	益　阳	0.238
29	赣　州	0.562	63	衢　州	0.231
30	永　州	0.559	64	鄂　州	0.228
31	宜　昌	0.547	65	荆　门	0.206
32	绍　兴	0.544	66	德　阳	0.201
33	连云港	0.537	67	上　饶	0.198
34	徐　州	0.509	68	宣　城	0.196

排名	城　市	得分	排名	城　市	得分
69	十　堰	0.196	90	毕　节	0.068
70	巴　中	0.196	91	铜　陵	0.065
71	蚌　埠	0.173	92	达　州	0.065
72	怀　化	0.173	93	景德镇	0.035
73	六盘水	0.168	94	萍　乡	0.035
74	宿　州	0.166	95	抚　州	0.035
75	淮　南	0.166	96	黄　石	0.035
76	衡　阳	0.166	97	自　贡	0.035
77	南　充	0.166	98	内　江	0.035
78	丽　江	0.141	99	昭　通	0.035
79	淮　北	0.138	100	黄　山	0.033
80	玉　溪	0.138	101	遂　宁	0.033
81	池　州	0.133	102	普　洱	0.033
82	资　阳	0.133	103	丽　水	0.000
83	保　山	0.133	104	鹰　潭	0.000
84	广　元	0.130	105	宜　春	0.000
85	铜　仁	0.130	106	张家界	0.000
86	随　州	0.105	107	乐　山	0.000
87	安　顺	0.103	108	广　安	0.000
88	新　余	0.098	109	雅　安	0.000
89	攀枝花	0.070	110	临　沧	0.000

　　第一层级是得分大于 6.253 的城市，仅有 1 个（排名第 1 位），为上海。

　　第二层级是得分为 3.954~6.252 的城市（排名第 2 至第 7 位），有 6 个城市，包括杭州、武汉、成都、南京、重庆、苏州。其中，下游城市有 3 个，中游城市有 1 个，上游城市有 2 个，以省会城市和直辖市为主。

　　第三层级是得分为 1.511~3.953 的城市（排名第 8 至第 13 位），包括 6 个城市，为宁波、长沙、合肥、昆明、无锡和嘉兴。可以看出 100 强企业依然倾向于在省会城市以及区域中心城市布局。其中，下游城市有 4 个、中游城市有 1 个，上游城市有 1 个。

　　第四层级是得分为 0.510~1.510 的城市（排名第 14 至第 33 位），包括

20 个城市。其中，下游城市有 13 个，中游城市有 4 个，上游城市有 3 个。

第五层级是得分为 0.000~0.509 的城市（排名第 34 至第 110 位），包括 77 个城市。其中，下游城市有 20 个，中游城市有 30 个，上游城市有 27 个。

五 机制科学

由于二级指标机制科学下只有一个衡量指标且为唯一的定性指标，即以水资源保护与水环境综合治理为核心的联防联控机制和生态环境补偿机制，旨在衡量长江经济带水环境保护的体制机制建设水平。110 个地级及以上城市的联防联控机制和生态环境补偿机制等相对完善。

第六章 长江经济带协调性均衡发展存在的问题

推动长江经济带高质量发展，要顺应城镇化与产业发展的内在规律，立足长江经济带自身特点，紧紧依托三大城市群建设，坚持大中小结合、东中西联动，全面提升长江经济带城镇化水平与产业化水平，这既是贯彻落实党中央决策部署的重要举措，也是长江经济带高质量发展的重点。然而，由于不同地方政府对待市场与政府关系的差异化理解与执行，长江经济带各类城市城镇化—产业化协同发展还面临诸多问题，不少城市的协调性均衡发展指数得分相对偏低，成为横亘在长江经济带高质量发展道路上的主要障碍。

第一节 流域产业竞争力整体不强

长江经济带已经形成三大产业群，即重化工产业群、机电工业产业群和高新技术产业群。其中，重化工产业群包括钢铁、石化、能源、建材等行业，都有相当的规模，很多大型龙头企业聚集于长江经济带；机电工业产业群也是颇具规模，几乎每个省市都有汽车制造产业；高新技术产业群主要集中分布在上海、南京、武汉、重庆及其他中下游大中城市，在全国的优势明显。但在新发展格局下，长江经济带的产业竞争力整体仍不强，产业协调发展水平相对较低，尤其是规上企业利润总额的流域间差距较大，是阻碍区域产业高质量发展的重要因素。结合实际，长江经济带产业发展中可能存在以下问题，即流域产业空间布局规划相对滞后、流域产业结构同质化问题相对突出、流域产业协调发展机制尚未完全建立。

一　流域产业空间布局规划相对滞后

2014 年 9 月，《国务院关于依托黄金水道推动长江经济带发展的指导意见》（以下简称《指导意见》）提出从整体上优化长江经济带产业布局，指出引导产业合理布局和有序转移，培育形成具有国际水平的产业集群，增强长江经济带产业竞争力。2016 年出台的《长江经济带发展规划纲要》（以下简称《纲要》）指出，长江经济带要突出产业转移重点，下游地区积极引导资源加工型、劳动密集型产业和以内需为主的资金、技术密集型产业加快向中上游地区转移。中上游地区要立足当地资源环境承载能力，因地制宜承接相关产业，促进产业价值链的整体提升。2020 年习近平总书记在全面推动长江经济带发展座谈会上强调，"引导下游地区资金、技术、劳动密集型产业向中上游地区有序转移，留住产业链关键环节"。然而，长江经济带各地开发的时间较早，如浦东开发早在 20 世纪 90 年代就已开始。这些地区在早期的开发过程中已经形成的产业布局，即使存在不合理之处，也很难从根本上快速进行调整。此外，沿江各省市在前期出于自身利益考量进行的产业规划和布局，导致了比较严重的低水平重复建设和资源浪费。

二　流域产业结构同质化问题相对突出

产业结构同质化是长江经济带区域内重复建设的一大重要原因。比如，长江经济带经济最发达的三个省市——上海、江苏和浙江占比最大的 12 个制造业部门中，浙江与江苏有 11 个产业相同，浙江与上海有 10 个产业相同，上海与浙江、江苏各有 10 个产业相同。另外，沿江各省市内部产业结构趋同化现象也很明显，例如，江苏沿江 8 市就有 20 多个化工园区，其中 60% 分布在沿江两岸。这种严重的产业结构同质化，使得各地区的比较优势和特色难以发挥，削弱了区域内分工协作能力，不利于推进长江经济带一体化进程。

三 流域产业协调发展机制尚未完全建立

长江流域是我国国土空间开发中最重要的东西轴线,横跨东中西三大区域,东有龙头上海,西有龙尾重庆,中有龙骨南京和武汉,这四大中心城市是带动整个长江经济带经济腾飞的关键。然而,这四个城市之间的行政壁垒并未被打破,缺乏良好的沟通协调机制。同时,有效的协调机制和实质性的协调机构缺失,使这四个城市难以发挥应有的经济带动作用,尤其是龙头上海对中上游地区经济发展的辐射作用相对较弱,中上游地区丰富的资源和巨大的市场容量远未得到充分的利用和开发。

第二节 流域新型城镇化水平参差不齐

近些年来,在国家高位战略推动下,长江经济带新型城镇化加快推进,体系化、绿色化发展水平显著提升,已形成以长三角城市群为龙头,以长江中游和成渝城市群为支撑,以黔中和滇中两大区域性城市群为补充,以沿江大中小城市和小城镇为依托的空间格局,但长江经济带上中下游新型城镇化发展水平差距甚大,城镇协调发展水平不高,尤其是中心城区人口占比方面的流域间差距较大。结合实际,长江经济带新型城镇化发展中可能存在以下问题,即不同城市群的功能定位不清、城市群空间布局仍需进一步完善、城市群中心城市间分工不合理。

一 不同城市群的功能定位不清

长江经济带的城市功能定位是一个十分复杂、需兼顾内外部诸多因素的问题。由于种种原因,长江经济带不少城市的定位相对模糊,其辐射带动作用难以充分发挥。虽然《纲要》中明确了上中下游城市群的主要功能,但还需强化政策落地,更不要说各个城市的功能定位了。主要原因可能有:一是不少城市在确定功能定位时想法颇多,既想成为区域金融中心,又想成为区域的产业中心、物流中心等。① 试问支撑这些功能需要多少资金，而这些资金又从何处来，这些可能都是当地政府难以破解的课题。二是不少城市狭隘地理解区域竞争，搞区域分割、互不妥协、自成体系，导致产业小而全且功能趋同。最终是造成各城市群产业同构，重复建设。例如，成渝城市群和长三角城市群中不少城市的功能定位为区域高新技术产业发展高地，这造成城市间围绕技术资源展开恶性竞争，不利于凸显区域特色、发挥城市群独特功能。三是城市规划缺乏有效衔接。目前很多城市的规划均是从自身发展角度考虑，并未体现产业分工合作、发挥特色优势的要求，各自为政地规划产业布局，造成了低水平重复建设和资源浪费。合理的垂直分工和水平分工缺乏，各地的经济攀比和恶性竞争导致严重的重复建设和产业同构化。各省市之间联系过于松散，针对资源、资金和技术难以进行有效整合，区域整体优势未能有效发挥。

二 城市群空间布局仍需进一步完善

城市群空间规划不完善或落地力度不足，使得各城市的功能定位多从自身利益出发，缺乏"一盘棋"统筹考虑，生产要素流动或重新配置困难。以长江中游城市群为例，武汉"一枝独大"的城市体系格局始终存在。诚然在湖北乃至整个中西部地区，武汉作为经济"桥头堡"的地位十分突出，但由此导致长江中游城市群的城市等级结构中武汉的首位度畸高，未能形成均衡有序发展的城市体系。② 就经济实力言，本地区其他地级市的工农业总产值、第三产业增加值、财政收入等均低于全国大城市的平均值，属于中等偏下水平。地级市拥有的在国内外较有影响的大型企业较少，具有竞争力的名牌不多，高新技术产业和高科技产品更少，市场及服务体系不够健全。能发挥承接作用的过渡性大城市——次级城市缺乏，导致武汉的辐射效应和影响力大大削弱。同时，不少城市的结合部还存在规划空白，影响了城市群整

---

① 薛澜：《城市如何定位需重新考虑》，搜狐网，2018 年 9 月 21 日。
② 蔡若愚：《长江中游城市群一体化进程漫长》，《中国经济导报》2015 年 4 月 11 日。

体功能的发挥。例如，在长株潭三市中部交汇区约有300平方公里的"城市真空"地带，这片区域城市化水平低，没有进行任何规划和开发，这在一定程度上使得三地的生产要素市场封闭，原料和产品的流通受阻，制约了长株潭经济一体化发展。[①]

三　城市群中心城市间分工不合理

随着经济全球化进程的加速，跨国企业和国内大型企业基于集中控制和指挥分散化产业运行的需要，纷纷把管理总部、分支机构和金融机构搬迁到上海、武汉、南京、杭州、合肥、成都和重庆等中心城市，使这些超大/特大城市日趋成为现代服务业中心。与此同时，跨国企业和国内大型企业基于降低成本的考虑，会选择在长江经济带不同的中心城市布局不同类型或等级的区域总部或研发中心。[②] 但长江经济带部分核心城市未能顺应这一发展趋势，在中心城市分工方面还存在诸多问题。以长江中游城市群为例，武汉"一枝独大"的局面始终未有改善。一方面，武汉与上游成都、重庆和下游的上海、南京等城市基于比较优势的分工合作机制尚未形成，装备制造、冶金、服装等行业均具有一定实力，但并非按产业链分工，各城市群之间不完全配套，资源配置效率相对较低。另一方面，不同城市群内不同程度地存在市场准入、质量技术标准、行政事业性收费、户籍制度等形式的地方保护，市场建设的总体水平不高，产业结构和分布不合理，资金、技术、劳动力等生产要素的市场优势难以互补，集聚和扩散效应不明显，相关法律法规不健全，缺乏统一的市场监管机制。

第三节　流域基础设施布局差异显著

2008年以来，基础设施建设一直是区域经济发展中的重要抓手，但限

[①] 薛绯、朱海雯：《长株潭城市群一体化协同发展研究》，《当代经济》2018年第15期。

[②] 刘志彪：《经济全球化中的城市功能变化与房地产业发展机遇——以上海为中心的长三角地区为例》，《南京社会科学》2006年第3期。

于人力、物力、财力、规划等多方面原因，一系列重大基础设施的建设以下游地区居多，中上游地区相对较少。再加上不同城市自身的"造血"能力差异，在一段时期内长江经济带各城市之间的城镇化与产业化水平差距不断拉大。而基础设施建设投入大、回报期长，市场这只"无形的手"的作用很难有效、及时发挥，此时政府这只"有形的手"就必须补位，弥补市场作用的时滞和失灵。总体来看，基础设施布局方面，长江经济带上中下游差异很大，基础设施建设水平相对较低，尤其是代表信息化水平的互联网接入用户数的流域差距较大。结合实际，长江经济带基础设施建设中可能存在以下问题，即各城市基础设施规模差异大、各城市间交通综合协同能力低、经济带东西向联系较薄弱。

一 各城市基础设施规模差异大

分流域来看，下游的长三角城市群航空运输发达，旅客吞吐量与粤港澳大湾区水平接近，共拥有机场 17 个，2019 年旅客吞吐量达到 2.66 亿人次。公路运输和铁路运输发达，2 小时交通圈覆盖的城市已达 28 个，区域一体化程度不断提升。高速公路和高铁是实现城市群内部城际沟通的高效交通方式。铁路方面，2019 年长三角铁路完成基建投资 854.12 亿元，年内投产新线里程 874.8 公里。截至 2019 年底，长三角铁路营业里程达 11632 公里，其中高铁里程 4997 公里，占全国高铁总里程的 1/6。铁路运输日均发送旅客 172 万人次。2020 年估计铁路运营里程达 13700 公里，其中高铁 5900 公里，城市群一体化程度进一步提升。公路方面，有 35 条高速公路通车，2020 年规划总里程达 1.2 万公里。[①] 上游的成渝城市群 2019 年各种交通方式的客货运量占比情况为：公路占 93%、铁路占 5%、水路占 1%、航空占 1%。成渝城市群地处内陆，交通建设投资很大，成渝地区的公路网是以成都、重庆为"两核"，以国道主干线、国家干线公路、一般国道、省道为骨

---

① 《2018 年我国长三角城市群航运及铁路发展情况分析》，http://market.chinabaogao.com/jiaotong/03133244322018.html，2018 年 3 月 13 日。

架，连通城市与农村，连接相邻省市区。铁路方面，逐步建立了以成都、重庆为中心枢纽，达州、内江、宜宾、雅安等城市为节点的 8 条干线网络。航空方面，拥有四川航空公司、中国国际航空公司西南分公司和重庆分公司等8 家航空公司，已有 13 个民用机场。其中，枢纽机场有成都双流国际机场（2019 年客运量达 5585 万人次）、重庆江北机场（2019 年客运量达 4479 万人次），支线机场有绵阳、九寨沟等 10 多个。中游城市群虽初步形成了以铁路为骨干，公路为基础，水路、航空运输为辅的现代化综合交通体系，但综合交通线网总体规模不大、质量不高。有关数据显示，2019 年长江中游城市群的铁路营业里程为 8640 公里，公路通车里程为 38.6 万公里。

二　各城市间交通综合协同能力低

近年来，随着长江经济带黄金水道建设上升为国家重大战略，长江经济带沿线的基础设施投资力度与日俱增，但由于缺乏全流域完善的基础设施规划，不仅航空、铁路、公路、水运等不同交通方式之间缺乏协调，空港、海港、铁路站点等换乘枢纽衔接不足，而且城市间也未能充分对接城际轨道交通与高铁线路。与此同时，各城市大干快上各类基础设施项目，造成基础设施建设重复、低效和浪费，投资拉动经济增长的效能显著下降，亦会造成投资过程中的权力寻租和腐败行为的发生。例如，在航运信息共享领域，上游是融资保险、海事规范、政策咨询、技术标准等相关服务的信息资源，中游是为现代航运提供国际中转贸易运输、大型国际邮轮进出港服务、各类海上运输船舶租赁及船舶修理等相关服务的信息资源，下游是为现代航运提供码头仓储、内陆运输、报关代理等相关业务的信息资源。[①] 一般来说，航运产业中下游的信息资源整合较为容易，航运产业上游的信息资源由于各地政府相对严格的海关、商检管理政策，以及部门利益的维护等因素，整合难度相对较大。

---

① 张彦：《长江经济带航运信息平台建设的问题与建议》，《上海经济》2016 年第 5 期。

三 经济带东西向联系较薄弱

目前长江经济带东西向运输主要依靠长江内河航运，而长江航运能力相对不足，连接上中下游主要城市群的陆路大通道依然正在建设中，尚未完全贯通。一方面，2019 年长江干线货物通过量达 29.3 亿吨，同比增长 8.9%；干线港口货物吞吐量 31.6 亿吨，同比增长 11.3%；完成集装箱吞吐量 1940 万 TEU，同比增长 10.9%；三峡枢纽货物通过量 1.48 亿吨，均创历史纪录，这些数据足以确保长江稳居世界第一航运大河之列。但是，面对日益增长的上中下游水运需求，下游河段航道条件不够稳定，局部航段通航压力较大；中游航道水深与上下游相比偏低，并且有不少航段是珍稀鱼类的栖身之所，水运遭遇"肠梗阻"；上游重庆以上航道等级总体偏低，通过能力明显不足；三峡船闸的通过量已超过设计能力，挖潜空间有限，"堵船"已成常态。① 上述问题已然成为阻碍长江航运能力进一步提升的最大障碍。另一方面，东西向铁路、公路运输能力不足，南北向通道能力紧张，向西开放的国际通道能力薄弱，同时城际铁路建设滞后，城际交通网络功能不完善，难以适应长江经济带在新型城镇化和城市群空间布局方面的需要。

第四节　流域生态环境联防联治力度不足

在过去很长一段时期，面对经济发展压力，长江经济带不少城市片面追求经济增长，导致经济发展方式十分粗放。彼时，政府和市场的关系可以表述为"发挥市场在国家宏观调控下对资源配置起基础性作用"，政府在某些领域特别是城镇化或产业化方面具有决定性作用。为了实现经济增长，牺牲生态环境的现象屡见不鲜。此时，在全流域都在转变经济发展方式的背景下，部分城市似乎还是很难走出"经济增长—生态破坏—污染治理"的怪

---

① 《长江黄金水道建设还要迈过几道坎儿》，http://www.rmjtxw.com/news/shuiyun/47738.html，2018 年 8 月 17 日。

圈。而生态环境的治理又绝非一城所能为，联防联治是主要出路，但城市间的合作似乎仍面临不少困难。总体来看，长江经济带上中下游的生态环境保护水平差异很大，生态优美融合度和机制科学融合度水平不高，尤其是代表污染管制水平的万元 GDP"三废"排放的流域差异较大。结合实际，长江经济带生态环境保护可能存在以下问题，即流域生态环境保护的系统性不足、沿江化工行业环境风险隐患突出、部分地区城镇开发建设挤占长江岸线资源。

一　流域生态环境保护的系统性不足

当前，长江流域系统性保护不足，沿江 11 个省市分段治理，涉水部门众多，法律法规衔接性、协调性不强，而跨省域的河湖治理需要流域内所有政府共同努力、联防联控，如果仅仅是一方治理、另一方污染，就会事倍功半，难以达到预期效果。这方面的失败经验并不鲜见，近年来跨行政区域的流域污染纠纷时有发生，其根源就在于流域上下游之间的环境保护责任不对等，容易造成上游"污染"、下游"治理"的现象。而一些在下游被淘汰的污染企业"逆流而上"，很有可能从源头上造成更大污染。与此同时，部分城市群虽投入大量资金，但与其他城市群的协调不够，导致"治理效果不佳、多次重复治理"的现象比较突出，造成了一定程度的财政资金浪费。另外，虽然沿江各城市群都已意识到长江污染治理联防联控的重要性，但限于各方的利益纠葛，围绕跨流域河流治理还未建立有效的联防联控机制，仅仅停留在开开会、考考察的层面，真正的跨流域联防联治政策仍难落地。①

二　沿江化工行业环境风险隐患突出

长江水利委员会的数据显示，全国 21326 家化工企业中，位于长江沿岸的有近万家。长江流域正在建设或规划的化工园区就有 20 多个。下游的长

---

① 王振华、李青云、汤显强：《浅谈长江经济带水生态环境问题与保护管理对策》，《水资源开发与管理》2018 年第 10 期。

三角城市群中，将石油、化工等列为主导产业的就有 8 个城市，上游成渝城市群中的泸州市在 60 多千米长的长江沿线上规划建设了纳溪、合江等 4 个化工园区，主要发展煤化工、精细化工、医药化工等，目标是力争将泸州建成西部化工城；重庆市基于天然气资源在位于三峡库区的长寿、万州、涪陵发展天然气化工。长江中游城市群中的武汉计划依托葛化集团，以化工新材料为主，以新领域精细化工为辅，基于良好的水域建港条件和北湖新城的发展，建设化工型港口城镇。① 以长三角城市群北翼为例，约 2/3 的化工产能集中在沿江地区，沿江地区二氧化硫排放量、化学需氧量和氨氮排放量分别为全国平均水平的 5.9 倍、6.4 倍和 6.7 倍。同时，沿江地区的废水排放量、化学需氧量和氨氮排放量分别占全区的 74.44%、48.9% 和 55.8%。部分支流污染严重，生物多样性受到损害，环境风险隐患突出。从水环境情况来看，北翼江苏省 80% 的生产生活用水源于长江。② 但是，该省长江干流 10 个监测断面水质全部由 2010 年的 Ⅱ 类水降为 Ⅲ 类水，2018 年第一季度，45 个入江支流断面水质劣 Ⅴ 类比例同比上升了 10.7 个百分点。沿线人民群众对生态环境的要求不断提高，环保维权意识不断增强。这说明长江流域的化工污染整治工作还需加强。

三 部分地区城镇开发建设挤占长江岸线资源

中科院南京地理所段学军等研究员的研究成果表明，当前长江岸线的开发利用面临两大突出问题，一是不当开发造成了严重的生态破坏。③ 首先，岸线不当开发破坏滨江湿地。过度密集的港口建设、临江工业开发区建设使得滨江湿地的生态功能丧失，特别是长江中下游地区人造岸线对自然岸线格局的破坏不容忽视。非法码头、非法采砂、沿江堆砂场对岸滩湿地亦造成破

---

① 郭薇、李莹：《化工石化企业沿江沿河沿海分布 加大环境风险》，中国财经新闻网，2010 年 9 月 14 日。
② 《全省长江经济带发展工作推进会侧记　万众一心唱好新时代长江之歌》，http://news.jstv.com/a/20180530/1527678617895.shtml，2018 年 5 月 30 日。
③ 段学军、邹辉：《长江岸线的空间功能、开发问题及管理对策》，《地理科学》2016 年第 12 期。

坏。其次，岸线不当开发影响水生态及渔业的可持续发展。长江流域渔业资源面临严重衰退的局面，临江污染密集型工业的布局会形成长江岸边污染带，严重危害水生生物生存，另外大规模重化工企业临江布局造成了严重的生态风险。不合理的港口建设、航道建设、密集的航运与水生态保护之间的矛盾凸显，特别是给江豚生存带来了严重威胁。二是功能布局不合理。港口码头、工业企业、跨江桥梁、取水口及排水口、过江隧道与电缆等建筑物及构筑物沿岸布局缺乏统筹协调。部分建设工程挤占规划保留区或防洪工程用地，影响河势及防洪安全。部分城区岸线布局没有与城市总体规划较好地衔接，老城区仍有生产性货运码头，影响了城市景观风貌。取水口布局分散，水源保护空间不足。在功能布局协调方面，取水口布局问题尤为突出。安徽沿江有城市和乡镇取水口 47 个，取水口过多，并且布局分散，一些取水口混杂在工业和港口码头之间，上下游没有留足水源保护空间。如安徽芜湖杨家门水厂取水口受到上游 300 米处的石油站码头的影响，居民饮水安全面临威胁。江苏沿江共有区域性饮用水取水口 80 余个，且大部分占用深水和中深水岸线，取水口过多且布局分散，不仅增加了水源保护的难度，也不利于岸线资源的高效利用。

第七章 长江经济带协调性均衡发展的对策建议

第一节 着力提升长江经济带产业链现代化水平

2019年8月，中央财经委员会第五次会议首次提出"产业链现代化"概念，这是从长远战略角度对我国产业发展作出的重大谋划和部署，也是破解产业基础能力不足和部分领域"卡脖子""掉链子"瓶颈制约的硬核支撑，更是形成双循环新发展格局的必然要求。

从字面上看，产业链现代化可以从"产业链"和"现代化"两个方面来理解。而学界更多的是从主体与结构、供给与需求、内部和外部等维度来把握其内涵和本质。尽管在表述上有所出入，但各界对其核心要义已基本形成共识，即产业链现代化是一种能力（水平），主要体现为产业基础能力提升、运行模式优化、产业链控制力增强和治理能力提升等。

2020年11月14日，习近平总书记在全面推动长江经济带发展座谈会上强调，要加快产业基础高级化、产业链现代化。要勇于创新，坚持把经济发展的着力点放在实体经济上，围绕产业基础高级化、产业链现代化，发挥协同联动的整体优势，全面塑造创新驱动发展新优势。习近平总书记的重要讲话，为长江经济带当前和未来一段时期的产业发展和转型升级指明了努力方向、提供了工作遵循。

一 提高产业链供应链现代化水平

（一）全面提升产业链竞争力

围绕5个重点打造的世界级产业集群各个子产业进行深入梳理，完善产业链图谱，优化配置资源。同时，以产业链溯源及其技术评估为基础，初步建立起重点产业领域"卡脖子"技术攻关清单，预判攻关时间及其机会窗口。在有限资源投入的情况下，应坚持"最缺什么补什么"的原则，形成以专业化为导向，以环节优化、区域协作为基础的"世界级—国家级—省级""三位一体"先进制造业集群梯队，并以此为抓手攻克一批制约产业链自主可控、安全高效的核心技术，推动一批卓越产业链竞争实力和创新能力达到国内一流、国际先进水平。

（二）切实增强产业链供应链韧性

实施产业链安全可靠工程，在产业链上、下游关键节点形成一批国产化替代的原创成果，大幅提高产业技术自给率和安全性。推动产业链供应链多元化，构建必要的产业备份系统，并强化应急产品生产能力，力争重要产品和供应渠道至少有一个替代来源，提升产业链抗风险能力。发挥产业链优势企业和平台企业作用，依托供应链协同、创新能力共享、数据资源对接等模式提升产业链运行效率和联结水平，并支持建立企业联盟、产业联盟、产业技术创新战略联盟，鼓励共享制造等新型生产组织方式，带动专业配套企业协同发展。

（三）大力推进服务化/智能化升级

引导制造企业向两业融合的新型制造模式转变，并积极开展先进制造业与现代服务业深度融合发展试点示范。同时，进一步夯实产业数字化转型基础，制定工业互联网发展行动计划，加快发展优势制造行业的工业核心软件，建设全国顶尖的工业软件企业集聚高地，积极谋划创建工业互联网数据中心、新型互联网交换中心、"5G+工业互联网"融合应用先导区。以智能化为重点方向推动传统产业数字化转型，支持规模以上工业企业开展生产线装备智能化改造，面向重点行业制定数字化转型路线图，形成可推广的方案。

二　强化创新驱动能力

（一）形成定位清晰、高效协同的政产学研创新体系

在"卡脖子"核心关键技术领域、基础研究领域加大研发投入，并利

用供给型政策工具、需求型政策工具与环境型政策工具组合，引导社会资金投向基础研究。明确各类主体在创新链中的差异化功能定位，构建分工明确、协同有力的现代创新体系。如高校主要专注于基础研究，科研机构重点聚焦关键共性技术、核心技术研发，企业主要致力于应用技术开发。大力推动新型研发机构、新型创新平台建设。利用"权益"政策推动新型研发机构对接市场，鼓励创新要素自由流动，引发新型研发机构的空间聚集、聚变。支持龙头企业联合高校院所、金融机构以及产业链上、下游，在核心关键领域建设创新型平台，解决跨行业、跨领域的关键共性技术问题；搭建基础研究和产业化技术创新之间的桥梁，促进全产业链协同创新。

（二）优化创新网络与产业创新生态，努力打造区域创新共同体

促进创新主体的协作联动、资源共享和系统集成，构建创新主体的创新交互网络与互动合作机制，构建产品技术支撑体系及应用场景，培育并完善自主可控的产业生态。打破行政藩篱，制订规则，加强制度建设，构建跨区域创新合作的体制机制，推动区域创新共同体的形成，进而释放长江经济带协同联动的整体优势，加速科技成果转化，并带动流域创新绩效与竞争力全面提升。

（三）加强专精特新企业培育，全面提升企业群体基础能力

长江经济带集中了我国主要的重点产业集群，包括电子信息、高端装备制造、新材料、物联网、集成电路等战略性新兴产业。长江经济带各省市必须围绕重点产业集群的关键基础材料、基础装备和核心零部件、基础工业软件、基础技术和工艺等基础能力，以及"卡脖子"关键核心技术，大力扶持发展专精特新中小企业，培育出一批行业"单打冠军"、行业"隐形"标杆。在长江经济带打造一批聚焦基础产品和技术研发生产的现代企业群落。培育壮大产业链主导企业，强化技术攻关、优化产业生态、拓展市场空间，并加强在人工智能、生物工程、超导体等未来科技产业的前瞻性布局，抢占科技产业发展制高点。

（四）突出人才引领的支撑作用，培育创新创业的高素质人才队伍

根据产业发展需要，改革高技能人才培养模式，大力推进产教结合、产融结合，多层次培养具有开拓精神的创新型人才、工程师和技能型产业工

人。创新体制机制，为科研人员赋权，培养潜心科研的科学家和创新人员。鼓励企业与高校、科研院所开展合作，创新"订单式"人才培养方式，打造一批高层次人才和高技能人才团队。破除人才引进的体制机制障碍，突破高端人才的组织壁垒，加大对世界一流顶尖人才团队的引进力度；设立人才创新创业风险补偿资金池，积极落实税收支持和风险分担政策；制订重点产业集群"卡脖子"关键技术的专项人才政策。

（五）改革创新体制机制，打造激发创新主体活力的制度环境

对标国际一流营商环境，深化改革，破除制约要素自由流动、优化配置的藩篱，建设统一开放、公平合理、竞争有序的市场体系。提升技术、人才、资本、数据等各类要素的市场配置效率。深化"放管服"改革，降低企业生产经营成本，为企业发展提供助力，支持企业按照市场化运作方式推动创新。依托流域内国家科学中心、科技创新中心、综合性国家实验室、龙头企业，加快突破一批关键核心技术瓶颈，实现关键技术自主可控。坚持自主创新和开放合作相融合，鼓励企业、高校院所积极开展国际科技合作，促进产业基础提升与创新能力发展。

三　构建绿色引领发展模式

（一）产业"添绿"

综合运用市场、法律、政策等手段推动传统产业绿色化改造，调整产业布局，促进新旧动能转换，形成与资源环境承载力相适应的绿色产业体系。一方面，优化产业空间布局，坚决减污扩容，统筹排放容量，为优质大项目腾出空间，在多重目标中实现动态平衡。另一方面，推动绿色低碳循环发展，着力发展化工循环经济体系，大力发展环保产业、绿色技术、绿色金融，开展绿色创新企业培育行动，不断壮大节能环保、生物技术和新医药、新能源汽车等绿色战略性新兴产业规模。

（二）科技"强绿"

加强科技创新，整合科教优势资源，强化"产学研"融合，提升绿色科技成果转化率和利用率，形成绿色可持续发展的新动力源。比如，湖北武

汉以科教资源优势助推创新发展，发挥武大、华科等高校和众多高新技术企业人才集聚优势，通过建立科技成果转化线上平台，实现新能源、新材料等绿色科技成果及时转化和应用。同时，既要发挥制造业企业在绿色技术创新中的主体作用，也要强化政府对制造业绿色技术创新的支撑作用。

（三）金融"助绿"

对于资源节约型、环境保护型项目予以贷款优惠支持，对于合同能源管理、合同环境管理服务企业加大税收优惠力度，对于非资源节约型、环境破坏型项目实施不同程度的贷款限制政策。在这一过程中，政府应发挥系统协调、政策引导、标准约束、公共研发等服务功能，提供良好的绿色技术创新环境。同时，应通过行业中介构建绿色标准评价与监督机制，督促制造业企业改善环境绩效。进一步倡导市场绿色消费和公共绿色采购，激发企业绿色技术创新行为。

第二节　推动长江经济带城镇化高质量发展

2020年11月14日，习近平总书记在南京主持召开全面推动长江经济带发展座谈会并发表重要讲话。他强调，要贯彻落实党的十九大和十九届二中、三中、四中、五中全会精神，坚定不移贯彻新发展理念，推动长江经济带高质量发展，谱写生态优先绿色发展新篇章，打造区域协调发展新样板，构筑高水平对外开放新高地，塑造创新驱动发展新优势，绘就山水人城和谐相融新画卷，使长江经济带成为我国生态优先绿色发展主战场、畅通国内国际双循环主动脉、引领经济高质量发展主力军。[①] 习近平总书记的讲话为我们在新的起点上推动长江经济带发展提供了方向指引和行动遵循。

一　以人为本推进农业转移人口市民化，优化人口、产业、环境组合

推进基本公共服务均等化是城镇化的着力点。因城而宜，持续推动户籍

---

① 《习近平在全面推动长江经济带发展座谈会上强调贯彻落实党的十九届五中全会精神推动长江经济带高质量发展》，新华网，2020年11月15日。

制度改革，推动城镇户籍居民享有的基本公共服务向农业转移人口全面覆盖，以人的需求为导向增强城市吸引力，引导农业转移人口自愿进入城镇，并将满足一定条件的农业转移人口转为城市居民；与乡村振兴战略相结合，以现有乡镇为基础，规划建设集居民居住、基础教育、商业服务、集中养老和产业发展于一体的集中居住区，有序推进农村土地流转和规模化经营，力促人口城镇化同空间城镇化和社会城镇化协调发展；中西部要把引导生态脆弱地区农业人口转移，作为扶贫攻坚的重要任务推进，同时提供就业培训，就近或到中下游城市的第二、第三产业就业，尽快实现脱贫致富；东部发达省市尤其是区域中心城市，要把对口帮扶和解决企业"用工荒"难题结合起来，以企业集中招工或亲友招工等方式，吸引广大中西部地区农业转移人口就业、落户，同时不断提升外来人口社会保障水平，扩大小户型、低租金的保障性租赁住房供给，解决新市民住房困难问题。

二　深化城市群战略与区域战略协同，持续增强城市群的集聚力和辐射力

长江经济带横跨东中西三大地带和 11 个省市，地域广阔，区域差异大，上中下游三大两小城市群发展状况与合作诉求迥异。虽然建立了一些区域合作组织，如 20 世纪 80 年代成立的长江沿岸中心城市协调会，但由于组织结构松散且成员级别不同，有直辖市、省会城市、地级市，甚至还有县级市，地域跨度大，诉求不一，难以开展实质性的合作。城市群之间和内部城市合作大多只是进行高层互访、定期召开联席会议、设立合作办事机构等，既没有形成自上而下的行政效力，又无相应的机制保障，难以承担协调职能。同时，监督保障机制缺失。以签订合作协议或彼此间口头承诺等形式形成的合作内容，缺乏硬性的监督和约束，使得政府间合作多流于形式。因此，建立沿江城市群统筹协调机制迫在眉睫。

（一）构建多维协同推进的统筹协调机制与运行机制

在国家顶层设计和统一规划下，建立协同推进的统筹协同机制和运行体制，统筹协调上下游、左右岸、干支流，建立全流域的协调治理机制，加强

11个省市之间、省市县之间政府协调联动，调动社会各方面的积极性，形成政府联动、企业主动、民间促动的合力。在合作共赢的前提下，完善跨行政区的利益协调机制。将长三角区域合作与一体化经验和机制推广到整个长江经济带，将长三角区域合作办公室扩建为长江经济带区域合作办公室，建立经济带内省际联席会议制度，每年定期召开会议，就合作中需要解决的重大问题进行集体磋商，统一部署落实。由11个省市政府省（市）长任副组长，建议11个省市轮流作为领导小组联席会议主席方，每年召开一次会议，研究确定重大合作事项和年度工作计划，协调、指导和推动重大合作项目；执行层由11个省市发改部门设立联络处，负责收集情况、综合协调、沟通联系、督促落实及日常事务。原则上每年召开一次工作会，由主席方联络处牵头组织，负责协调落实联席会议议定事项、协商制定年度计划草案、协调推进合作中的有关事项。

（二）制定长江经济带城市群总体规划及区域合作发展的战略规划

习近平总书记指出，要优化长江经济带城市群布局，坚持大中小结合、东中西联动，依托长三角、长江中游、成渝这三大城市群带动长江经济带发展。城市群可以从两个方面促进区域协调，一方面，促进三大城市群各自大中小城市的协调发展，加快区域中心城市和重点镇发展。另一方面，加强城市群之间的联动合作，加快重庆、武汉航运中心建设，加快内陆开放型经济高地建设，推进长三角产业沿长江向长江中游和成渝城市群有序转移，促进三大城市群之间的资源优势互补、产业分工协作、城市互动合作。这就要求在已有规划基础上根据主体功能区综合制定城市群发展和区域合作规划。

（三）建立长江经济带协调性均衡发展的评价和提升机制

可借鉴广东省推进珠三角区域一体化的评价方法，建立跟踪评估制度，对各种协调性均衡发展要素进行有针对性的监测、检查、统计、分析、评价，提出进一步修改、发展和完善的建议。建立违约惩罚制度，对违约的地方政府采取行政撤免、减少合作项目、取消政策优惠、向社会公布评估结果或启动内部民意压力等间接措施给予一定惩罚。支持建立多边或双边高层对话和议事机制、合作协调机制，定期举办经贸科技活动。进一步培育发展和规范管理社会组织，在行业协会中引入竞争机制，允许"一业多会"，允许按产业链各个环节、经营方式和服务类型设立行业协会，允许跨地域组建、合并组建和分拆组建等。建立和完善委托授权机制、合作联动机制、征询机制、监督指导机制等，促进行业协会的有效运转，充分发挥行业协会的桥梁和纽带作用。

长三角区域一体化进程走在全国前列，除了地缘相近、人缘相亲外，根本上在于城市群战略与区域一体化战略的统一。其中时任浙江省委书记的习近平同志开创的长三角地区主要领导定期会晤机制发挥了重要作用。

一是加快建立与成渝双城经济圈类似的区域合作机制。支持上海大都市圈、南京都市圈、成渝双城经济圈等跨省城市群深度发展，推进城市规划对接、社会保障对接。

二是推进城市群内部的分散化发展。大力发展飞地经济，以合作共建园区模式推动首位城市疏解过剩产能，推动产业结构高端化，提升中小城市产业功能和吸纳能力，增强小城镇公共服务功能，增强城市群区域的产业集聚能力和人口承载能力。

三是重视城市群外地级市所在大城市的发展。长江经济带内共有125个地级市，除长三角城市群、江淮城市群、湘东城市群、长江中游城市群、川渝城市群内的56个城市之外，仍有69个城市在城市群之外。这些城市是地级市的中心城市，有50万~150万人，因距离原因难以被大都市的辐射效应所带动，但其自身担负着带动周边地区发展的重任，因此需要进一步壮大区域性中心城市规模，不断完善城市功能，提高城市的质量，增强对产业的吸纳能力，提升城市辐射带动能力，引领区域经济发展。

四是以快速交通网络建设推进同城化发展。以三大城市群首位城市为中心，加快推进高速铁路网建设，打造"轨道上的城市群"，形成1小时时域圈，以便捷的轨道交通优化城市群空间布局和形态，形成多中心、多层次的城镇化格局，同时大力发展枢纽经济，以其强大的辐射和集聚作用，重塑区域产业分工体系。

三 推动城镇特色化发展，绘就山水人城和谐相融新画卷

加快建设一批个性鲜明的人文城市。深度挖掘长江经济带内吴越文化、巴蜀文化、三湘文化、楚文化及江南文化、民族文化、渡口文化、漕运文化等不同地域的文化内涵，发掘国家历史文化名城的文化底蕴和人文资源，注重历史文化底蕴的生态构建，凸显城市人文化、人性化、自然化、情调化、生活艺术化的形态，彰显城市文化差异，延续城市历史文脉。加快建设一批生态宜居的绿色城市。围绕重要生态屏障、重要水源地、风景名胜地，全面推进产业生态化、生态产业化，大力发展绿色农业、新型生态工业、生态服务业，使绿色产业体系基本建立并成为经济发展中的主导力量；同时以生态文明理念引领城乡建设和生活方式变革，着力建设功能完备、碧水蓝天、绿色低碳、人文厚重、和谐宜居的美丽家园，切实改善城乡生产生活环境，全面提升城市的综合承载能力和生活舒适度。加快建设一批特色鲜明的风情村镇。依据自然条件、生态环境容量、特色用途，合理确定小城镇规模，结合实际注重特色发展，打造自然景观特色，突出建筑风格特色，营造民族风情特色，增强文化内涵，建设小而精、小而美、小而全的特色小城镇；同时要强化规划引领和规范指导，保护古镇、古村落等历史文化资源，杜绝大拆大建、过度商业化，杜绝盲目、无序地发展休闲农庄、农家乐，杜绝非法占用耕地资源。

第三节 完善长江经济带综合立体交通走廊

"十二五"以来，长江经济带综合立体交通体系建设快速推进，但是在地区之间、城乡之间，不同领域、不同方式之间还存在很多不均衡不协调的地方。要补齐交通发展短板，加强各种运输方式的衔接和综合交通枢纽的建设；进一步提升黄金水道功能，加快多式联运发展；建成安全便捷、绿色低碳的交通体系，加强对综合立体交通的高效管理，为建设交通强国打下坚实的基础。

一　加强规划引领，补短板，抓示范

综合交通运输体系是现代交通运输业的重要标志。构建长江综合立体交通运输体系是长江经济带发展的重要支撑，是沿江经济社会发展到一定阶段的必然要求，有利于进一步发挥长江航运在国家战略中的主通道作用，有利于更进一步促进沿江产业发展。

（一）加强规划引导、合理布局，适度超前建设综合立体交通体系

根据《长江经济带综合立体交通走廊规划（2014—2020 年）》要求，要从强化铁路运输网络、优化公路运输网络、拓展航空运输网络、完善油气管道布局等入手，进一步完善长江经济带综合立体交通走廊。在此基础上，一是统筹规划、合理布局，形成层次分明、覆盖广泛、功能完善的综合交通网络，实现区域间高效畅通；二是优化结构，统筹水路、铁路、公路、民航和管道发展，以提高主要通道运输能力为重点，加快水路和铁路建设，提升设施技术等级水平，强化综合交通枢纽功能，充分发挥各种运输方式的比较优势和组合效率；三是适度超前，除了满足当前客货运输需求外，还要考虑潜在需求，适当扩大运力余量，预留交通基础设施技术标准提升空间，发挥交通运输基础保障和先行引导作用。

（二）补短板，实现综合立体交通体系高效畅通

2017 年出台的《长江经济带综合立体交通走廊重点突破工作方案》，旨在解决长江水道"瓶颈"和铁路"卡脖子"、公路"断头路"等问题。以此为契机，针对存在的突出问题，重点抓好以下建设：适应客货运量不断增加的需求，进一步加快东西、南北向的高速公路和铁路客运专线等快速通道建设；加快中心城市轨道交通建设和大城市之间的城际铁路建设；快速发展航空运输业；加大对重大交通"瓶颈"问题的研究力度。

（三）抓示范，支持交通强国试点省市建设

党的十九大提出交通强国，标志着建设交通强国已经上升为国家战略。长江沿线省市积极响应，如贵州省提出全力推进交通强国建设西部试点工作，出台《贵州省推进交通强国西部试点建设工作方案（讨论稿）》，将构

建"九大体系"，打造交通强国西部试点；重庆在积极申请交通强国建设试点；《交通强国江苏方案》拟构建"八大体系"和打造"十大样板"；上海提出建设交通强国示范区；等等。国家要积极支持交通强国试点省市建设，建成长江经济带综合立体交通体系示范工程。

二　打造长江黄金水道

构建长江经济带综合立体交通体系的关键是进一步打造长江黄金水道。长江水运运能大、成本低、能耗少，必须积极发挥这些优势，进一步治理长江干线航道，对下游航道整治浚深，积极缓解破除中上游瓶颈；支流通航条件要逐步改善；整合港口资源，优化功能布局，加强集疏运体系建设。

（一）全面推进长江干支流航道系统化治理

围绕"深下游、畅中游、延上游"目标，重点加强上游重庆到宜宾段的航道整治、中游荆江河段的航道整治，在下游部分做好深度处理，以此提高长江干线航道的整体作用力。

统筹推进支线航道建设。通支流亦是提升长江黄金水道运力的重要内容。要推进长江支流与主流的有效衔接，实现干支流通，构建高级航道通达网络。探索修建沿江高铁等，提升三峡枢纽通过能力。

提高航道养护标准，推动实现规范化、智能化的航道建设、管理、养护手段，大力推动预防性、主动型管养模式发展，加强航道资源保护。

（二）优化沿江港口布局

长江经济带具有等级差异的港口体系初步形成，极大地促进了其腹地经济的发展，但依然存在港口布局不尽合理、岸线利用效率较低、岸线资源不足、港口企业竞争无序等问题。要进一步完善以上海国际航运中心、武汉长江中游航运中心、重庆长江上游航运中心以及南京区域性航运物流中心为龙头的各层级区域航运物流中心建设，根据经济社会发展要求不断完善港口功能，实现规模化、专业化、现代化发展。加强各港口之间的分工合作，大力发展现代航运服务业。不断推进集装箱、汽车滚装、大宗散货及江海中转运输系统的完善。不断完善长江经济带主要港口的总体规划，充分考虑港口岸线和其他岸线的利用需求，以此确定港口岸线开发规模与开发强度。学习鹿特丹等港口发展经验，大力实施以港兴城、以城促港，推动长江经济带城市及城市群发展。

（三）进一步完善集运输体系建设，大力推广多式联运

加快集疏运体系建设。根据《"十三五"港口集疏运系统建设方案》要求，大力推动长江经济带沿江公路与铁路建设，并与附近的港口进行连接，解决港口与其他运输方式的衔接问题，解决运输上的"最后一公里"问题。积极推进以沿江主要港口为中转的交通运输网建设，优化港口的运输能力，提高货物中转的效率与质量。进一步推进长江经济带沿江开发区、港口物流园区及沿海开放区的通道建设，不断扩大港口服务的辐射范围。全面推动多式联运发展。多式联运能大大提高运输效率、节约运输成本。要进一步完善公水联运、铁水联运、江海直达、江海转运及干支直达等各类运输体系，不断提高长江经济带一体化通关水平，推动江海联动发展，通过对长江航运上中下游通航条件的不断改善，实现长江航运与全球航运之间的联通；要逐步形成以武汉、南京等长江干线主要港口为核心的铁水联运枢纽，实现与水水中转、中欧班列等运输模式的高效衔接；要依托浙赣、陇海等铁路通道，打造连云港—西安—乌鲁木齐、宁波—义乌等一批集装箱铁水联运品牌线路，实现班列化运行；等等。

三　交通体系智能化、信息化

智能化、信息化是构建现代化综合交通运输体系的客观要求，充分利用信息技术能够转变交通发展方式、优化交通运输结构。《长江经济带综合立体交通走廊规划》指出，要"率先建成网络化、标准化、智能化的综合立体交通走廊"。经过多年的发展，长江经济带广覆盖、互联互通、业务协同的交通运输信息化体系已初具雏形，但不同地区、不同运输方式、不同业务间的信息化发展不平衡、不充分、不协调问题依然存在，信息化的整体水平和发展质量有待进一步提高。为加快建设智能化综合交通走廊，沿江各交通运输部门要主动作为，深化各项业务的信息化运用，提高长江航运、城市客

运、公路运行等领域的智能效能，积极推动跨区域、跨部门、跨运输方式的信息共享和业务协同。

（一）提高交通运输行业科技创新能力

智慧交通必须依靠创新驱动。要不断完善交通行业重点科研平台布局，切实推动协同创新，加强道路应急救援、长江黄金水道运输能力提升等关键技术的自主研发和联合攻关。加快大数据、云计算、物联网和北斗导航、高分遥感等技术在长江经济带智能交通建设中的应用，推进实现基础设施、载运工具等"可视、可测、可控"。

（二）发展"互联网+"交通运输

推进交通信息化建设，服务公众出行。重点实施"互联网+"便捷交通，推动高速公路不停车收费系统（ETC）、"一卡通"等出行信息服务系统建设，鼓励发展定制公交、网约车等"互联网+交通运输"新业态。积极加快 ETC 和联网收费系统建设，实现长江经济带 ETC 联网。拓展高速公路交通广播网络覆盖范围，提高动态路况信息服务设施覆盖率。完善长江干线安全信息广播系统功能，推动船载信息终端的有效整合和综合利用。积极推进公路客运、水上旅游客运联网售票和电子客票系统建设，并实现长江流域跨省市客运售票联网；推动公路、铁路、水运、民航客运售票系统联程联网服务发展。

加快推进"互联网+"高效物流，构建物流公共信息平台，推进多式联运信息互联互通。充分调动各种社会资源，以沿江主要港口为节点，推进物流公共信息服务平台建设，并推动区域性平台互联互通，实现多种运输方式联程联运。积极引导第三方物流平台健康发展，实现供应链上下游广大中小企业运力、线路、货源等资源的汇聚整合。积极建设城市配送综合信息服务平台。推进沿江对外开放港口的交通电子口岸建设，并推动各地电子口岸与沿海地区电子口岸的互联。建立长江危化品运输动态跟踪系统、重点物资追踪管理系统等。

推动运输生产智能服务系统建设。利用 GPS、EDI 等技术，提高港口生产和物流作业效率；升级改造长江引航系统。在综合客运枢纽推广使用生产调度和电子售票等系统。推动中心城市公共交通车辆运营调度管理系统建设，提高公交运营效率。完善铁路运输生产组织、运输调度指挥等系统。完善航空物流信息平台、机场离港系统等。

（三）促进交通运行监测与保障体系信息化建设

加快长江数字航道建设，研发智能航道技术，实现航道智能养护、动态预警、联动管理及融合服务的目标。加强长江电子巡航系统、船舶污染监测系统、各类船舶协同监管系统、治安防控平台建设。进一步完善突发事件应急救援指挥系统，建设长江经济带省级和中心城市运行监测与应急指挥系统，提高公路、铁路及民航应急救援反应和处置能力。完善长江经济带交通基础设施、重点运输装备运行监测体系，加快跨区域路网、航道网运行信息联网。进一步完善城市智能交通体系，促进道路通行效率的提高。

第四节　流域生态环境联防联治

一　全面增强生态安全保障能力

全面实施生态环境风险排查，针对沿江地区工业企业、水上运输、尾矿库等风险源，充分摸清底数，掌握各类污染物生产、贮存、利用、转运、处置情况，逐步构建跨区域固废危废处置中心。以信息化技术赋能生态环境监控，复制推广南京"生态眼"项目经验，运用卫星遥感、人工智能、物联网等现代信息技术手段，实现长江江苏段生态环境治理能力现代化。提升应急处置救援能力，将生态安全风险防控和疫情防控有机结合，强化生态环境、公安、水利、交通、卫生、海事等多部门联动配合，推动信息互通和资源共享，协同完善专业化应急救援队伍体系。严格落实长江"十年禁渔"，突出物种保护、维护水生生物多样性，大力实施长江流域珍稀濒危水生物种拯救行动。

坚守流域生态保护红线、环境质量底线、资源利用上线，坚持流域空间管控一张蓝图，对不同区域限定禁止对象和禁止要求。坚决实施生态建设负面清单制度，严格禁止沿江沿岸污染项目建设和污染活动，有污染项目强制其搬离河岸。负面清单外的活动也应设定开发限度，健全差别化政策措施体系。

开展流域污染综合整治，重点区域是岷江、沱江、汉江等重要支流和鄱阳湖、洞庭湖等重要湖泊，主要手段是沿江污染企业专项整治。把城市水环境治理与基础设施建设结合起来，打造城市绿色水廊。

推进流域上下游间生态补偿，在长江流域有关市、县河流交界处设立水质监测断面，依据监测结果实行水环境生态补偿横向转移支付。研究重要水源地保护区生态补偿机制，向下游要求横向补偿。鼓励流域内因地制宜发展生态旅游和生态农业。

二 全面加强突出环境问题整改

以提高排放标准倒逼企业绿色转型，实现环境监测、污水垃圾处理、环境事故应急处理专业化，生产工艺绿色化，生产过程智能化。按照水安全、水环境、水景观、水文化、水经济"五位一体"模式保护水生态环境，维护水生物多样性。着力破解"重化围江"，制定实施"化工产业绿色发展规划"，在确保沿海生态安全的前提下，有序推进沿江地区安全环保达标的企业向沿海地区转移，力争在"十四五"时期，化工企业入园率达到100%。狠抓化工安全生产，推广扬子石化的经验，鼓励化工企业利用5G和智能化技术，解决安全巡检和监控难题。

一是明确长江水资源开发利用和用水效率控制红线，严格控制水资源过度开发；在全流域建立严格的水资源和水生态环境保护制度，控制污染排放总量，促进水质稳步改善；加强生态系统修复和综合治理，做好重点区域水土流失治理和保护工作；避免产业转移带来污染转移，国家应通过产业、环境、土地等政策手段，参照负面清单管理模式，加强产业转移的引导和调控，避免低水平重复建设，严禁落后产能向中上游地区转移。

二是建立区域联动的长江流域环境污染共同防治体系。建立长江经济带统一的废弃物和污水排放标准，制定统一的水域保护条例，建立统一的生态保护监测网络，对生态环境的敏感区域、重大环境污染事件和重点企业环境治理等实现信息共享；建立联合执法机制，包括区域内联合检查机制、突发性污染事件处置机制和污染防治基础设施共建共享机制等。

三是进一步完善干部政绩考核机制，不唯 GDP 论英雄，根据主体功能区规划，实施差异化的绿色政绩考核体系。从长远来看，消除贫困和维护良好环境之间不仅没有矛盾，而且可以相互促进，形成良性循环。

三　全面提升经济发展含绿量

推广南京、南通滨江地区生态保护修复经验，加大特色示范段建设力度，打造涵盖亲水广场、环城绿道、滨江湿地等功能的生态廊道。以沿江地区为轴线，同步推进"产业生态化""生态产业化"，打通"绿水青山"与"金山银山"之间的转化通道。加快传统产业转型升级，推广常州经验，重点针对化工产业，通过压减、转移、改造、提升，逐步向新材料、功能性化学品、新型节能环保等新兴产业转型。引导企业抢抓 5G、工业互联网、区块链等风口机遇，聚焦"高端化、智能化、品牌化、服务化、集群化、绿色化"方向，构建自主可控、安全可靠的绿色产业链。围绕数字经济、物联网、共享经济等领域，发展新产业、新业态。

四　全面优化生态产品价值实现机制

构建完善的生态产权交易机制，以市场化模式，实现生态资源资产产品设计，通过产权赋能、赋利，使其成为可抵押、可融资的生态资产，将生态产品的非市场价值转化成市场价值，探索碳排放权、排污权、碳汇交易、水权交易等。完善生态补偿机制，树立"预防为主、保护优先、可持续发展、公众参与"的生态补偿理念，与长江流域相关省市共同完善生态补偿机制，以省际跨界断面的水质水量为主要标准，优化奖惩分明的双向补偿标准，探索市场化的补偿模式，建立生态补偿专项基金，开展异地开发、项目支持、对口支援等新模式探索。

生态补偿机制实施的目的是有效补偿保护水环境的经济代价，促进水生态修复，要积极改变部分地区积极性不高、行动滞后的情况，将流域生态补偿机制落到实处。一是建立跨省流域生态补偿机制，为了实现长江流域内省际利益的实质分配公平正义，保障上中下游人民群众享有同等的发展权，应通过国家协调，以区域联动协调、市场运作、社会参与等方式促进上中下游各行政单元之间及各行政单元内部互惠多赢。国家应尽快出台《生态补偿条例》及《生态补偿法》，完善生态补偿法律制度，实现生态补偿的制度化、法制化。二是完善生态投资融资体系。政府的补偿比重过大、生态补偿资金来源少的问题阻碍着我国生态补偿机制的实施。长江经济带的生态补偿融资渠道主要有财政转移支付和专项基金两种方式，其中财政转移支付是最主要的资金来源，而分散在各群体中的生态补偿物资没有得到很好的整合利用，大量社会闲置资金没有进入环保领域，不利于生态补偿机制的可持续运行。确保补偿资金来源渠道的多元化和畅通，是实现对自然资源生态进行补偿的一项重要的基础工作，建议多角度、多方位地通过争取国内和国际援助、生态补偿保险、发行生态福利彩票、社会捐赠等，多种途径拓宽资金的来源渠道。三是构建多渠道多元化的生态补偿扶贫体系。以生态补偿为制度保障，依托重点生态功能区开展生态补偿扶贫示范区建设，实行分类分级的补偿政策。制定生态产品开发名录，打通生态产品与市场之间的流通环节，让生态资源的价值在补偿机制作用下得以实现。以生态服务消费市场完善为持续动力，将绿水青山转变为脱贫致富的金山银山。

第八章　长江经济带协调性均衡发展
研究进展

第一节　理论拓展研究

一　长江经济带协调性均衡发展的战略构想[*]

20 世纪 80 年代开始，陆大道等学者提出的由沿长江地带与沿海地带共同构成的"T"字形发展轴线[①]被普遍认为是全国地域分工的核心区域。同时，沿长江地带横跨我国东中西三大地带，在国土开发和经济发展方面存在明显的地域差异，使得沿长江地带的开发、利用及其均衡发展问题一直是政府和学术界关注的焦点。

（一）长江经济带发展问题的研究进展

总体而言，关于长江经济带发展问题的研究进展和趋势大致可划分为以下四个时期。

1. 概念萌动期

20 世纪 80 年代初期，国务院发展研究中心原主任孙尚清在联合 20 余名专家、学者对长江开发进行调查研究后战略性地提出，长江综合开发必须由 20 世纪 50~70 年代的以防洪排涝为主转向以协同、有序推进航运振兴与水利水电开发为主，同时还应逐步建设一条横贯东西、带动南北的"产业

---

[*] 成长春，江苏省中国特色社会主义理论体系研究中心南通大学基地主任、江苏长江经济带研究院院长。本部分内容发表于《南通大学学报》（社会科学版）2015 年第 1 期。

[①] 陆大道：《2000 年我国工业生产力布局》，《地理科学》1986 年第 2 期。

密集带"。① 该研究提出的"长江产业密集带"可以说是"长江经济带"较为早期的概念萌芽。

2. 战略构想期

20 世纪 80 年代末至 90 年代末，一些专家、学者从推动沿长江地带整体和局部发展的视角提出了在内涵上更为丰富的"长江经济带"概念及其发展战略构想。他们指出，长江经济带是我国重要的产业带、资源带、城市带、能源带和财富聚集带，建设长江经济带既是沿海开放战略的重要支撑，又是推动中西部地区加快发展的重大举措，应遵循自然规律和经济规律，以流域为整体，加强长江沿岸地区的联合与协作。②

3. 成果丰富期

21 世纪以来，在长江经济带国家战略提出前，学者们从内部结构优化、协调发展机理等方面不断丰富着对长江经济带的研究，主要包括对长江经济带的空间结构形成基础及其优化、区域经济差异、空间分异的变化过程等，③ 尤其是对长江经济带的联动发展、协调发展、协同发展等问题展开了广泛而深入的研究。④

4. 视野拓展期

长江经济带上升为国家战略后，学者们基于新常态下打造中国经济新支

① 孙尚清等：《长江综合开发利用考察报告》，《中国社会科学》1985 年第 1 期。

② 柯蒂：《论湖北"在中部崛起"的突破口——加速长江经济带的改革开放步伐》，《湖北社会科学》1988 年第 10 期；王保畲：《略论建设长江经济带》，《长江流域资源与环境》1992 年第 1 期；王一鸣：《加快长江经济带开发开放的构想》，《中国软科学》1993 年第 6 期；孙尚清：《关于建设长江经济带的若干基本构思》，《管理世界》1994 年第 1 期；长江流域发展研究院课题组：《长江经济带发展战略研究》，《华东师范大学学报》（哲学社会科学版）1998 年第 4 期。

③ 王振华、李青云、汤显强：《浅谈长江经济带水生态环境问题与保护管理对策》，《水资源开发与管理》2018 年第 10 期；郭薇、李莹：《化工石化企业沿江沿河沿海分布 加大环境风险》，中国财经新闻网，2010 年 9 月 14 日；《全省长江经济带发展工作推进会侧记 万众一心唱好新时代长江之歌》，http://news.jstv.com/a/20180530/1527678617895.html，2018 年 5 月 30 日。

④ 陈修颖、陆林：《长江经济带空间结构形成基础及优化研究》，《经济地理》2004 年第 3 期；刘伟：《长江经济带区域经济差异分析》，《长江流域资源与环境》2006 年第 2 期；赵琳、徐廷廷、徐长乐：《长江经济带经济演进的时空分析》，《长江流域资源与环境》2013 年第 7 期。

撑带的更高视野拓展着对长江经济带的研究。多数学者认为，加快推进长江经济带建设的关键之一就是要把重点放在中上游地区，通过上中下游协同发展和东西部双向开放，改变上中下游发展不协调、不平衡的局面，实现长江经济带共同富裕、共同发展。①

综合而言，随着形势的发展，专家、学者们围绕长江经济带发展的研究成果不断丰富、视野不断拓展。并且关于长江经济带协调发展、均衡发展的研究是永恒的主题，相关研究成果有力支撑、指导着长江经济带的发展实践。当前，长江经济带已上升为国家战略，在通关一体化、综合立体交通建设、产业转移等诸多领域取得了初步进展，并与共建"一带一路"、京津冀协同发展共同成为今后一段时期国家的三大重点区域战略，这意味着围绕长江经济带发展的一系列重大战略部署将进入加快制定和实施阶段。从宏观上确定长江经济带发展战略，核心就是要根据社会经济所处阶段和水平，正确处理长江经济带经济增长与均衡发展之间的关系。为此，笔者在剖析长江经济带的演变历程及其发展趋势的基础上，从战略构想上提出新常态下长江经济带经济增长与均衡发展关系的新走向及其实现路径，以便为打造中国经济新支撑带提供政策参考。

（二）长江经济带发展战略的历史演进

2014 年 9 月，《国务院关于依托黄金水道推动长江经济带发展的指导意见》（以下简称《指导意见》）明确将长江经济带的覆盖范围确定为包括地处我国东部地带的沪、苏、浙两省一市（以下简称"长江经济带东部地区"）、地处中部地带的皖、赣、鄂、湘四省（以下简称"长江经济带中部地区"）以及地处西部地带的渝、黔、川、滇三省一市（以下简称"长江经济带西部地区"），共 11 个省市。按此范围界定，改革开放后至《指导意见》

---

① 吴传清、董旭：《长江经济带全要素生产率的区域差异分析》，《学习与实践》2014 年第 4 期；高尚全：《充分利用长江黄金水道　加快区域经济协调发展》，《中国水运》2004 年第 11 期；段进军：《长江经济带联动发展的战略思考》，《地域研究与开发》2005 年第 1 期；沈玉芳、罗余红：《长江经济带东中西部地区经济发展不平衡的现状、问题及对策研究》，《世界地理研究》2000 年第 2 期。

发布期间，如果以长江经济带东部地区 GDP 以及中西部地区 GDP 在长江经济带中所占比重的变动趋势作为判断依据，则长江经济带的发展阶段基本上可被分成低水平均衡、梯度性非均衡和调整中趋衡三大发展阶段。

1. 1979～1991 年：低水平均衡发展阶段

在不平衡区域发展战略主导下，国家在生产力布局上的东倾政策使得沿海地区成为推动经济高速增长的重要力量，但作为长江经济带"龙头"城市的上海，一直停留在以国有制为主的传统经济体制内裹足不前，经济转轨相对滞后，导致长江经济带东部地区的总体增速不仅低于全国平均水平，而且其 GDP 在长江经济带中所占比重相对稳定地保持在低于长江经济带中西部地区 15～18 个百分点的水平。与此同时，由于生产力水平较低，社会生产和生活较为封闭，道路等跨区域性基础设施水平较低，长江经济带各地区之间的交流十分有限，总体上处于相对稳定的、静态的低水平均衡发展状态。

2. 1992～2007 年：梯度性非均衡发展阶段

在浦东开发开放的带动下，长江经济带经济增速逐步呈现东高西低的梯度发展格局。1992 年党的十四大明确提出了"以上海浦东开发开放为龙头，进一步开放长江沿岸城市"的重大决策，指引着长江开发开放由此进入一个新的阶段，以上海为核心的长江经济带东部地区的经济一体化进程不断加速。但由于空间距离较远、基础条件较差等多种因素的影响，浦东开发开放对长江经济带中西部地区的带动作用较为有限。中央政府针对沿海和内陆地区不断扩大的经济发展差距，提出了促进地区经济协调发展的指导方针，形成了由"西部大开发""中部崛起""东北老工业基地振兴""东部率先发展"四大板块共同驱动的区域发展总体战略，进一步开放了重庆、岳阳、武汉、九江、芜湖、黄石、宜昌、万县、涪陵等沿江城市，并设立了成都、重庆全国统筹城乡综合配套改革试验区和武汉都市圈、长株潭城市群全国资源节约型和环境友好型社会建设综合配套改革试验区，但总体而言，相对良好的区位优势和基础条件导致长江经济带东部地区的经济增长速度明显快于中西部地区，前者的 GDP 在长江经济带中所占比重逐步提升，直至超越了后者约 3 个百分点，长江经济带自东向西呈现出显著的梯度性非均衡发展格局。

3. 2008~2014 年：调整中趋衡发展阶段

在国际金融危机的冲击下，长江经济带东部地区受经济外向度高、要素成本上升、环保压力加大等多种因素的影响，经济增速逐步放缓，并开始出现低于中西部地区的发展态势。中西部地区则受到西部大开发、中部崛起等战略的持续支持，经济发展基础和条件逐步改善，再加上国家为实现"稳增长、促内需、调结构"等目标而予以中西部地区许多新的政策支持，如国务院先后主导发布和批复了《促进中部地区崛起规划》《关于大力实施促进中部地区崛起战略的若干意见》《关于皖江城市带承接产业转移示范区规划的批复》《关于鄱阳湖生态经济区规划的批复》《关于深入实施西部大开发战略的若干意见》《关于同意设立重庆两江新区的批复》《关于同意设立四川天府新区的批复》等。这些政策有力增强了长江经济带中西部地区的内生增长动力和承接国内外产业转移的能力，其 GDP 在长江经济带中所占比重持续增加并最终超过东部地区，2013 年约超过东部地区近 9 个百分点。这在一定程度上表明长江经济带的增长极已出现了一定的空间调整，长江经济带的发展格局趋向新的均衡。

（三）新常态下长江经济带协调性均衡发展的新走向

近年来，中国经济发展呈现新的态势和特征：在发展速度上正阶段性地从高速增长转向中高速增长，在经济结构上正从增量扩能为主转向调整存量、做优增量并存的深度调整，在发展动力上正从传统增长点转向新的增长点，在发展方式上正从规模速度型粗放增长转向质量效率型集约增长。这些新的态势和特征表明，我国经济正在向结构更合理、分工更复杂、形态更高级的阶段演化。[1] 为了充分发挥我国经济韧性好、潜力足和回旋空间大的优势，确保在这一演化过程中经济增速能够保持在合理区间内，避免陷入"中等收入陷阱"，国家区域发展战略必然要做出适应性调整。其中，作为

---

[1] 陈建军：《长江经济带的国家战略意图》，《人民论坛》2014 年第 15 期。

当前国家三大重点区域战略之一的长江经济带发展就应在充分考虑各地区发展阶段不同、资源禀赋各异、能量等级有别的基础上，在全国乃至全球的大格局下进行定位谋略，使现行梯度式推进色彩较为浓厚的"调整中趋衡"发展格局加快转向协同性特征更为明显的"协调性均衡"发展格局。

（四）"协调性均衡发展"的提出

1. 国家区域发展方针的调整

新常态下国家确定的区域发展新方针为协调性均衡发展新格局的形成奠定了思想基础。为了更好地适应新常态，进一步优化经济发展空间格局，2014年12月召开的中央经济工作会议明确提出了今后一段时期的区域发展方向，即在继续实施区域发展总体战略和主体功能区战略的同时，"完善区域政策，促进各地区协调发展、协同发展、共同发展"。这是新常态下指导长江经济带加快发展的新方针，蕴含着明显的协调性均衡发展思想。

2. 中国经济支撑带的延展

新常态下中国经济支撑带由沿海向沿江内陆的新拓展为协调性均衡发展新格局的提出赋予了内源需求。经过30多年的发展，东部沿海发展轴线已成为中国经济发展中较为坚实的支撑带，而沿长江轴线的整体发展水平与其战略地位尚存在较大差距，极大地影响着中国经济增长潜力的发挥。在中西部地区基础条件已基本得到改善、地区间要素资源流动日渐加快的新时期，长江经济带发展目标之一就是要以形成协调性均衡发展格局为导向，促进我国经济增长空间从沿海向沿江内陆拓展，充分挖掘中西部地区广阔腹地蕴含的巨大内需潜力，有力推动国家区域结构和内需结构等优化。

3. 陆海双向对外开放新走廊的建设

新常态下推动形成陆海双向对外开放新走廊为协调性均衡发展新格局的形成提供了外源支撑。扩大内陆沿边开放，加紧培育参与和引领国际经济合作竞争的新优势，对新常态下提升我国综合国力和国际竞争力具有重要意义。长江经济带和其他经济区的最大不同就在于，依托黄金水道，不仅可以将我国东中西三大地带连接起来，还可以向东、向西分别与21世纪海上丝绸之路和丝绸之路经济带连接起来，形成开发开放新局面。长江经济带的建设任务之一就是要通过协调性均衡发展，深化向东开放，加快向西开放，扩大沿边开放，充分用好海陆双向开放的区位资源，在促进自身形成全方位开放新格局的同时，也为 21 世纪海上丝绸之路和丝绸之路经济带建设提供坚实的支撑。

（五）协调性均衡发展的基本内涵

由于各地时空背景、基础条件和发展潜力等客观因素的差异，区域经济发展中始终存在均衡与非均衡之间的矛盾，伴随着两者的交替演进，区域系统不断从低层次向高层次演化。[①] 区域经济发展大致会经历"低水平均衡→非均衡→高水平均衡"的动态过程。为了确切证明这种演进过程，1965 年美国经济学家威廉姆逊利用 24 个国家的时间序列数据和横截面数据，通过实证分析，得出了描述经济增长与区域均衡发展之间关系的"倒 U 形理论"：在经济起飞阶段，区域间差距将会扩大，倾向于由低水平均衡发展转向非均衡发展；随着经济不断发展，不同地区间的非均衡将日渐稳定；当经济发展达到成熟阶段时，不同地区间的发展差距渐趋缩小，体现为由非均衡转向高水平均衡。

虽然"倒 U 形理论"因忽视了区际差距缩小过程中政府的干预作用而受到一些人的质疑，但如果不考虑引致"倒 U 形"波动的因素，仅从数据的变动趋势来看，若以 1979~2013 年长江经济带东部地区 GDP 所占比重与中西部地区 GDP 所占比重的差值作为时间序列数据，利用二阶多项式拟合其变动趋势线，则大致可以判断，当前长江经济带各地区间的非均衡关系趋于稳定，基本达到了"倒 U 形"曲线的顶部，正处于走向新的更高层次均衡的起步阶段。这种新的更高层次的均衡，与改革开放初期的低水平、低效率、地区间缺乏交流合作的分散式、静态型均衡不同，是在区域协调发展理念指引下形成的一种地区间经济交往密切，空间相互作用大，发展中关联互动、优势互补、分工协作的高水平、高效率、共生型均衡，即"协调性均衡"。

---

① 徐长乐：《建设长江经济带的产业分工与合作》，《改革》2014 年第 6 期。

协调性均衡发展作为一种高水平的发展格局，是一种以创新驱动为新动力保持经济运行在合理区间内的发展格局。改革开放以来，尽管在以要素驱动和投资驱动为主要特征的发展模式下中国经济取得了巨大的发展成就，但值得注意的是，这种成功也付出了巨大代价，那就是资源大量消耗和环境过度透支。[①] 随着长江经济带开发开放力度的进一步加大，资源和环境压力日益加剧，单纯依靠各地采取传统的资源要素互补式合作来发展经济的做法已不可行，经济新常态下的区域开发应着眼于提高各地的创新能力，走创新发展互助式合作之路。[②] 推动形成协调性均衡发展格局，就是要使经济发展由低水平的要素驱动、投资驱动转向高水平的创新驱动，通过跨区域技术转移和技术合作，使长江经济带发展更多地依靠科技进步、劳动者素质提高和管理创新驱动，更好地促进自主创新成果在全流域推广。

协调性均衡发展作为一种高效率的发展格局，是一种通过全流域的协同融合实现资源优化配置和经济结构优化调整的发展格局。新常态下区域经济的发展，更强调通过地区间的规划对接、产业联动，推动更广领域、更深层次的经济合作与协同发展，建立起统一开放和竞争有序的全流域现代市场体系，不断优化空间布局，完善区域分工，增进优势互补，提高资源配置效率，释放经济发展潜力。推动形成协调性均衡发展格局，就是要合理发挥好政府与市场的调节作用，既从空间上促进区域单元之间形成融合发展态势，也从发展内容上促进区域单元内部工业化、信息化、城镇化、农业现代化（以下简称"四化"）之间，港产城之间，城乡之间及制造业与生产性服务业之间形成融合发展态势，促进资源在更宽广领域高效率地实现优化配置。

协调性均衡发展作为一种共生型的发展格局，是一种各区域单元之间在通过空间相互作用结成共生关系基础上由非均衡逐步转向均衡的动态发展格局。在科学发展、持续发展、包容性增长等新发展观指导下，新常态下的地区经济发展将从一味追求 GDP 增长而牺牲自然、生态的粗放型经济发展模

---

① 夏永祥：《以长江经济带建设促进东中西部地区协调发展》，《区域经济评论》2014 年第 4 期。

② 《国务院关于依托黄金水道推动长江经济带发展的指导意见》，http：//www.gov.cn/zhengce/content/2014-09/25/content_ 9092.htm，2014 年 9 月 25 日。

式转向绿色、生态、可持续的区域共生发展模式，各地区之间以及人与自然、生态之间将更加注重加强协作共生、互利共赢、形成合力。推动形成协调性均衡发展格局，并非指长江经济带不同地区间绝对的平衡发展或者预先设想一个静态的目标，而是更强调一种各地区间、各经济主体间以及人与自然间在形成互利共生关系的基础上实现优势互补、联动发展、可持续发展，不断增加区域经济各单元间的共生价值。

所谓长江经济带协调性均衡发展新格局，就是指以科学发展观和区域协调发展思想为指导，以新常态下打造中国经济新支撑带为目标，以推动不同区域单元之间和同一区域单元内部形成融合发展态势为抓手，以促进不同经济主体之间以及人与自然之间形成互利共生关系为根本，将区域内分散的经济社会活动有机地组织起来，充分发挥东部地区的辐射引领作用，有效激活中西部地区潜在的经济活力，不断提高长江经济带发展的整体性和联动性，形成东中西部之间协调发展、协同发展、共同发展、可持续发展的新型发展格局。

（六）协调性均衡发展的重要意义

在中国经济增速放缓、结构转型等一系列新趋势、新状态下，依托黄金水道推动长江经济带形成协调性均衡发展新格局，能够从多方面打造中国经济新支撑带。

一是有利于打造具有全球影响力的内河经济带。推动形成协调性均衡发展格局，有利于充分发挥黄金水道的串联效应，在长江上中下游构建起综合立体交通运输网络，推动沿江产业结构和布局优化，培育形成具有国际水平的产业集群，促进沿江城市群联动发展、互动协作，撑起我国三大地带发展的重要骨架，有效缓解东部与中西部之间人均 GDP 差距不断扩大的趋势，使长江经济带成为新常态下积极参与国际竞争和合作的内河经济带。

二是有利于打造东中西互动合作的协调发展带。推动形成协调性均衡发展格局，有利于使当前支持长江经济带东中西部发展的分散式区域发展战略联动化，进一步增加其科学性、可操作性和联动效率，并和新常态下新型城镇化建设等其他国家发展战略紧密结合，有效增强不同地区之间的联动效应，使长江经济带成为推动我国区域协调发展的示范带。

三是有利于打造沿海沿江沿边全面推进的对内对外开放带。推动形成协调性均衡发展格局，有利于用好海陆双向开放的区位资源，将长江经济带对东部、西部等的开放，以及通过渝新欧大通道对中亚、西亚乃至东欧地区的开放连接起来，形成新常态下全方位开放新格局，在通过自贸区建设创新东部地区开放引领模式的同时，加快推动中西部地区与周边国家和地区基础设施实现互联互通，加强与共建"一带一路"的衔接互动，使长江经济带成为横贯东中西、连接南北方的开放合作走廊。

四是有利于打造生态文明建设的先行示范带。推动形成协调性均衡发展格局，有利于在全流域建立完善的水资源和水生态环境保护制度，构建起跨省域的长江流域生态补偿制度，形成区域联动的环境保护工作格局，将区域经济社会发展、生态环境保护从过去的局部问题提升为流域共同体的全局问题，确保自"三江源"蜿蜒奔腾的一江清水绵延后世、永续利用，走出一条绿色生态的新路。

（七）融合与共生：长江经济带协调性均衡发展的战略愿景

新常态下推动长江经济带形成协调性均衡发展新格局，有助于将长江经济带相互独立的区域单元融合成一个有机整体，不断增加区域经济发展的共生价值。

1. 融合发展是长江经济带协调性均衡发展的本质特征

长江经济带协调性均衡发展是区域内相互独立的地区单元、产业部门、经济主体等融合成为一个具有整体性和层次性等特征的复杂系统的过程，融合发展是长江经济带协调性均衡发展的本质特征。作为典型的流域经济形态，长江经济带在历经多年发展后仍未很好地形成一体化大格局，非均衡化、碎片化发展痕迹十分明显。[①] 因此，长江经济带协调性均衡发展的重要抓手就是要以推动实现融合发展为指向，促进各地在经济规划、基础设施、产业发展、城镇建设和环境保护等领域加强协调、联通和联合，使地区经济

① 《中央经济工作会议在北京举行》，《人民日报》2014年12月12日。

在一个更大的区域尺度上提升资源要素的配置效率。

推进融合发展，涉及多个领域，既包括以长江经济带东中西一体化发展和跨江两岸同城化发展为主体内容的不同区域单元之间的融合，也包括区域单元内部的"四化"融合、港产城融合、城乡融合及制造业与生产性服务业的有机融合等。总之，推动形成协调性均衡发展格局，首先要求各地区之间和各地区内部在交通、产业、城镇、生态、生活等多方面展开规划协调，从战略层面上共同推动各地经济、社会、文化、生态等方面实现融合发展。

2. 共生发展是长江经济带协调性均衡发展的价值取向

区域经济发展的新趋势就是要促进区域经济共生发展。所谓区域经济共生发展，是指以实现不同区域单元间和谐共生的共生价值为目标，以推动形成互利共生关系为核心，以区际、代际、生态、发展、制度等共生资源为主线，以人与人、人与自然、自然与自然的包容性发展为模式，促进各区域单元之间在共生利益的基础上形成共生意愿和行为，最终形成经济共生体和生态共生体。① 区域经济共生发展的内涵可以解构为这样的逻辑架构，即"共生利益—共生资源—共生价值"。其中，共生资源是区域经济共生发展的源泉，共生利益是区域经济共生发展的动力，共生价值则是区域经济共生发展的目标。

推动长江经济带协调性均衡发展就是要促进区域内各经济利益主体之间以及人与自然、生态之间，以追求共生利益为动力，以共生资源利用方式对区域资源进行整体性、系统性综合开发和利用为原则，以兼顾实现经济价值和生态价值的共生价值为追求目标，将长江经济带各单元之间从被动的他组织融合行为转向主动的自组织共生行为，构建起科学、合理、互惠的地域分工、地域运动和地域组织管理体系，恢复曾因行政区划而被切断了的资源共

---

① 陈秀山、石碧华：《区域经济均衡与非均衡发展理论》，《教学与研究》2000 年第 10 期；杨起全等：《调整我们的思路和政策：以创新驱动发展》，《科学发展》2010 年第 1 期；张来明：《关于经济新常态下的区域合作》，《中国经济时报》2014 年 10 月 16 日；彭劲松：《长江经济带区域协调发展的体制机制》，《改革》2014 年第 6 期；陈运平、黄小勇：《论区域经济的共生发展》，《光明日报》2014 年 4 月 2 日。

生本性，使各单元之间不断消除区域内耗，持续放大共生乘数效应。

3. 长江经济带协调性均衡发展的战略架构

长江经济带协调性均衡发展的战略架构总体上可分为三个层面：一是在战略手段上，以推动在空间整体及各地发展内容上形成融合发展态势为抓手，使长江经济带内分散式的区域发展战略和政策联动化，进一步增强其科学性、可操作性和联动效率。比如，在空间整体上，既要将分散的东部率先、中部崛起和西部大开发战略串联起来，促进东中西部一体化贯通融合，又要通过实施跨江对接举措，促进沿江两岸地区同城化融合发展。同一区域单元内则要加快推进"四化"、港产城、城乡等的融合，促进经济发展提质增效升级。二是在战略目标上，以推动形成互利共生关系为根本，促进各区域单元之间在共生利益的基础上形成共生意愿，促成共生行为，形成共生资源，实现共生价值。三是在对外战略上，要加大长江上游地区向西开放的力度，加快形成长江经济带东西双向开放新格局。通过以上三个层面战略架构的推动实施，有效促进长江经济带由当前的分散式、单向开放下的松散型梯度发展格局加快转变成融合、共生、双向开放下的协调性均衡发展格局。

（八）促进长江经济带协调性均衡发展的路径选择

新常态下推动长江经济带协调性均衡发展需要以融合与共生发展为导向，从协同推进长江水运能力提升、联动推进产业转型升级、优化城镇化布局和形态、形成全方位开放新格局等方面加快建设步伐，大力提升沿长江轴线在我国区域发展总体格局中的重要战略地位。

1. 以提升黄金水道运能为核心推进综合立体交通网络建设

充分利用长江水运成本低、运能大、能耗少的优势，构建起以长江黄金水道为依托，水路、铁路、公路、民航、管道等多种运输方式协同发展的综合立体交通网络，为上中下游协调性均衡发展提供基础性保障。以此为支撑，推动长江经济带东中西三大区域联动发展，促进上中下游要素合理流动、产业分工协作，使下游地区资金、技术、人才和管理优势与中上游地区资源丰富、市场广阔的优势有机结合，将长江经济带打造成上中下游良性互动、共同繁荣的经济带。

2. 以创新驱动为引领促进产业转型升级

顺应全球新一轮科技革命和产业变革趋势，营造有利于吸引创新型人力资本的环境条件，建立健全相关配套制度。充分利用长江经济带沿线各地区的高校、科研院所、企业以及国家级园区等丰富的资源，积极组建科技创新战略联盟和协同创新平台，促进科技成果加快转化。充分激发国有、外资与民营企业三大创新主体的积极性，让三大创新主体在科技创新战略中优势互补。推动长江经济带建成以先进制造业、战略性新兴产业和现代服务业基地为主体的创新型沿江产业密集带，提升长江经济带在全球价值链中的地位。

3. 以城市群为主体形态推进城镇化健康发展

以长江三角洲、长江中游和成渝三大跨区域城市群为主体，以黔中和滇中两大区域性城市群为补充，以沿江大中小城市和小城镇为依托，注重规划衔接，促进城市群之间、城市群内部的分工协作，形成城镇布局和形态优化的经济体系，使得各地区在城镇功能定位和产业经济发展方面合作共赢、在公共服务和基础设施体系建设方面共建共享、在资源开发利用和生态环境建设方面统筹协调，充分挖掘城镇化对扩大内需的最大潜力。

4. 以东西双向开放为重点形成全方位对外开放

在进一步挖掘长江经济带东部地区东向开放优势的基础上，依托长江黄金水道加快向内陆拓展开放空间，通过支持在长江流域符合条件的地区设立口岸、推动中西部地区与周边国家和地区基础设施互联互通、加速上海自由贸易试验区海关监管创新的制度成果在长江经济带中西部地区复制推广等途径，加快打造中巴、中印缅经济走廊；通过与丝绸之路经济带对接与互动，打通从太平洋到波罗的海的运输大通道；通过与21世纪海上丝绸之路的对接与互动，开拓东南亚市场，乃至通过东南亚经印度洋，拓展印度甚至是非洲市场。

5. 以生态文明理念为指导共建绿色生态廊道

树立尊重自然、顺应自然、保护自然的生态文明理念，改变片面追求经济社会发展而忽视资源环境消耗的惯性思维，指导长江经济带始终坚持绿色发展、循环发展、低碳发展。要建立健全最严格的生态环境保护和水资源管理制度，统筹江河湖泊丰富多样的生态要素，构建以长江干支流为经脉、以山水林田湖为有机整体，江湖关系和谐、流域水质优良、生态流量充足、水土保持有效、生物种类多样的生态安全格局。

6. 以融合与共生发展为目标加强区域互动

首先，要加强国家层面协调指导，筹划建立推动长江经济带发展部际联席会议制度，以体现"公平竞争、利益兼顾、适度补偿、共同发展"为原则，研究提出贯彻落实《指导意见》的切实举措，共商解决长江经济带发展中的重大问题。其次，要充分发挥水利部长江水利委员会、交通运输部长江航务管理局、农业部长江流域渔政监督管理办公室，以及环境保护部华东、华南、西南环境保护督查中心等机构作用，协同推进长江防洪、航运、发电、生态环境保护等工作。最后，要对现有的长江沿岸中心城市经济协调会市长联席会议制度予以重构，通过设立专门的常设机构、建立区域信息共享平台等途径，构建起地区间更为完善的综合协调工作机制。

二　区域协调需要精准施策[*]

2016 年 1 月 5 日，习近平总书记在重庆主持召开推动长江经济带发展座谈会，强调长江经济带作为流域经济，涉及水、路、港、岸、产、城和生物、湿地、环境等多个方面，是一个整体，必须全面把握、统筹谋划。

党的十九届六中全会决议指出，实施区域协调发展战略，促进京津冀协同发展、长江经济带发展、粤港澳大湾区建设、长三角一体化发展、黄河流域生态保护和高质量发展，高标准高质量建设雄安新区，推动西部大开发形成新格局，推动东北振兴取得新突破，推动中部地区高质量发展，鼓励东部地区加快推进现代化，支持革命老区、民族地区、边疆地区、贫困地区改善生产生活条件。"一促进、三推动、一支持"是深入实施区域协调发展战略的重要指南，对于贯彻新发展理念、实现共同富裕、推进社会主义现代化强

---

[*]　成长春，江苏省中国特色社会主义理论体系研究中心南通大学基地主任、江苏长江经济带研究院院长。本部分内容发表于《光明日报》2022 年 1 月 5 日。

国建设具有重要意义。

党的十八大以来，以习近平同志为核心的党中央高瞻远瞩、统揽全局，准确把握国内外大势特别是我国发展阶段变化和改革开放新形势，丰富和完善了区域发展理念、战略和政策体系，通过部署实施区域协调发展战略，使经济布局持续优化，区域发展更协调、优势互补更明显、公共服务更均衡、生态环境更优美，我国经济发展平衡性、协调性、可持续性明显增强。

面向"十四五"新征程继续推动我国区域协调发展，要以区域重大战略为引领，通过具体实践政策贯彻落实协调发展理念，让"一促进、三推动、一支持"真正落地，使得区域协调发展战略从"实施"到"深入实施"取得实实在在的成效，具体来说，需要着力的关键点具体如下。

（一）增强空间战略布局的协调性

通过实施区域重大战略和区域协调发展战略，构建全国高质量发展的新动力源，打造世界级创新平台和增长极，以西部、东北、中部、东部四大板块为基础，促进东、中、西和东北地区协调发展。在协调发展中拓宽发展空间，在加强薄弱领域中增强发展后劲，促进我国各大板块之间协调互动，以区域协调发展促进经济发展稳健前行。

（二）发挥城市群在区域协调发展中的龙头作用

正确处理好中心城市引领带动和周边地区梯度发展、共同发展的关系，建立大城市与小城镇协调发展的新格局，以城市群为主体构建大中小城市和小城镇协调发展的城镇格局。构建以京津冀协同发展为建设标杆的全国区域间协调发展新样板，以生态优先绿色发展为导向推动长江经济带高质量发展，以高质量和一体化为重点建设长三角对外开放新高地，高标准高质量建设粤港澳大湾区和雄安新区。增强周边地区在保障粮食安全、生态安全等方面的功能。

（三）突出产业在区域协调发展中的关键作用

坚持工业反哺农业、城市支持农村和多予少取放活方针，促进城乡公共资源均衡配置，促进现代化经济体系空间布局的形成和现代化经济体系产业协同发展。推动各地区依据主体功能定位发展，科学制定产业定位和发展规划，促进传统产业优化升级，积极寻找经济发展新动能，提高我国经济发展质量和效益，建设现代化经济体系。

（四）建立健全区域战略统筹机制

坚持"全国一盘棋"，充分发挥集中力量办大事的制度优势和超大规模的市场优势，正确处理局部与整体之间的关系。缩小政策单元，重视跨区域、次区域规划的协调性，提高政策的精准性，基于市场一体化发展、区域合作互助、区际利益补偿机制，更好促进发达地区和欠发达地区、东中西部和东北地区共同发展。完善转移支付制度，提升保障能力和统筹层级，加大对欠发达地区的财政支持力度，逐步实现基本公共服务均等化。

总之，在发展思路上，要找准特定发展时期的发展优势和制约因素，既要着力破解难题，又要考虑巩固和厚植原有优势，两方面相辅相成；在资源配置上，须强调协调发展不是搞平均主义，而是更注重发展机会公平、更注重资源配置均衡。协调既是发展手段又是发展目标，同时还是评价标准，这一点需要牢牢把握住。

三 全面推动长江经济带高质量发展[*]

推动长江经济带发展是关系国家发展全局的重大战略。在党中央坚强领导下，长江经济带沿线 11 个省市大力推进生态环境保护修复，中华民族母亲河生机盎然。

一是制度框架不断完善。逐步构建起以《长江经济带发展规划纲要》为纲领性文件的"1+N"的长江经济带发展规划体系；出台并实施《长江保护法》；构建长江经济带发展负面清单管理体系。二是生态环境明显改善。2020 年，长江流域优良断面比例提升至 96.3%，首次实现消除劣 V 类水体，两岸绿色生态廊道逐步建成，长江"十年禁渔"全面实施。三是绿色低碳循环发展深入推进。长江经济带电子信息、装备制造等产业规模占全

---

[*] 成长春，江苏省中国特色社会主义理论体系研究中心南通大学基地主任、江苏长江经济带研究院院长。本部分内容发表于《光明日报》2021 年 10 月 26 日。

国的比重均超过50%。四是综合立体交通网络加速形成。干支线高等级航道里程达上万公里，截至2020年11月，长江经济带铁路、高铁通车里程分别达4.37万公里、1.54万公里。五是对外开放水平显著提升。长江经济带与"一带一路"建设融合程度更高，西部陆海新通道加快形成。

与此同时，长江经济带高质量发展依然面临诸多挑战，主要表现为：长江生态环境面临的形势仍十分严峻；综合立体交通体系发展不协调；经济发展阶段差异较大，产业结构尚待进一步优化；城市群融合、协作不足；相关体制机制有待进一步完善。

"十四五"时期，要坚定不移贯彻新发展理念，围绕"三主"打造"五新"。

一是谱写生态优先绿色发展新篇章。统筹推进"山水林田湖草沙"生态治理要素；加快制定碳达峰行动方案，明确提前达峰地区、行业名单及时限；推动传统产业绿色化改造；探索生态产品外部性价值显化路径和生态资产价值盘活路径，建立健全调查监测与评估机制，稳妥构建经营开发与市场交易机制，持续完善流域生态补偿机制；抓好"十年禁渔"，推进长江水生生物多样性恢复。

二是打造区域协调发展新样板。打破行政壁垒，推进上中下游协同联动发展；协同推进地方城市群融合发展，形成集约高效、绿色低碳的新型城镇化发展格局，打造世界级城市群；加快产业结构调整，加快集聚高端要素，支持园区跨域共建、产业飞地等合作方式，推进产业有序转移、产业链对接，打造世界级产业集群；系统提升干线航道通航能力，优化长江综合立体交通体系。

三是构筑高水平对外开放新高地。推动更大范围开放，促进产业链、供应链、创新链深度融合；优化自由贸易区布局，提升自由贸易区建设水平，构建面向全球的高标准自由贸易区网络；加快长江经济带上的"一带一路"支点建设，实现互利共赢。

四是塑造创新驱动发展新优势。推动传统产业高端化、智能化、绿色化，巩固壮大实体经济根基；实施一批具有前瞻性、战略性的国家重大科技项目；充分释放人才潜能，弘扬企业家精神和工匠精神，营造崇尚创新的社会氛围，为长江经济带高质量发展提供更多智力支撑。

五是绘就山水人城和谐相融新画卷。坚持以人民为中心，合理安排生产、生活、生态空间，努力创造宜业、宜居、宜乐、宜游的良好环境；构筑更多自然景观、滨水绿带，让"黄金带"镶上"绿宝石"、更具"高颜值"；加快提升城市辐射带动力，形成长江经济带繁华都市、田园乡村相辉映的最美地区；提高人民收入水平，加大就业、教育、社保、医疗投入力度，促进便利共享，扎实推动共同富裕。

四　"十四五"时期全面推动长江经济带协调性均衡发展的思考*

长江经济带是我国最具综合优势与发展潜力的资源带、产业带、经济带之一，战略地位极其重要。2018 年，习近平总书记在深入推动长江经济带发展座谈会上指出，流域发展不平衡不协调是长江经济带面临的困难挑战和突出问题之一。

2020 年，习近平总书记在南京主持召开全面推动长江经济带发展座谈会上进一步强调，推动长江经济带发展是党中央做出的重大决策，是关系国家发展全局的重大战略。各省市应坚定不移贯彻新发展理念，推动长江经济带高质量发展，谱写生态优先绿色发展新篇章，打造区域协调发展新样板，构筑高水平对外开放新高地，塑造创新驱动发展新优势，绘就山水人城和谐相融新画卷，使长江经济带成为我国生态优先绿色发展主战场、畅通国内国际双循环主动脉、引领经济高质量发展主力军。

围绕新时期我国长江经济带发展的重大战略构想和战略谋划，"以共抓大保护、不搞大开发为导向推动长江经济带发展"精神为指引，以区域协调性均衡发展理论为支撑，着力破解流域发展不平衡、不协调问题，促进双循环建设，实现长江经济带全面协调发展和高质量发展。

---

* 成长春，南通大学江苏长江经济带研究院院长，教授，博士生导师；刘峻源，南通大学江苏长江经济带研究院助理研究员；殷洁，南通大学地理科学学院讲师。本部分内容发表于《区域经济评论》2021 年第 4 期。

（一）协调性均衡发展的内涵

目前，长江经济带正经历着"低水平均衡→非均衡→高水平均衡"的倒"U"形动态过程，在均衡与非均衡、协调与不协调矛盾中不断螺旋上升。[1]

国内区域经济中存在的发展不平衡、不协调的矛盾，是新时代我国社会主要矛盾在空间上的投影，具有时代的共性，也具有区域的个性。长江经济带作为流域型经济地域，其发展的不平衡、不协调状态主要体现在两个方面：一是长江沿岸省市传统产业发展惯性较大，岸线粗放利用问题仍然突出，污染物排放基数大，导致长江流域生态环境形势依然严峻；二是长江经济带跨行政区务虚合作较多，流域协同发展体制机制、流域生态环境协同保护体制机制尚不健全，重复建设、无序竞争仍然存在。

协调性均衡理论是解决流域发展不平衡、不协调问题的重要指导原则。所谓协调性均衡发展，是指推动区域经济实现更高质量、更有效率、更加公平、更可持续、更为安全的发展，更好地发挥市场在资源配置中的决定性作用和政府的调节作用，促进各地区协调发展，同时推动各地区经济、人口、生态三者关系协调与空间均衡，最终形成各地区公共服务大体均等、生活条件与水平大体均等、经济和人口分布与当地资源环境承载能力相协调的状态。[2]

正如习近平总书记所指出的，要着力增强发展的整体性、协调性。协调既是发展手段又是发展目标，同时还是评价发展的标准和尺度。随着新时代我国经济社会发展目标和任务的改变，区域发展的理论与实践应当从以往比较注重"均衡、非均衡"转向注重"协调、不协调"。促进区域协调发展、优化区域空间结构，正在成为新时代我国处理社会主要矛盾的重要抓手和政

---

① Cheng Changchun，Yang Fenghua，*Toward A Coordinated and Balanced Development*，Singapore：Springer，2020；成长春：《长江经济带协调性均衡发展的战略构想》，《南通大学学报》（社会科学版）2015 年第 1 期。

② Cheng Changchun，Yang Fenghua，*Toward A Coordinated and Balanced Development*，Singapore：Springer，2020；成长春：《长江经济带协调性均衡发展的战略构想》，《南通大学学报》（社会科学版）2015 年第 1 期。

策工具。协调性均衡发展理论基于上述认知，把"协调发展"与"均衡发展"有机结合起来，科学揭示长江经济带经济社会发展中存在的不平衡、不协调状态的症结，并提供整体性的解决方案。

（二）长江经济带发展成就

2016年1月5日，习近平总书记在重庆主持召开推动长江经济带发展座谈会时提出"生态优先、绿色发展"的战略定位和"共抓大保护、不搞大开发"的战略导向。5年来，长江经济带生态环境保护与修复、社会经济发展取得了巨大的历史性成就。

1. 生态环境改善明显，流域水质提升显著

着力推进生态治理、绿色发展，全面整治长江岸线，关停沿江一大批高污染、高耗能企业。彻底整改1361座非法码头，沿岸生态廊道打造初具规模。长江"十年禁渔"全面实施，生物多样性退化趋势初步得到遏制。城镇生活垃圾日处理能力比2015年提高60.7%。长江流域优良断面比例从2016年的82.3%提高到2020年的96.3%。长江流域劣V类水质比例由2016年的3.5%下降至2019年的0.6%，2020年首次实现消除劣V类水体。①

2. 综合运输通道加速建成

沿江高铁规划建设有序推进，一批枢纽机场项目加快实施。截至2020年11月，长江经济带铁路通车里程达4.37万公里、高铁通车里程达1.54万公里，分别比2015年增加9120公里、7824公里；高速公路里程达到6.37万公里，比2015年增加1.55万公里。长江经济带黄金水道功能也持续提升，长江干支线高等级航道里程达上万公里。②

3. 经济持续健康发展，对外开放程度进一步提升

长江经济带经济总量占全国的比重从2015年的42.3%提高到2019年的46.5%。新兴产业集群带动作用明显，电子信息、装备制造等产业规模占全

---

① 《韩正在推动长江经济带发展领导小组会议上强调 坚持问题导向 聚焦重点任务 推动长江经济带高质量发展》，《人民日报》2020年12月2日。

② 《韩正在推动长江经济带发展领导小组会议上强调 坚持问题导向 聚焦重点任务 推动长江经济带高质量发展》，《人民日报》2020年12月2日。

国的比重均超过 50%。长江经济带与"一带一路"建设融合程度更高，2019 年货物贸易进出口总额突破 2 万亿美元。[1]

4. 各级领导思想意识发生根本性转变

沿江各省市和有关部门深入学习贯彻落实习近平总书记系列重要讲话精神，把修复长江生态环境摆在压倒性位置，生态优先、绿色发展的理念深入人心并转化为实践。

5 年间，长江经济带沿江 11 个省市在上述方面均有突破，但由于所处区位、发展背景等差异，不同流段、不同省市之间发展不平衡问题突出。这种不平衡是趋于下一阶段平衡发展的必经阶段，在长期战略中矛盾又统一，即协调是发展平衡和不平衡的统一，是发展短板和潜力的统一。

（三）长江经济带不平衡不协调发展中的现实问题

长江经济带业已实现了调整中的趋衡发展，并正在迈向高水平、高效率、共生性的协调性均衡发展新阶段。推动长江经济带高质量发展中面临的核心问题是沿江 11 个省市经济社会之间以及人与自然之间非均衡、不协调的发展矛盾，体现为生态环境保护形势依然十分严峻，一些地方思想认识不到位、发展方式粗放、监管体制机制不完善等，[2] 集中表现在以下几个方面。

1. 生态资源利用缺少系统性严格管理，全域环境压力大

随着工业化、城镇化进程加快和消费结构升级，长江经济带能源需求刚性增长，节能降耗和提升资源利用效率成为制约长江经济带经济社会发展的瓶颈之一。2019 年，长江经济带单位生产总值能耗持续下降，各省市单位 GDP 用电量均下降，下降幅度最大的为上海、重庆、贵州、江苏，总体上，长江经济带资源利用效率不断提升，但区域差异较大。[3] 此外，对于水土流

---

① 《韩正在推动长江经济带发展领导小组会议上强调 坚持问题导向 聚焦重点任务 推动长江经济带高质量发展》，《人民日报》2020 年 12 月 2 日。

② 《韩正在推动长江经济带发展领导小组会议上强调 坚持问题导向 聚焦重点任务 推动长江经济带高质量发展》，《人民日报》2020 年 12 月 2 日。

③ 尚勇敏、海骏娇：《长江经济带生态发展报告（2019—2020）》，https：//cyrdebr. sass. org. cn/2020/1223/c5775a100923/page. htm，2020 年 12 月 23 日。

失、生物资源量急剧下降、局部环境质量问题突出、灾害频发等，仍需进一步严防严控，工农业生产、城镇建设和人民生活质量提高给自然承载能力和环境生态带来的压力不断加大，流域生态环境保护的长效性和系统性依然不足。

2. 多种运输方式分布不均，综合立体交通体系发展不协调

以长江流域港口为核心的现代联运体系尚没有完全建立起来，特别是上中游地区，铁路枢纽集疏运能力没有明显提高。公路枢纽方面，基本上没有形成全国性枢纽，各种运输方式缺乏有效衔接，综合交通的整体效率和服务质量有待提高。长江航运潜能尚未充分发挥，高等级航道比重不高，中上游航道梗阻问题突出，高效集疏运体系尚未形成。

3. 经济发展阶段差异较大，产业结构尚待进一步优化

长江经济带下游已整体迈入工业化高级阶段，中上游尚处于工业化中级阶段，流域间仍然存在较大的发展差距。2018 年，沿江 11 个省市的三次产业结构比为 6.9：41.3：51.8，但农业与非农产业、制造业与服务业之间的产值占比差距持续扩大。从整体看，流域内产业地域组织结构松散，省际、区际产业发展的关联度、产能合作程度低。

4. 城市群融合、协作不足，不同流段城市定位模糊

长江经济带"三大两小"城市群中，一些城市功能定位模糊不清，致使城市自身优势和城市群整体优势难以充分发挥。三大流段之间城市发育程度差距明显，城市化水平各异。不同城市群中心城市间分工不合理，区域内中心城区能级偏低，"小马拉大车"现象突出。

5. 整体意识不强，相关体制机制有待进一步完善

长江经济带缺乏综合性国家管理机构与系统性政策支撑，综合发展规划覆盖不全、同一地区规划之间缺乏衔接。依然以单一部门、单一要素的管理方式为主导，条块的分割和交叉比较严重，区域与部门间尚未建立有效的协调机制。区域一体化市场体系发育不完善，地区间市场化水平差异较大。

（四）推动长江经济带协调性均衡发展的对策建议

推动长江经济带协调性均衡发展，走在新时代高质量发展前列，迫切需

要加快落实新发展理念，推进发展方式转变、新旧动能转换，处理好生态环境保护和经济发展的关系，加快创新驱动产业转型升级；迫切需要优化顶层设计，强化流域治理。按照"打造区域协调的样板的目标要求"，遵循协调是均衡与非均衡的统一原则，统筹各地改革发展、各项区际政策、各领域建设、各种资源整合，促进上中下游、江河湖海、左右岸干支流协同发展，在践行新发展理念、构建新发展格局、推动高质量发展中发挥重要作用。

1. 守好、用好流域生态本底，协同推进全面绿色转型

一是统筹推进流域自然资源开发。以贯彻落实十八届三中全会和中央《编制自然资源资产负债表试点方案》文件精神为契机，汇总、整合各省市自然资源资产负债表，构建全流域自然资源监管体系，统一界定自然资源资产所有权及配套委托代理制度，破解分割治理、多头治理难题；贯彻落实主体功能区规划，严格管控限制开发和禁止开发区域的开发强度，提升优化开发区、重点开发区域的资源利用效率，形成资源环境、人口分布、经济布局、国土利用和城镇化格局相协调的空间格局，促进大流域协调性均衡发展；在"共抓大保护"的理念指引下，深入研究长江文化，推动文化资源保护开发、创新利用。

二是创新流域生态共治共享制度。积极探索流域内生态屏障生态贡献货币化机制、重要农产品补偿机制、重要资源利益补偿机制，加快推广生态产品价值实现机制试点和绿色发展示范经验，增加优质生态产品供给；加快绿色低碳发展步伐，努力建设人与自然和谐共生的绿色示范带；加快推广武汉碳交易中心和碳金融中心平台建设经验，推动跨省节水量、排污权等交易平台对接，统筹中央、地方、民间资金，成立流域绿色发展银行，为生态修复、生态补偿、产业绿色转型等提供资金保障；加强国际基础设施、重点交通运输基础设施建设，助推企业"走出去"，服务产业园区建设，打造对外开放新高地，筑基"双循环"发展格局。

三是推进流域环境污染联防联治体制机制。全流域统一防治标准，全面落实沿江城镇污水垃圾、化工污染、船舶污染、农业面源污染以及尾矿库治理全覆盖；强化干支联动、上下游联动、水岸联动保护机制，全面实施流域

绿化行动和水生生物多样性保护工程，全面加强干支岸线保护和修复，全面加强饮用水水源地保护、水资源保护与水生态修复，实现保护与修复全流域覆盖；强化长江水系公共安全风险治理，建立健全跨省市应急救援联动机制，切实推进资源和信息共享；全面整治"化工围江"、岸线乱占问题，加快扭转沿江生态环境严峻形势。

2. 统筹综合交通一体化建设，畅通双循环主动脉

统筹长江黄金水道软硬件建设，提升港航运营管理水平。围绕"3+1"航运中心和长江黄金水道建设，加快推进长江中游"645"航道疏浚工程和南京以下深水航道水深维护、三峡集疏运能力提升工程，继续优化长江航运"硬环境"；以提升长江航运、水利、生态综合效益为目标，整合沿江管理机构和执法队伍，理顺管理体制机制，全面提升航道运营管理水平，推动上中下游港航一体化，持续优化长江航运的"软环境"。

以强枢纽、织网络为抓手，提档升级长江综合立体交通体系。提升全国性综合交通运输枢纽立体化发展水平，实现各交通方式无缝对接；加快推进北沿江高速铁路和普通货运铁路建设；加快国际性航空枢纽建设，强化区域航空枢纽功能，完善干支航线网络，依托高铁网络，建设"轨道上的机场"，提高东中西主要城市间航班密度，增加国际运输航线；统筹油气运输通道和储备系统建设，合理布局沿江管网设施，加强长江三角洲向内陆地区、沿江地区向腹地辐射的原油和成品油输送管道建设；推进南北跨江通道、海陆江通道建设，推进跨省基础设施互联互通，进一步提升交通网密度和便捷度，打造功能互补、衔接顺畅的综合立体交通走廊；建设集装箱新出海口，切实加强双循环建设。

3. 推动城市群融合、产业园区共建，助推双循环、协调发展

各城市群、中心城市明确定位，推进集约高效、绿色低碳的新型城镇化，加快推动城市群的协调发展、融合发展。一是放大全国性综合交通枢纽城市的辐射带动作用，推进交通设施跨省联通、功能对接，推动各城市就近对接、集群发展。二是以上海、武汉、重庆等国际性综合交通枢纽和商务区域物流航运为中心，各自定位，加快推进开放门户、全球城市建设。持续推

进上海自贸区经验推广与空间扩容，强化上海国际经济中心、国际金融中心、国际航运中心、国际贸易中心、全球创新城市等功能，继续疏解非核心功能，推动上海大都市圈联动发展，协同建设全球城市，引领东部更高水平对外开放；提升昆明对接、辐射南亚、东南亚的能力；推动成都、重庆中欧班列、航空枢纽联合运营，协同打造中国中西部面向全球的航空门户枢纽、陆港物流枢纽，提升辐射丝绸之路经济带的能力，协同打造西部国际开放门户；提升武汉中部门户枢纽功能，引领中部更高水平对内对外开放，深度融入"一带一路"建设，构筑国内国际双循环。

推进创新引领、绿色高效的新型工业化，以产业园跨省市共建、平台联动打造具有国际竞争力的先进制造业集群。各省市应加快推广"飞地经济"经验、苏州工业园区跨省共建经验，打破省内外的"行政区经济圈"，打通要素流通或明或暗的边界，通过产品输出方式或产业转移方式进行产能位移，实现流域内产业园区间、平台载体间的跨省市对接，开展多层次、多类型合作，实现协调发展，提升产能合作成效；流域治理协调机构应强化产业链规划，以打造世界级产业集群为抓手，围绕产业基础高级化、产业链现代化，以龙头企业为支撑，加快整合长三角、中三角、成渝产业链条，实现由单项产业技术创新向全产业链创新转变，在流域内逐步形成创新链、服务链、资金链、孵化链、产业链、价值链"六链联动、融合发展"的新格局，加快实现流域内产业有序转移、产业链对接，协同推进长江经济带新经济发展。

4. 树立系统融合观念，完善流域治理体系，提升治理能力

强力推进《长江保护法》的贯彻落实。整合长江航务管理局、长江水利委员会等中央部委派出机构的相关职能，实现长江经济带发展领导小组办公室治理常态化，强化流域整体规划功能。以"放管服"改革、自贸区建设及复制自贸区试点经验为契机，加快推进政府职能转变，切实解决政府越位、缺位问题，减少政府对资源配置的直接干预，充分发挥市场在资源配置中的决定性作用。以落实信息互换、监管互认、执法互助的大通关改革为契机，强化跨部门、跨区域的通关协作，加快完善开放型经济体制机制。

推进流域协同发展体制机制创新。一是完善政府间对接协调机制，构建多层次、专门化的对话机制，增强区域合作的长效性、互利性和制度性。二是健全跨域规划职能对接，积极推进流域内或相邻省份合编发展规划，加强规划数据平台对接，加快实现城市规划、土地规划和社会发展规划"三规协调"。三是完善长江经济带省际生态补偿机制，建立多元化、多渠道的生态补偿资金长效投入机制，制定流域治理成效评估机制，保障流域上下游发展权利的相对均衡性。四是加大行政执法职能对接力度，加强联合监管。建立联合执法体制机制，统一执法标准和流程，协同完成执法监管职责。五是建立跨域利益共享机制，围绕流域内跨省市产业转移、共建园区、科技成果转化、招商引资异地落户等项目，实施地区间财税分成。

五　扎实推进长江经济带高质量发展走在前列 *

2020年是全面贯彻落实习近平总书记推动长江经济带发展座谈会重要讲话精神的第五年，是江苏长江经济带高质量发展实现更大突破的关键之年。江苏省委、省政府以习近平总书记关于推动长江经济带发展重要讲话精神为指引，积极构建绿色发展长效机制，精心打造沿江特色示范段，努力探索生态优先、绿色发展新路径，实现了生态环境保护与经济发展双赢。江苏牢牢把握"共抓大保护、不搞大开发"战略导向，扛起走在长江经济带高质量发展前列的重任，坚定不移抓好突出环境问题整改、生态环境保护修复和产业布局优化，加快建成生产发展、生活富裕、生态优良的高质量发展典范，提交了一份高质量发展答卷。

一是顶层设计基本完成。自长江经济带建设上升为国家战略以来，江苏以《长江经济带发展规划纲要》为遵循，相继出台了《江苏省长江经济带发展实施规划》《江苏省长江经济带综合立体交通运输走廊规划（2018—2035年）》等一系列重要文件。2020年3月，《2020年江苏省推动长江经

---

* 成长春，江苏省中国特色社会主义理论体系研究中心南通大学基地主任、江苏长江经济带研究院院长；冯俊，江苏长江经济带研究院副研究员。本部分内容发于《群众》（思想理论版）2020年第11期。

济带发展工作要点》正式印发，内容包括生态环境保护修复、岸线资源综合整治、综合交通运输体系建设、沿江产业布局优化、体制机制完善、推进工作落实 6 个方面的 30 项重点任务。目前，江苏推进长江经济带发展战略的顶层设计、中层设计、支持政策体系已基本完成，为全面实施长江经济带发展战略打下了坚实的基础。

二是生态环境明显改善。全省各市县各部门在打赢污染防治攻坚战、严格生态环境督察执法、狠抓突出环境问题整改、严守生态环境安全底线、夯实生态环境保护基础、推动经济高质量发展等方面发力，努力实现"增蓝天、保碧水、护净土"目标，"4+1"工程取得阶段性成效；全省上下统筹山水林田湖草等生态要素，建设生态安全带和生态保护区，落实自然湿地保护政策；重点聚焦能源、工业、交通等重点领域，推进水泥、平板玻璃等行业超低排放改造；严格执行"263"减化和化工企业"四个一批"专项行动，生态环境得到明显改善。2019 年，全省空气质量优良天数比例达到 71.3%，104 个国考断面优Ⅲ比例达到 77.9%，大气和水环境质量达到 5 年来最好水平，改善幅度在长三角地区排名第一。

三是岸线治理成效显著。近年来，江苏大力推进长达 400 多公里的长江江苏段岸线整治和生态环境修复，以"特色示范段"助力全流域黄金水道建设。截至 2019 年 10 月，沿江八市已建成 9 个沿江特色示范段，另有 38 个岸线整治提升和生态修复工程正在推进中。此外，江苏还通过强化长江生物资源监测救护、压减捕捞强度，建立了包括南京长江江豚省级自然保护区在内的 7 处水生物保护区，形成了长江江苏段水生态保护廊道与网络。

四是绿色产业迅猛发展。沿江八市在项目招引、产业导向上优先考虑生态效益和产出效益，不断提升沿江产业的"含绿量"，加快打造绿色生态安全的现代化工产业体系。2020 年 4 月，《江苏省人民政府关于推进绿色产业发展的意见》，今后将持续践行"绿色发展理念"，推进产业转型升级，加快新旧动能转换，着力构建现代化经济体系，确保绿色产业发展水平持续提升。

今后一段时间，应从国家战略意图与江苏现实需求的角度，深刻理解

"共抓大保护、不搞大开发"的战略导向，明确使命与担当，进一步放大绿色发展优势，在贯彻国家战略中打"主攻战"、当"急先锋"，积极推动江苏长江经济带高质量发展走在前列。

一是强化生态环境治理能力。以"一盘棋"思维形成治理合力，做到"一张图"上定规划、画红线、管空间，统筹解决沿江地区"空间布局偏散、产业结构偏重、能源结构偏煤"的问题；完善跨区域协同治理机制，探索毗邻水系协同治理路径；协同布局区域性危废固废处置设施和医疗废弃物集中处置设施。铁腕治理长江江苏段岸线。围绕《长江经济带生态环境警示片》中涉及江苏的问题，以"三线一单"构筑生态屏障，推进非法码头和非法采砂整治、长江入河排污口与饮用水水源地安全隐患排查整治；加快构建陆海统筹、天地一体、上下协同、信息共享的生态环境监测网络。同时，重视岸线腾退与环境修复相结合。严格落实沿江1公里内重化工企业"关改搬转"，通过"砸笼换绿""腾笼换鸟""开笼引凤"系统性重构现代化工产业体系；以"场地修复+"模式对遗留地块开展修复，提高土壤修复、地下水修复和水体修复的综合效益；鼓励企业通过发行绿色债券等方式破解环境修复资金瓶颈。

二是构建沿江绿色发展共同体。积极打造扬子江绿色城市群，以低碳经济为引擎创造良好的城市群生产生活生态环境；在疫情防控常态化条件下，积极发展高新技术产业，增强"新基建"带动性，加快释放经济发展新动能；落实《长江江苏段两岸造林绿化工作方案》，支持沿江八市打造绿色发展风光带、产业带和协同带，推广燕子矶片区通过综合整治与生态修复工程转型成为"燕子矶滨江公园"的经验，以"水岸共治"模式探索生态资产价值实现新路径。助力长三角生态绿色一体化发展示范区建设。落实《〈长江三角洲区域一体化发展规划纲要〉江苏实施方案》，推广"苏州市吴江区和嘉兴市秀洲区探索建立'联合河长制'"的成功经验，健全生态环境联防联治机制，放大区域合作正"溢出效应"，合力同守一江清水。同时，完善价格机制，推行环境污染第三方治理。完善生态补偿机制。推广"新安江生态补偿"模式，建立科学的生态价值评估与补偿体系；通过对口协作、园区共建、项目支持、飞地经济、产业转移、异地开发等多种方式，不断拓宽合作领域，丰富补偿方式。

三是加快产业绿色转型。构建绿色制造体系，在发展先进制造业的同时，推广江苏永钢集团实现污水零排放的经验，推进传统产业绿色转型，以"高效、清洁、低碳、循环"为目标，构建完善以"绿色制造、绿色工厂、绿色园区、绿色供应链"为主要内容的绿色制造体系。破解"重化围江"难题。严格执行《江苏省化工产业安全环保整治提升方案》，大力压减环境敏感区域重化工企业数量；在充分考虑海洋环境容量的前提下，推进合规企业由沿江向沿海转移，让沿江腾出的空间优先用于发展智能制造、高端服务、绿色产业；依靠"一体化""循环化"实现重化工园区"生态化"；加快污染治理模式由"集中治理"向"精细化、精准化治理"转变，努力实现污染物"近零排放"。打造世界级节能环保产业集群。借鉴国际先进经验，运用生态工业学"整体、协调、循环、再生"理念，对环保产业园区进行优化和调整，建设世界级节能环保产业园区；依托园区，以节能环保装备、节能环保智能系统等领域为重点，培育节能环保龙头企业，引导龙头企业依托"双向开放战略"，深度嵌入全球贸易网络、生产网络和创新网络。

四是打造绿色交通运输体系。建设沿江绿色港口群，制定符合江苏实际的绿色港口标准，强化船舶和港口污染防治，推进港口船舶污染物接收设施建设，提升化学品洗舱水接收能力，强化船舶污染物"船—港—城""收集—接收—转运—处置"的衔接和协作。进一步优化运输结构，发展公铁水联运、江海联运以及甩挂运输和共同配送等高效运输组织模式，着力推进集疏港铁路建设，加强不同运输方式间的有效衔接，打通"最后一公里"；鼓励发展铁路、水运和城市公共交通，优化发展航空、公路，不断提高综合运输的组合效率，促进交通运输结构性减排。优化交通能源结构，推动公共交通工具和城市物流配送车辆实现电动化、新能源化和清洁化，重点发展电动汽车、电气化铁路和城市轨道交通；研发示范高功率、长寿命、低成本氢燃料电池技术；发展船舶高压岸电、机场空港陆电等，推进海上交通和空中交通电气化，扩大氢能在货运领域的应用。

六 加大财税支持力度，推动长江经济带高质量发展*

2021年8月25日，国务院总理李克强主持召开国务院常务会议，部署全面推动长江经济带发展的财税支持措施。会议指出，要加大财税等支持力度，完善市场化多元化投入机制，汇集各方力量，生态优先、绿色发展，推动长江经济带高质量发展。这是继《长江保护法》实施后，国家又一个破解长江经济带高质量发展难题的重要举措。长江经济带发展迎来新一波政策"红包"。

全面推动长江经济带高质量发展对我国战略发展全局而言意义重大。国家发展和改革委员会2021年8月17日公布的数据显示，上半年长江经济带11个省市地区生产总值24.88万亿元，同比上升14%，经济总量占全国的46.9%——长江经济带在全国经济高质量发展中的引领作用不断显现。

目前，长江经济带发展中面临一些亟待破解的难题，其中，资金瓶颈制约着包括生态环境保护修复、产业绿色转型、能源结构优化、黄金水道建设等在内的方方面面。"十四五"时期，要遵循习近平总书记提出的"五新三主"重要指示要求，凝聚共识，牢牢把握"共抓大保护、不搞大开发"的战略导向，严格落实《长江保护法》，守好、用好流域生态本底，协同推进绿色发展，加大财政投入力度、完善市场化多元化投入机制，充分发挥"看得见的手"和"看不见的手"的协同作用，以财税政策杠杆撬动长江经济带高质量发展。

（一）进一步强化"共抓大保护"理念，建立长江经济带的绿色屏障

不断推进环境税收制度创新。建立完善的长江经济带税收信息共享平台，推动建立数据资源产权、交易流通、数据监管等基础制度和标准规范，不断提高纳税服务水平；基于"多排多征、少排少征、不排不征"的双向机制激励理念，完善"税务征管、企业申报、环保监测、信息共享、协作共治"的环境税征管模式，提高征管效能，倒逼各行各业绿色转型。围绕沿江省市基

* 成长春，江苏省中国特色社会主义理论体系研究中心南通大学基地主任、江苏长江经济带研究院院长。本部分内容发表于"新华传媒智库-交汇点新闻"，2021年8月27日。

础设施、现代产业、公共服务、生态环境一体化建设，以及生态修复、生态旅游、医疗康养等高端重大生态产业项目，对具有明显示范效应的绿色发展示范带加大财税支持力度。构建跨界多元化生态补偿机制。基于"利用者补偿，受益者付费"和"多层次补偿原则"，制定长江经济带生态补偿原则和标准；鼓励以地方为主体建立横向流域生态保护补偿机制，加强区域协商、推动协同治理，探索省域间市场化、多元化的"造血型"流域生态补偿方式，通过对口协作、产业转移、共建园区等多种方式，推动上下游、左右岸协同发展与东中西部互动合作；增强财政资金使用的有效性。国家绿色发展基金重点投向长江经济带，撬动更多社会资本进入生态保护补偿领域。鼓励沿江省市试点推广绿色债券。加强对绿色债券发行主体的激励措施，积极促进绿色债券发行过程中财政补贴政策的落地执行。建立健全资源环境价格机制，聚焦长江经济带的水环境、水资源等领域，把生态环境成本纳入经济运行成本，使生产者、消费者为能源资源消耗、污染排放"付费"，促进资源节约和污染防治。建立生态产品价值实现机制，引导国家绿色发展基金投向长江经济带生态产品价值实现机制试点的生态产品价值核算和成果发布、生态资源权益市场创设、可持续经营开发、保护补偿、评估考核等方面。

（二）进一步突出绿色发展，提升长江黄金水道功能

明确财政支持黄金水道建设的重点任务。优化财政支出结构，重点支持航道治理、防洪排涝等设施建设，以及港口绿色转型、港口资源资本整合等重点领域，同时支持沿江地区水上洗舱站、船舶水污染物接收设施、水上综合服务区，以及 LNG 加气站、岸电等设施的建设、维护与运营，支持沿江地区新能源船型研发和船型标准化，助力提升设施的绿色化和现代化改造能力。助力绿色航道建设。建立财政专项基金，支持优先采用生态影响较小的航道整治技术与施工工艺，积极推广生态友好型新材料、新结构在航道工程中的应用，加强疏浚土等资源综合利用。依靠绿色债券等方式，对造成显著生态影响的已建航道工程与航电枢纽工程开展生态修复。加快推进三峡枢纽水运新通道建设，消除三峡枢纽瓶颈制约。建设智能化、绿色化水上服务区等。助力基础设施建设。支持铁路网络建设，打造方便快捷的铁路网。支持

公路网络建设，完善以高速公路为主骨架，国省干线、农村公路协调衔接的城乡联网、通达顺畅的公路网络。支持民航网络建设，推进长三角世界级机场群等建设，加大航线培育支持力度，拓展完善航线网络，加快推进空中大通道建设。支持水运网络建设，进一步推动内河水运发展。同时，扩大国有银行、国家绿色发展基金资助范围和资助力度，协调国家电网、三峡集团、国铁集团、国家油气管网公司等投资方向，支持地方合力推进港口、铁路、机场、管道、过江通道等重大基础设施建设。支持网络完善和功能提升。推广长江-12.5米深水航道省部共建机制、地方共建项目交叉持股经验，完善"国家投资、地方筹资、社会融资"的投融资机制，积极引入央企、社会资本参与长江经济带绿色交通运输体系建设；采取税费减免、优惠贷款、财政补贴、发行债券等方式，支持地方或企业推动绿色出行、多式联运、运输结构调整。利用移动互联、大数据、云计算等先进技术，积极推进"互联网+"水运融合发展。

（三）进一步发挥市场机制作用，推动新旧动能加快转换

推动智能绿色制造。充分发挥节能环保专项资金的引导和带动作用，设立智能制造、绿色制造等专题科目，加大对各类企业技术改造，节能设备升级，关键、共性和前瞻性节能技术开发的支持力度。促进落后产能化解。通过政府投资、政府采购和财政贴息等财税政策，推动传统产业改造升级和企业转型发展；适当增加产能落后企业的税收负担，引导不可再生资源行业过剩产能和社会资金转向可再生资源行业。加大对"碳中和债"的支持力度。鼓励高碳企业向低碳化转型，助力新旧动能转换、落后产能化解，以及制造业智能化、绿色化、信息化、高端化转型。推进现代服务业发展，建立生产性服务业重点领域企业信贷风险补偿机制，培育现代服务业重点企业；建立现代服务业发展引导资金，引导社会资本创设生产性服务业各类投资基金，不断催生生产性服务业新产业、新业态、新商业模式。以财政杠杆撬动绿色金融发展，积极扶植绿色产业，提供绿色贷款，从资金角度直接促进绿色产业发展，建立绿色信贷产业目录，细化绿色项目分类，实施环境社会风险评级，根据等级提供不同优惠程度的绿色贷款，让绿色产业在其劣势上仍能得到充足的资金

支持，迫使传统企业进行绿色转型。加大创建政策性绿色金融机构的力度，如"绿色发展银行""生态保护银行"，改变绿色金融难以落到实处的窘境，施行财政贴息、税收减免、风险补偿等重点支持措施，构建全方位平衡发展的绿色金融市场体系，为长江经济带高质量发展创造良好的外部环境。

（四）进一步推动开放平台建设，构筑高水平开放新高地

要加快推进规则标准等制度型开放。优化财税制度，完善自由贸易试验区布局，助力形成更多内陆开放高地，建设更高水平开放型经济新体制。对标国际高标准经贸规则，依托沿线自贸试验区、综合保税区，率先推动国内规则、规制、管理、标准等制度型开放，强化国际贸易"单一窗口"服务功能，加快港政、航政、口岸管理、海事等公共服务一体化联动平台和协作机制建设，提升涉外公共服务、社会治理现代化水平。要积极引导市场主体"走出去"。充分发挥长江经济带11个省市在基础设施建设、园区运营和管理、创新服务支持、制造业产能合作、职业教育领先等多方面优势，引导各类市场主体共同"走出去"，共建高标准境外经贸合作园区，把境外经贸合作园区打造成为"一带一路"贸易和投资合作核心载体。要加快打造跨境电商贸易新业态新模式数字服务平台。充分利用数字技术，在持续推进跨境电商综合改革试验区建设的基础上，合理布局、配套建设跨境电商海外仓及现代物流配送平台体系。鼓励各地建立开放型经济发展专项资金。用于支持招商引资、对外贸易、对外合作等活动，充分发挥财政资金"四两拨千斤"的作用，运用奖补、贴息、基金等杠杆工具，带动金融等社会资本投入开放型经济发展领域。进一步落实启运港退税政策，增强政策成效。

七　有序落子、协同推进，下好"长三角一体化"这盘大棋[*]

2021年5月26日，2021年度长三角地区主要领导座谈会在无锡召开。

---

[*] 陈晓峰，江苏长江经济带研究院产业与城市发展研究所所长、南通大学经济与管理学院教授。本部分内容发表于我苏网，2021年5月28日。

会议以习近平总书记重要讲话精神为指引，以"服务新发展格局、走在现代化前列"为主题，总结交流了一年来的工作成效与经验，全面分析了新形势和新任务，并重点围绕探索形成新发展格局的路径、夯实区域绿色发展底色、增强区域协同高质量发展动能等方面进行了深入探讨，形成了广泛共识。同时，会议以"保护水生态"为主题，共同启动了9个重大项目建设，并签订了长三角自贸试验区联动发展合作备忘录，在生态环境共保联治与协同打造对外开放新高地等方面又迈出了坚实一步。

总体来看，自长三角区域一体化发展上升为国家战略以来，长三角紧扣"一体化"和"高质量"两个关键词，聚焦"一极三区一高地"的战略定位，在交通基础设施互通、科技创新与产业协作、生态环境共保联治、公共服务便利共享上不断取得实质性突破。从长三角生态绿色一体化示范区的探索实践到虹桥国际开放枢纽的崭新亮相，重大战略频频落地、重大项目密集布局、制度创新成效显著。三省一市间的分工合作已逐渐度过"磨合期"，进入了前所未有的"加速期"，区域一体化发展的力度、速度、深度和宽度均显著提升并渐入佳境。

面对成绩，我们倍感欣慰，但也要清醒地认识到，对标五大世界级城市群，长三角无论是在发展水平和质量、创新能力和效率还是在产业的融合共兴等方面，差距都很大，一体化产业分工机制与共享效应还未充分体现，生态补偿及利益平衡机制亟待完善，一体化发展尚需激发更强的活力、更广的空间和更高的效益（逐步向全方位、多层次、宽领域转变）。现阶段，长三角是国内循环的重要连接点和融入国际循环的重要通道，其最有条件率先攻坚突破，更好地服务全国构建新发展格局，在推进现代化建设中勇挑重担、走在前列。

全面推动长三角区域一体化高质量发展是一项系统工程和长期任务，不可能囿于一隅、限于一业或一蹴而就，必须坚持系统化、立体化、全局化思维，注重示范带动与高位协调，强调创新驱动与生态本底，紧抓重大项目这个"牛鼻子"，结合不同区域、不同领域的基础（优势），在一体化发展的"大棋盘"上有序落子，在储备政策的"工具箱"里系统集成，在推进落实的"施工图"中重点突破。

（一）在生态环保领域，要坚持人与自然和谐共生，携手建设绿色美丽长三角

从芜湖（2019）、湖州（2020）、无锡（2021）三届长三角地区主要领导座谈会的主要议题来看，"生态"都是其中极为重要的一部分。并且三次会议的选址都是"水"元素突出、生态保护与发展较为不错的城市，也从另一侧面印证了未来长三角也将是美丽中国建设的先行示范区。现阶段，应贯彻系统治理理念，协同制定京杭大运河、太浦河等重点跨界水体联保转向方案，持续实施太湖流域水环境综合治理，逐步建立跨行政区划协同治理和水生态补偿机制。在此基础上，共同推进大气污染精准防治、区域固废危废联防联治，探索在上海、南京、杭州、合肥等城市开展碳达峰、碳中和试点示范，直面困难、勇挑重担，推动长三角在全国率先实现碳达峰、碳中和。此外，应向上积极争取政策空间、对内充分挖掘政策潜力，携手深化完善一体化合作机制，进一步放大长三角生态绿色一体化发展示范区的引领和撬动效应，共同开辟"两山"理论新境界。

（二）对于竞争性产业部门而言，要减少政府管制、鼓励开放竞争以实现市场协同目标

各地方政府不能求全好大，尽量避免一些不计成本的盲目招商引资，要善于互通有无、取长补短、营造国际一流营商环境，并依据产业链、供应链和创新链进行协作分工，以产业联系、资源共享、网络互通为标准遴选若干跨区域共建产业集群（重点在苏锡常、沪杭甬、G60科创走廊等省际毗邻地区），将"各自优势"打造成"共同长板"的"竞合"新态势。同时，对一般性投资活动领域来说，各地以政府为主的增量资本，或政府投资引导民间投资的活动，可以在企业层面实现地区间就某一项事业的实质性联合，为实现区域一体化发展奠定现实的微观基础。而对于存量资本，则可以鼓励企业在长三角区域内的收购兼并，消除区域内长期存在的低端重构、逐底竞争、产能过剩等沉疴痼疾，实现产业发展和市场运作的实质性一体化。

（三）在科技创新领域，勇当"科技和产业创新的开路先锋"是长三角肩负的重大战略使命

国家已经赋予上海建设成为具有世界影响力的科技创新中心的重任，要在长三角一体化发展中充分利用科教资源、人力资本和产业基础，使实现这一目标的时间被大大压缩。与此同时，也要充分利用好江苏建设具有全球影响力的产业科技创新中心、浙江创建国家数字经济创新发展试验区、安徽打造具有重要影响力的科技创新策源地的政策红利，进一步发挥整体联动的协同优势，打造科技创新共同体，最大限度激发长三角创新活力。鉴于长三角地区内科技资源配置相对经济资源配置较为滞后这一现实状况，应处理好创新策源地与产业转化地之间的关系，携手促进创新要素流动畅通。现阶段可聚焦集成电路、生物医药、人工智能等重点领域构建跨区域的科技资源共享服务体系。

（四）在公共品生产领域，交通基础设施（还包括绿色、信息、能源基础设施等）超前规划、建设和互通

因基础设施建设的统一性、不可分割性特征，各地政府必须主动让渡有关规划、建设和管理的权力，根据一体化协议交给第三方机构统一行使，只有这样才能有效地协调公共利益。此外，对民生性消费领域来说，要大力促进基本公共服务便利共享，携手持续增进民生福祉，如教育、医疗等涉及最广泛的既得利益群体，是最难以突破的领域，不能脱离现实发展阶段制约，不能从均贫富的理念和要求出发陷入盲动，不能在发展差距很大的地区间搞民生的"一样化"，更不可以是"一起化"，为此，一定要慎重对待，切不可操之过急。

八 推动长三角率先形成新发展格局*

2020 年 8 月，习近平总书记在扎实推进长三角一体化发展座谈会上强

---

* 陈晓峰，江苏长江经济带研究院产业与城市发展研究所所长、南通大学经济与管理学院教授。本部分内容发表于我苏网，2021 年 5 月 28 日。

调，面对严峻复杂的形势，要更好推动长三角一体化发展，必须深刻认识长三角区域在国家经济社会发展中的地位和作用。长三角区域应"率先形成新发展格局""勇当我国科技和产业创新的开路先锋""加快打造改革开放新高地"。2020 年 11 月，习近平总书记在全面推动长江经济带发展座谈会的重要讲话中强调，要推动长江经济带高质量发展，谱写生态优先绿色发展新篇章，打造区域协调发展新样板，构筑高水平对外开放新高地，塑造创新驱动发展新优势，绘就山水人城和谐相融新画卷，使长江经济带成为我国生态优先绿色发展主战场、畅通国内国际双循环主动脉、引领经济高质量发展主力军。不谋全局者，不足谋一域。长三角作为长江经济带的龙头区域与核心地带，具有人才富集、科技水平高、制造业发达、产业链供应链相对完备、市场潜力大等诸多优势，其高质量一体化发展战略目标要放在构建"双循环"新发展格局中予以考量和谋划，率先扛起责任、努力体现担当。

（一）为构建新发展格局注入新动能

人类文明来源于人与人之间、地区与地区之间的协作，加强协作效率的最好方法就是建立共同体。共同体概念的基本内涵是指一种基于共同情感、强烈认同、统一规范、一致利益的紧密且有机的联结，是区域一体化的高阶形态与终极目标。长三角区域地域相连、人缘相亲、经济相融、文化相近，自古以来就是一个不可分割的"自然—经济"系统，也是构建共同体的一个比较理想的区域空间。2019 年，长三角 7 个地区人均 GDP 已超过 2 万美元，具备率先实现现代化的基础。该区域在产业结构、经济体制及运行机制、城市功能、技术水平、市场化建设等方面，显现出越来越强烈的区域合作与共同发展的迫切愿望和内在诉求，在各个领域、各个部门、各个发展层面上都涌现出越来越多的区域共同利益与目标。未来，长三角唯有朝着建构区域共同体的方向前进，才能形成能级高、辐射带动力强，以及影响力广泛的城市群和高端产业集群。

改革开放以来，长三角发展更多还是围绕国际大循环展开的。在取得巨大成效的同时，也存在"低端同构""市场分割""两头在外"等现象，内部循环的动力尚显不足，尤其在创新引领、产业合作、对内开放等方面的

"主引擎""二传手"功能明显偏弱。从制度变迁的一般规律与区域发展的基本实践来看，新发展格局的重塑应先易后难、由点到面、有序推进。从次序上看，长三角应在巩固和适当拓展国际大循环基础上着力畅通区域"小循环"，并努力成为国内大循环的中心节点。从长远来看，就是要以"共同体"理念来强化分工协作、整体联动、各扬所长、相互赋能，在产业、创新、生态、开放及文化等层面一起落子、一体推进，把高质量一体化的"硬核"打造得更强大，进而为全国构建新发展格局注入强劲活跃的新动能。

（二）打造长三角区域共同体的基本路径

产业共同体是主攻方向。产业循环畅通是形成新发展格局的关键。针对有效的产业合作在长三角一体化进程中相对滞后的问题，一是要加大力度共同推进数字经济一体化发展战略合作，共同创建长三角国家技术创新中心框架协议，积极推进数字经济重大联合创新平台建设。二是根据长三角区域一体化发展战略布局和长三角制造业协同发展规划，进一步整合三省一市优势资源，加强全产业链协同，充分发挥区域产业体系完备的独特优势，联合江浙沪皖等在集成电路、大数据、生物医药、高端纺织、新能源汽车、大飞机、智能制造等领域打造一批世界级产业集群和标志性产业链。三是在长三角全域交通一体化背景下，推动产业集群跨区域协作，积极鼓励地理位置、经济、文化等方面接近的产业集群加强交流和合作，实现临近集群间的产业互联、业务互通、资源互助、信息互用，尤其是促进苏锡常、沪杭甬、G60科创走廊等毗邻地区的产业形成跨地区产业链集群。

创新共同体是第一动力。创新共同体的构建是打通长三角在科技创新领域"任督二脉"的关键所在，也是决定长三角在新发展格局中能否占领制高点的核心因子。一是积极推动长三角建设共性技术平台，推动科技创新资源和平台共建共享，围绕产业链部署创新链，围绕创新链布局产业链，力争尽快解决一批"卡脖子"的重大技术难题，推动创新成果"无障碍"转移转化。二是紧盯上海建设科创中心、金融中心的历史契机，积极谋划体制机制对接、功能融入的创新联盟、金融联盟等，并进一步充实完善当前"长三角园区合作联盟"等创新合作机制，积极争取扩容"G60 科创走廊"版图。三是积极利用大数据、互联网等手段推动人才资源互认共享、社保一体化等工作，建立基于"创新资源"合作的跨区域人才联合培养机制，鼓励支持科技工作者参与协同创新，并积极构建多层次的线上线下相结合的技术产权交易市场。

生态共同体是重要保障。当前，长三角一体化发展已进入全方位加速推进的新阶段，推动长三角更高质量一体化发展，要高度重视构建长三角生态环境保护共同体。一是贯彻系统治理理念，建立跨行政区划协同治理和水生态补偿机制，推动重点跨界河流上下游、左右岸、干支流协同治理落到实处，并扎实推进太湖等江河湖海水环境协同治理。二是加强污染源管理制度对接，统一规划、统一标准、统一执行，实现生态环境保护政策的一体化、一致化，实现行政执法与环境司法的统一。全面推进区域环境信息共享，避免产业转移中的简单污染搬迁，逐步推动区域减排从行政主导向市场化、社会化多元共治转型，共同构建综合生态治理新体系。三是向上争取政策空间、对内挖掘政策潜力，强化改革创新与系统集成，推出一批区域协调发展可复制、可推广的创新制度样本，进一步放大长三角生态绿色一体化发展示范区的引领和撬动效应，共同开辟"两山"理论新境界。

开放共同体是主要联结。打造开放共同体是长三角突出开放优势、形成国内国际双循环战略链接的关键之举。一是大力推进以制度型开放为重点的高水平开放，进一步压缩负面清单，减少准入限制，提高特别许可准入措施的透明度。二是着力打造国际化、法治化、市场化、便利化的一流营商环境，尤其是需要对标世界银行全球营商环境评价指标体系等国际标准，在营商环境方面进一步进行规制变化和制度优化。这不仅是吸引和集聚全球高端生产要素的依托，也是激活市场微观经济主体，形成新发展格局的重要机制。三是充分发挥长三角科研设施、创新水平、转化空间等优势，积极引进国外科技人才、关键设备与产品，吸引跨国公司设立研发中心，为国内关键技术突破提供必要的国际先进要素与良好的创新环境。同时，要鼓励国内科技人员（机构）"走出去"，加强国际科技合作与交流，充分利用国外一流创新资源，走出一条自主的开放式创新之路。

文化共同体是精神内核。当前，三省一市在文化产业发展规律上尚未实现深层次理解与认同，要在区域内打造出文化共同体仍然任重道远。《长江三角洲区域一体化发展规划纲要》明确提出，要"共同打造江南文化等区域特色文化品牌"。江南文化是长三角地区的共有基因和精神纽带。聚焦江南文化、展示江南文化的独特魅力，对于推动长三角地区更高质量一体化发展具有十分重要的意义。一是以创新的思维、开阔的胸襟、宽容的心态去探讨交流并进一步挖掘江南文化的创新特质，同时注重江南文化的融合发展及其合作机制构建。二是以江南文化重大项目为引领，组织策划具有一定国际影响力的江南文化活动，突出江南水乡文化品牌标识度，突出产业功能和规模效益，共同打造长三角江南文化品牌。三是既要促进江南文化自身的整合建设，又要着力于江南文化与科技、教育、产业创新的融合，以博采众长、兼容并包之道引领文化共同体建设。

九 以"共同体"理念引领长三角率先形成新发展格局*

2020年11月14日，习近平在全面推动长江经济带发展座谈会的重要讲话中强调，要推动长江经济带高质量发展，使长江经济带成为畅通国内国际双循环的主动脉。长三角作为长江经济带的龙头区域与核心地带，是我国经济发展最为活跃、开放程度最高、创新能力最强的区域，也是最具条件和最有能力率先形成新发展格局的。"不谋全局者，不足谋一域"，长三角高质量一体化发展的战略目标要放在构建"双循环"新发展格局中予以考量和谋划，率先扛起责任、努力体现担当。但总体而言，改革开放以来长三角的发展更多还是围绕国际大循环展开的，在取得巨大成效的同时，"低端同构""市场分割""两头在外"等现象也比比皆是，内部循环的动力尚显不足，尤其是在创新引领、对内开放等方面的"二传手"功能明显偏弱。

---

　　* 陈晓峰，江苏长江经济带研究院产业与城市发展研究所所长、南通大学经济与管理学院教授。本部分内容发表于江苏长江经济带研究院微信公众号，2020年11月24日。

从制度变迁的一般规律和我国经济发展的基本实践来看，新发展格局的重塑应该是一项系统工程，应先易后难、由点到面，不断纠偏并复制推广，最终形成大一统、全方位、多层次的新发展格局。从次序或等级上看，长三角构建新发展格局首先要从畅通区域"小循环"上寻求突破，并逐步发掘国内国际"大循环"的有效链接。当务之急，就是要以"共同体"理念来强化分工协作、整体联动、各扬所长、相互赋能，使长三角成为休戚与共的区域共同体、发展共同体与命运共同体，进而把高质量一体化的"硬核"打造得更加强大、更有竞争力，这也是全面深入推动长三角高质量一体化的核心要义所在。

起源于社会学的共同体概念的基本内涵是指一种基于共同情感、强烈认同、统一规范、一致利益的紧密且有机的联结。一般而言，共同体的区域/主体范畴过大，则易产生内耗或资源错配；共同体的区域/主体范畴过小，又不能聚集足够的力量。长三角区域地域相连、人缘相亲、经济相融、文化相近，自古以来就是一个不可分割的"自然—经济"系统，也是构建共同体的一个比较理想的区域空间。2019年长三角区域人均GDP已达到21321美元，该阶段已基本实现了现代化，在产业结构、经济体制及运行机制、城市功能、技术水平、市场化建设等越来越多的领域和层面上显现出越来越强烈的区域合作与共同发展的迫切愿望和内在诉求，在各个领域、各个部门、各个发展层面上都涌现出越来越多的区域共同利益与目标。共同体作为一种战略价值取向，具有多维度、多主体、多尺度及多因素等权变特征，其新在理念、难在落实。因此，在具体推进过程中，必须坚持系统思维与统筹推进，以寻求区域共同利益为根本遵循，以构建一体化超大规模市场以及推进要素的自由流动和优化配置为主导思想，在产业、创新、生态、开放及文化等层面实现双向互动与动态循环。

（一）产业共同体是重点领域

一是要加大力度共同推进长三角数字经济一体化发展战略合作，共同创建长三角国家技术创新中心框架协议等，并积极推进数字经济重大联合创新平台建设。二是要根据长三角区域一体化发展战略布局和长三角制造业协同发展规划，进一步整合三省一市优势资源，加强全产业链协同，充分发挥区域产业体系完备的独特优势，联合江浙沪皖等在集成电路、大数据、生物医药、高端纺织、新能源汽车、大飞机、智能制造等领域打造一批世界级产业集群和标志性产业链。三是要在长三角全域交通一体化背景下，推动产业集群跨区域协作，积极鼓励地理位置、经济、文化等方面接近的产业集群加强交流和合作，实现临近集群间的产业互联、业务互通、资源互助、信息互用，尤其是在苏锡常、沪杭甬、G60科创走廊等毗邻地区的产业形成跨地区产业链集群。

（二）创新共同体是第一动力

一是要借鉴国际经验，以遵循国家战略为根本导向，加强顶层设计，以制度创新为先导，形成长三角科技创新规划政策协同机制，打破制约创新资源要素自由流动的行政壁垒，充分发挥市场在创新资源配置中的决定性作用，以国家综合科学中心建设为契机，全面建成全球领先的创新共同体。二是要紧盯上海建设科创中心、金融中心的历史契机，积极谋划体制机制对接、功能融入的创新联盟、金融联盟等，并进一步充实完善当前"长三角园区合作联盟"等创新合作机制，积极争取扩容"G60科创走廊"版图。三是要积极利用大数据、互联网等手段推动人才资源互认共享、社保一体化等工作，建立基于"创新资源"合作的跨区域人才联合培养机制，鼓励推动科技工作者参与协同创新，并积极构建多层次的线上线下相结合的技术产权交易市场。

（三）生态共同体是根本保障

一是要贯彻系统治理理念，建立跨行政区划上下游协同治理和水生态补偿机制，推动重点跨界河流上下游、左右岸、干支流协同治理落到实处，并扎实推进太湖等江河湖海水环境协同治理（试行联合河长制）。二是要在区域层面加强污染源管理制度对接，统一规划、统一标准、统一执行，实现生态环境保护政策的一体化、一致化，实现行政执法与环境司法的统一，全面推进区域环境信息共享，避免产业转移中的简单污染搬迁，逐步推动区域减排从行政主导向市场化、社会化多元共治转型，共同构建综合生态治理新体系。三是要向上争取政策空间、对内挖掘政策潜力，强化改革创新与系统集成，推出一批区域协调发展可复制、可推广的创新制度样本，进一步放大长三角生态绿色一体化发展示范区的引领和撬动效应，共同开辟"绿水青山就是金山银山"的新境界。

（四）开放共同体是主要联结

一是要大力推进以制度型开放为重点的高水平开放，进一步压缩负面清单，减少准入限制，提高特别许可准入措施的透明度。二是要着力于打造国际化、法治化、市场化、便利化的一流营商环境，尤其是需要对标世界银行全球营商环境评价指标体系等国际标准，在营商环境方面进一步进行规制变化和制度优化。这不仅是吸引和集聚全球高端生产要素的依托，也是激活市场微观经济主体，形成新发展格局的重要机制。三是要充分发挥长三角科研设施、创新水平、转化空间等优势，积极引进国外科技人才、关键设备与产品，吸引跨国公司设立研发中心，为国内关键技术突破提供必要的国际先进要素与良好的创新环境。同时，要鼓励国内科技人员（机构）"走出去"，加强国际科技合作与交流，充分利用国外一流创新资源，走出一条自主的开放式创新之路。

（五）文化共同体是精神内核

三省一市在文化产业发展规律上尚未实现深层次理解与认同，文化发展仍具有不平衡性，要在区域内打造出大一统的文化共同体难度较大。《长江三角洲区域一体化发展规划纲要》明确提出，要"共同打造江南文化等区域特色文化品牌"，因此，在现阶段聚焦江南文化来推进文化共同体建设也是一种不错的现实选择。一是要以创新的思维、开阔的胸襟、宽容的心态去探讨交流并进一步挖掘江南文化的创新特质（注重原创特色、肯下"绣花"功夫），注重江南文化的融合发展以及构建江南文化的合作机制；二是要以江南文化重大项目为引领，组织策划具有一定国际影响力的江南文化活动，提升江南水乡文化品牌标识度，突出产业功能和规模效益，共同打造长三角江南文化品牌（提升文化产品供给质量）；三是既要促进江南文化自身的整合建设，又要着力于江南文化与科技、教育、产业创新的融合（"文化+"开拓产业跨界融合发展新空间），以取精用宏、兼容并包之道来引领文化共同体建设。

十　走在长江经济带高质量发展前列 *

习近平总书记在全面推动长江经济带发展座谈会的重要讲话中强调，要坚定不移贯彻新发展理念，推动长江经济带高质量发展，谱写生态优先绿色发展新篇章，打造区域协调发展新样板，构筑高水平对外开放新高地，塑造创新驱动发展新优势，绘就山水人城和谐相融新画卷，使长江经济带成为我国生态优先绿色发展主战场、畅通国内国际双循环主动脉、引领经济高质量发展主力军。面向"十四五"，江苏要继续深入贯彻落实习近平总书记重要讲话精神，坚定不移走生态优先、绿色发展之路，在推动长江经济带高质量发展中扛起江苏使命、作出江苏贡献。

（一）着力打造"生态长江"

一是以"一盘棋"思维推进生态系统治理。打破传统行政区域和部门界限，推进生态空间一体化保护和环境协同化治理；加快从"管理"一元主体向"治理"多元主体转变的体制机制创新。二是加强突出环境问题整改。加快推进生态环境治理体系和治理能力现代化，不断提升生态环境治理水平；结合土壤污染防控和生态修复，对已关停搬迁尚未开发的遗留地块，开展合理规划、修复与利用，积极开展岸线"添绿"和"留白"。三是探索生态空间价值化提升路径。加快完善生态产品价值实现机制，更大力度推进长江沿线特色示范段建设，推广南通及南京积极打造沿江生态带的成功经验，支持徐州贾汪区等建设国家级生态环境修复示范区。

（二）着力打造"经济长江"

一是坚持创新驱动。充分发挥科研院所的力量，创新体制机制，集聚创新势能，在加快构建自主可控、安全高效的现代产业体系中奋勇争先，深入实施工业强基工程。大力推进补链、强链、建链，提升产业链现代化水平，积极融入中央形成双循环新发展格局的战略部署。二是持续培育先进制造业

---

* 成长春，江苏省中国特色社会主义理论体系研究中心南通大学基地主任、江苏长江经济带研究院院长。本部分内容发表于《新华日报》（思想周刊）2020 月 11 月 17 日。

集群。以长三角制造业协同发展规划为遵循，着力打造空间相对集聚、功能深度融合、国际竞争力强的跨区域先进制造业集群，加快培育制造业单项冠军和专精特新"小巨人"。三是加快产业转型升级。鼓励引导沿江企业紧紧围绕"高端化、智能化、品牌化、服务化、集群化、绿色化"技改方向，抢抓5G、工业互联网、区块链等的风口机遇，构建自主可控、安全可靠的绿色产业链。四是深入推进对外开放。培育开放新动能，形成开放新优势，搭建开放新平台，通过推进自贸区试点经验集成创新，打造一批各具特色的开放"试验田"。

（三）着力打造"文化长江"

一是提高文化产品供给质量。用"文化+"开拓文化产业跨界融合发展空间，延伸文化产业发展链条，通过跨要素融合整合文化产业发展资源、通过跨行业融合实现优势互补、通过跨地域融合实现文化产业的跨区域发展。二是用"原创特色"助推文化产业发展。注重文化内容原创生产，推动原创内容向文化产品转化，因地制宜，结合江苏长江经济带文化特色，培育新型文化业态，以内容优势赢得文化产业市场竞争力。三是用"工匠精神"提升文化产品品质。鼓励文化创作者保持对文化价值、精神和尊严的坚守和敬畏，专注执着、坚定踏实、精益求精，提升文化产品思想内涵和美学品位。四是加大文化保护传承力度。严格执行相关国际公约和国内法律法规，保护和展示好世界遗产，继续做好文物考古、研究与认定工作；推进建设基础设施与文化景观；丰富运河文化业态与文化品牌。

（四）着力打造"民生长江"

一是坚持以人民为中心。把"人民生活高质量"作为推动江苏长江经济带高质量发展走在前列的重要内容，让改革发展成果更多更公平惠及全省人民，努力实现人民群众的生活品质、行为方式、价值理念、知识结构、能力水平等方面的现代化。二是推进以人为核心的新型城镇化。拓宽城市资源流向农村的通道，让资金、技术、人才等要素再汇聚到农村，推动城乡融合发展；加快发展服务业特别是物流运输、销售结算等生产性服务业，推动先进制造业和现代服务业深度融合，助力提升工业效率，实现就业机会多元化。三是扎实推进共同富裕。深入推进跨江融合发展和省内全域一体化高质量发展，破解发展不平衡不充分难题；坚持按劳分配为主体、多种分配方式并存，提高劳动报酬在初次分配中的比重，着力提高低收入群体的收入；完善要素分配制度，增加中低收入群体的要素收入；加大就业、教育、社保、医疗投入力度，促进便利共享。

（五）着力打造"安全长江"

一是立起铁腕护江"高压线"。加强对长江沿线各地工业园区、重点风险源企业和环保设施运行的全过程监管，实现污水处理、环保设施运行、在线数据监测"三个全覆盖"；开展环境执法"零点行动"，严查严管企业环境违法行为。二是加快长江流域水环境安全风险隐患排查整治。针对化工园区、企业、水上运输、尾矿库等风险源，进一步摸清底数，掌握有毒有害污染物生产、贮存、利用、转运、处置情况，加快推动风险隐患问题排查整治，强化全过程监管。三是强化长江突发环境事件应急救援能力。借鉴意大利饮用水水源地水华事件应急处置经验，[①] 推进环保、水利、住建、交通、海事、卫生等多部门联动配合，强化信息互通和资源共享，协同开展处置工作，建立专业化应急救援队伍体系。

十一 把新时代的长江之歌唱得更加嘹亮[**]

习近平总书记在南京主持召开全面推动长江经济带发展座谈会时的重要讲话，阐明了未来全面推动长江经济带高质量发展的方向目标、方法策略和实践路径，为在新的起点上推动长江经济带发展指明了前进方向、注入了强

---

① 2009 年，意大利 Occhito 水库爆发严重的蓝藻水华事件。该水库是普利亚大区重要的饮用水源地。蓝藻水华爆发不仅造成水质下降，还释放出内源性藻毒素，可能对人体健康产生毒害作用。其处置经验包括：实施部门联防联动、强化水质监测预警、完善水厂基础设施、推进流域综合管理、保证信息公开透明等。详见关鑫、王树堂、郭昕、王金生《关于意大利饮用水水源地水华事件应急处置的思考》，《环境保护》2016 年第 11 期。

** 成长春，省重点高端智库江苏长江经济带研究院院长兼首席专家；冯俊，江苏长江经济带研究院副研究员。本部分内容发表于《群众》2020 年第 23 期。

大动力。

江苏依江发展、因江而兴，要深入学习贯彻习近平总书记关于长江经济带发展的三次座谈会重要讲话精神，牢记"争当表率、争做示范、走在前列"的要求，在推动长江经济带高质量发展中作出新贡献，把新时代的长江之歌唱得更加嘹亮。

（一）全面谱写生态优先绿色发展新篇章

习近平总书记强调，要在严格保护生态环境的前提下，全面提高资源利用效率，加快推动绿色低碳发展，努力建设人与自然和谐共生的绿色发展示范带。近年来，江苏统筹推进经济生态化与生态经济化，沿江生态环境质量达到五年来最好水平。"十四五"时期，应充分考虑流域生态系统整体性和流域"生态—社会"系统复杂性，努力把江苏建成全流域生态环境保护的示范区、生态文明建设的样板区、生态环境治理体系和治理能力现代化建设的引领区。

一是提升生态安全保障能力。以信息化技术赋能生态环境监控，推广南京"生态眼"项目经验，运用现代信息技术手段提升生态环境治理能力现代化水平。推进多部门联动配合，强化信息互通和资源共享。完善专业化应急救援队伍体系，强化环境突发事件应急处置救援能力。

二是同步推进突出问题整改和生态空间价值提升。制定实施全省"化工产业高质量发展专项规划"，有序推进沿江地区安全环保达标的化工企业向沿海地区转移。推广常州破解"化工围江"的经验，通过压减、转移、改造、提升，推动沿江化工产业向新材料、功能性化学品、新型节能环保等新兴产业转型。推广南通五山和南京燕子矶地区生态修复经验，全面开展岸线"腾退""添绿""留白"，打造涵盖亲水广场、环城绿道、滨江湿地等功能的绿色廊道。

三是促进城乡绿色协调发展。加强城市精细化治理，全面提高资源利用效率，稳步实现低碳发展，推进绿色城市建设。全面提升乡村基础设施水平，推进5G网络、充电桩、电商直播基地等新基建在乡村落地。

（二）全面打造区域协调发展新样板

习近平总书记强调，要坚持全国"一盘棋"思想，在全国发展大局中明确自我发展定位，探索有利于推进畅通国内大循环的有效途径。近年来，江苏大力推进"1+3"功能区建设，着力提升南京城市首位度，积极推动宁镇扬、苏锡常一体化发展。"十四五"时期，应正确把握自身发展和协同发展的关系，根据主体功能区定位，落实区域协调发展战略。

一是完善跨区域协同发展机制。深度融入长三角区域一体化国家战略，加快苏锡常都市圈与上海同城化步伐。推进省内全域一体化高质量发展，加快省内都市圈发展，推动宁镇扬、苏锡常、通泰盐三大都市圈开展东西联动发展、南北跨江融合发展。推进苏北高质量发展，重点做好港口开发、产业发展、城市建设"三位一体"发展。

二是加快江海联动和陆海统筹。打造江海一体枢纽，推进铁路、公路、城市交通合并过江。推进通州湾新出海口建设。加快布局江海一体产业，沿江地区大力发展现代服务业和高端装备制造业等，打造世界级制造业集群，沿海地区因地制宜构建现代海洋产业体系。构建江海一体生态空间架构，全面促进沿江沿海地区绿色低碳循环发展。

三是优化生态补偿机制。以省际跨界断面的水质水量为主要标准，优化奖惩分明的双向补偿标准。探索市场化的补偿模式，确定补偿的分摊责任，建立生态补偿专项基金，开展异地开发、项目支持、对口支援等新模式探索。

（三）全面构筑高水平对外开放新高地

习近平总书记强调，要统筹沿海沿江沿边和内陆开放，加快培育更多内陆开放高地，提升沿边开放水平，实现高质量"引进来"和高水平"走出去"，推动贸易创新发展，更高质量利用外资。近年来，江苏持续推进全方位高水平对外开放，有力支撑了全省经济发展，深刻改变了江苏发展的面貌格局和精神气质。"十四五"时期，要以"一带一路"交汇点建设为总揽，积极构建开放新格局，搭建开放新平台，创建开放新环境。

一是构建对外开放新格局。进一步发挥开放优势、拓展开放领域、优化开放布局，建成一批对外开放的强支点，提升内外联结水平。继续推动商品和要素等流动型开放，更加注重政策规则等制度型开放，以高水平开放带动改革的全面深化。

二是搭建对外开放新平台。持续推进以中意、中韩、中德、中瑞等国家级中外合作园区为代表的开放平台建设。以制度创新助力江苏自贸区高质量发展，率先建成全球动力源和创新策源地。加强苏州工业园区和南京江北新区建设，打造一批各具特色的开放"试验田"。

三是完善对外开放新环境。推广"苏州最舒心"营商服务品牌和4S国际版营商服务品牌、无锡"无难事、悉心办"营商环境品牌、南京"宁满意"工程等成功做法，全面提升企业"全生命周期"服务水平，打造全国最好的政务服务环境、最完善的知识产权保护和服务体系、最友好的创业宜居环境。

（四）全面塑造创新驱动发展新优势

习近平总书记强调，要勇于创新，坚持把经济发展的着力点放在实体经济上，围绕产业基础高级化、产业链现代化，发挥协同联动的整体优势，全面塑造创新驱动发展新优势。"十四五"时期，江苏要推进创新驱动发展战略，深化科技体制机制改革，努力实现关键核心技术自主可控。

一是完善产业创新生态体系。充分发挥江苏科教资源优势，构建科技创新与产业发展高度融合的产业创新生态体系。围绕产业共性技术，构建一批公共技术研发平台，加强共性关键技术合作共享与协同互动。

二是优化关键核心技术供给。率先在江苏现有的13个先进制造业集群中攻克一批引领产业发展的"短板""痛点"技术，制定引领产业发展新趋势的"领航标准"。建立对接国际的技术引入平台，支持跨国公司、海外研发机构在江苏设立研发机构和科技中介机构，开展先进技术研发和创新服务。

三是推动产业与创新深度融合。建设更高水平开放型经济新体制，以"双循环"为有效手段，紧紧把握第四次产业革命、科技革命所带来的新经济、新基建、新投资、新消费等重大历史机遇，瞄准基于5G的物联网、人工智能、石墨烯新材料、量子技术、基因工程、可控核聚变等前沿领域，促进需求牵引和供给创造有机结合，尽快形成新的强劲增长极。

（五）全面绘就山水人城和谐相融新画卷

习近平总书记强调，要将长江的历史文化、山水文化与城乡发展相融合，突出地方特色，更多采用"微改造"的"绣花"功夫，对历史文化街区进行修复。江苏自古以来就是文化大省，拥有灿烂的历史文化和众多优秀文化遗产。"十四五"时期，要切实增强文化自信，保护传承弘扬长江文化，广泛凝聚力量，打造具有江苏特色的富有影响力的文化品牌。

一是突出文化建设重要作用。把长江文化建设既作为城市层面创新建设的重要抓手，又作为区域层面创新合作的重要联结，更作为国家层面坚定文化自信的具体落实，从丰厚的历史文化积淀中汲取力量，在保护传承中创新发扬，让长江文化"活"起来，让母亲河更显生机勃勃。

二是制定综合性科学规划。全面普查、调研江苏各种历史文化资源，摸清家底、梳理分类，提炼各类文化资源的核心要素。发扬好"绣花匠"精神，用"文化+"提升生态空间的文化美度和深度，展示江苏长江沿岸崇德重义、向善求美、明理重学和创新进取的文化精神。

三是创新"文化+"组合。用"文化+"开拓文化产业跨界融合发展空间，通过跨门类融合增加文化产品和服务的附加值，延伸文化产业发展链条，通过跨要素融合整合文化产业发展资源，通过跨行业融合实现优势互补，通过跨地域融合实现文化产业的跨区域发展，以模式优势赢得文化产业市场竞争。

十二 协同打造我国畅通国内国际双循环的主动脉*

当前，我国正处在构建以国内大循环为主体、国内国际双循环相互促进的新发展格局关键时期。面对新形势、新任务，长江经济带各省市应发挥经

---

* 陈为忠，南通大学江苏长江经济带研究院副教授，博士。本部分内容发表于江苏长江经济带研究院微信公众号，2020年11月20日。

济体量大、综合竞争力强、开放型经济发达优势，依托长江黄金水道、中欧班列、国际性综合交通枢纽、上海国际航运中心等通道优势，按照习近平总书记在南京全面推进长江经济带发展座谈会上提出的目标定位，强化使命担当，强化战略协同，切实发挥好"畅通国内国际双循环主动脉"作用。

打造畅通国内国际双循环的主动脉，首先要畅通域内域外现代流通体系。流通体系在国民经济中发挥着基础性作用，是构建以国内大循环为主体、国内国际双循环相互促进的新发展格局的强力支撑。现阶段，中央和长江经济带各省市要做好"六个聚焦"。

一是聚焦长江黄金水道堵点，协同推进三峡枢纽第二通道、长江中游"645"工程，协同推进长三角北翼高等级内河航道网，舒缓南京以下干线航段及长江口航运压力，舒缓京杭运河航运压力，干支联动全面优化下游航运体系。

二是聚焦上海国际航运中心短板，以建设通州湾长江集装箱运输新出海口为契机，加快建设集装箱深水港、水公铁高效衔接的长三角北翼江海河联运中心，向北翼分流集装箱进出口压力、集疏运压力，全面优化长江集装箱运输体系，提升上海国际航运中心国际航运资源配置能力和话语权。

三是聚焦东西向快速通道短板，加快建设北沿江高速铁路，加快打造"轨道上的长江经济带"，打通省级高等级公路"断头路"，优化高速公路网。

四是聚焦航空货运能力不足短板，加快推进航空货运机场建设，加快"轨道上机场"建设，客货互补推进武汉—鄂州、上海—南通、成都—重庆等国际性航空枢纽建设。

五是聚焦统筹中欧班列发展不平衡短板，加强流域中欧班列源地、品牌整合力度，依托国家规划布局的枢纽节点，构建省际联动整合机制，持续加快贸易通道、物流枢纽设施建设，推进班列集拼集运，形成干支结合、枢纽集散组织方式，率先形成布局合理、设施完善、运量稳定、便捷高效、安全畅通的中欧班列综合服务体系。

六是聚焦补齐现代流通体系短板，构建统一开放有序的运输市场，优化调整运输结构，创新运输组织模式，发展流通新技术、新业态、新模式，完善流通领域制度规范和标准，培育壮大具有国际竞争力的现代物流企业。

打造畅通国内国际双循环的主动脉，更要推动域内域外更高水平开放合作。

长江经济带覆盖沿江 11 个省市，横跨我国东中西三大板块，人口规模和经济总量占据全国"半壁江山"，具有建成世界级制造业集群的潜力和创新资源集聚的优势，是我国经济重心所在、活力所在。

中央和长江经济带各省市要发挥"一带一路"国内交汇地带和多重战略叠加优势，重点推进三个层次的开放合作，一是对外开展好多领域合作，推动长江经济带发展和共建"一带一路"相融合，高标准建设沿"一带一路"共建产业园，推进自主可控的对外产能疏解，高标准推进"文化带"建设，促进人文交流和民心相通；加快长江经济带上的"一带一路"支点建设，加快培育更多内陆开放高地，实现高质量"引进来"和高水平"走出去"。二是域内开展好产能合作。坚持全国"一盘棋"思想，推进上中下游协同联动发展，支持跨省市共建产业园区，引导下游地区资金、技术、劳动密集型产业向中上游地区有序转移；协同构建协同创新机制，推动创新资源整合、优配，共同打造"科创走廊""创新路"。三是跨域深化改革开放平台合作。优化长江经济带自贸区片区布局，推进跨域自贸区联动发展，协同推进规则标准等制度型开放，建设更高水平开放型经济新体制，把握好开放和安全的关系，织密织牢开放安全网。

十三　争当畅通国内国际双循环的主动脉*

2020 年 11 月 14 日，习近平总书记在南京主持召开的全面推动长江经济带发展座谈会上强调，要推动长江经济带高质量发展，使长江经济带成为我国生态优先绿色发展主战场、畅通国内国际双循环主动脉、引领经济高质

---

* 徐长乐，华东师范大学教授、博士生导师，南通大学特聘研究员。本部分内容发表于江苏长江经济带研究院微信公众号，2020 年 11 月 19 日。

量发展主力军。

构建以国内大循环为主体、国内国际双循环相互促进的"双循环"新发展格局，是党中央从中美贸易摩擦、全球新冠肺炎疫情肆虐等百年未有之大变局出发，审时度势作出的重大战略决策，从某种意义上讲是对当前及未来全球诸多重大不确定性的积极应对，并将引领和贯穿于我国"十四五"期间经济社会发展的始终。

对于由沿江 11 个省市组成的长江经济带地区而言，一方面作为享誉中外的黄金水道和工业走廊、城镇走廊、商贸走廊、生态廊道，在全国 21.5% 的土地面积上集聚了全国 43.0% 的人口、创造了全国 46.2% 的 GDP，在全国各大区域板块中是最有条件率先形成"双循环"新发展格局的地区。但另一方面，长江经济带外贸进出口额占全国的 44.2%，尤其是长三角地区外向型经济占比高、嵌入全球产业链供应链程度深，全球诸多的重大不确定性也必将对其产生一系列的深刻影响。为此，迫切需要调整原有的发展策略和发展路径，通过积极探索有利于推进国内大循环畅通的有效途径来化危为机，最大限度地规避和消除各种重大不确定性。

首先，从目标导向上看，要适时优化调整国内国际两个市场、两种资源的配比关系，充分发挥长江经济带人口数量众、经济体量巨、产业链条全、有效供给强、市场需求旺的独特优势，以及在区域一体化背景下产业有序转移接续、三大城市群协同联动，以及企业结盟、联合建园、飞地经济等跨界跨域发展所带来的巨大市场潜力与流动空间，用区域市场大循环有效带动国内国际双循环的双向互动，促进长江经济带和全国的高质量发展。

其次，从问题导向上看，长江经济带产业发展的突出问题集中表现在：一是新旧动能转换压力大，存在大量组装加工、贴牌生产、处于产业链中低端的劳动密集型行业和企业，造成企业内生的创新资源和创新动力严重不足；二是科技与产业、科研与市场"两张皮"的脱节问题严重，大量科研活动和创新资源未能紧紧瞄准市场、紧紧贴近市场；三是区域产业组织、科技力量与创新资源各自为政、力量分散，造成各地尤其是上中下游地区之间的优势创新资源未能得以高效组合叠加，形成区域整体合力。针对这些主要的"卡脖子"问题，需要沿江 11 个省市共同寻求破解之策，以"双循环"为有效手段，紧紧把握第四次产业革命、科技革命所带来的新经济、新基建、新投资、新消费等重大历史机遇，紧紧瞄准基于 5G 的物联网、人工智能、石墨烯新材料、量子技术、基因工程、可控核聚变等前沿产业科技领域，加强上中下游产业分工协作和主导产业集群互嵌衔接，加快传统产业提质增效、数字赋能，促进需求牵引和供给创造有机结合，推动产业与创新深度融合，齐心协力、真抓实干，尽快形成新的强劲活跃的增长极和增长带。

最后，从政策导向上看，就是要用"双循环"的方针、任务"倒逼"区域体制机制改革、政府职能转变和对内对外双向开放，积极借鉴长三角一体化发展进程中沪苏浙皖四省市优势互补、各展所长、分工协同、互利共赢的成功经验，不断完善长江经济带协调发展的制度安排，以区域一体化的思路和举措打破行政壁垒、提高政策协同，不断强化沿江 11 个省市以及各地市、各县市之间的社会经济联系，依托空间统筹规划、基础设施互联互通和区域共同利益的培育壮大，更大程度地发挥各地的比较优势和竞争优势，更大程度地发挥区域统一市场对配置资源的决定性作用，更大程度地发挥各类企业和企业家在"双循环"新发展格局中的主体作用和"主人翁"作用，让要素在更大范围优化配置。

第二节　产业发展研究

一　以新发展格局引领长江经济带产业高质量协同发展[*]

在 2020 年 11 月的南京座谈会上，习近平总书记从"主战场、主动脉、主力军"的战略高度为新时期的长江经济带发展谋划了新篇章，提出了更新更高要求，这既是对长江经济带所肩负时代使命的逻辑诠释，也为江苏在

---

* 陈晓峰，南通大学经济与管理学院教授、江苏长江经济带研究院研究员；张二震，南通大学对外开放研究院院长、南京大学长三角经济社会发展研究中心教授。本部分内容发表于《新华日报》（思想周刊）2021 年 11 月 23 日。

长江经济带构建新发展格局这一大棋盘中"争当表率、争做示范、走在前列"提供了根本遵循。

（一）产业循环畅通是形成新发展格局的根本落脚点

长江经济带工业体系相对完整、产业链比较齐全，具备了比较雄厚的先进制造业产业基础。但沿线各省市产业之间缺乏整体联动与相互赋能，也缺少一些能落地的顶层设计。沿江地区区域产业组织、科技力量与创新资源整合不足，导致各地尤其是上中下游地区之间的优势创新资源未能得以高效组合叠加，形成区域整体合力。

面对新冠肺炎疫情、贸易摩擦、技术封锁和产业排挤等各种风险挑战，在开启全面建设社会主义现代化国家新征程的关键节点，以新发展格局引领长江经济带产业高质量协同发展的战略意义更为凸显。然而，广域空间上的产业协同发展是一个复杂系统，也一直是区域经济一体化中的难点所在。因此，沿江各省市应在双循环新发展格局中找准各自定位，以构建新发展格局、畅通区域产业循环和螺旋上升的"主动脉"及"毛细血管"为重点，积极推进产业高质量协同发展。江苏更应积极作为，发挥示范作用。

（二）持续推进新旧动能转换与产业转移工作

要对《长江经济带创新驱动产业转型升级方案》《长江经济带产业转移指南》的落实情况进行阶段性评估，找准关键问题或难点，由国家层面统筹协调产业空间布局，做到有扶有控、分类指导，缓解上海产业布局过"重"压力，进一步发挥南京、武汉、重庆、成都等承载重要产业布局的重要作用；基于区域一体化背景下城市群联动、企业结盟、联合建园、飞地经济等跨界跨域发展所带来的巨大市场潜力与流动空间，用区域市场大循环有效带动两大循环的双向互动；支持企业通过援建、托管、股份合作、招商合作等模式，建立跨区域产业发展协作平台与产业联盟。各省市应加快推广"飞地经济"经验、苏州工业园区跨省共建经验，打破省内外的"行政区经济圈"，打通要素流通或明或暗的边界，通过产品输出方式或通过产业转移方式进行产能位移，实现流域内产业园区间、平台载体间的跨省市对接，开展多层次、多类型合作。在这过程中，要以地区环境承载量为依据，科学控制承接产业转移规模，有效避免梯度转移中的环境污染。

（三）着力解决区域创新不协调不均衡问题

上中下游地区应携手互动合作，要加大对中上游地区（尤其是云、贵、川等少数民族欠发达地区）的转移支付与创新投入。建立跨区域协同合作机制，强化长江经济带区域协同创新平台建设，利用大数据、云计算、人工智能、智慧信息平台等构建紧密的区际创新网络，优化相关制度环境，提升协同创新效率。政府应加大资金投入与强化政策引导（尤其是各级财政专项扶持与税收优惠），不断完善市场化、多元化投入机制，逐步完善专利知识产权保护机制，加快培训高端科技创新人才，汇聚各方力量全面提升全流域协同创新能力。加强人才服务、信息认证等方面的合作，并尝试利用大数据、互联网等手段建立长江经济带人力资源市场，推动人才资源互认共享、社保一体化等实质性政策，并建立基于"创新资源"合作的跨区域人才联合培养机制；构建线上线下相结合的技术标准与知识产权交易市场，积极组建长江经济带智库联盟，为长江经济带沿线的技术流动、知识产权和科技金融服务提供平台，加快科技成果转化步伐，切实推动产业链和创新链有机融合。应该说，江苏在促进区域平衡协调发展中起着不可替代的作用。

（四）携手打造世界级先进制造业集群

把握第四次科技革命与产业变革所带来的重大历史机遇，淡化区域指向、强调功能聚合，加强上中下游产业链分工协作与互嵌衔接。在此过程中，沿线各省市要突出本区域的核心竞争优势，留住产业链关键环节，倒逼产业转型升级和高质量发展。现阶段，可重点围绕集成电路、人工智能、高端装备等优势产业（"5+10"重点产业集群），加强窗口指导与配套服务，培育更多高科技（服务业）领军企业；在城市群（都市圈）全域交通一体化逐步推进的背景下，推动产业集群跨区域协作，积极鼓励地理位置、经济、文化等方面接近的产业集群加强交流和合作，实现临近集群间的产业互联、业务互通、资源互助、信息互用。现阶段，可考虑在长三角、成渝双城经济圈等地区重点打造一批空间上高度集聚、上下游紧密协同、供应链高效集聚、规模大且显示度高的新型产业链集群，实现临近集群间的产业互联、业务互通、资源互助、信息互用。这可以先在苏锡常、沪杭甬、G60 科创走廊等毗邻地区搞试点（地相依、业相近、文相融），成熟之后再向全流域复制推广。江苏是制造业大省，实体经济发达，应该在打造世界级先进制造业集群方面做出示范、走在前列。

（五）切实完善园区协同发展体制机制

推进园区环保（尤其是化工园区的建设和排放标准）、招商引资、信息服务以及监管执法等方面的标准化工作，统一准入门槛和服务细则，强调战略联动与规划协同，倡导良性竞争。推进毗邻园区、重点飞地深度对接，探索"圈层梯度、一区多园"模式。推广北京中关村、上海张江、武汉东湖的"1+N"管理体制，以龙头城市带动、整合沿线其他城市的高新技术产业资源，让沿线各地高效享受科技产业协同的政策红利。进一步充实完善当前"长江流域园区合作联盟"等创新合作机制，扩容"G60 科创走廊"，更好发挥其引领辐射作用，从源头上缓解碎片化、多元化的混乱局面。积极打造数字化、一体化园区，并推动长江经济带园区的各类创新政策"跨区通兑"，引领、动员各类主体拓展多样化合作，推动营业执照和工业产品生产许可证等"全流域通办"。"园区经济"是江苏的一大特色，全省拥有省级以上开发区 158 家，其中国家级 46 家、省级 112 家，国家级经济技术开发区、高新技术产业开发区数量均居全国第一。要以自贸试验区江苏片区建设为契机，加快推进国家级开发区自贸联动创新区建设，在深化制度型开放、构建长江经济带园区协调发展机制方面作出表率。

二　"双轮驱动"塑造长三角创新驱动发展新优势 [*]

2020 年 11 月 14 日，习近平总书记在全面推动长江经济带发展座谈会上强调，要加快产业基础高级化、产业链现代化。要勇于创新，坚持把经济

---

[*] 胡俊峰，南通大学经济与管理学院副教授、江苏长江经济带研究院兼职研究员。本部分内容发表于江苏长江经济研究院微信公众号，2021 年 11 月 11 日。

发展的着力点放在实体经济上，围绕产业基础高级化、产业链现代化，发挥协同联动的整体优势，全面塑造创新驱动发展新优势。要建立促进产学研有效衔接、跨区域通力合作的体制机制，加紧布局一批重大创新平台，加快突破一批关键核心技术，强化关键环节、关键领域、关键产品的保障能力。要推动科技创新中心和综合性国家实验室建设，提升原始创新能力和水平。要强化企业创新主体地位，打造有国际竞争力的先进制造业集群，打造自主可控、安全高效并为全国服务的产业链供应链。要激发各类主体活力，破除制约要素自由流动的制度藩篱，推动科技成果转化。

随着《中华人民共和国国民经济和社会发展第十四个五年规划和2035年远景目标纲要》提出，未来五年国家创新驱动发展的宏伟蓝图已展现在我们面前。坚持创新在我国现代化建设全局中的核心地位，加快建设科技强国，是国家发展的战略支撑。长三角是我国经济发展最活跃、开放程度最高、创新能力最强的区域之一，随着长三角一体化国家战略的深入推进，以合肥综合性国家科学中心、上海张江综合性国家科学中心为首的长三角多层次创新体系，围绕人工智能、集成电路、生物医药、能源信息、生命健康等前沿领域开展基础研究与技术开发，一批重大科技项目已经落地，国家实验室、重大科技基础设施集群、交叉前沿研究平台、产业创新平台建设取得可喜进展，长三角地区正成为实施自主创新国家战略和建设新兴产业高地的先导区。

面向世界科技前沿、面向经济主战场、面向国家重大需求，长三角地区打造科创共同体，实现科技创新与制度创新的"双轮驱动"，将是未来长三角地区，优化创新环境、集聚创新资源、保持创新优势、提升科创策源功能的关键举措，是全面塑造长三角创新驱动发展新优势的双引擎。

一是自主开展引领性、原创性科技攻关。强化基础性研究和应用性研究，瞄准新一代人工智能、量子信息、集成电路、生物医药、脑科学、空天科技、深地深海等前沿领域，实施一批具有前瞻性、战略性的重大科技项目，以解决重大科学问题、提升原始创新能力、催生变革性技术。前瞻性布局战略性新兴产业，并在核心产业实现自主技术创新，在"卡脖子"技术领域寻求自主研发突破。大力拓展新技术应用场景与应用范围，建设一批创新应用先导区和集聚区。

二是进一步强化企业在科技创新中的主体地位。以建设创新联合体为抓手，推动开展以企业为中心，高校、科研院所与企业紧密合作的协同创新活动，完善技术创新市场导向机制，促进各类创新要素向企业集聚，形成以企业为主体、市场为导向、产学研用深度融合的技术创新体系，推动企业成为技术创新决策、研发投入、科研组织和成果转化的主体。发挥大企业创新引领的支撑作用，培育一批核心技术能力突出、集成创新能力强的创新型领军企业，建设一批高水平的企业工程技术中心，带动创新型中小企业成为原创技术的重要策源地、产业链的"链长"，加强共性技术平台、公共服务平台建设，推动产业链上中下游、大中小企业融通创新，开创企业技术创新面向市场、面向未来、面向自主创新能力全面提升的新局面。

三是构建科创共同体。以平等合作、共享互助、共同发展为核心的共同体理念，构建长三角科创共同体，进一步强化各城市间的分工协作、优势互补、整体联动，相互赋能，全面加强对科技创新的部署，通过构建合理科学的创新合作机制与利益分享机制，实现科创资源高效配置，推动人才、信息、科研设备以及技术专用平台等共享共用，以及各类创新活动的系统化、组织化，并实现产业链、创新链、服务链的有效融合，协同推进创新产业体系建设、产学研用联合攻关和科技成果转化，实现产业高端技术水平的整体跃升。

四是深入推进科技体制改革。完善科技治理体系，优化科技计划体系和运行机制，打破区域行政壁垒，破除科技创新体制机制障碍，最大限度盘活资源，激发创新潜能，推动科技成果转移转化，为产业链、供应链提供强大支撑。一体化推动重点领域、重点项目、人才、资金、科学基础设施的优化整合与合理配置。关键领域、重点项目要集合优势资源，扎实有序推进创新攻关，完善"揭榜挂帅"体制机制；出台政策，推动各类新型研发机构落地；营造良好的创新环境，在重点领域，加快形成有利于人才集聚、成长，以及人尽其才的引进、培养与使用机制，加快构建符合科研规律和人才成长规律的科技人才评价体系，加大人才投入，优化人才政策，激发人才的创新活力，营造有利于创新创业的政策环境，着力夯实创新发展的人才基础。完善科技创新制度体系，最大限度地发挥科技项目与资金对科技创新的引领、支持作用，提升创新体系整体效能，强化科技成果的转化供给能力；营造风清气正的创新生态，针对基础研究、应用研究，建立开放式创新环境，培育新型产学研一体化、系统化的应用研发能力，充分释放高校、机构、企业、人才等各类创新主体的活力。

三　加快构建现代产业体系，协同构建新发展格局 *

2020 年 11 月 14 日，在江苏省南京市召开的全面推动长江经济带发展座谈会上习近平总书记指出，长江经济带应该在践行新发展理念、构建新发展格局、推动高质量发展中发挥重要作用，应坚持把经济发展的着力点放在实体经济上，围绕产业基础高级化、产业链现代化，发挥协同联动的整体优势，全面塑造创新驱动发展新优势。

长江经济带是我国经济中心所在、活力所在，是我国经济发展的重要战略支撑带，在构建新发展格局中，既有得天独厚的优势，也面临国内外发展环境变化的巨大挑战。

长江经济带是国内大循环的重要支撑，沿江 11 个省市人口规模占据全国"半壁江山"，2020 年长江经济带 GDP 占全国的 46.2%，比 2014 年的 44.7%高出了 1.5 个百分点，其中 7 个省市增速位居全国前十，为稳定国内大循环提供了重要支撑。同时，长江经济带也是我国参与国际大循环的重要力量，2020 年，沿江 11 个省市平均外向型依存度超过 30%，上游成渝与下游江浙沪均超过 40%，远高于全国 23.2%的平均水平，全国依存度超过 50%的 17 个城市中有 7 个分布在长江经济带。

沿江 11 个省市全力打好污染防治攻坚战，推动产业转型绿色发展。各地将全面推动长江经济带发展，视为难得的机遇，更是义不容辞的责任。上

---

　* 陈长江，南通大学江苏长江经济带研究院副研究员。本部分内容发表于江苏长江经济带研究院微信公众号，2021 年 10 月 31 日。

海加快构建绿色制造体系，已通过评审绿色园区 6 家、绿色工厂 75 家、绿色产品 99 项、绿色供应链 7 家。重庆把修复长江生态环境摆在压倒性位置，统筹山水林田湖草系统治理，着力在治水、建林、禁渔、防灾上下功夫，筑牢长江上游重要生态屏障。浙江加快建设舟山江海联运服务中心，发布《义甬舟开放大通道西延行动方案》，依托宁波舟山港带动港口与沿江腹地联动发展，着力打造国内国际双循环的战略枢纽。

但与此同时，有效发挥长江经济带在畅通国内经济大循环中的作用仍然面临一些重要挑战。随着逆全球化、中美贸易摩擦加剧、新冠肺炎疫情反复，以及我国推动实现碳达峰、碳中和目标，长江经济带产业发展环境深刻变化，市场竞争加剧，环境约束加大，中小企业受到较大冲击，传统产业体系面临的结构性矛盾日益显现。

充分发挥长江经济带区域间产能合作和产业链分工的比较优势，推动长江经济带产业升级具有全局带动作用，能够有效推动国内大循环升级。加快构建国内大循环为主体、国内国际双循环相互促进的新发展格局，面向新时代新要求，长江经济带应发挥协同联动的整体优势，通过创新协同、区域联动，着力构建绿色化、高端化、国际化的现代化产业体系。

（一）构建全流域产业协同发展新格局

推动形成区域产业联动发展新格局。通盘考虑要素资源条件和产业链关联，加强污染物排放总量控制，统筹规划长江经济带重点产业布局，科学划定园区选址，合理制定产业准入门槛，全面排查和整治沿江工业园区和企业。构建长江经济带产业协作机制，搭建区域产业合作与产业转移信息平台，引导中上游地区的大进大出型重化工产业向沿海地区布局，支持沿线地区依托高新区、开发区、工业园区，联合建设产业合作区和产业转移示范区，引导下游地区制造业向中上游转移。构建长江经济带生态保护利益责任共同体，建立健全长江流域生态补偿机制，探索资源有偿使用、生态足额补偿和利益有效协调机制，促进资源地与产业区之间、重点开发区与限制禁止开发区之间资源共享、优势互补。

（二）构建产业协同发展长效机制

着力破解产业运行和绿色发展中的突出瓶颈。回应企业现实诉求，切实降低企业税费成本、物流成本、融资成本及制度性交易成本，下大力气打破区域间要素流动壁垒，加快建立统一开放、竞争有序的市场体系，防范化解区域性金融风险。以法治化、市场化为方向，健全环保法律法规体系，探索建立健全主要污染物排放许可、有偿使用与交易、水环境区域补偿、绿色保险、绿色信贷等制度，逐步将生态补偿工作纳入法治化轨道，推动生态补偿工作常态化、制度化和法律化。杜绝"一刀切""一阵风"运动式执法模式，统一执法标准和执法力度，强化阳光执法，为企业营造一个可预期的外部环境。提高企业环境信息披露的透明度，鼓励媒体和社会组织进行监督，建立失信企业黑名单，定期公布污染超标、非法偷排等失信企业名单，限制黑名单企业参与各领域政府采购，让污染企业的产品失去销路。

（三）推动外贸企业积极开拓国内市场

积极推动国际业务萎缩的出口企业出口转内销，引导企业对接工信部"产业链供需信息对接平台"，做好产需精准有效对接。采取培训、宣讲等多种形式，帮助外贸企业尽快熟悉国内市场渠道、营商环境和标准体系，建立针对国内市场的品牌、研发创新、产品设计体系。优化出口转内销促进平台，鼓励各种电商平台以及实体流通平台开展外贸产品内销专项活动，搭建转内销的专用通道。用足用好外经贸发展专项资金，加强信贷保险和资金支持，进一步简化出口转内销产品认证和办税程序。抓住我国部分重点产品进口替代的机遇，利用长江经济带上中下游产业发展差距，支持中间产品、原材料等出口企业融入国内产业链供应链，增强配套服务能力。大力发展跨境电商等外贸新模式，推进海外市场多元化。

（四）积极建设自主可控的产业链

构建自主可控的国内价值链是制造业融入"双循环"新格局的基础，也是实现长江经济带产业转型升级的主要手段。长江经济带各省市要抓住全球产业链停摆和调整的机会，以及长江经济带高质量发展加快推进的有利时机，共同构建以国内大循环为主体的完整产业链循环。

下游要发挥科技和产业资本、前沿产业的引领优势，中游要发挥制造业规模大和门类全的支撑优势，上游要发挥新兴产业和上游产业优势，在各扬所长基础上共同建链、强链，通过深化区域之间"链长合作"提升区域全产业链的竞争力。要强化长江经济带各区域产业链合作，在"链长制"协同基础上，打造长江经济带各城市之间制造业的研发、设计、生产、销售、服务的纵向联结，推动形成开放式的横向互补的分工网或产业链。

以龙头企业为引领，对处于同一条产业链的企业，进行资产重组或业务整合，用股权联系形成紧密合作体系。强化长江经济带各区域同一产业链内企业的外包、市场、要素合作，形成纵向非一体化的产业链集群。推动产业链集群发展，强化企业相互竞争和相互学习，提升产业链的发展水平。提高产业链龙头企业的配套能力，建立配套备选清单，优化产业配套半径，确保极端情况下产业实现自我循环。以产业集群合作为基础加快区域之间产业链整合，构造有国际竞争力的国内产业链集群。

（五）共同形成高水平产业科技供给

形成"双循环"新发展格局，关键的难点是打造高水平科技和产业创新体系，实现产业价值链向中高端升级。长江经济带 11 个省市完全有条件通过整合区域内创新资源，率先构建我国区域协同创新共同体，从而成为我国科技和产业创新的开路先锋。

首先，要把 11 个省市的科技创新资源和企业创新协同、整合起来，围绕产业发展的关键领域、前沿领域、难点领域和无人区开展集中攻关。其次，要健全区域内高校、科研院所、企业科技资源共享和协作体系，共建产业技术创新战略联盟、技术研发平台、公共重点实验室和工程技术中心，形成产业链与创新链协同互促的生态体系。最后，要利用长江经济带雄厚的制造业基础和高校资源，集聚全国乃至全球的创新资源。包括通过建设国际科技合作创新园，吸引海外知名大学、研发机构和跨国公司在本地设立全球性或区域性研发中心。通过"逆向发包"的方式，将研发项目发包给国外科研团队。

（六）对接国内中高端需求的供给体系

国内大循环面临的一个关键问题是"重大的结构性失衡"：一方面产能严重过剩，另一方面表现为高质量的有效供给不足。

长江经济带要协同配合，充分发挥上中下游产业互补优势，率先将这一部分中高端需求弥补起来，利用自身制造业基础雄厚的优势，形成满足国内中高端需求的高质量产业供给体系，培育国内中高端消费市场。要在长江经济带一体化过程中，顺应国内市场消费升级要求，建立统一的标准，带动产品质量升级，与国际先进水平对标，提高上下游产业标准的协同性和配套性，推动建立覆盖全产业链和产品全生命周期的标准群。推动云计算、大数据、人工智能等新一代信息技术在质量管理方面的应用，建立11个省市统一的质量信息数据库，开发在线检测、过程控制、质量追溯等质量管理工具，加强质量数据分析，推动企业建立以数字化、网络化、智能化为基础的全过程质量管理体系。

以品牌培育推动企业从追求"质量合格"向追求"用户满意"跃升。推动区域产业集群品牌建设，发挥龙头企业带动作用，引导集群内企业标准协调、创新协同、业务协作、资源共享，推动全产业链提质升级。加强品牌宣传推广力度，增强消费信心，倒逼企业加快质量升级。

（七）共同建设新型基础设施和完善产业链

新基建是我国加速新兴产业发展、拉动新消费的重大举措，对推动国内大循环而言意义重大。在新基建方面我国与发达国家的技术差距不大，具有可以形成高端引领、自主可控的国内产业链的内在特征。

长江经济带是我国新基建产业高地，上海的人工智能、杭州的数字经济和云计算、无锡的传感器和物联网等都处于国内领先水平。要抓住新基建、数字消费爆发式增长的趋势，加快人工智能、物联网、车联网等产业化应用和推广。同时加强与上中游地区的新基建合作，加快形成以国内市场为支撑的产业链体系。综合运用政府采购、首台（套）政策、技术标准等政策工具，加快新型技术产业转化，形成新技术的应用场景和规模经济，推动形成区域一体化、国内市场循环的国内产业链体系。

四　在新发展格局中探索长江经济带产业协同发展之路[*]

加快构建以国内大循环为主体、国内国际双循环相互促进的新发展格局，是与时俱进提升我国经济发展水平、实现高质量发展的重大抉择，也是应对世界百年未有之大变局、塑造我国国际经济竞争与合作新优势的战略部署。

毋庸置疑，在构建新发展格局中，长江经济带既有得天独厚的优势，也有责无旁贷的使命。在 2020 年 11 月 14 日的南京座谈会上，习近平总书记从"三主五新"的战略高度对新时期全面推动长江经济带高质量发展提出了更高要求，这既是对长江经济带所肩负时代使命的逻辑诠释，也为长江经济带在全国构建新发展格局这一大棋盘中"争当表率、争做示范、走在前列"提供了根本遵循。

对于长江经济带沿线 11 个省市而言，一方面作为享誉中外的黄金水道和工业走廊、城镇走廊、商贸走廊、生态廊道，在全国 21.5% 的土地面积上集聚了全国 43.0% 的人口，经济总量占据全国"半壁江山"，发展潜力巨大，在各大区域板块中是最有条件、最有能力率先形成新发展格局的。

但另一方面，长江经济带外向型经济占比高，产业低端同构与恶性竞争现象严重，产业链供应链自主可控能力整体较弱，全球诸多的重大不确定性也必将产生一系列的深刻影响，迫使需要通过积极探索有利于推进畅通国内大循环的有效途径来化危为机，以最大限度地规避和消除各种重大不确定性。

追根溯源，经济增长与新旧动能转换的根本落脚点在于产业体系的循环与畅通，举一纲而万目张。长江经济带工业体系相对完整、产业链比较齐全，具备了比较雄厚的发展先进制造业的产业基础。但沿线各省市之间的专业化分工不足，产业同构化程度偏高，并且对如何实现上中下游分工合作和

---

* 张二震，南通大学对外开放研究院院长、南京大学长三角经济社会发展研究中心教授；陈晓峰，南通大学经济与管理学院教授、江苏长江经济带研究院兼职研究员。本部分内容发表于江苏长江经济带研究院微信公众号，2021 年 10 月 25 日。

功能互补也缺少能落地的顶层设计。

同时，沿江存在大量组装加工、贴牌生产、处于产业链中低端的劳动密集型行业和企业，"高端产业—低端环节"比比皆是。并且，区域产业组织、科技力量与创新资源各自为政、力量分散，造成各地尤其是上中下游地区之间的优势创新资源未能得以高效组合叠加，形成区域整体合力。大战略呼唤大担当，新起点瞄准新高度。

在全球新冠肺炎疫情形势错综复杂与中美战略博弈持续交织的特殊时期，在开启全面建设社会主义现代化国家新征程的关键节点，以新发展格局引领长江经济带产业高质量协同发展的战略意义也更为凸显。

然而，高质量协同发展产业体系的打造是一个复杂巨系统，具有多主体、多因素及多尺度等权变特征，不能囿于一隅、限于一业，一蹴而就，沿江各省市亟须在"双循环"新发展格局中找准各自定位，并在产业合理布局与有序转移、产业链分工协作与融合发展、创新资源流动与高效配置、园区规划（标准）衔接、体制机制配套改革等方面做好系统谋划、战略部署与政策储备。

一是要持续做好产业有序转移接续。对《长江经济带创新驱动产业转型升级方案》《长江经济带产业转移指南》的落实情况进行阶段性评估，找准关键问题或难点，由国家层面统筹协调产业空间布局，做到有扶有控、分类指导，缓解上海产业布局过重压力，发挥南京、武汉、重庆、成都等承载重要产业布局的重要作用（"腾笼换鸟"）；基于区域一体化背景下城市群联动、企业结盟、联合建园、飞地经济等跨界跨域发展所带来的巨大市场潜力与流动空间，用区域市场大循环有效带动两大循环的双向互动（"开笼引凤"）；支持企业通过援建、托管、股份合作、招商合作等模式，建立跨区域产业发展协作平台与产业联盟。鼓励总部、研发、生产分离模式，促进上中下游城市协同发展。在这个过程中，要以地区环境承载量为依据，科学控制承接产业转移规模，有效避免梯度转移中的环境污染。

二是要突出协同创新生态体系建设。充分发挥上海、合肥综合性国家科学中心的撬动作用，大力推进创新型城市以及制造业联合创新中心建设，对于"卡脖子"的重大科研任务和关键性技术，开展长期、稳定的联合攻关，着力实现产业基础高级化；鼓励长江经济带与沿海经济带在科研院所合作、科技成果转化、产业集群建设等方面加强联系，实现优势互补。在环保合规、技术可控并符合产业发展需求的前提下，长江中上游城市也可以有选择性地接受部分沿海经济带的产业转移；长江经济带沿线亟待加强人才服务、信息认证等方面的合作，并尝试利用大数据、互联网等手段建立长江经济带人力资源市场，推动人才资源互认共享、社保一体化等实质性政策，并建立基于"创新资源"合作的跨区域人才联合培养机制；构建线上线下相结合的技术标准与知识产权交易市场，积极组建长江经济带智库联盟，为长江经济带沿线的技术流动、知识产权和科技金融服务提供平台，切实推动创新链与产业链、人才链的有机融合。

三是要积极推动产业绿色转型升级。未来，长江经济带应在破题"绿色发展"上取得更大成效，其关键就是要以推动传统产业转型和战略性新兴产业发展为目标，以提高绿色环保技术自主创新能力为突破口，以沿江开发区和产业园区为载体，鼓励企业开发绿色产品、建设绿色工厂、打造绿色园区、完善绿色供应链，并进一步强化环保法律法规和行业标准约束；充分发挥长三角生态绿色一体化发展示范区的示范作用，点面结合、系统治理，努力探索生态环保领域的产融发展之路，为践行和推广"两山"理论提供实践样板；立足区域功能定位，坚持以产业绿色化、集聚化、高级化发展为导向，以数字经济和能源革命为依托，刚性落实负面清单和产业结构调整目录，积极改造提升传统产业（尤其是高耗能/重污染行业的"砸笼换绿"），发展壮大战略性新兴产业，加快发展现代服务业，大力发展特色效益农业和生态旅游业，打造多极支撑的绿色产业体系。

四是要加强全流域产业链分工协作。要以"双循环"为有效手段，紧紧把握第四次科技革命与产业变革所带来的新经济、新基建、新投资、新消费等重大历史机遇，紧紧瞄准基于5G的物联网、人工智能、石墨烯新材料、量子技术、基因工程等前沿（未来）产业科技领域，加强上中下游产业分工协作和主导产业集群互嵌衔接。现阶段，可考虑在长三角、成渝双城

219

经济圈等地区重点打造一批空间上高度集聚、上下游紧密协同、供应链高效集聚、规模大和显示度高的新型产业链集群；鼓励下游区域依托技术和产业优势，瞄准国际先进产业发展，积极参与全球经济竞争。促进中上游区域积极承接下游区域产业转移，留住产业链关键环节，倒逼产业转型升级和高质量发展；淡化区域指向、强调功能聚合，在长江经济带"5+10"重点产业集群中应重点围绕集成电路、人工智能、高端装备等优势产业，加强窗口指导与配套服务，培育更多的高科技服务业领军企业。

五是要切实完善园区协同发展机制。推进园区环保（尤其是化工园区的建设和排放标准）、招商引资、信息/服务及监管执法等方面的标准化工作，统一准入门槛和服务细则，强调战略联动与规划协同，避免恶性竞争或哄抢；推进毗邻园区、重点飞地深度对接，探索"圈层梯度、一区多园"模式。推广北京中关村、上海张江、武汉东湖的"1+N"管理体制，以龙头城市带动、整合沿线其他城市的高新技术产业资源，让沿线各地高效享受科技产业协同的政策红利。进一步充实完善当前"长江流域园区合作联盟"等创新合作机制，扩容"G60科创走廊"，更好发挥其引领辐射作用，从源头上改变碎片化的混乱局面；积极打造数字化、一体化园区，并推动长江经济带园区的各类创新政策"跨区通兑"，引领、动员各类主体拓展多元化合作，推动营业执照和工业产品生产许可证等"全流域通办"。

五　强化交通与产业融合，助力畅通国内国际双循环[*]

信息技术和新商业模式加持下的现代交通，成为先进技术应用和新兴业态孕育的重要载体，在新旧动能转化、现代产业体系构建方面发挥着重要作用。江苏省委、省政府高度重视现代交通与产业融合，多次强调加快打造海陆空国际大通道，服务建设具有世界聚合力的双向开放枢纽，切实满足高质量发展对要素高效流动、高效配置的需求。因此，叠加交通大省和制造业大

---

[*] 陈为忠，南通大学江苏长江经济带研究院副研究员、博士。本部分内容发表于江苏长江经济带研究院微信公众号，2021年10月31日。

省优势，推动交通与产业深度融合，理应成为"十四五"时期江苏引领构建国内国际双循环的重要抓手。

（一）江苏推进交通与产业融合发展力度亟待增强

江苏率先构建全省大交通管理体制，率先推进综合交通运输体系建设，在航空客货运、海铁联运、集装箱运输等领域，逐步形成南京、连云港、太仓等具有一定规模的物流枢纽，支撑临港经济、临空经济等枢纽经济不断发展，但在国际性海陆空通道、交通与产业协同性方面仍然存在短板。

首先，海陆空国际性大通道建设相对滞后。由于高位规划、横向协同缺失，业已存在的物流枢纽及其运营商多陷于同质竞争困境，难以做大做强。例如，江苏是航运大省、航空大省，行业规模宏大，亿吨大港数、万吨级泊位数、港口吞吐量、航空客流超 200 万人次的机场数等指标均居全国第一，但缺乏与上海港、浦东机场、宁波舟山港相媲美的世界级物流门户枢纽与物流企业，与全球直接连接能力差，与其全国第二大经济体的地位极不匹配。

其次，交通偏好型产业集群化发展水平不高。一是传统交通装备制造业产能布局分散。由于缺乏强力整合，沿江船舶制造企业间的技术和业务联系少，同质竞争激烈，关键零部件、关键技术长期依赖于国外，另外在特种运输船舶、专业工作船舶及运动休闲船舶等新兴产品市场仍然没有形成集群优势。二是新能源汽车产能布局分散。南京、常州、苏州、扬州、南通、淮安、盐城、镇江 8 个地级市皆布局有新能源汽车项目，甚至有个别地级市布局有 4 个新能源汽车产业基地。三是高端品牌引领缺失。现代交通服务"三农"经济、现代物流、休闲旅游等领域，但缺乏具有全球影响力的特色项目和品牌企业，缺乏规模经济效应和竞争优势。

（二）推进交通与产业深度融合的对策建议

"十四五"时期，省级层面要加快构建高位推进、横向协同机制，引导交通设施共建共享，引导交通与产业深度融合，依托不同层次的交通枢纽以及特色领域，多层次、特色化地推进交通产业综合体建设。

1. 聚焦世界级航空枢纽建设，大力发展空港经济

加快推进"轨道上机场"建设。全力补齐高铁、过江通道短板，全面

建成串联江苏省 9 个机场的高铁网，切实提升机场的通达性、时效性，并向上海、安徽、山东、河南等邻近省市延伸航空服务。

协同打造南京—无锡航空客货枢纽。积极拓展禄口、硕放机场洲际远程航线，加快机场国际化进程；以南京航空港经济综合试验区、无锡空港产业园为载体，大力发展航空物流业，形成空港物流产业集聚区、空港流程服务和商务商贸服务集聚区。

协同打造上海—南通航空客货枢纽。支持南通兴东机场提升航空货运业务能级，加快推进南通新机场建设，立足航空货运枢纽，主动对接、服务上海国际航空港建设，打造"南通版"的服务上海、苏州等周边城市的"萨拉戈萨"；支持南通新机场与江苏叠石桥国际家纺城协同发展，推进与FedEx、UPS、阿联酋航空、德国汉萨航空、卡塔尔航空等全球货运公司合作，推进与顺丰、京东等国内快递业主要企业的合作，积极争取上述公司物流分拨中心落户南通。

2. 聚焦世界级港口建设，全面提升港航物流竞争力

推进省内港口功能重组。依托省港口集团，推进沿江沿海港口功能重组。推动宁镇扬三港合一，形成下游与中上游的江海河联运新节点，做大做强南京区域性航运物流中心；加快苏州—南通港口一体化进程，推进苏州太仓港区、南通通海港区集装箱业务联合运营，合力打造通州湾长江集装箱运输新出海口，建设世界级集装箱远洋干线港。

推动港航跨省合作。推动沪苏通三港融合发展，做好中转上海、分流上海大文章，助力提升上海国际航运中心的全球航运资源配置能力；以通州湾建设疏港运河为契机，提升南通东西向运河航道等级，建设高等级江河、河海直达新通道，减轻长江口、六圩河口航运压力。

3. 聚焦徐连海铁联运枢纽建设，打造中欧班列品牌

加快推进徐连设施互联互通。立足新亚欧大陆桥、深水港、国际陆港优势，持续提升连云港—徐州—霍尔果斯海铁联运通道能力和班列运营规模与效能；依托徐州陆路港、内河港、保税港、航空港，强化铁、公、水等基础设施互联互通，全面提升服务"一带一路"建设和淮海经济区发展的能力。

加快提升徐连枢纽的国际物流服务功能。主动对接上海自贸区先进经验，促使江苏自贸区红利覆盖徐州，全面提升对外开放和通关便利化水平；同时强化国际营销网络建设，吸引领事馆、签证中心、大型企业、金融机构、国内外客商聚集，建设更多与上合组织国际物流园、中哈（连云港）物流合作基地等类似的跨国物流平台和"一带一路"合作示范项目。

4. 强化协同创新发展，打造交通偏好型产业新地标

聚力打造交通装备制造业集群。全面优化省内新能源汽车、造船与海工装备、轨道交通装备制造业布局，加快传统制造领域的兼并重组、转型转产，打造核心企业集团；强化新能源汽车、特种船、高铁设备技术创新，集全省之力协同打造三大交通装备产业集群；完善新兴产业政府引导、市场培育、风险评估等政策体系，强化政府采购、税费减免、信贷支持等政策支持力度，助推新能源汽车、专业工作船舶、游轮游艇等领域跨越式发展。

协同打造智慧交通示范省。继续加快江苏交通骨干通信网络建设，促进交通行业数据资源交换共享；继续完善全面覆盖、泛在互联的智能交通感知网络，加快推广应用全省交通地理信息云服务平台；加强大数据、云计算、物联网、人工智能、卫星导航等新技术研发应用，支持无锡建设国家级车联网先导区、常州建设空间信息综合应用服务平台；践行长三角综合交通发展大会倡议，整合省内港航信息资源，协同打造港航物流信息平台，推动省内外港航公共信息共享，打造智慧港航升级版。

协同推进特色交通服务平台建设。首先，推动交通服务业提质增效。强化交通枢纽与物流园区联动发展，拓展流通加工、商贸交易、配载配送等全程物流服务功能，发展壮大航运金融、保险高端服务业。其次，打造交通服务地标性品牌。围绕航空快递、集装箱运输、中欧班列，实施全省统一的品牌化、国际化战略，全面提升江苏海港、空港、陆港国内国际资源配置能力，提升枢纽经济能级。最后，促进交通、产业和城市融合发展。引导地方按照协同化、特色化发展原则，推进"交通+特色产业""交通+电商""交通+旅游""交通+生态""交通+文化"等发展模式，高标准建设旅游、农副产品、特色商品物流枢纽项目。

第三节　城市发展研究

一　建设"典范城市"，推动长江经济带高质量发展走在前列[*]

习近平总书记关于推动长江经济带高质量发展的重要讲话指示，高屋建瓴、立意深远、内涵丰富，深刻阐明了事关长远发展的一系列重大理论和实践问题，为我们谱写长江经济带发展新篇章提供了根本遵循，具有极其重大的政治意义、历史意义、实践意义。

近年来，南京坚持把保护和修复长江生态环境摆在压倒性位置，积极探索"生态优先、绿色发展"新路，在"还江于民""与江共生"的实践中守护好"母亲河"，长江南京段生态环境保护发生了转折性变化，经济社会发展取得了历史性成就，形成了一批有代表性、引领性的成果。

"十四五"时期，南京应科学把握新发展阶段的内涵特征，全面贯彻新发展理念，围绕"三主"打造"五新"，扛起省会担当，进一步走好习近平总书记指明的发展新路，率先建设人与自然和谐共生的绿色发展示范带，以长江经济带高质量发展，助力人民满意的社会主义现代化典范城市建设。

推动长江经济带发展是党中央作出的重大决策，是关系国家发展全局的重大战略。2020年11月14日，习近平总书记在南京主持召开全面推动长江经济带发展座谈会并发表重要讲话，强调要贯彻落实党的十九大和十九届二中、三中、四中、五中全会精神，坚定不移贯彻新发展理念，推动长江经济带高质量发展，谱写生态优先绿色发展新篇章，打造区域协调发展新样板，构筑高水平对外开放新高地，塑造创新驱动发展新优势，绘就山水人城和谐相融新画卷，使长江经济带成为我国生态优先绿色发展主战场、畅通国内国际双循环主动脉、引领经济高质量发展主力军。

---

[*] 成长春，江苏省中国特色社会主义理论体系研究中心南通大学基地主任、江苏长江经济带研究院院长。本部分内容发表于《南京日报》（思想理论版）2021年11月10日。

习近平总书记关于推动长江经济带高质量发展的系列重要讲话精神，是推动长江经济带生态环境高水平保护和经济社会高质量发展的方向指引和行动遵循。南京是江苏拥有长江岸线最长、唯一跨江发展的特大型城市。长江既是南京重要的自然生态环境资源，也是全市900多万人民赖以生存的生命线，对南京乃至全省的可持续发展至关重要。在全面开启社会主义现代化新征程上，南京要深入学习贯彻习近平总书记系列重要讲话精神，认真落实中央和省委相关决策部署，推动南京长江经济带发展迈上新的台阶。

（一）习近平总书记重要讲话指示为我们谱写长江经济带发展新篇章提供了根本遵循

习近平总书记的重要讲话指示，高屋建瓴、立意深远、内涵丰富，深刻阐明了事关长远发展的一系列重大理论和实践问题，为我们谱写长江经济带发展新篇章提供了根本遵循，具有极其重大的政治意义、历史意义、实践意义。

一是提高政治站位。既要充分肯定成绩，更要看到问题不足，进一步增强"在发展中保护、在保护中发展"的政治自觉、思想自觉和行动自觉。要守好习近平总书记立下的政治规矩，始终把"共抓大保护、不搞大开发"作为重大政治任务，作为检验"四个意识"树得牢不牢、"两个维护"坚决不坚决的重要标尺，不断增强政治判断力、政治领悟力、政治执行力，确保习近平生态文明思想和习近平总书记关于长江经济带发展的重要讲话指示精神在南京落地落实。

二是贯彻新发展理念。要把新发展理念贯穿发展全过程和各领域，在推动高质量发展上当好表率，为构建新发展格局作出更大贡献。要加强生态环境综合治理、系统治理、源头治理，特别是要抓好长江"十年禁渔"，推进长江水生生物多样性恢复。要加强区域协调联动发展，推动长江经济带科技创新能力整体提升，统筹优化产业布局，严禁污染型产业、企业向上中游地区转移。要加强综合交通运输体系建设，系统提升干线航道通航能力，强化铁路、公路、航空运输网络。要加强全方位对外开放，深度融入"一带一路"建设，推进国内国际双循环相互促进。

三是强化系统思维。推动长江经济带"共抓大保护、不搞大开发"，要在地区间发展互补性上下功夫，明确上中下游不同区段的定位，避免"以邻为壑"的破坏式发展。要强化山水林田湖草等各种生态要素的协同治理，按照"责任共担、信息共享、协商统筹、联防联控"的原则，构建跨区域互动协作机制，增强各项举措的关联性和耦合性。要注重整体推进，在重点突破的同时，加强综合治理的系统性和整体性，防止畸重畸轻、单兵突进、顾此失彼。

四是坚持久久为功。实现长江经济带的整体保护、系统修复，不是一朝一夕就能完成的。推动长江经济带发展，既是攻坚战，也是持久战；既要一张蓝图干到底，更要践行生态文明，苦干实干，久久为功，才能真正给子孙后代留下一条清洁美丽的长江。要始终坚持目标导向和问题导向，狠抓突出问题、重点问题整改，注重全面排查和系统整改，追根溯源，一抓到底，抓出成效，以钉钉子精神推动长江大保护和绿色发展尽早实现从量变到质变的飞跃。

五是坚持以人民为中心。基于"三生融合"理念，构筑更多自然景观、滨水绿带，创造宜业、宜居、宜乐、宜游的良好环境，让"黄金带"镶上"绿宝石"，更具"高颜值"，不断满足人民群众日益增长的优美生态环境需要；加快提升城市辐射带动力，形成长江经济带繁华都市、田园乡村相辉映的最美地区；提高人民收入水平，加大就业、教育、社保、医疗投入，促进便利共享，扎实推动共同富裕，切实增强人民群众获得感、幸福感、安全感。

（二）南京同步推进生态环境高水平保护和经济社会高质量发展

近年来，南京坚持把保护和修复长江生态环境摆在压倒性位置，积极探索"生态优先、绿色发展"新路，在"还江于民""与江共生"的实践中守护好"母亲河"，长江南京段生态环境保护发生了转折性变化，经济社会发展取得历史性成就，形成了一批有代表性、引领性的成果。

一是践行绿色发展理念，美丽古都颜值显著提升。坚决打好污染防治攻坚战，创成国家生态园林城市，4个区获批国家生态文明建设示范区。推进长江岸线整治，累计退出生产岸线超过 30 公里，主江生产岸线占比从 2018 年的 36.9% 降至 2020 年的 25.3%，高质量推进"一江两岸"和九大"城市客厅"建设，河西、鼓楼、幕燕段等滨江环境品质加快提升。环境质量明显改善，全市域基本消除劣 V 类水体，水环境质量稳居全省首位，"十年禁渔"有效实施。探索生态产品价值实现路径。溧水区聘请专业机构编制水权机制改革方案；高淳区探索生态产品价值转换、生态金融保障等机制，构建生态系统生产总值（GEP）核算体系，同时，深度发掘生态产业链，提升区域生态资产和生态价值，持续推动生态资源活化、显化和产业化，打造以东部"山慢城"、西部"水慢城"、中部"文慢城"为核心的高淳慢城品牌，嵌入式发展农家乐、渔家乐、乡村民宿等休闲旅游产业，全域旅游发展"高淳路径"、乡村振兴"高淳样板"逐渐形成。

二是践行协调发展理念，城乡功能品质显著提升。深度融入"一带一路"、长江经济带、长三角一体化等。2019 年 5 月，出台《〈长江三角洲区域一体化发展规划纲要〉南京实施方案》，明确南京在区域发展中的基本定位，提出了 2025 年、2035 年分阶段发展目标和具体指标。突出互联互通，基础设施一体化进程加快，南京融入"轨道上的长三角"跑出"加速度"。创新体制机制，"宁锡常接合片区"列入国家城乡融合发展试验区。南京都市圈发展规划成功获批，全国首个由国家发改委正式复函同意的都市圈规划"落地"。国家物流枢纽功能不断增强，"米"字形高铁网络加快成形，禄口国际机场实现双航站楼运行，龙潭港公铁水联运格局基本形成。"南北田园、中部都市、拥江发展、城乡融合"的发展格局持续构建，江北现代化新主城加速崛起，紫东地区规划建设稳步展开。积极推进城市有机更新，小西湖、石榴新村等项目成效明显，美丽宜居乡村建成率居全省第一，城乡人居环境持续改善。

三是践行创新发展理念，转型发展动能显著提升。深入实施创新驱动"121"战略，推动创新格局系统性变革。以科技创新引领全面创新的制度体系不断完善，全社会研发经费支出占 GDP 比重从 2016 年的 2.96% 提升至 2020 年的 3.48%。紫金山实验室成为国家实验室基地，形成一批原创性成果。构建"巷港湾园"创新载体，做好"三棵树"文章，2020 年新增高新技术企业 1827 家，累计达 6507 家，五年增长 4.1 倍。入库科技型中小企业 10042 家，比上年增长 50.2%。组建新型研发机构 456 家、孵化引进企业 9000 多家。拥有省级以上重点实验室 92 家，其中国家级 29 家。南京高新区在全国的排名从 2016 年的第 29 位跃升至 2020 年的第 12 位。以开放胸襟构建一流创新生态，引进海内外高层次创业人才 3700 多名，"创新潮涌在南京"成为全社会的一致追求和共同行动。建成并投入使用城市"硅巷"102 万平方米。在宁两院院士 84 名。2020 年专利申请量 120938 件，比上年增长 17.4%。PCT 专利申请量 3128 件，比上年增长 78.3%。全年技术合同成交项数 2.63 万项，成交额 686.82 亿元，比上年增长 16.2%。

四是践行开放发展理念，发展动力活力显著提升。制定实施优化营商环境三个"100 条"政策，推行"先解决问题再说"机制，率先开展"不见面"审批，开办企业、获得电力等指标成为全国标杆。要素市场化配置改革深入推进，科技体制、财税金融、国资国企等改革取得积极进展，机构改革任务圆满完成，公立医院综合改革走在全国前列。江北新区和江宁区展开全省社会主义现代化建设试点工作。江北新区直管区经济总量实现翻番，占全市的比重提高 4 个百分点左右。中国（江苏）自由贸易试验区南京片区获批建设，70 余项首创性制度成果被复制推广。临空经济示范区和服务贸易创新发展等国家级试点深入推进，江宁经开区、南京经开区发展水平位列全国前十。2020 年进出口总额 5340.21 亿元，比上年增长 10.6%，对"一带一路"市场进出口增长 14.5%，占全市的比重为 26.2%。2020 年实际使用外资 45.2 亿美元，增长 10.1%。其中，制造业使用外资 4.07 亿美元，第三产业使用外资 38.67 亿美元，比上年增长 63.1%。

五是践行共享发展理念，人民生活水平显著提升。每年民生投入占比保持在 75% 以上，着力满足人民群众对美好生活的向往。扎实推进共同富裕，居民收入增速持续快于经济增速，农村低收入人口、经济薄弱村（欠发达村）全部脱贫摘帽。基本公共服务水平持续提升，新增中小学幼儿园 385 所、医疗床位 1.6 万张，养老床位总数达 6.6 万张，年度异地就医结算突破 260 万人次。10.7 万名协议征转用地人员稳步纳入社保，建立失能人员照护保险制度。715 幢在册危房完成治理，建成保障性住房 1618 万平方米，老旧小区和棚户区改造受益群众达 50 多万户。公共文化服务体系不断完善，连续获评全国文明城市，入选国际和平城市、世界文学之都。市域社会治理现代化试点扎实推进，人民群众安全感、满意度均保持在 90% 以上。浦口区入选国家数字乡村试点地区，围绕南京国家农创中心"生物农业、智慧农业、功能农业"三大主导产业，以数字乡村建设激发乡村振兴新动能，让"三农"迈进"数字时代"。

（三）以长江经济带高质量发展助力社会主义现代化典范城市建设

"十四五"时期，南京应科学把握新发展阶段的内涵特征，全面贯彻新发展理念，围绕"三主"打造"五新"，扛起省会担当，进一步走好习近平总书记指明的发展新路，率先建设人与自然和谐共生的绿色发展示范带，以长江经济带高质量发展，助力人民满意的社会主义现代化典范城市建设。

一是谱写生态优先绿色发展新篇章。夯实生态基底，形成集约高效、绿色低碳的新型城镇化发展格局；进一步探索生态产品价值实现机制，发展生态农业和智慧农业，鼓励发展绿色有机种植和生态健康养殖，建设绿色优质农产品基地；推动乡村振兴与生态旅游融合发展，将特色资源转化为特色产品，放大品牌价值；借鉴浙江安吉试点"两山银行"经验，探索生态资源资本化和生态资源储蓄交易路径；完善流域生态补偿机制；抓好"十年禁渔"，推进长江水生生物多样性恢复；加快制定碳达峰行动方案，明确提前达峰地区、行业名单及时限。

二是打造区域协调发展新样板。积极融入长江经济带建设和长三角一体化，着力打造枢纽经济高地和资源配置高地，推进沿沪宁产业创新带、宁杭生态经济带、宁宣黄成长带、长三角科创共同体建设，协同提升国际竞争力；以建设"轨道上的都市圈"为引领，推进南京都市圈"东进""西融"，系统提升干线航道通航能力，构建国际化大都市风范和现代化城乡形态，使南京都市圈成为跨区域都市圈建设典范；打破行政壁垒，推进上中下游联动发展；支持园区跨域共建、产业飞地等合作方式，推进产业有序转移、产业链对接。

三是构筑高水平对外开放新高地。把握长江经济带、"一带一路"支点建设机遇，着力打造支撑国内大循环、促进国内国际双循环的重要枢纽和战略支点。要以构建现代综合交通运输体系为目标，加快推进实施一批综合交通走廊规划建设项目，加快形成"米"字形铁路枢纽。充分发挥长江12.5米深水航道优势，增强高铁、空港、海港枢纽功能，积极发展多式联运，更好畅通要素循环、支撑产业升级。高水平建设江苏自贸区南京片区，提升全球范围内资源集聚和配置能力。

四是塑造创新驱动发展新优势。争创综合性国家科学中心，积极打造引领性国家创新型城市；进一步深化与长江经济带城市间的创新合作，争取更多国家级创新平台和科技项目在南京落地；坚持用科技力量解决长江生态环境问题，集聚更多环保领域新型研发机构，组建专业型、全链条、高端化的生态产业技术研究院，打造长江生态保护协同创新基地；高水平建设紫金山实验室，推动扬子江生态文明创新中心建设国家技术中心、生态文明实践中心、美丽中国展示中心，增强源头创新、技术研发和成果转化能力。

五是绘就山水人城和谐相融新画卷。放大古今交融特色，提升历史文化名城世界影响力；坚定文化自信，紧扣举旗帜、聚民心、育新人、兴文化、展形象，实施文化强市战略，持续提升文化软实力；坚持以人民为中心，提高人民收入水平，加大就业、教育、社保、医疗投入，促进便利共享，建设全龄友好型城市，在协调性均衡中实现共同富裕。推动南京历史文化与滨江山水资源融合，统筹推进生态修复、风貌保护、文脉延续、品质提升等工作，更高标准、更高品位建设九大"城市客厅"；统筹推进历史文化保护传承与长江旅游发展，打造一批具有南京特色的长江文旅产品，更好地满足人民群众生态环境和精神文化需要。

二　推进长江经济带新型城镇化高质量发展[*]

习近平总书记在全面推动长江经济带发展座谈会上发表重要讲话，强调

---

[*] 杨凤华，南通大学江苏长江经济带研究院常务副院长、教授。本部分内容发表于江苏长江经济带研究院微信公众号，2020年11月23日。

要通过推进以人为核心的新型城镇化、处理好中心城市和区域发展的关系、推进以县城为重要载体的城镇化建设、促进城乡融合发展等途径，全面推动长江经济带城镇化高质量发展，支撑长江经济带建设成为我国引领经济高质量发展主力军。这一战略部署为未来一段时期推动长江经济带新型城镇化高质量发展提供了重要指引。

（一）推进以人为核心的新型城镇化

促进新型城镇化持续健康发展，需要立足于以人民为中心，不断提升城乡融合水平，持续增强人民群众获得感、幸福感、安全感，为构建以国内大循环为主体、国内国际双循环相互促进的新发展格局提供坚实有力保障。在推进城市再开发、整治改善等城市更新实践中，强化历史文化保护，实现历史文化遗产持续活化利用并融入城市功能、融入百姓生活。树立"全周期管理"意识，强化治理思维、精准思维、法治思维，加强城市治理科学化、智能化、精细化，完善城市治理长效化体制机制，不断推进城市治理体系和治理能力现代化。加大户籍制度以及与此相关的社会公共服务、财税制度、行政制度等的改革力度，加快农业转移人口市民化，强化基本公共服务保障，让在城镇工作、生活的农业转移人口拥有获得感、幸福感。

（二）处理好中心城市和区域发展的关系

在推进长江经济带城镇化高质量发展中，要进一步壮大中心城市规模，增强区域中心城市辐射带动能力，引领区域经济社会高质量发展。全面推进中心城市国土空间规划编制，基于资源环境承载能力和国土空间开发适宜性评价，强化"三区三线"管控，区划生产、生活、生态"三生"空间，推进"多规合一"，促进城市经济增长。推动长江经济带在全国率先建立以中心城市引领城市群发展、城市群带动区域发展、区域协调联动促进流域上中下游融合互动发展的新模式，提升中心城市产业竞争力和人口吸引力。以推动长江经济带生态优先、绿色发展为导向，以提升城市人文魅力为抓手，努力构建生态环境良好、资源高效利用、人文气息浓厚、人与自然和谐共生的宜居之城。

（三）推进以县城为重要载体的城镇化建设

加快推进县城在市政公用设施、产业配套、公共服务、公共卫生、人居环境等方面补短板、强弱项，优化城镇化空间格局，提升县城公共设施和服务能力，推动县城加快建设成为推进工业化城镇化的重要空间、都市圈同城化的重要节点、城乡融合发展的关键纽带，激活县域经济，释放内需潜力，更好满足人民群众的经济需要、生活需要、生态需要和安全需要。加快市政交通设施、管网设施、环保设施、社区公共服务、智能化改造、公共停车场等的建设，推进老旧小区改造，提升公共设施建设质量。强化县城产业平台配套设施、冷链物流设施、农贸市场设施等的建设，提高县城产业配套率，降低投资成本，吸引社会资本积极参与县域经济发展。加快推进县城医疗卫生设施、教育设施、养老托育设施、文旅体育设施、社会福利设施及社区综合服务设施建设，全面提升县城公共服务能力和共享水平。健全污水垃圾等环境卫生设施的管理体制和运作机制，强化科学化治理、精细化管理、智能化监管、全民化参与，促进环境卫生设施建设取得新成效。

（四）促进城乡融合发展

以协同推进新型城镇化和乡村振兴两大战略为抓手，以推进产权制度改革和优化要素市场配置为重点，促进城乡要素自由流动、平等交换和公共资源合理配置，创新城乡融合发展体制机制，重塑新型城乡关系。推动城乡要素合理配置。探索农村集体经济组织引培人才机制以及农村集体经营性建设用地入市制度，完善乡村金融服务体系，引导工商资本为城乡融合发展提供资金、技术等支持，推动实现劳动力、土地、资本等生产要素在城乡间自由流动。促进城乡基本公共服务普惠共享。推动教育、医疗、文化、社会保险等公共服务向农村延伸，健全城乡一体、全民覆盖、普惠共享的基本公共服务体系。推进城乡经济联动发展。推进农村一二三产业融合发展，完善新产业、新业态、新模式培育机制，依托农业园区和特色小镇，打造城乡产业协同发展试点，促进城乡生产与消费多渠道、多层次对接。

三 长江经济带城市群经济关联、空间溢出和经济增长*

（一）文献综述

改革开放以来，中国经济取得了举世瞩目的成绩，年平均增长速度长期保持在两位数以上，经济实力和综合国力都得到了显著改善。但经济的快速增长并没有促成地区间的均衡发展，城乡之间、东中西部之间发展差距依旧较大。区域经济不平衡发展已成为制约我国经济长远发展且必须要解决的现实性问题，实现区域经济发展的统筹、均衡、全面、协调、可持续已经成为我国经济发展的重要内容。实现区域的协调发展是新时代国家发展战略目标之一，也是贯彻新发展理念和建设现代经济体系的重要组成部分。"一带一路"建设、京津冀协同发展战略、长江经济带发展战略等重大国家战略的提出，均是基于我国区域经济发展不平衡的基本国情。总体来看，这三大战略各有分工和着重点。"一带一路"建设着重解决在新的形势下中国经济与世界经济如何进行互动交流的问题，是中国适应全球化发展趋势以开放的姿态进一步融入世界经济的重大战略抓手。京津冀协同发展战略主要是解决长期以来东部地区发展不够协调的问题，即京津冀经济发展水平和一体化程度远落后于长三角及珠三角地区。在三大发展战略中，长江经济带建设显得格外重要。长江经济带建设对于我国区域经济的协调发展，对于解决我国东中西部发展中的重大问题以及实现"先富带动后富并逐步实现共同富裕"等都具有十分重要的战略意义。同时，长江经济带自身的战略价值也十分突出。长江经济带是具有全球影响力的内河经济带，是东中西互动合作的协调发展带，是沿海沿江沿边全面推进的对内对外开放带，同时也是生态文明建设的先行示范带。建设和发展好长江经济带对于促进全国区域经济的整体协调、促进产业结构升级和经济结构的转型都具有十分重要的意义。

长江经济带以长江为纽带，横贯我国经济的东部、中部和西部，覆盖沪、苏、皖、鄂、湘、赣、川、渝等 11 个省市，面积约 205 万平方公里，

---

* 陈长江，南通大学江苏长江经济带研究院副研究员。原创文章（尚未发表）。

占全国的 21%，人口和经济总量均超过全国的 40%，经济腹地广阔，综合实力突出，发展潜力巨大。2016 年发布的《长江经济带发展规划纲要》确立了长江经济带"一轴、两翼、三极、多点"的发展新格局。长江经济带的发展重点依赖于以城市群为主体的新兴经济体带动，而促进城市群的协调有序发展则成为推动区域经济发展的重要抓手。长江经济带城市群是整个长江经济带经济增长的重要引擎，也是辐射和带动其他城市以及整个长江流域经济发展的关键所在。长江经济带城市群着重打造以长三角城市群为龙头，长江中游城市群和成渝城市群为依托，黔中和滇中两个区域性城市群为补充，沿江大中小城市和小城镇为依托，区域联动、结构合理、集约高效、绿色低碳的新型城镇化格局。2016 年长江经济带的生产总值达到 33.18 万亿元，占全国生产总值的 43%，而长江经济带三个主要城市群①的生产总值就高达 26.79 万亿元，占全国生产总值的 34.8%。长江经济带城市群为整个长江经济带贡献了 80% 的经济份额，而少数几个直辖市和省会城市的生产总值则占据了整个长江经济带生产总值的 33%。鉴于此，应重点建设城市群中心城市并将其作为地区经济增长极，具体而言在长江经济带建设过程中要充分发挥上海、武汉、重庆等超大城市和南京、杭州、成都等特大城市的引领和带头作用，以及合肥、南昌、长沙等大城市对周边地区经济发展的辐射带动作用。总之，通过地区增长极的发展及其带动和辐射作用促进其他地区经济发展是整个长江经济带建设的关键所在。

20 世纪中叶，国外学者围绕空间经济关联及区域经济增长进行了较多的研究，形成了较为丰富的理论成果，如"增长极理论"②"循环累积因果理论"③"中心—外围理论"④ 等一系列经典理论。此后，随着空间计量分

① 三个主要城市群即长三角城市群、长江中游城市群和成渝城市群，以下简称"长江经济带城市群"。
② Perroux, F., "Economic Space: Theory and Applications," *The Quarterly Journal of Economics*, 1950, 64 (1).
③ Myrdal, G., *Economic Theory and Under-developed Regions*, London: Duckworth, 1957.
④ Friedman, J. R., *Regional Development Policy: A Case Study of Venezuela*, Cambridge: MIT Press, 1966.

析方法和新经济地理学的不断发展和完善，空间经济互动关系被越来越多的
学者运用到区域经济发展的研究过程中。Anselin 首次提出了检验模型的空
间效应方法，[①] 而 Krugman 的"核心—边缘"理论为从空间视角研究区域
经济增长问题提供了基石。[②] 在实证研究的过程中，Moran's Ⅰ 指数、G-
eary's C 指数和 Getis-Ord 指数等被广泛地运用于经济相关性的测量中。
Bernard 和 Durlauf[③]、Royuela 和 Garcia[④]、Lu 和 Wang[⑤] 等学者从不同的角
度用空间计量方法研究了区域经济增长的关联性和集聚性。

　　随着空间计量经济学及区域经济发展理论的逐步完善，国内学者关于空
间经济发展的有关研究日益丰富。林光平、龙志和、吴梅[⑥]和夏帆[⑦]等学者
最早将空间计量分析方法引入对经济问题的研究中，随后空间计量分析方法
在我国区域经济发展研究中被广泛运用。宗茗[⑧]、谢丹[⑨]、于欣[⑩]、向铮[⑪]等
利用空间面板数据发现了区域经济增长之间存在空间关联性和集聚性等特
征。潘文卿通过观察省域人均 GDP 面板数据的分布特征，发现全域范围的
空间相关性和局域相关特征在我国区域经济关系的研究中普遍存在。[⑫] 李敬

① Anselin, L. , "Interactive Techniques and Exploratory Spatial Data Analysis," Technical Issues, Management Issues and Applications, 1988.
② Krugman, P. R. , "Increasing Returns and Economic Geography," *Journal of Political Economy*, 1991, 99 (3).
③ Bernard, A. B. , Durlauf, S. N. , "Convergence in International Output," *Journal of Application Economics*, 1995, 10 (2).
④ Royuela, V. , Garcia, G. A. ,"Economic and Social Convergence in Colombia," *Regional Studies*, 2015, 49 (2).
⑤ Lu, S. R. , Wang, Y. W. ,"Convergence, Technological Interdependence and Spatial Externalities: A Spatial Dynamic Panel Data Analysis," *Applied Economics*, 2015, 47 (18).
⑥ 林光平、龙志和、吴梅:《我国地区经济收敛的空间计量实证分析: 1978~2002 年》,《经济学》(季刊) 2005 年第 S1 期。
⑦ 夏帆:《国际直接投资在中国地区分布影响因素的实证研究》, 厦门大学博士学位论文, 2006。
⑧ 宗茗:《中部省份区域经济增长空间集聚分析》, 南昌大学硕士学位论文, 2010。
⑨ 谢丹:《县域经济增长的空间关联实证分析》, 燕山大学硕士学位论文, 2012。
⑩ 于欣:《辽宁省经济发展的空间关联分析》, 辽宁师范大学硕士学位论文, 2012。
⑪ 向铮:《浙江省城市经济空间关联性及溢出效应研究》, 浙江理工大学硕士学位论文, 2017。
⑫ 潘文卿:《中国的区域关联与经济增长的空间溢出效应》,《经济研究》2012 年第 1 期。

等以网络分析法全新解构了区域经济增长的空间关联特征及其影响因素，发现中国区域经济增长空间网络具有稳定性和多重叠加性特点，并在此基础上把我国区域经济总体上划分为四个功能板块。[①] 空间权重矩阵的选择对于空间计量模型结果产生重要影响，在空间权重矩阵的研究当中国内学者也取得了较多的成果，如朱文康指出选取不同的空间权重矩阵对于模型的空间自回归系数、模型的拟合效果影响显著，[②] 任英华等提出在空间滞后模型框架下，将空间权重矩阵选择问题转化为变量选择问题，然后利用 CWB 方法进行变量选择。[③] 这种选择方法在大样本条件下能有效地降低计算成本。值得关注的是，随着近几年区域经济一体化进程的加快，对于区域经济协调发展的研究日益增多。杨水根等探讨了不同空间权重矩阵下长三角城市群区域经济关联模式、经济增长的空间溢出效应。[④] 马丽君等从旅游产业角度研究了长江中游城市群旅游经济空间的关联性及其影响因素。[⑤] 陈文玲等分析了长三角城市群商贸流通业的影响因素及产业集聚的空间溢出效应。[⑥] 张鸿武等比较了长三角城市群和珠江三角洲城市群创新活动的空间及其驱动因素，发现长三角比珠三角创新活动更加密集，而高科技企业是促进创新活动的核心。[⑦] 白永亮等指出空间关系特征和社会经济特征对长江经济带科技创新产出的空间效应影响显著。[⑧]

通过对国内外相关文献的梳理发现，不同地域间经济互动关系成为研究

[①] 李敬、陈澍、万广华、付陈梅：《中国区域经济增长的空间关联及其解释——基于网络分析方法》，《经济研究》2014 年第 11 期。

[②] 朱文康：《空间计量模型的权重矩阵构造与分析》，上海交通大学硕士学位论文，2014。

[③] 任英华、游万海：《一种新的空间权重矩阵选择方法》，《统计研究》2012 年第 6 期。

[④] 杨水根、王露：《长三角城市群经济关联、空间溢出与经济增长——基于空间面板计量模型的实证研究》，《系统工程》2017 年第 11 期。

[⑤] 马丽君、肖洋：《长江中游城市群旅游经济增长空间关联性分析》，《江南大学学报》（人文社会科学版）2018 年第 6 期。

[⑥] 陈文玲、胡顺华：《长三角商贸流通产业影响因素及空间溢出实证研究》，《商业经济研究》2019 年第 2 期。

[⑦] 张鸿武、李涛：《长三角和珠三角城市群创新的空间效应及影响因素研究——基于空间面板杜宾模型的比较分析》，《湖南科技大学学报》（社会科学版）2018 年第 4 期。

[⑧] 白永亮、石磊：《长江经济带科技创新的空间溢出——效用测度、路径识别与协同放大》，《武汉大学学报》（哲学社会科学版）2019 年第 1 期。

热点，围绕区域经济一体化进程的研究也日益增加。但大多数的学者都是基于某单一产业或某限定区域进行研究，对不同区域经济发展的比较研究、区域经济的整体协调性研究相对较少。目前，长江经济带是国家重点开发的经济带，有关长江流域经济一体化方面的研究比较丰富，但从长江经济带城市群视角探究区域经济要素一体化和经济一体化的文献相对较少。因此，本研究以城市群为样本，探究城市群之间经济要素的流动和经济发展之间的互动关系。本研究探寻的是长江经济带城市群之间是否存在比较强的经济关联？长江经济带城市群生产要素禀赋状况是不是导致不同城市群之间发展差异的主要原因？长江经济带经济生产要素的合理流动能否促进长江流域一体化发展？因此，从生产要素视角探索长江经济不同城市群之间的经济发展规律，对于推进长江经济带建设、区域战略布局、政策制定与完善都有着十分重要的意义。

与已有的研究相比，本研究有如下贡献：首先，结合长江经济带建设作为重大发展战略的背景，从理论视角探究长江经济带城市群之间的经济关联、城市空间布局特征及经济投入要素禀赋状况。其次，从总体上衡量了长江经济带城市群经济投入要素的边际生产能力、空间效应，以及不同城市群经济投入要素的边际产出状况。最后，评估了长江经济带城市群之间经济投入要素的差异，发现经济投入要素禀赋状况与城市经济发展程度密切相关，促进城市间生产要素的合理流动对于推进区域经济一体化具有十分重要的现实意义。

（二）空间溢出效应下城市群经济关联与经济增长理论机制

长期以来，区域经济增长一直是发展经济学和区域经济学研究的重点，而区域经济增长本身又是一个多因素相互作用的极为复杂的过程。一般而言，影响区域经济增长的主要因素有资本、技术、劳动力、地理区位环境、资源禀赋、政策及外部环境等。根据空间不可能性定理，经济活动的空间不均等分布是社会发展的常态，区域经济增长并不意味着地区之间的同步发展。因此，研究不同地区间经济发展的关联及其互动效应对于推进区域经济增长而言具有十分重要的现实意义。

20 世纪 50 年代，西方发展经济学家就平衡增长战略和非平衡增长战略展开了激烈的争论，其中 Perroux 的增长极理论对区域经济理论的研究以及各国经济政策的制定产生了较为深远的影响。[①] Perroux 认为区域经济增长首先出现在某些具有创新能力的行业，而不是同时出现在国民经济的所有部门当中，而这些具有创新能力的行业常常聚集在经济空间的某些点上，于是就形成了地区的经济增长极。增长极主要通过支配效应、乘数效应、极化与扩散效应对区域经济活动产生影响。实际上，Perroux 是将复杂的经济结构抽象为一个相对简单的经济活动空间，把增长极限定为某一个具有创新能力的经济单元或某个企业。随后，Boudeville 将经济空间增长极的概念推广到地理空间上，提出了区域增长极概念。[②] 他把增长极视为某个具有高度创新能力、高增长率并能促进周围地区经济增长的中心区位，即"增长中心"。目前，基于对增长极的不同理解形成了以下三种学术派别：一是以法国、奥地利等西欧经济学家为主的法国学派，其主要的政策主张为在经济发展较为落后的地区建立大型工业基地，以此作为"增长极"来带动其他地区的发展。二是以美国、加拿大等北美经济学家为主的美国学派，其主要观点是把城市作为一个地区的增长极，通过城市发展的辐射和带动作用促进地区经济发展。三是以联合国社会发展研究所的一些经济学家为主的联合国学派。他们强调增长极在地区发展过程中的综合作用，而不能仅仅强调增长极的经济含义。实际上，法国学派推崇的是增长极的产业含义，美国学派推崇的是增长极的空间地域含义，而联合国学派则更加看重增长极在地区经济发展过程中的综合作用。

在增长极和周边地区之间的互动关系的研究中，国外学者形成了丰富的理论成果。Myrdal 在借鉴增长极对其腹地存在的极化和扩散两种效应的基础上，指出了地区经济发展不平衡的原因是中心地区形成了一种循环累积向上的机制，其他地区的资金、人才、技术等生产要素很容易被吸引到经济更为

[①] Perroux, F., "Economic Space: Theory and Applications," *The Quarterly Journal of Economics*, 1950, 64 (1).

[②] Boudeville, J. B., *Problems of Regional Development*, Edinburgh University Press, 1966.

发达的中心地区从而导致地区经济发展不平衡。① Hirschman 认为伴随着经济非均衡发展过程，地区之间的经济发展差距在短期内是不可避免的，同时经济发展程度不同的地区之间存在两种效应，即涓滴效应和极化效应。在经济发展的初期，极化效应大于涓滴效应使得地区经济发展差距扩大，而随着中心地区工业化及城市化进程的推进，涓滴效应的作用会逐步显现并最终促使地区经济发展趋于均衡。② Friedman 提出了"中心—外围"理论，认为任何一个国家和地区的区域系统都是由中心和外围两个子空间系统组成。③ 中心区域通常指城市或城市集聚区，其一方面从外围区域集聚生产要素，产生大量创新，另一方面又使创新成果不断地向外围地区扩散。当空间集聚在城市地区中形成累积发展之势，城市就会比外围地区具有更为强大的经济竞争优势，从而形成城市和外围地区之间空间上的二元结构关系，城市便成为区域经济发展的中心。在区域经济增长理论的研究中，我国学者也做出了较多的贡献。陆大道提出了"点—轴开发理论"，认为经济运行的客体大都在"点"（以高创新能力带动其他地区发展的各类区域增长极）上集聚，并通过若干线状基础设施的联结形成一个有机的空间结构体系。他在强调"点"在区域经济发展作用的同时也注重对"轴"的布局和打造。④ 因此，在区域经济的发展过程中，国家在重点打造经济增长极和增长点的同时应关注重点城市的交通基础设施建设。魏后凯提出了网络开发理论，认为在经济发展到一定阶段之后，随着地区各类中心城市和产业、人口在交通沿线的不断集聚，增长极和发展轴的影响会不断扩大，最终会形成一个资金、人口、技术、信息等生产要素在更大范围的空间内畅通流动的经济网络，最终区域经济发展会趋于平衡。⑤ 张建军等在借鉴梯度推移学说、增长极理论、点轴开发理论的基础上提出了层级增长极网络理论，认为层级增长极网络是由处

---

① Myrdal, G., *Economic Theory and Under-developed Regions*, London：Duckworth, 1957.

② Hirschman, A. O., *The Strategy of Economic Development*, Yale University Press, 1958.

③ Friedman, J. R., *Regional Development Policy*：*A Case Study of Venezuela*, Cambridge：MIT Press, 1966.

④ 陆大道：《关于"点—轴"空间结构系统的形成机理分析》，《地理科学》2002 年第 1 期。

⑤ 魏后凯：《区域经济发展的新格局》，云南人民出版社，1995。

于不同层级的增长极组成的关系密切且存在内在有机联系的开放型网络，根据网络的层级属性可以分为核心增长极层、次核心增长极层、边缘增长极层和腹地层（见图8-1）。① 其中，高层级的增长极对低层级的增长极产生极化和集聚效应的同时也能辐射和带动低层增长极及邻近地区发展，以区域主干道为轴线，通过层级增长极网络的极化和扩散效应，促使区域内的生产和人口在辐射范围内实现地理上的集聚和极化式分布。

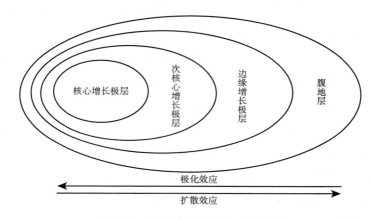

图8-1 层级增长极网络结构框架

长江经济带发展战略的提出，对于实现我国跨区域协调发展以及不同层级城市之间经济合作与交流都具有十分重要的作用。从整体格局来看，长江经济带以长江黄金水道为依托，拥有沪瑞高速、沪蓉高速南北两大运输通道，是比较典型的"点—轴"式开发模式。从不同经济主体之间存在的相互作用关系来看，城市群内部以及城市群之间均存在复杂的产品和要素的流动关系，且这种关系具有极大的不对称性和集聚性特征，主要表现在城市对农村、中心城市对普通城市、发达地区对落后地区更多的是净要素流入和净产品输出的关系。这种要素和产品的流动关系会使得地区人口和企业集聚在某一特定地区，人口和企业的集聚会扩大地区市场规模进而产生集聚经济和

---

① 张建军、蒲伟芬：《西部区域层级增长极网络开发战略的构想》，《科技进步与对策》2006年第9期。

外部经济效应，市场规模的扩大会促进企业专业化分工，创造更多的产品及提供更精细化的服务。此外，扩大后的市场得以支持更多的厂商以更低的成本专业化地生产进一步细分的产品，在市场机制的作用下会吸引潜在企业进入，在循环累积因果效应机制的作用下经济活动会进一步在某一空间集聚，空间经济的不平衡性特征将更加明显和突出。从城市和周边地区之间生产要素流动的关系来看，在集聚经济和外部经济的条件下，市场机制的作用会促使周边地区的生产要素和经济资源源源不断地向城市集聚，在这一过程中城市很容易成为地区经济增长极，同时周边地区也能在增长极部分生产要素的溢出和涓滴过程中得以发展，即形成城市对周围地区的极化效应和扩散效应。此外，在市场机制的作用下，同一区域不同城市的经济发展水平和社会发展程度的不同会使得落后地区生产要素自发地向经济发展较好的地区流动，即形成城市间的极化效应。在极化效应作用下经济实力较强和社会发展水平较高的部分省会城市和直辖市很容易成为地区经济发展的中心。

在不同城市群之间，这种生产要素的溢出和扩散效应也同样存在。以长江经济带城市群为例，长三角城市群凭借雄厚的经济和社会发展实力，可以吸引大量高素质劳动力、优秀的企业家及源源不断的社会资本的流入，促使其在区域经济竞争过程中占据比较有利的地位，而成渝城市群和长江中游城市群经济发展水平相对比较落后，成为主要的产品流入地和要素输出地。随着长江经济带建设的推进，通过融合不同地区生产要素、发挥不同地区的比较优势及加强发达地区涓滴效应的释放能有效地缩小地区间的发展差距，促进区域经济协调和一体化发展。城市群经济关联及经济增长空间溢出效应的作用机制如图8-2所示。

（三）模型的构建和数据的说明

在空间经济关系的研究过程中，空间计量模型因能较好地解释不同地区之间存在的经济互动关系而被国内外学者广泛使用。本研究在引入 C-D 生产函数（柯布—道格拉斯生产函数）的基础上，把人均 *GDP* 作为被解释变量，劳动力、资本、技术作为解释变量，借鉴 SAR 模型、SEM 模型、SDM 模型建立了 C-D 生产函数的空间面板模型。

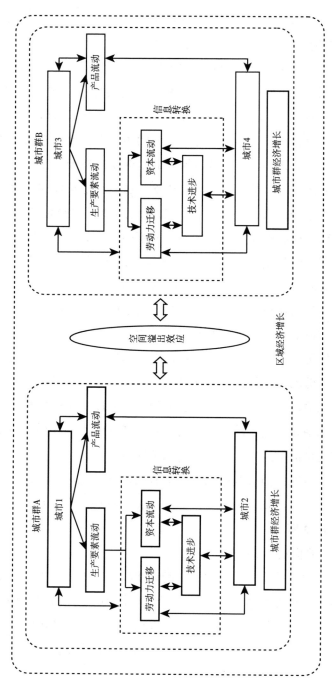

图8-2 城市群经济关联及经济增长空间溢出效应的作用机制

1. 经济计量模型的构建

空间计量模型是计量经济学的一个分支。它能有效地处理不同地理单元之间存在的空间互动效应，因而被国内外学者广泛地运用于空间经济关系的研究中。早期的空间计量模型主要关注空间截面数据的处理，Anselin 和 Bera，[1] Anselin、Bera 和 Florax，[2] Griffith[3] 等学者都对这一领域做出了很大的贡献。在过去的十几年里，对于基于面板空间的计量经济学关系的模型设定和估计的研究成果日益增加，空间面板模型得到了较快的发展。Anselin 将对数似然函数取偏导之后论证了固定效应空间滞后模型解的存在性。[4] Anselin 和 Hudak 对固定效应空间误差模型的估计方法进行了论证，证明了使用横截面数据和极大似然法估计包括空间自回归误差扩展项的线性回归模型参数的可行性。[5] Anselin 等[6]、Elhorst[7]、Baltagi[8] 先后推导和完善了空间误差自相关和空间滞后被解释变量固定系数模型的对数似然函数，随后，Baltagi 等[9]、Elhorst[10] 等学者运用不同的方法对似然函数进行了进一步估计。

[1] Anselin, L., Bera, A. K., "Spatial Dependence in Linear Regression Models with an Introduction to Spatial Econometrics," Handbook of Applied Economics Statistics, 1998.

[2] Anselin, L., Bera, A. K., Florax, R. et al.," Simple Diagnostic Tests for Spatial Dependence," *Regional Science and Urban Economics*, 1996, 26 (1).

[3] Griffith, D., Arbia, G., "Detecting Negative Spatial Autocorrelation in Georeferenced Random Variables," *International Journal of Geographical Information Science*, 2010, 24 (3).

[4] Anselin, L., *Spatial Econometrics*：*Methods and Models*, *Springer Netherlands*, 1988.

[5] Anselin, L., Hudak, S., "Spatial Econometrics in Practice：A Review of Software Options," *Regional Science & Urban Economics*, 2015, 22 (3).

[6] Anselin, L., Bera, A. K., Florax, R. et al.," Simple Diagnostic Tests for Spatial Dependence," *Regional Science and Urban Economics*, 1996, 26 (1).

[7] Elhorst, J. P.," Specification and Estimation of Spatial Panel Data Models," *International Regional Science Review*, 2003, 26 (3).

[8] Baltagi, B. H., *Econometric Analysis of Panel Data*, Chichester, 2005.

[9] Baltagi, B. H., Song, S. H., Jung, B. C. et al.," Testing for Correlation, Spatial Autocorrelation and Random Effects Using Panel Data," *Journal of Econometrics*, 2007, 140 (1).

[10] Elhorst, J. P.," Specification and Estimation of Spatial Panel Data Models," *International Regional Science Review*, 2003, 26 (3).

Anselin[1]论证了完整的空间 SUR 模型，随后 Lauridsen 等[2]研究了空间 SUR 模型的具体运用。基于有关空间计量模型，本研究重点运用空间面板自回归模型（SAR）、空间面板误差模型（SEM）和空间面板杜宾模型（SDM）。这三个空间模型的具体设定形式和模型估计方法如下。

（1）空间面板自回归模型（SAR）

在空间模型中加入被解释变量，主要探讨被解释变量是否存在空间溢出和扩散效应，即某地被解释变量是否受关联地区被解释变量的影响。因而，SAR 模型主要探讨被解释变量（Y）之间存在的内生交互效应。模型设定形式如下：

$$y_{it} = \rho w_i' y_t + \beta x_{it} + \mu_i + \gamma_t + \varepsilon_{it} \quad (i = 1, \cdots, n; t = 1, \cdots, T) \tag{1}$$

其中，w_i' 为空间权重矩阵 w_{ij} 的第 i 行，β、ρ 为待估参数，μ_i 表示个体趋势，γ_t 表示时间趋势，$\varepsilon_{it} \sim N(0, \sigma^2 I_n)$。当 ρ 显著的等于零时，模型为普通面板回归模型，因此可采用最小二乘虚拟变量法对模型进行估计；当 ρ 显著的不为零时，若采用最小二乘法进行估计会使得模型存在较大的误差，此时应该采用极大似然估方法进行估计。

（2）空间面板误差模型（SEM）

着重从误差项体现区域之间的空间依赖关系，其中误差项和解释变量不存在相关关系但对被解释变量产生影响。SEM 模型重点考察误差项（ε_{it}）之间的交互效应，模型的设定形式如下：

$$y_{it} = \beta x_{it} + \mu_i + \gamma_t + \rho M_i \mu_t + \varepsilon_{it} \quad (i = 1, \cdots, n; t = 1, \cdots, T) \tag{2}$$

其中，M_i 为误差项的空间权重矩阵，β 为待估参数，μ_i 表示个体趋势，γ_t 表示时间趋势，$\varepsilon_{it} \sim N(0, \sigma^2 I_n)$，$\rho M_i \mu_t$ 表示误差项之间存在空间依赖性，即不包含在解释变量中但对被解释变量有影响的误差项之间存在的空间

---

① Anselin, L., *Spatial Econometrics: Methods and Models*, Springer Netherlands, 1988.
② Lauridsen, J., Bech, M., Fernando, L. et al., " A Spatiotemporal Analysis of Public Pharmaceutical Expenditure," *Annals of Regional Science*, 2010, 44 (2).

相关性。

（3）空间面板滞后模型（空间面板杜宾模型，SDM）

不仅考虑解释变量，还考虑被解释变量对邻近地区的影响，能在较大程度上避免遗漏变量对模型产生的估计偏误，因而在空间经济关系的研究中被广泛地采用，模型的设定形式如下：

$$y_{it} = \rho w_i' y_t + \beta x_{it} + d_i' x_t \delta + \mu_i + \gamma_t + \varepsilon_{it} \quad (i=1,\cdots,n; t=1,\cdots,T) \tag{3}$$

其中，w_i' 为空间权重矩阵 w_{ij} 的第 i 行，d_i' 为空间权重矩阵 D_{ij} 的第 i 行，w_{ij} 和 D_{ij} 为不同的空间权重矩阵，$d_i' x_t \delta$ 表示被解释变量的空间滞后项，β、ρ、δ 为模型的待估参数，μ_i 表示个体趋势，γ_t 表示时间趋势，$\varepsilon_{it} \sim N$（0，$\sigma^2 I_n$），该模型同样采用极大似然估计方法进行估计。

总的来看，三种模型各有特点，多数学者都使用一种或多种空间回归模型检验空间溢出效应。结合有关模型筛选准则及长江经济带城市群空间效应有关研究，本研究重点运用空间面板杜宾模型对长江经济带城市群经济关联性进行考察。在模型的构建上，本研究假设生产函数形式为 C-D 生产函数形式，将一个地区的劳动力、资本、技术引入 C-D 生产函数，并进行对数变换得到如下较为一般的生产函数形式：

$$\ln y = \ln A + \alpha \ln k + \beta \ln l \tag{4}$$

其中，α、β 为待估参数，$\ln y$、$\ln A$、$\ln k$ 和 $\ln l$ 分别为地区生产总值、技术、资本和劳动力的对数形式。在 C-D 生产函数的基础上构建空间面板回归模型，模型设定形式如下：

$$\ln y_{it} = \rho w_i' y_t + \beta_1 \ln k + \beta_2 \ln l + \beta_3 \ln A + \mu_i + \gamma_t + \varepsilon_{it} \tag{5}$$

$$\ln y_{it} = \rho w_i' y_t + \beta_1 \ln k + \beta_2 \ln l + \beta_3 \ln A + \rho M_i \mu_t + \mu_i + \gamma_t + \varepsilon_{it} \tag{6}$$

$$\ln y_{it} = \rho w_i' y_t + \beta_1 \ln k + \beta_2 \ln l + \beta_3 \ln A + \delta_1 d_i' \ln k + \delta_2 d_i' \ln l + \delta_3 d_i' \ln A + \mu_i + \gamma_t + \varepsilon_{it} \tag{7}$$

其中，i 为长江经济带三个城市群中 70 个城市的第 i 个城市，t 表示 2007~2016 年的变化趋势，y 为人均 GDP，k、l、A 分别代表资本、劳动力和技术因素，ρ、β_1、β_2、β_3、δ_1、δ_2、δ_3 分别为模型的估计系数，μ_i 表示个体趋势，γ_t 表示时间趋势，$\varepsilon_{it} \sim N(0, \sigma^2 I_n)$。式（5）表示生产函数的空间面板自回归模型，式（6）表示生产函数的空间面板误差模型，式（7）表示生产函数的空间面板杜宾模型。为减少模型估计误差，以下均采用极大似然估计法（ML）对 SAR 模型、SEM 模型、SDM 模型进行估计。

2. 空间权重矩阵的构建

空间相关性分析可以看成时间相关性分析在空间地理范围上的拓展和延伸，在度量空间自相关时首先要解决地理空间结构的数字表达问题。空间权重矩阵用于定义空间对象的相互关系正是为解决这一问题而产生的。常见的空间权重矩阵有相邻空间距离权重、地理距离权重、经济距离权重、技术距离权重及综合距离权重等。相邻空间距离权重用"0-1"来表示，即"1"表示空间单元邻近关系，用"0"来表示空间单元不相邻。地理距离常常使用空间单元之间的欧式距离为质变权重，在实际使用过程中可以自行设立一个阈值 d，若地区 i、j 之间的距离 $d_{ij} < d$，两地之间的空间权重则为 1，否则为 0。这种地理空间权重矩阵可以看成空间相邻关系矩阵在地理距离上的拓展，能够大致衡量经济体经济覆盖范围和辐射半径。经济距离以两地之间的运费、时间、便利程度等指标衡量地区间的发展差异。技术距离是用两地的技术水平的相似程度作为衡量尺度。Jaffe 在地区专利类别数的基础上提出了技术距离指标 tec_{ij}，[①] 具体计算公式为：

$$tec_{ij} = \frac{\sum_{k=1}^{120} f_{ik} f_{jk}}{\sqrt{\sum_{k=1}^{120} f_{ik}^2 \sum_{k=1}^{120} f_{jk}^2}}$$

其中，tec_{ij} 表示两地之间的技术距离，1~120 是指按照国际专利分类把专利分为 120 类，f_{ik} 表示地区 i 所拥有的专利数，f_{jk} 表示地区 j 拥有的专利数。综合距离是将不同空间权重矩阵进行加权平均得到的一个相对复杂的复

---

① Jaffe, A. B., "Technological Opportunity and Spillovers of R & D: Evidence from Firms' Patents, Profits, and Market Value," *American Economic Review*, 1986, 76 (5).

合性权重指标，如经济地理距离、技术地理距离和经济技术距离等。

考虑到长江经济带不同城市群之间的经济发展程度和地理空间分布的差异性，通过构建地理距离权重矩阵（W_1）、经济距离权重矩阵（W_2）和经济地理距离权重矩阵（W_3）来考察城市群之间经济的关联性，具体设定形式如下：

$$W_1 = W_{ij} = \begin{cases} \dfrac{1}{d}, i \neq j \\ 0, 其他 \end{cases} \tag{8}$$

$$W_2 = W_{ij} = \begin{cases} \dfrac{1}{|\overline{Y}_i - \overline{Y}_j|}, i \neq j \\ 0, 其他 \end{cases} \tag{9}$$

$$W_3 = \begin{cases} W_1 \cdot W_2, i \neq j \\ 0, 其他 \end{cases} \tag{10}$$

其中，d 为地区 i 和地区 j 两地之间的欧氏距离，$\overline{Y}_i$、$\overline{Y}_j$ 分别为 i、j 地区 2007～2016 年年均人均生产总值。

3. 基于改进的广义熵值法评价不同地区经济投入要素的差异

熵值法是一种在综合考虑各因素提供的信息量的基础上计算一个综合指标的数学方法。它因反映的信息较为客观、可靠而被广泛运用于工程技术、社会经济学等领域的研究中。熵值法是一种客观赋权法，通过计算指标的信息熵，根据指标的相对变换程度对系数调整的影响来决定指标的权重，从而能有效避免主观权重的随意性。基于改进的广义熵值法来衡量不同地区经济投入要素的信息熵值能从总体上衡量地区生产要素的资源禀赋状况。由此，将以资本、劳动力和技术作为地区经济投入要素指标，运用改进的广义熵值法计算长江经济带城市群经济投入要素的熵值，用以比较分析各城市群之间经济投入要素资源禀赋状况。改进的广义熵值法计算步骤如下。

一是数据的标准化处理。由于不同指标的量纲和单位差异，采用数据标准化处理方法对原始数据进行调整，处理过程如下：

$$x'_{ij} = (x_{ij} - \overline{x}_j) / \sigma_j$$

其中，x_{ij} 为第 i 年份 j 指标的原始数据，x'_{ij} 为标准化后的数据，$\bar{x}_j$ 为 j 指标下的平均值，$\bar{x}_j = \frac{1}{n}\sum\limits_{i=1}^{n} x_{ij}$，$n$ 表示年份数，σ_j 为 j 指标下的标准差。

二是指标比重 R_{ij}。经过标准化处理后的数据可能存在负值，根据相应的约束规则，负值不能直接参与熵值法的运算过程。这时，可以对标准化后的数据进行坐标平移，得到可算数据 x''_{ij}：

$$x''_{ij} = x'_{ij} + k$$

其中，k 为常数。坐标平移变化并不会影响熵值法的最终计算结果。指标权重的计算公式为：

$$R_{ij} = x''_{ij} \Big/ \sum\limits_{i=1}^{n} x''_{ij}$$

三是信息熵值 e_j：

$$e_j = -\frac{1}{ln\,n}\sum\limits_{i=1}^{n} R_{ij}\,ln R_{ij}$$

其中，R_{ij} 为指标权重，$e_j \in (0, 1)$。

四是信息效用 d_j：

$$d_j = 1 - e_j$$

熵值越大，其信息效用越小，$d_j > 0$。

五是指标权重 w_j：

$$w_j = d_j \Big/ \sum\limits_{j=1}^{m} d_j$$

其中，j 表示指标数。

六是城市经济要素第 i 年份投入熵值 U_i：

$$U_i = \sum\limits_{j=1}^{m} w_j R_{ij} \times 100$$

4. 变量与数据的说明

本研究选取的样本为长江经济带城市群中各城市 2007~2016 年共十年

的面板数据，数据主要通过历年《城市统计年鉴》整理而得。此外，为准确衡量真实人均 GDP 状况，本研究以 2007 年人均 GDP 作为基期水平，采用 GDP 平减指数消除价格因素的影响。

由于地级市包涵"地区"和"市辖区"两个统计口径，为了便于比较，分析统一采用"地区"指标，对省直辖县不做统计，对部分缺漏的数据采用样本期间内年平均值作为填充。最终筛选出来的城市样本为长江三角洲城市群中的 26 个城市：上海、南京、无锡、常州、南通、盐城、扬州、镇江、泰州、杭州、宁波、嘉兴、抚州、绍兴、金华、舟山、台州、合肥、芜湖、马鞍山、铜陵、安庆、滁州、苏州、池州、宣城；长江中游城市群中的 28 个城市：南昌、景德镇、九江、新余、湘潭、吉安、宜春、湖州、上饶、武汉、黄石、宜昌、襄阳、鄂州、荆门、孝感、荆州、黄冈、咸宁、长沙、株洲、鹰潭、衡阳、岳阳、常德、益阳、娄底、萍乡；成渝城市群中的 16 个城市：重庆、成都、自贡、泸州、德阳、绵阳、遂宁、内江、乐山、眉山、南充、宜宾、广安、达州、雅安、资阳。

选用人均 GDP（Y）作为因变量，用于衡量地区经济增长情况，资本、技术和劳动力作为自变量来衡量一个地区经济投入要素禀赋状况。以全社会固定资产投资总额（K）、科学技术投入（T）、城镇单位从业人员期末人数（L）作为资本、技术和劳动力的替代指标。考虑到现实生产活动中地区产业结构状况、对外经济联系状况及政府对经济的干预程度均会对地区经济增长产生重要的影响，因此在模型中引入第二产业 GDP 占比（ind）、第三产业 GDP 占比（ser）、当年实际使用外资额占固定资产的比重（for）和财政支出占 GDP 比重（gov）四个控制变量。其中，当年实际使用外资额根据历年人民币兑换美元的年平均汇率调整为人民币单位，财政支出占 GDP 比重（gov）指扣除当年财政支出用于教育和科技投入之后的余额，用于反映政府对地区经济的干预程度。在实证过程中，为减少多重共线性、异方差等问题，对变量进行对数处理。各变量的描述性统计结果如表 8-1 所示。

表 8-1　各变量描述性统计分析

变量	指标含义	均值	标准差	最小值	最大值
Y	人均 GDP（元）	44054.40	29483.600	5891.00	120267.00
K	全社会固定资产投资总额（亿元）	111602.00	300981.700	107.00	3417109.00
T	科学技术投入（万元）	1392.55	1807.078	95.03	17361.10
L	城镇单位从业人员期末人数（万人）	120.79	155.817	6.51	1021.76
$\ln y$	Y 的对数值	10.47	0.668	8.68	12.20
$\ln k$	K 的对数值	6.74	0.951	4.55	9.76
$\ln t$	T 的对数值	10.29	1.639	4.67	15.04
$\ln l$	L 的对数值	4.21	1.071	1.87	6.92
ind	第二产业 GDP 占比（%）	52.28	6.520	29.83	74.73
ser	第三产业 GDP 占比（%）	36.39	9.210	20.93	69.78
for	当年实际使用外资额占固定资产的比重（%）	6.91	8.282	0.19	68.25
gov	财政支出占 GDP 比重（%）	10.76	5.863	0.64	63.83

　　此外，考虑到面板数据中很容易出现组间异方差、组间同期相关以及组内自相关等问题，对变量进行统计检验显得十分重要，具体结果如表 8-2 所示。检验结果显示，Wald 检验值为 2553.53、Pesaran 检验值为 36.16、Wooldridge 检验值为 63.77，三个统计量均在 1% 的水平下显著，说明模型同时存在组间异方差、组间同期相关和组内自相关问题。考虑到实证分析过程中采用的数据是 70 个截面共 10 期的短面板数据，因此我们可以不考虑模型中存在的自相关问题，而重点考查模型中存在的异质性和组间同期相关性问题。为提高模型的估计效率，使用"组间异方差、组间同期相关"稳健的标准误对模型进行估计（见表 8-2）。

表 8-2　变量数据性质的检验

检验类别	检验值	P 值
Wald 检验（组间异方差检验）	2553.53	0.0000
Pesaran 检验（组间同期相关）	36.16	0.0000
Wooldridge 检验（组内自相关检验）	63.77	0.0000

（四）实证结果分析

本研究首先采用经典的 Moran's I 指数检验长江经济带城市群之间经济增长的关联性，并通过事前空间相关性检验方法论证这种相关性的存在，然后根据模型选择和比较方法对模型进行比较和筛选，在此基础上，对长江经济带城市群进行总体回归及分样本回归。

1. 长江经济带城市群经济增长的相关性分析

区域经济内部之间一般都具有较强的关联性，不同城市之间及城市群之间往往存在产业关联、技术转移、人员和资金流动等多维度的经济互动关系。长江经济带城市群之间的经济关联程度决定着长江经济带经济增长潜力和区域协调发展状况，充分发挥发达地区对落后区域的带动和辐射作用，对于整个长江流域以及中国区域的整体协调发展都具有十分重要的意义。

衡量不同地区之间的经济关联性常用的指标有 Moran's I 指数、Geary's C 指数和 Getis-Ord 指数。本研究选取最为流行的 Moran's I 指数对空间自相关进行检验，计算过程如下：

$$I = \frac{\sum_{i=1}^{n}\sum_{j=1}^{n} w_{ij}(x_i - \overline{x})(x_j - \overline{x})}{S^2 \sum_{i=1}^{n}\sum_{j=1}^{n} w_{ij}}$$

$$I_i = \frac{(x_i - \overline{x})}{S^2} \sum_{j=1(j \neq i)}^{n} w_{ij}(x_j - \overline{x})$$

(11)

I 为全局 Moran 指数，用于衡量区域经济中存在的总体关联性，I_i 为局部 Moran 指数，用于衡量不同地区之间的关联程度和分布形态。其中，$S^2 = \frac{1}{n}\sum_{i=1}^{n}(x_i - \overline{x})^2$，$\overline{x} = \frac{1}{n}\sum_{i=1}^{n} x_i$，$w_{ij}$ 为地区 i、j 的空间权重矩阵，x_i 与 x_j 分别为地区 i 与地区 j 的人均 GDP。全局 Moran 指数 I 的取值范围为 $-1 \sim 1$，指数的绝对值越大，表明区域相关性越强；指数为零时，表明区域之间服从随机分布，即不具有明显的空间相关性和集聚性特征；指数大于零时，表明区域之间存在正相关关系，表现为高值与高值相邻、低值与低值相邻的特征；指数小于零时，表明区域之间存在负相关关系，即高值与低值相邻。而局部 Moran 指数 I_i 常用于衡量地区之间存在的相关性特征和地区间分布形态。

从表 8-3 中不难发现，不同空间权重矩阵下长江经济带城市群人均 GDP 的莫兰指数为正且均通过了 1% 的显著性检验，表明长江经济带城市群经济增长具有显著正相关关系。经济距离权重（W_2）计算的莫兰指数高于地理距离（W_1）和经济地理距离（W_3）计算的莫兰指数，采用经济距离作为空间权重矩阵能更好地衡量不同城市间存在的经济关联性。以经济距离（W_2）作为空间权重矩阵，绘制部分年份的局部莫兰散点图如图 8-3、图 8-4 所示。长三角城市群的上海、南京、无锡、常州、南通、扬州、镇江、泰州、杭州、宁波、嘉兴、绍兴、舟山、台州、合肥、芜湖、马鞍山、铜陵、苏州共 19 个城市，长江中游城市群的南昌、新余、武汉、宜昌、鄂州、长沙共 6 个城市以及成渝城市群的成都和重庆处于第一象限，而其他城市大都分布于第三象限。从长江经济带城市群莫兰指数散点图的分布特征来看，城市群的空间分布以高高型和低低型集聚为主，城市之间表现出较强的经济关联性和集聚性特征。处于第三象限的城市数量远多于其他象限的城市数量，表明长江经济带城市群之间地区发展差异较大。有些城市如沿海沿江城市、部分省会及直辖市能够在区域经济一体化过程中享受经济外部性带来的好处，而对于那些缺乏区位资源、生产要素优势、特殊政策支持的城市则很容易在区域经济发展过程中处于劣势。此外，从莫兰散点图分布形状可以大致看出城市群的空间分布形态，成渝城市群形成以成都和重庆为中心的双峰型城市群空间分布格局；长江中游城市群则形成以武汉为中心、长沙和南昌为次中心的多点型城市群格局；长三角城市群分布则形成以长江三角洲为腹地的较为均匀的城市分布形态。而从整个长江经济带城市的分布状况来看，城市的空间分布形态呈现出明显割裂的块状分布特征。推进长江经济带城市群一体化发展进程、加强城市之间以及不同城市群之间的协作和交流，对促进整个长江流域经济一体化乃至带动全国区域协调发展都具有十分重要的现实意义。

表 8-3　不同空间权重矩阵下长江经济带城市群人均 *GDP* 莫兰指数

年份	地理距离(W_1)		经济距离(W_2)		经济地理距离(W_3)	
	Moran's I	$Z(I)$	Moran's I	$Z(I)$	Moran's I	$Z(I)$
2007	0.274 ***	8.674	0.631 ***	3.712	0.410 ***	4.498
2008	0.277 ***	8.847	0.576 ***	3.420	0.397 ***	4.396
2009	0.273 ***	8.816	0.558 ***	3.347	0.425 ***	4.733
2010	0.255 ***	7.996	0.742 ***	4.289	0.575 ***	6.153
2011	0.239 ***	7.526	0.709 ***	4.104	0.602 ***	6.440
2012	0.225 ***	7.104	0.762 ***	4.407	0.630 ***	6.732
2013	0.223 ***	7.203	0.588 ***	3.486	0.514 ***	5.625
2014	0.220 ***	6.965	0.788 ***	4.544	0.681 ***	7.251
2015	0.228 ***	7.198	0.780 ***	4.500	0.697 ***	7.425
2016	0.235 ***	7.411	0.779 ***	4.491	0.697 ***	7.419

注：*** 表示 $p<0.01$ 的显著性水平，下同。

2. 长江经济带城市群经济增长空间溢出效应的总体回归结果分析

根据莫兰指数的检验结果可知，长江经济带城市群之间呈现出明显的经济集聚性和空间关联性特征，因此采用空间面板模型比采用非空间面板模型的估计效果更佳。为确保模型设立的准确性，设立如下步骤进行模型的比较和筛选。首先，根据 Wilson[1] 和 Anselin[2] 提出的拉格朗日乘子（LM）检验法，以及 Anselin 等[3]提出的稳健的 LM 检验方法对模型进行初步筛选。其次，LM 检验通过则拒绝非空间面板模型而接受空间面板杜宾模型或者空间面板误差模型，即应该选择这两个模型中的一个，根据空间面板杜宾模型和空间面板误差模型之间转化的检验，检验结果如果拒绝原假设则选择空间面

---

[1]　Wilson, R., "On the Cliff-Ord Test for Spatial Correlation," *Journal of the Royal Statistical Society*, 1980, 42 (1).

[2]　Anselin, L., *Spatial Econometrics: Methods and Models*, Springer Netherlands, 1988.

[3]　Anselin, L., Bera, A. K., Florax, R. et al., "Simple Diagnostic Tests for Spatial Dependence," *Regional Science and Urban Economics*, 1996, 26 (1).

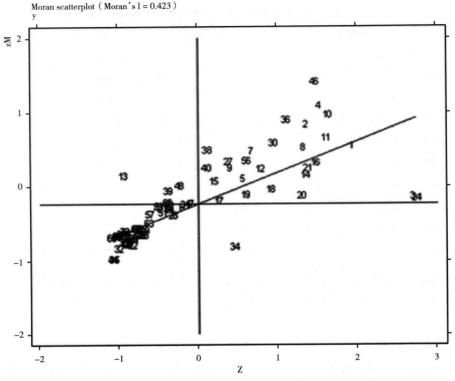

图 8-3　人均 *GDP* 局部莫兰指数分布散点图示（2010）

板杜宾模型。最后，根据豪斯曼检验的结果、极大似然值和 R^2 及模型估计系数的整体显著性水平选择模型的结果。

　　三种空间权重矩阵的空间误差和空间滞后 LM 检验结果如表 8-4 所示，LM 检验结果大都通过了 1% 的显著性检验，表明空间模型优于非空间模型。地理距离权重矩阵（W_1）和经济地理距离权重矩阵（W_3）的 LM-Lag、R-LMLag 均在 1% 的显著性水平下显著，经济地理距离权重矩阵（W_3）的 R-LMerror 值不显著。经济距离权重矩阵（W_2）的 LM-Lag 值在 1% 的水平下显著，而 LM-error 的 P 值为 0.609，结果不显著。综合 LM 检验的检验结果，我们认为建立空间滞后模型（空间面板杜宾模型）更为妥当。

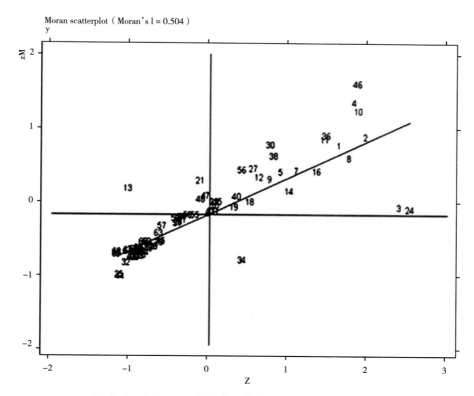

图 8-4　人均 *GDP* 局部莫兰指数分布散点图示（2016）

表 8-4　空间面板模型的 LM 检验

LM 检验	地理距离(W_1)		经济距离(W_2)		经济地理距离(W_3)	
	检验值	P 值	检验值	P 值	检验值	P 值
LM-Lag	83.89 ***	0.000	6.011 ***	0.014	415.54 ***	0.000
LM-error	140.13 ***	0.000	0.2619	0.609	130.42 ***	0.000
R-LMLag	31.71 ***	0.000	14.354 ***	0.000	285.39 ***	0.000
R-LMerror	87.96 ***	0.000	8.604 ***	0.003	0.28	0.600

　　表 8-5 分别列示了不同的面板估计结果，其中模型（1）、（2）分别是普通面板固定效应模型和普通面板随机效应模型的估计结果，模型（3）、（5）、（7）分别为不同空间权重矩阵下固定效应空间面板杜宾模型的估计结

果，（4）、（6）、（8）分别为不同空间权重距离随机效应的空间面板杜宾模型的估计结果。根据豪斯曼检验的结果，采用固定效用模型比采用随机效应模型的效果更佳，因此，以下主要对空间面板的固定效应模型进行阐述。从表8-5中总体回归结果来看，在经济距离下的空间面板杜宾模型的可决系数为0.47，极大似然值较大，模型回归系数比较显著且溢出效应更加明显，因此，本研究最终选取经济距离下的固定效应空间面板杜宾模型的回归结果来分析城市群经济关联对区域经济增长的溢出效应。表8-5回归结果显示，非空间模型回归系数大都比空间模型所得的系数较高，因此采用空间模型能在一定程度上避免对回归结果的高估，而采用固定效应模型能在很大程度上提高估计系数的显著性和模型整体回归结果的准确性，这一结论和模型的检验结果相一致。由表8-5的第5列回归结果可知，长江经济带城市群资本、技术和劳动力对经济增长都具有正向的促进作用并且均通过了1%的显著性检验。其中资本每提高1个百分点会使得人均 GDP 平均提高0.331个百分点，劳动力每提高1个百分点会使得人均 GDP 平均提高0.279个百分点，技术每提高1个百分点会使得人均 GDP 平均提高0.097个百分点。长江经济带城市群生产要素边际生产能力存在较大差异，相较于技术的边际产出而言，资本和劳动力对经济增长的刺激作用更加明显。其他控制变量如 ind、ser、for 的增加，均对人均 GDP 的增长具有显著的正向激励作用，而 gov 的增强对人均 GDP 的增加则具有显著的抑制效应，gov 每提高1个百分点，人均 GDP 平均就减少0.0058个百分点。这主要是由于 gov 的增强会抑制私人投资和消费的增长、降低整个市场的运行效率从而制约地区经济增长。模型（5）的空间自回归系数 rho 为7.780且高度显著，表明长江经济带城市群之间经济总体关联性较强，地区之间的经济合作较为密切。从长江经济带城市群的主要经济投入要素总平均溢出效应结果来看，长江经济带城市群之间技术平均溢出效应为正且通过了5%的显著性检验，而劳动力平均溢出效应为负且在1%的水平下显著，资本平均溢出效应为负结果并不显著。资本和劳动力溢出系数均为负，主要是由于地区之间经济发展差距过大，发达地区很容易凭借良好的基础设施、健全的公共服务、更多的就业机会以及巨大的上升空间吸引落后地区的发展要素，即形成发达地区对落后地区的"虹吸效应"。而技术由于具有较强的外部性和关联性特征，技术的溢出对于整个地区的经济增长都具有较强的促进作用。总之，经济投入要素的增长会显著地影响地区经济发展水平，另外，产业结构的变化、对外经济联系及地方政府对经济干预程度的变动均会对地区经济增长产生影响；从模型的总平均效应结果分析来看，长江经济带城市群劳动力和资本的总平均效应为负，表明不同地区经济发展之间存在相互竞争和博弈的过程；技术的总平均效应为正，空间溢出效应显著，因此，加强区域经济间的技术合作能有效地促进整个区域经济协调发展。

表8-5　长江经济带城市群模型总体回归结果

变量	非空间模型		地理距离(W_1)		经济距离(W_2)		经济地理距离(W_3)	
	（1）	（2）	（3）	（4）	（5）	（6）	（7）	（8）
ln$k$	0. 374 ***	0. 37 ***	0. 143 ***	0. 180 ***	0. 331 ***	0. 367 ***	0. 322 ***	0. 18 ***
	（20. 37）	（17. 44）	（6. 81）	（7. 80）	（19. 12）	（19. 20）	（16. 16）	（7. 80）
ln$t$	0. 123 ***	0. 16 ***	0. 04 ***	0. 05 ***	0. 097 ***	0. 132 ***	0. 104 ***	0. 05 ***
	（10. 94）	（13. 93）	（4. 75）	（5. 01）	（9. 60）	（11. 48）	（10. 44）	（5. 01）
ln$l$	0. 266 ***	−0. 006	0. 0612 *	0. 0857 **	0. 279 ***	0. 150 ***	0. 186 ***	0. 08 **
	（7. 57）	（−0. 34）	（2. 47）	（3. 24）	（9. 11）	（4. 46）	（6. 72）	（3. 24）
ind	0. 006 **	0. 006 *	0. 007 ***	0. 006 ***	0. 007 ***	0. 006 ***	0. 007 ***	0. 007 ***
	（3. 44）	（3. 31）	（5. 62）	（4. 85）	（4. 27）	（3. 17）	（4. 39）	（4. 85）
ser	0. 004 ***	0. 05 ***	0. 0007	0. 0004	0. 004 ***	0. 005 ***	0. 0009	0. 0005
	（4. 29）	（4. 13）	（0. 84）	（0. 59）	（4. 43）	（4. 25）	（0. 99）	（0. 59）
for	0. 009 ***	0. 002	0. 012 ***	0. 013 ***	0. 007 ***	0. 006 ***	0. 017 ***	0. 012 ***
	（4. 74）	（1. 44）	（5. 54）	（5. 75）	（4. 51）	（3. 52）	（6. 64）	（5. 75）
gov	−0. 08 ***	−0. 1 ***	−0. 002 **	−0. 002 *	−0. 06 ***	−0. 08 ***	−0. 001	−0. 002 *
	（−4. 70）	（−5. 44）	（−2. 65）	（−2. 33）	（−4. 16）	（−4. 98）	（−1. 48）	（−2. 33）
$W \cdot$ln$k$	—	—	−0. 0788	−0. 0926	−1. 246	−1. 246	−0. 435 **	−0. 09
			（−1. 07）	（−1. 16）	（−1. 45）	（−1. 45）	（−2. 63）	（−1. 16）
$W \cdot$ln$t$	—	—	0. 0113	0. 119	1. 257 **	1. 257 **	0. 0652	0. 119
			（0. 22）	（1. 92）	（3. 13）	（3. 13）	（0. 79）	（1. 92）
$W \cdot$ln$l$	—	—	0. 0107	−0. 0044	−7. 07 ***	−7. 07 ***	0. 472	−0. 004
			（0. 08）	（−0. 03）	（−3. 90）	（−3. 90）	（1. 58）	（−0. 03）

续表

变量	非空间模型		地理距离（W_1）		经济距离（W_2）		经济地理距离（W_3）	
	（1）	（2）	（3）	（4）	（5）	（6）	（7）	（8）
rho	—	—	1.687***	1.310***	7.780***	2.617*	2.126***	1.310***
			(17.47)	(9.38)	(8.47)	(2.52)	(9.96)	(9.38)
R^2	0.785	—	0.289	0.317	0.466	0.466	0.0672	0.317
LL	229.0	—	471.7	211.7	275.5	48.26	331.1	211.7
N	700	700	700	700	700	700	700	700

注：括号内数字表示标准误，下同。

　　表8-6显示了不同空间权重矩阵下的空间面板杜宾模型总效应的分解结果，我们重点对经济距离下的空间效应进行阐释。由空间效用的分解结果可知，主要经济投入要素的直接效应估计系数均大于间接效应的估计系数，就除 *ind* 外的其他控制变量而言，直接效应的估计系数小于间接效应估计系数。这表明资本、技术、劳动力和 *ind*（第二产业 GDP 占比）的增加对本地区经济增长的直接带动效应大于其对其他关联地区经济增长的直接带动效应，相比之下，*ser*（第三产业 GDP 占比）、*for*（当年实际使用外资额占固定资产的比重）、*gov*（财政支出占 GDP 比重）的增加对于促进其他相关联地区经济增长的意义更大。与经济投入要素相比，长江经济带城市群的第三产业、外商直接投资和政府干预经济程度受地区限制较小，空间溢出效应比经济投入要素更大。经济投入要素的不完全流动制约着长江经济带城市群生产要素空间效应的释放。因此，加速生产要素市场的改革、减少政府的过度干预、促进生产要素的合理流动，对于进一步释放生产要素的边际生产能力以及促进整个长江流域经济一体化发展都具有十分重要的现实意义。

　　3. 长江经济带城市群经济增长空间溢出效应的分样本回归结果分析

　　由于长江经济带城市群之间经济发展程度和地理区位环境状况等方面均存在较大的差异，各城市群之间的经济和社会发展不可能同步进行，对长江经济带不同城市群进行分样本回归更能发现各城市群自身发展的优劣所在。

表 8-6 长江经济带城市群模型总体效应分解

类别	变量	地理距离(W_1)	经济距离(W_2)	经济地理距离(W_3)
直接效用	ln$k$	0.183 *** (0.02)	0.898 *** (5.13)	0.359 *** (0.023)
	ln$t$	0.054 *** (0.009)	0.206 *** (2.81)	0.143 *** (0.011)
	ln$l$	0.091 *** (0.025)	0.59 *** (0.215)	0.187 *** (0.031)
	ind	0.007 *** (0.001)	0.05 *** (4.44)	0.005 *** (0.001)
	ser	0.0005 (0.0008)	0.0009 (1.37)	0.0009 (0.001)
	for	0.013 *** (0.002)	0.004 *** (3.93)	0.016 *** (0.003)
	gov	−0.002 ** (0.0008)	−0.002 ** (−0.002)	−0.002 (0.001)
间接效用	ln$k$	0.168 ** (0.081)	0.313 *** (3.89)	−0.02 (0.021)
	ln$t$	0.203 *** (0.048)	0.146 *** (2.99)	0.05 *** (0.01)
	ln$l$	0.106 (0.146)	0.166 *** (1.17)	0.03 (0.039)
	ind	0.009 *** (0.003)	0.013 *** (3.61)	−0.0008 (0.0001)
	ser	0.0008 (0.001)	0.002 (1.34)	−0.00001 (0.00004)
	for	0.019 *** (0.005)	0.012 *** (3.45)	−0.0003 (0.0004)
	gov	−0.002 * (0.001)	−0.006 ** (−2.17)	0.00003 (0.00005)

在经济距离空间权重矩阵的基础上对空间面板杜宾模型进行分样本回归,结果如表 8-7 所示。从经济投入要素来看,长江经济带不同城市群之间的经济投入要素估计系数存在较大的差异,不同城市群之间资本、劳动力和技术边际产出效率差别较大。具体而言,成渝城市群的资本和劳动力的估计系数高于长江中游城市群及长三角城市群的资本和劳动力估计系数,而长

三角城市群的技术估计系数要远高于长江中游城市群及成渝城市群的技术估计系数。从经济投入要素边际生产力空间分布形态来看，资本和劳动力的边际产出大致呈现自西向东逐渐衰减而技术的边际产出则表现为自东向西逐步减少的趋势。相较而言，长三角城市群可以凭借自身的技术和人才优势，大力发展第三产业和高新技术产业，而长江中游城市群和成渝城市群更多的是通过投入较多的资本、劳动力要素发展资本密集型和劳动密集型产业。长三角城市群的第三产业和高新技术产业比较发达，且能够凭借自身雄厚的经济实力及显著的区位优势吸引大量的优秀企业和高素质人才；长江中游城市群则可以充分发挥东西联动的"桥梁"作用，一方面享受承接长三角城市群产业转移带来的好处，另一方面通过加强与成渝城市群之间的互动交流实现本地区经济的发展。在经济一体化过程中，长江中游城市群和成渝城市群可以享受长三角城市群在市场、管理、设计、品牌等方面的溢出效应带来的好处，同时长三角城市群也能享受长江中游城市群和成渝城市群在高新技术、能源、生态等方面提供的服务。从经济要素的投入和边际产出状况以及城市群产业结构的差异可以看出，长江经济带不同城市群之间经济发展差距依旧较大，区域经济的不平衡发展依旧是长江经济带城市群发展中亟待解决的问题之一。

表 8-7　长江经济带不同城市群分样本回归结果

变量	长三角城市群		长江中游城市群		成渝城市群	
	Fe	Re	Fe	Re	Fe	Re
ln$k$	0.0908 * （1.98）	0.0822 （1.81）	0.462 *** （12.44）	0.473 *** （12.17）	0.525 *** （20.10）	0.541 *** （18.37）
ln$t$	0.225 *** （8.65）	0.253 *** （9.54）	0.116 *** （8.14）	0.130 *** （8.65）	−0.0004 （−0.03）	0.006 （0.40）
ln$l$	0.145 *** （4.22）	0.117 *** （3.30）	0.230 ** （3.26）	0.106 （1.37）	0.660 *** （6.11）	0.412 ** （3.18）
ind	0.0116 ** （2.64）	0.0104 * （2.46）	0.0019 （0.75）	0.00159 （0.58）	0.00007 （0.03）	0.0017 （0.60）
ser	0.0129 ** （3.09）	0.0119 ** （2.91）	0.0007 （0.46）	0.0004 （0.26）	0.0043 *** （4.18）	0.0038 ** （3.18）

续表

变量	长三角城市群		长江中游城市群		成渝城市群	
	Fe	Re	Fe	Re	Fe	Re
for	−0.0063*	−0.0064*	0.0425***	0.0445***	0.0061***	0.0053***
	(−2.09)	(−2.14)	(5.39)	(5.44)	(5.85)	(4.48)
gov	0.0023	0.0012	−0.0028	−0.00326	−0.0029*	−0.004**
	(1.09)	(0.53)	(−0.91)	(−0.99)	(−2.37)	(−2.89)
$W \cdot \ln k$	−10.68	−13.34	−4.558**	−4.750**	−15.81*	−9.727
	(−1.01)	(−1.19)	(−3.28)	(−3.24)	(−2.15)	(−1.15)
$W \cdot \ln t$	14.51	34.25***	0.778	1.310**	3.879	4.330
	(1.48)	(3.73)	(1.41)	(2.58)	(1.65)	(1.60)
$W \cdot \ln l$	−12.60	−1.756	−0.550	−2.923	98.99**	−38.81**
	(−0.97)	(−0.13)	(−0.15)	(−0.83)	(3.27)	(−2.71)
rho	35.78*	−30.21**	4.407*	2.493	46.52***	32.75**
	(1.97)	(−3.16)	(2.46)	(1.68)	(4.99)	(3.13)
LL	185.2	109.9	67.78	−2.634	164.2	97.47
N	260	260	280	280	160	160

4. 长江经济带城市群经济投入要素禀赋差异

以资本、劳动力和技术作为地区经济投入要素指标，运用改进的广义熵值法计算长江经济带城市群经济投入要素的熵值，以此来比较分析各城市群之间经济投入要素资源禀赋状况。表8-8显示，在2016年经济投入要素熵值前20名城市排名中，长三角城市群有13个城市入选，比长江中游城市群和成渝城市群入选城市数量的总和还多。表8-9显示，在人均 GDP 前20名城市的排名分布中，长三角城市群有14个城市、长江中游城市群有4个城市而成渝城市群只有2个城市。不同城市群之间经济投入要素熵值存在很大的差距，同一城市群中不同城市间的经济投入要素熵值差距也十分明显。以2016年经济投入要素熵值排名为例，排名前五的城市分别为上海、重庆、苏州、成都和杭州，而经济投入要素熵值排名第一的上海是排名第五的杭州经济投入要素熵值的近2倍（上海熵值为21.4，杭州熵值为12.6），由此可知城市之间经济投入要素禀赋分布的极大不均等。区位条件较好的沿海沿江城市、直辖市以及省会城市经济投入要素熵值排名大都比较靠前，而那些即无区位优势又无政策支持的普通地级城市的经济投入要素熵值排名大都比较靠后。城市经济投入要素熵值和城市人均 *GDP* 分布结果基本一致，因此经济投入要素熵值会直接影响城市经济发展水平。普通地级市由于自身经济投入要素禀赋状况较差，经济发展水平相对落后，从而进一步加剧本地区自身经济要素的流失，使本地区经济发展状况进一步恶化。在循环累积效应作用机制下，城市之间以及不同城市群之间的发展不平衡会进一步加剧，区域发展差距也会进一步扩大。

表 8-8　2016 年长江经济带城市群经济投入要素熵值前 20 名城市

所属城市群	城市名称	合计
长三角城市群	上海、苏州、杭州、南京、合肥、宁波、南通、无锡、绍兴、盐城、嘉兴、常州、芜湖	13
长江中游城市群	武汉、长沙、襄阳、宜昌、南昌	5
成渝城市群	重庆、成都	2

表 8-9　2016 年长江经济带城市群人均 *GDP* 前 20 名城市分布状况

所属城市群	城市名称	合计
长三角城市群	苏州、无锡、南京、杭州、常州、上海、宁波、舟山、扬州、绍兴、南通、泰州、嘉兴、合肥	14
长江中游城市群	长沙、武汉、宜昌、南昌	4
成渝城市群	重庆、成都	2

从长江经济带城市群经济投入要素熵值和人均 *GDP* 的空间分布特征来看（见图 8-5、图 8-6），长三角城市群人均 *GDP* 和经济投入要素熵值均高于长江中游城市群、成渝城市群及长江经济带城市群的总体均值；而成渝城市群无论是人均 *GDP* 还是经济投入要素的熵值均落后于其他两个城市群。从长江经济带城市群人均 *GDP* 指标来看，不同城市群纵向对比均呈现出快速增长的趋势，但是从横向比较来看城市群之间的发展差距有逐步扩大趋势，长三角城市群人均 *GDP* 远高于其他两个城市群，并且这种差距还在逐

步扩大。由熵值的计算方法可知，对经济投入要素熵值进行纵向比较没有经济意义，因此以下结论主要是以经济投入要素熵值进行横向对比得出。从长江经济带各城市群经济投入要素熵值来看，城市群之间的经济投入要素的状况没有明显的变化，各城市群经济投入要素禀赋状况没有发生改变，长三角城市群依然是经济资源最为充沛的地区而其他两个城市群经济资源相对匮乏。经济投入要素禀赋状况对人均 *GDP* 有着直接的影响，城市群经济投入要素熵值的分布差异直接导致了城市群经济产出的不同结果。

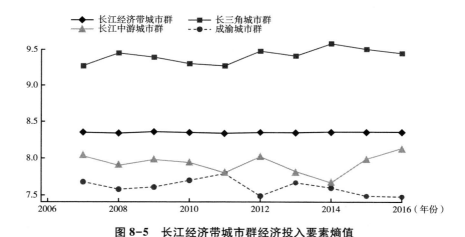

图 8-5　长江经济带城市群经济投入要素熵值

（五）结论和政策建议

以长江经济带建设为背景，选择长江经济带中三大城市群 2007～2016 年共 70 个城市的面板数据，运用空间计量分析方法和广义熵值法，实证研究了三大城市群之间的经济关联、经济增长的空间效应及城市群之间的经济投入要素禀赋差异。研究显示：第一，不同空间权重矩阵下的 Moran's I 指数均显著，表明长江经济带城市群之间存在极强的空间相关性。从 Moran 散点图分布状况可以得知，长江经济带城市的空间分布格局呈现出较为割裂的块状分布，城市间的空间集聚性特征尤为明显；成渝城市群形成以成都和重庆为中心的双峰型城市群空间分布格局，长江中游城市群则形成以武汉为中心、长沙和南昌为次中心的多点型城市群格局，长三角城市群空间分布则相

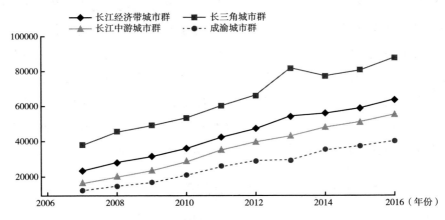

图 8-6　长江经济带各城市群人均 *GDP* 变化趋势

对比较均匀。第二，资本、技术、劳动力及外商直接投资的增加均会对地区经济增长产生较强的推动作用，而政府干预市场能力的增强则会对地区经济增长产生较大的负面影响，此外，地区产业结构的构成也会对本地经济发展产生重要的影响。第三，从城市群经济投入要素和控制变量的总效用分解结果来看，资本、技术、劳动力和第二产业增加值的直接效应大于间接效应，而外商直接投资、第三产业增加值和政府干预能力的间接效应大于直接效应，后三者的空间溢出效应更强。第四，经济投入要素的边际产出状况直接影响城市群产业结构。长三角城市群技术边际产出较大使得其第三产业和高新技术产业相对比较发达，而长江中游城市群和成渝城市群资本和劳动力边际产出较大，资本和劳动密集型产业就相对比较集中。第五，长江经济带城市群经济投入要素熵值和人均 *GDP* 分布状况基本一致，长三角城市群经济投入要素相对比较充沛而长江中游城市群和成渝城市群则相对匮乏，地区之间经济投入要素禀赋状况差异较大，使得区域发展的差距也相对较大。

基于以上实证分析结果，要进一步推进长江经济带城市群之间的互动交流以及促进长江经济带建设，可以从以下几个方面做出努力。

一是进一步释放城市群之间经济关联的空间溢出效应，促进不同城市群之间的合作交流。各级政府应制定促进长江经济带一体化发展的配套政策，打破城市间的贸易壁垒，加速城市间经济要素的自由流动，促进城市间产业尤其是第三产业和高新技术产业的合作与交流。此外，各级政府部门还应当减少对经济的过度干预，加快形成区域间要素充分流动的体制机制，充分释放各市场参与主体活力和提高经济效率。

二是推动整个长江流域城市的纵深融合发展，构建以长江为纽带，长江流域为腹地的城市片区，充分发挥区域中心城市对其他城市的扩散和涓滴效应。具体而言，要充分发挥上海、武汉、重庆等超大城市和南京、杭州、成都等特大城市的引领和带头作用，以及合肥、南昌、长沙等大城市对周边地区经济发展的辐射带动作用。通过以点带面、以面连片的方式促进整个长江经济带城市间的协调有序发展，把长江经济带建设成相互融合的城市带和产业带。

三是各地区要从整个区域经济发展的全局出发，积极融入长江经济带建设中，消除各种地方保护主义。对于长江经济带中发展相对落后的城市而言，应密切注意经济形势和产业形态变化趋势，找准自身发展定位及做好承接发达地区经济要素溢出和产业转移的准备，注重自身经济发展的同时，要保护好本地区的生态环境。

第四节　生态环境研究

一　构建动态赋能的生态产品价值实现机制[*]

2020 年 11 月 14 日，习近平总书记在南京主持召开全面推动长江经济带发展座谈会上强调，要加快建立生态产品价值实现机制，探索政府主导、企业和社会各界参与、市场化运作、可持续的生态产品价值实现路径，为新阶段我国经济绿色转型发展指明了方向。

让生态优势转化为经济发展优势，创造优质生态产品满足人民群众对美

---

* 季燕霞，南通大学江苏长江经济带研究院兼职研究员，经济与管理学院教授。本部分内容发表于江苏长江经济带研究院微信公众号，2021 年 11 月 8 日。

好生活的需要，这是一条促进经济可持续发展、实现人与自然和谐共生的根本之道，也是长江经济带高质量发展的重要内涵。在此过程中，需要协调各方力量，努力构建动态赋能的实践机制，有效促进生态产品价值实现。

"赋能"原是组织行为学中的一个重要概念，意指通过设置激励机制，并充分利用系统思维和信息共享，在给予指导或授权后取得更好的效果。其重要特质在于不仅重视过程，"做正确的事"，更强调结果，"把事情做好"，做得"更为有效"。提升行为主体的能力是将正确的过程转化为更有效结果的关键。"动态赋能"则是整体论、系统论、辩证法思想的实践运用，蕴含着三大基本要领——联动赋能、变化赋能、体系赋能。

"联动赋能"是通过生产或工作各要素之间的联动，赋予系统动态增强能力；"变化赋能"是通过运行结构和专业技术的革新促进系统发展能力；"体系赋能"是针对固有问题，充分挖掘体系要素的各自功能，集约使用有限资源和力量，让整个系统创造更多、更好的产品和服务。这一过程也包含着方向目标赋能、激励与约束赋能、绩效考核赋能等重要环节。

生态产品价值（GEP）是一定区域的生态系统为人类生产生活所提供的最终产品与服务价值的总和，主要包括生态物质产品供给、生态调节服务、生态文化服务。人类需求既包括对农产品、工业品和服务产品的需求，也包括对清新空气、清洁水源、宜人气候等生态产品的需求。

"山水林田湖"是生态产品的原始形态，是生态产品的转化载体。生态产品的转化、生产能力不仅仅是体现为向大自然的索取，更重要的是体现为生态供给服务、调节服务、支持服务，提高生态产品的价值。增强生态产品生产能力，将绿水青山转化为金山银山，是新时代我国生态文明建设的核心任务之一，也是当前我国各级政府工作的重要目标。

长江经济带是我国经济密度最大的流域经济带，也是我国重要的生态安全屏障，担当起绿色发展先行区、示范区、标杆区的使命，在全国率先建立健全生态产品价值实现机制，对于推动全国经济发展绿色转型具有重大战略意义。为此，需要建构动态赋能的实践机制，有效促进长江经济带生态产品价值实现，着力把握好以下几个方面。

（一）牢固树立人与自然和谐共生的发展理念，体现方向赋能

生态环境、自然资源是人类赖以生存、发展的基础，必须站在人与自然和谐共生的高度来谋划经济社会发展。在纠正和克服以往经济发展中产生的各类环境污染、损害问题的同时，需要积极探求生态保护、绿色发展的新路径。

长江经济带拥有全国 40% 的可利用淡水资源、40.8% 的森林面积、21.3% 的湿地面积、39.7% 的省级以上自然保护区面积，淡水渔业产量占全国的 60%，这些数据信息表明长江经济带有着其他区域无可比拟的生态资源存量优势，在推动生态产品价值实现方面更具规模效应。需要进一步强化人与自然和谐共生的共同体理念，以"生态优先、绿色发展"为方向为长江经济带生态产品价值实现赋能。

（二）增强对生态文明建设的顶层设计，体现制度赋能

党的十八大以来，我国生态文明建设之所以取得历史性成就、发生历史性变革，根本在于以习近平同志为核心的党中央的坚强领导，在于习近平生态文明思想的科学指引。

习近平总书记掌舵领航、运筹帷幄，亲自谋划部署、亲自指导推动长江经济带的生态保护和绿色发展，自 2016 年以来，他先后来到长江上游、中游、下游，三次召开座谈会，从"推动"到"深入推动"再到"全面推动"，为长江经济带发展把脉定向；国家发改委制定并颁发《长江经济带发展规划纲要》、财政部印发《关于全面推动长江经济带发展财税支持政策的方案》，这些都为推动长江经济带的生态文明建设和生态环境保护提供了根本保障。

在实践中，必须坚持党对生态文明建设的全面领导这一最大制度优势，加快构建党委领导、政府主导、企业主体、社会组织和公众共同参与的生态环境治理体系，通过层层压实责任，使生态文明建设的各项决策部署能真正落地见效。

（三）构建生态产品价值实现的支持体系，体现联动赋能

生态产品价值实现是一项系统工程，涉及各方面、多领域的功能发挥，必须充分调动全社会的积极性，特别是要发挥好政府主导与市场运作的功能与作用。政府是优质生态产品的供给主体，需要加强生态保护和修复，发挥好生态产品交易机制的制定、政策的设计、相关制度安排以及市场监督和服务等作用，引导全社会形成生态价值观，为生态价值转化提供良好的基础；同时，通过转移支付和生态补偿等手段推动生态产品价值实现；完善生态产品政府购买机制，引导政府优先采购绿色、节能产品，完善绿色发展财政奖补机制。

引入市场化运作机制是缓解财政压力、提高供给效率的有效手段，通过对生态产品的深度开发，推动生态产业化和产业生态化，提高生态产品的溢价率和附加值。切合地方生态保护和绿色发展的实际需要，鼓励商业性银行开发绿色金融产品，完善环保项目贷款风险分担机制以及绿色信贷风险监测评估机制，扩大政策性银行的绿色信贷。

引导各类社会资本参与环境综合整治、污染场地修复、生态保护修复项目，探索公益性生态项目盈利模式，构筑生态产品价值实现的政府、市场、社会联动机制。

（四）建立生态环境保护的利益导向模式，体现激励赋能

生态产品价值实现必须确立利益激励的公正原则，实行生态资源保护者受益、使用者付费、破坏者赔偿。

为此，一是健全自然资源资产产权制度。明确各类自然资源产权主体的界定办法及确权登记的组织模式、技术方法和制度规范，建成归属清晰、权责明确、监管有效的自然资源资产产权制度，为促进生态产品价值实现构建基础性制度。

二是健全资源有偿使用制度。坚持使用自然资源必须付费的原则，以明晰产权、丰富权能为基础，以市场配置、完善规则为重点，推进自然资源有偿使用制度改革，切实全面准确地反映市场供求、资源稀缺程度、生态环境损害成本和修复效益，扩大生态资源权益交易。

三是有效贯彻和落实生态补偿制度。对于为保护生态环境做出巨大投入的地区，要做实利益补偿，由生态环境部牵头，统筹协调跨流域、跨省市的

生态补偿机制建设；在补偿方式上，要推动从以"输血型"补偿为主向以"造血型"补偿为主转变，增强补偿地区的经济社会发展能力；探索建立多元化生态补偿机制，并将成功经验推广至全流域、全国。

四是强化生态环境监测，对破坏生态资源的行为实施严厉惩罚，以有效约束和规范生产主体的负外部性行为。

（五）要强化生态产品价值总值的考核，体现绩效赋能

长期以来，我国各级政府十分重视 GDP 的考核，却并未针对为人类提供赖以生存的环境的自然系统建立相应的评价指标，忽视生态系统及其保护为人类福祉以及社会长足发展所作贡献的价值考核。

近几年长江经济带的一些省市已经开展 GEP 考核试点工作，但实际执行中也存在诸多难点和疑点。需要基于试点运行中存在的问题，加快完善 GEP 指标考核体系，进一步明确"自然环境就是人类宝贵的物质财富"，将生态效益划入经济社会发展评估体系，突出生态保护成效、生态系统对人类福祉的贡献、生态系统对经济社会发展的支撑作用，定量描述区域经济社会发展与生态保护、与优质生态产品开发之间的关联，不断完善 GEP 考核，为生态产品价值实现机制的构建、生态价值向经济效益的转变提供科学的参照标准。

同时，也要大力宣传并推广 GEP 考核，将生态产品价值评估结果更加充分地纳入各级政府决策体系，并运用于经济发展的规划和管理之中，通过 GEP 绩效考核真正硬起来，更好地促进生态产品价值实现。

二　积极探索生态产品价值的实现路径 *

"十四五"规划和 2035 年远景目标纲要提出"健全生态保护补偿机制"，将"建立生态产品价值实现机制"作为其中一项重要任务。长江经济带覆盖沿江 11 个省市，横跨我国东中西三大板块，人口规模和经济总量占

---

* 成长春，江苏省中国特色社会主义理论体系研究中心南通大学基地主任，教授；冯俊，江苏长江经济带研究院副研究员，博士。本部分内容发表于《经济日报》2021 年 10 月 4 日。

据全国"半壁江山"，生态地位突出，发展潜力巨大，若能在建立生态产品价值实现机制、探索生态产品价值实现路径方面有所作为，将具有重要的示范意义。

在2018年召开的深入推动长江经济带发展座谈会上，习近平总书记强调，要积极探索推广绿水青山转化为金山银山的路径，选择具备条件的地区开展生态产品价值实现机制试点，探索政府主导、企业和社会各界参与、市场化运作、可持续的生态产品价值实现路径。在2020年召开的全面推动长江经济带发展座谈会上，习近平总书记强调，要加快建立生态产品价值实现机制，让保护修复生态环境获得合理回报，让破坏生态环境付出相应代价。这些都为长江经济带走出一条生态优先、绿色发展的新路子指明了方向。

生态产品本质上是生态系统为增进人类及自然可持续福祉提供的物质和服务，既包括清新的空气、清洁的水源、宜人的气候、舒适的环境等生态环境资源，也包括生态旅游、林业碳汇等产业化开发后衍生而成的生态系统功能产品。生态系统为人类生产生活提供的所有最终产品与服务价值的总和，形成了生态产品价值。由于大多数生态产品具有公共物品属性和动态不确定性，一般情况下通过市场实现其价值的难度较大，因此需要设计一种有效机制，通过生态修复、政府采购、产权交易、产业生态化和生态产业化、生态补偿、生态公益服务等途径，让隐性的生态产品价值得到显现和认可。建立生态产品价值实现机制，正是解决这一问题的有力举措。

长江拥有独特的生态系统，是我国重要的生态宝库。长江流域面积180万平方公里，森林资源丰富、水资源充裕、生物种类繁多。基于这些生态资源存量优势，长江经济带在推动生态产品价值实现方面的积极探索将更具规模效应和可持续性。与此同时，长江经济带协同推进高质量发展和高水平保护的需求较为迫切。长江经济带牢牢把握"共抓大保护、不搞大开发"的战略导向，实现大保护下的高质量发展，需要积极探索生态产品价值实现路径，真正把自然生态优势转化为经济发展优势。

近年来，长江经济带在同步推进生态产品供给能力提升与价值评估、拓展绿水青山向金山银山转化渠道、促进上中下游区域协调发展等方面，取得了不少进展，但是，也要看到，在推动生态产品价值实现的过程中仍存在一些堵点。比如，生态产品具有非排他性、非竞争性和受益主体难以界定等特征，这些特征在客观上对实际操作和机制落地形成挑战。又如，生态产品边界不清、产权体系不健全、市场作用发挥不充分、价格体系不完善等因素依然存在，制约了生态产品价值的实现。再如，流域生态补偿的制度设计存在不足，生态补偿方式和资金渠道也相对单一。这些都是在"十四五"时期以及更长一段时间内需要着力解决的重点问题。面向未来，长江经济带沿江省市需在建立生态产品价值实现机制方面深入探索、持续发力，在解决现存问题的基础上形成更多有益经验。

（一）进一步明确总体要求和基本思路

必须坚持"绿水青山就是金山银山"理念，研究制定建立生态产品价值实现机制的实施方案，探索生态产品外部性价值显化路径和生态资产价值盘活路径，进一步明确路线图和时间表，依据国土空间规划，选择差异化生态产品价值实现路径。特别是要在严格保护生态环境的前提下，建立生态产品保护、生产、流通、消费、增值全过程价值实现机制，推动绿水青山转化为金山银山、金山银山反哺绿水青山。

（二）建立健全调查监测与评估机制

需深入开展基础性调查，精准掌握全流域自然资源资产数量、空间分布、功能特点、质量等级、权益归属、保护和开发利用情况，摸清"生态家底"，建立"生态账本"，为绿水青山贴上"价值标签"。同时，加快制定统一的生态产品价值核算技术办法，建立生态产品价值核算、价格、交易、信用等体系；建立生态产品统计报表制度，编制生态产品目录清单，建立大数据平台，对碎片化的生态产品进行集中收储和整合优化。

（三）稳妥构建经营开发与市场交易机制

要充分认识生态产品经营的不可分割性和规模门槛，加强生态产品经营的整体规划和统筹协调；在用好已有经验的基础上深化改革，建立生态产品与用能权、碳排放权、排污权、用水权之间的兑换机制，鼓励下游发达地区与中上游欠发达但生态良好的地区开展合作，提升生态环境保护者的积极性和参与度；继续推动产业生态化、生态产业化和产业数字化、数字产业化，积极培育生态产品生产和供给主体，探索多元化的生态产品产业链和价值链；完善交易规则，建立统一的生态产品交易信息平台和服务体系，着力形成区域间生态产品交易市场。

（四）持续完善流域生态补偿机制

可考虑建立长江经济带省际生态保护联席会议制度，统筹协调省际生态补偿机制建设；支持以共建共享、受益者补偿和损害者赔偿为原则，探索建立多元化生态补偿机制；推动补偿方式从以"输血型"补偿为主向以"造血型"补偿为主转变，通过项目合作、投资引导、技术援助等方式，转移节能环保技术和生态型产业，构建合作共赢、互惠互利的产业发展机制。

（五）推进和保障机制也十分重要

需完善财政支持机制，鼓励各地以公共生态产品政府供给为原则，完善政府购买机制，引导政府优先采购绿色、节能产品；加大绿色金融支持力度，打造"两山银行""湿地银行""森林银行"等，优质高效整合原本碎片化的生态资源。同时，加强对生态产品价值实现机制改革创新的研究，强化相关专业建设和人才培养，为长江经济带绿水青山"底色"更亮、金山银山"成色"更足提供人才支撑。

三 加大财税支持力度，全力推进长江经济带生态保护[*]

9月3日，财政部发布《关于全面推动长江经济带发展财税支持政策的方案》（以下简称《方案》），从五个方面提出17项财税支持政策。《方案》提出，完善财政投入和生态补偿机制，谱写生态优先绿色发展新篇章，包括更好地发挥一般性转移支付的调节作用、加大污染防治专项资金投入、积极支持推动生态环境保护修复、国家绿色发展基金等重点投向长江经济带、引导地方建立横向生态保护补偿机制、推进市场化多元化生态补偿机制

---

[*] 葛涛，博士，南通大学经济与管理学院副教授。本部分内容发表于江苏长江经济带研究院微信公众号，2021年9月12日。

建设等具体措施。为切实将上述具体措施落实到位，以下几个方面值得特别关注。

一是在建立流域上下游生态补偿机制方面，要通过对口协作、产业转移、共建园区等多种方式，促进沿江省市建立流域上下游之间、不同主体功能区之间的生态补偿财税政策，推动上中下游协同发展、东中西部互动合作。

二是在建立健全资源环境价格机制方面，要聚焦长江经济带的水环境、水资源等领域，把生态环境成本纳入经济运行成本，使生产者、消费者为能源资源消耗、污染排放"付费"，吸引更多社会资本进入环保领域，促进资源节约和污染防治。

三是在支持绿色发展示范带建设方面，要围绕沿江省市基础设施、现代产业、公共服务、生态环境一体化建设，以及生态修复、生态旅游、医疗康养等高端重大生态产业项目，针对具有明显示范效应的绿色发展示范带加大财税支持力度，完善市场化投入机制。

四是在建立生态产品价值实现机制方面，要引导国家绿色发展基金投向长江经济带生态产品价值实现机制试点的生态产品价值核算和成果发布、生态资源权益市场创设、可持续经营开发、保护补偿、评估考核等方面，探索生态产品价值实现机制。

四　探索绿水青山转化为金山银山的实践路径*

习近平总书记在全面推动长江经济带发展座谈会上提出，要积极探索推广绿水青山转化为金山银山的路径，选择具备条件的地区开展生态产品价值实现机制试点，探索政府主导、企业和社会各界参与、市场化运作、可持续的生态产品价值实现路径。其中，"生态产品价值实现"首次由国家领导人提出，将是绿色发展新阶段实践中需要探索的新议题。

---

* 季燕霞，南通大学江苏长江经济带研究院兼职研究员，经济与管理学院教授。本部分内容发表于江苏长江经济带研究院微信公众号，2020年11月22日。

生态环境保护不仅是要纠正以往经济发展中产生的各类污染问题，更需要探求绿色发展的新路径；环境保护的巨大投入，必须要有价值回报；生态优势应当体现出它的经济优势。这就是生态产品价值实现的基本缘由。

关于生态产品或者生态产品价值的含义，学术界已有初步的研究，将其概述为"区域生态系统为人类生产生活所提供的最终产品与服务价值的总和"。在实践中，浙江丽水也率先取得这方面的经济优势。但是，在跨省市的范围内，如何有效实现生态产品价值，还面临诸多难题：首先，生态产品的特殊性——非排他性和不可分割性；其次，跨区域之间的生态产品价值如何补偿；最后，既往的巨大环保投入如何以合理的方式获得回报。

生态产品价值是一种正外部性经济，往往不能通过市场交易直接体现，需要通过一定的机制设计，使得生态产品价值在市场上得到显现。能够在市场显现的生态产品价值一般是消费性的，具有直接使用价值，除此以外的生态产品价值往往难以通过市场交易体现，非使用价值产品难以得到市场的识别和认可。

因此，需要通过一定的机制设计，使得生态产品价值在市场上得到全面显现。生态产品价值在市场上得到了显现和认可，意味着生态产品（或生态系统服务）改善了消费者的福利（效用水平），因而人们愿意为生态产品带来的福利改善支付相应的费用，这一费用是反映生态产品价值的主要依据，包括生态产品的正外部性，以及为了保持这一正外部性不至于下降而进行的投入。浙江丽水在这方面的主要成就表现为旅游、地方名特优产品附加值增加效应。

对于江苏或者长江经济带而言，这应该说是一个大方向或者是基本思路，在南通，巨大的环保投入产生的经济效应也开始显现，突出表现在旅游业以及人才引进方面的成效逐步显现。但在这个过程中，如何设计合理的机制，促进生态产品价值增加，还值得探索。在总体构架上，需要处理好以下关系。

一是地区与地区之间的环保投入与价值回报的关系。重点需要国家层面的统筹协调，对为环保做出牺牲或投入较大的地区给予相应的财政补助。二是政府生态服务供给与生态产品生产企业之间的关系。相应地，地方税收和服务费用应适当增加，以体现公平。当然，这个度要合理把握。不能让新的增长点遭受扼杀。三是绿色金融的功能发挥与适度盈利的关系。如何在公益服务与金融企业之间获得平衡，也是一个值得深入研究的现实议题。四是生态产品的供给与消费之间的关系。毫无疑问，随着人们的美好生活水平的提升，优质生态产品将备受青睐。为此，政府、企业的积极推广与合理定价是关键。

　　总之，建构生态优势，并努力促进区域生态优势向经济优势转化，需要科学设计相应机制，特别是要处理好相关利益方之间的关系，这是我国各级政府以及学术研究机构需要深入研究的新课题。

五　将生态环境作为经济社会高质量发展的主要基础设施[*]

　　11 月 12 日在南通视察时习近平总书记指出，生态环境投入不是无谓投入、无效投入，而是关系经济社会高质量发展、可持续发展的基础性、战略性投入。将生态环境投入作为高质量发展的基础性、战略性投入，在理论上是环境治理观和高质量发展观的一个新变化、大突破，极大拓展了基础设施投入概念的外延与范畴，在实践上意味着地方政府财政投入结构的重要转变。我国作为基础设施投资大国，基础设施投入是我国经济持续增长的重要动力。如果将生态环境投入当作基础性投入来抓，那么可以预期，高质量发展又多了一个构建经济持续增长动能的新抓手。

　　一般认为，基础设施投入是社会经济发展的基础性、战略性和先导性投入，是实现经济社会可持续发展的重要条件。基础设施投入既包括能源、交通运输、电信、农业、林业、水利、城市建设等经济基础设施投资，也包括基础教育、基本医疗、社会保障等社会性基础设施投资。在一个国家经济发展的初级阶段，基础设施投入主要指向经济基础设施建设，随着经济社会发展水平的提高，社会性基础设施投入的比重将不断提高。经过 40 多年的改革开放，我国经济社会取得了巨大发展成就，人民群众的幸福感和获得感大

---

* 陈长江，南通大学江苏长江经济带研究院副研究员，博士。本部分内容发表于江苏长江经济带研究院微信公众号，2020 年 11 月 21 日。

幅提升，但生态环境等问题开始凸显，人民群众从注重"温饱"逐渐转变为更注重"环保"，从"求生存"转变为"求健康"，提高环境质量、美化生活环境是广大人民群众的热切期盼。党的十八大以来，习近平总书记反复强调生态环境保护和生态文明建设，强调要把生态环境保护放在更加突出位置，像保护眼睛一样保护生态环境，像对待生命一样对待生态环境，生态环境是人民美好生活的基础条件，是我国经济实现可持续发展最为重要的基础。将生态环境投入当作我国经济社会发展的基础性、战略性投入，是我国进入高质量发展阶段的必然要求，也是实现基本现代化的重要保障。在高质量发展阶段，生态环境越来越具有与基础设施相似的特征。

（一）公益性

基础设施建设的目的是提供公共服务，具有公益性或者正外部性特征，基础设施建设及运营质量直接关系到生产正常运转和人民生活质量，具有广泛的经济社会影响。基础设施投入带来的好处并不局限于某一类群体。生态环境投入具有典型的公益性特征，尤其是在高质量发展阶段，人民对清新空气、干净饮水、优美环境、健康生活有着更强烈的需求，提升生态环境能够显著改善广大人民群众的生活质量。正是在这样的形势下，习近平总书记指出，良好生态环境是最公平的公共产品，是最普惠的民生福祉。环境就是民生，青山就是美丽，蓝天也是幸福，这实际上是强调了新时代生态环境保护的公益性特征。

（二）长期性

与其他投入相比，基础设施建设初期投入巨大、使用期长、回收期长。例如，城市轨道交通平均综合造价为每公里7亿~10亿元，但其发挥作用的时间可能会延续上百年。规模巨大的基础设施投入，其效果在短期内难以得到集中反映，其所带来的经济、社会、环境影响也要通过一段相当长的时期才能表现出来。生态环境投入也类似，习近平总书记指出，生态环境保护是功在当代、利在千秋的事业。要以对人民群众、对子孙后代高度负责的态度和责任，真正下决心把环境污染治理好、把生态环境建设好。因此从可持续发展、高质量发展角度，生态环境是我国高质量发展阶段的基础性、战略性投入。

（三）间接性

基础设施的建设和管理，其目的并不完全着眼于获得项目自身的财务效益，而在于为整个国家和地方经济社会更好地发展提供基础条件，基础设施的效益主要通过服务对象的效益和整体社会经济效益间接地表现出来。生态环境保护投入，尽管直接经济效益不明显，但是为可持续发展、为满足人民日益增长的美好生活需要创造条件，间接效益明显。正如习近平总书记所指出的，要正确处理好经济发展同生态环境保护的关系，牢固树立保护生态环境就是保护生产力、改善生态环境就是发展生产力的理念，更加自觉地推动绿色发展、循环发展、低碳发展。

将生态环境保护当作高质量发展的基础性、战略性投入，对于"十四五"长江经济带高质量发展、可持续发展具有重要的现实价值，意味着生态环境投入要从原来的"被动型"转向"主动型""先导型"，通过主动建设更加安全、可靠、绿色、舒适的生态环境体系，更好地满足高质量发展的需要和人民对美好生活的向往。

六　经济增长质量对长江经济带环境污染的影响研究*

长江经济带面积占全国的21%，人口占全国的1/3，是我国重要的石油化工基地，流域有40万家化工企业、五大钢铁基地、七大炼油厂，钢铁、汽车、石化、水泥等重化工产业占比较高，其中长江沿线的钢铁产量占全国的36%，汽车和石化产量占全国的40%，重化工业占比较高也是长江经济带环境污染加剧的重要因素。特别是，长江流域污水处理排放总量占全国的40%以上，水污染给沿岸居民的饮水安全带来巨大挑战，长江流域的环境治理呈现破碎化态势，环境治理的跨区域联动机制尚未建立，生态系统退化仍在加剧。

为了加大长江经济带的环境治理力度，2016年1月习近平主席两次提及长江经济带生态环境保护问题。2016年1月5日，国家主席习近平在推动长江经济带发展座谈会上指出，长江经济带发展要把生态环境保护摆上优

---

* 陈长江，南通大学江苏长江经济带研究院副研究员。原创文章（尚未发表）。

先地位，涉及长江的一切经济活动都要以不破坏生态环境为前提，走生态优先、绿色发展之路是实现长江经济带可持续发展的必然选择。2016年1月26日在北京召开的中央财经领导小组第十二次会议上，习近平总书记再次强调，推动长江经济带发展，理念要先进，坚持生态优先、绿色发展，把生态环境保护摆上优先地位，涉及长江的一切经济活动都要以不破坏生态环境为前提，共抓大保护，不搞大开发。党的十九大报告提出美丽中国建设目标，进一步强调要以"共抓大保护、不搞大开发"为导向推动长江经济带发展。2018年4月26日习近平总书记在武汉召开的深入推动长江经济带发展座谈会上指出，推动长江经济带发展，前提是坚持生态优先，要处理好绿水青山和金山银山的关系，唯有牢固坚持生态优先、绿色发展，才能切实推动长江经济带以及我国经济的高质量发展。从"黄金水道""立体交通走廊""绿色发展"到高质量发展，体现出长江经济带建设思路的调整。特别是，长江经济带经济发展与环境污染联系紧密，如何破解"重化工围江"难题、加快产业转型升级、提高经济增长的质量与效益、推进生态文明建设是长江经济带发展中亟须解决的关键问题，高质量发展与生态环境优化是未来一段时间长江经济带建设的重要目标任务。

有鉴于此，本研究聚焦长江经济带绿色发展和高质量发展两大主题，系统分析经济增长质量提升影响环境污染的内在机理，在此基础上，基于长江经济带108个城市2000~2016年市级面板数据，探究经济增长质量对长江经济带环境污染的影响效应，基于对实证研究结论的分析，有针对性地提出相应的政策建议。

（一）文献综述

党的十九大指出，我国经济已由高速增长阶段转向高质量发展阶段，要推动经济发展质量变革、效率变革、动力变革，与此同时也强调生态文明建设的重要性，要像对待生命一样对待生态环境。可以预见的是，绿色发展、高质量发展是我国当前和未来一段时间经济发展的重中之重，国内外大量学者对此展开了研究。

经济增长是数量和质量的统一，既有量的要求，又有质的规定。早期研究主要集中于对经济增长量的考察。经济增长理论主要从经济数量增长视角表征经济增长，对经济增长质量的关注不多。随着研究的深入，经济增长质量的研究逐渐成为国内外文献关注的热点问题，部分学者开始从更广的范畴界定经济增长的内涵，如卡马耶夫[①]、Barro[②] 等的研究成果。近年来，经济增长质量业已成为国内学者研究的焦点问题，其中，经济增长质量内涵、指标体系构建是现有文献研究的一个重要分支。早期学者的研究主要从经济效率角度界定经济增长质量的内涵，[③] 全要素生产率是大量实证研究文献表征经济增长质量的常用做法。[④] 此做法的好处在于全要素生产率计算方法较为成熟，数据获取也较为容易。但是，全要素生产率更多的是反映经济发展中投入产出之间的关系，体现了经济增长中技术进步等要素对经济增长的贡献。实际上，经济增长质量的内涵要比其宽泛得多，用全要素生产率表示经济增长质量也具有局限性。[⑤] 为此，大量文献从广义角度界定了经济增长质量的内涵，如西北大学任保平教授团队对此做了大量研究。[⑥] 部分学者通过构建综合指标体系来表征经济增长质量，[⑦] 但总体而言，不同学者对经济增长质量内涵的界定有所不同。同时，经济增长质量的影响因素也是近年来学界研究的重点，现有文献从不同角度展开了此类研究。部分学者探讨了对外开放

---

① 〔苏〕Ｂ·Ｄ·卡马耶夫：《经济增长的速度和质量》，陈华山、左东官、何剑、陈继男译，湖北人民出版社，1983。

② Barro R. J., "Quantity and Quality of Economic Growth," Working Papers from Central Bank of Chile, 2002.

③ 任保平：《经济增长质量：理论阐释、基本命题与伦理原则》，《学术月刊》2012 年第 2 期。

④ 张长征、李怀祖：《中国教育公平与经济增长质量关系实证研究：1978~2004》，《经济理论与经济管理》2005 年第 12 期。

⑤ 李强、魏巍：《提高经济增长质量会抑制中国经济增长吗》，《财贸研究》2016 年第 1 期。

⑥ 钞小静、惠康：《中国经济增长质量的测度》，《数量经济技术经济研究》2009 年第 6 期；钞小静、任保平：《中国经济增长质量的时序变化与地区差异分析》，《经济研究》2011 年第 4 期；任保平、张蓓：《我国省级地方经济增长中数量与质量不一致性及其理论解释》，《社会科学研究》2016 年第 5 期；任保平：《新时代中国经济从高速增长转向高质量发展：理论阐释与实践取向》，《学术月刊》2018 年第 3 期。

⑦ 向书坚、郑瑞坤：《增长质量、阶段特征与经济转型的关联度》，《改革》2012 年第 1 期；何强：《要素禀赋、内在约束与中国经济增长质量》，《统计研究》2014 年第 1 期。

对经济增长质量的影响，主要研究了二重开放[①]、出口复杂度[②]、FDI[③]对我国经济增长质量的影响；部分学者从财政角度探讨了经济增长质量的影响因素，主要研究了财政分权[④]、地方官员来源[⑤]的影响；同时，地区差异[⑥]、资源禀赋[⑦]、环境规制[⑧]、制度变迁[⑨]对经济增长质量的影响也是现有文献研究的重要分支。

从 2014 年 9 月 25 日国务院出台《关于依托黄金水道推动长江经济带发展的指导意见》到 2018 年 4 月 26 日习近平总书记提出推动长江经济带高质量发展，围绕长江经济带发展的主题先后经历了"黄金水道""立体交通走廊""绿色发展""高质量发展"，与此同时，学界主要从这四个方面对长江经济带展开研究。"黄金水道"和"立体交通走廊"相关研究主要围绕长江经济带城市层级结构[⑩]、立体交通走廊[⑪]和交通基础设施[⑫]等展开。2016 年 1 月习近平主席发表关于长江经济带绿色发展讲话以来，长江经济带全要素能源效

---

① 毛其淋：《二重经济开放与中国经济增长质量的演进》，《经济科学》2012 年第 2 期。
② 戴翔：《服务出口复杂度与经济增长质量：一项跨国经验研究》，《审计与经济研究》2015 年第 4 期。
③ 范恒山：《我国促进区域协调发展的理论与实践》，《经济社会体制比较》2011 年第 6 期。
④ 林春：《财政分权与中国经济增长质量关系——基于全要素生产率视角》，《财政研究》2017 年第 2 期。
⑤ 詹新宇、刘文彬：《地方官员来源的经济增长质量效应研究》，《财政研究》2018 年第 4 期。
⑥ 钞小静、任保平：《城乡收入差距与中国经济增长质量》，《财贸研究》2014 年第 5 期；郝颖、辛清泉、刘星：《地区差异、企业投资与经济增长质量》，《经济研究》2014 年第 3 期。
⑦ 李强、高楠：《资源禀赋、制度质量与经济增长质量》，《广东财经大学学报》2017 年第 1 期。
⑧ 何兴邦：《环境规制与中国经济增长质量——基于省际面板数据的实证分析》，《当代经济科学》2018 年第 2 期。
⑨ 李强、魏巍：《制度变迁对中国经济增长质量的非线性效应分析》，《经济与管理研究》2015 年第 12 期。
⑩ 石林、侯景新：《城市外向型功能对城市空间联系的影响——以长江经济带城市为例》，《上海经济研究》2016 年第 7 期。
⑪ 彭智敏：《长江经济带综合立体交通走廊的架构》，《改革》2014 年第 6 期。
⑫ 靖学青：《长江水运与长江经济带经济增长——基于面板数据模型的实证研究》，《贵州社会科学》2017 年第 12 期。

率、收敛性及其影响因素成为学者研究的热点问题,[1] 既有分产业的研究[2],也有分污染源的研究[3]。同时,也有学者探讨了经济增长[4]、城镇化[5]、产业结构[6]对长江经济带全要素能源效率的影响。2018 年以来,一些学者提出了长江经济带高质量发展的必要性及其意义[7],但缺少系统深入的研究。

　　综上所述,现有文献着重探讨了经济增长质量内涵、测度及其影响因素,围绕长江经济带的主题研究主要有"黄金水道""立体交通走廊""绿色发展""高质量发展",这为本研究的进一步分析提供了有益借鉴。但是,现有文献对长江经济带高质量发展研究还较少,系统深入的研究尚不多见,更为重要的是,经济增长质量与环境污染之间具有一定的关联,遗憾的是,现有文献对此关注较少,对长江经济带绿色发展与高质量发展的关系的研究更是鲜有涉及。相较于现有文献而言,本研究的贡献在于:聚焦长江经济带绿色发展和高质量发展两大主题,探究经济增长质量对长江经济带环境污染的影响机理及其效应,研究视角较为新颖;相较于现有经济增长质量研究主要集中于省级层面而言,本研究以长江经济带 108 个城市作为考察对象,在系统阐释经济增长质量影响环境污染内在机理的基础上,实证研究增长质量提升的环境效应,研究具有一定深度;考虑到长江横跨我国东中西部三大区

---

① 李强、高楠:《长江经济带生态效率时空格局演化及影响因素研究》,《重庆大学学报》(社会科学版) 2018 年第 3 期。

② 吴传清、董旭:《长江经济带工业全要素生产率分析》,《武汉大学学报》(哲学社会科学版) 2014 年第 4 期;俞佳立、钱芝网:《长江经济带物流产业效率的时空演化及其影响因素》,《经济地理》2018 年第 8 期;吴传清、黄磊:《长江经济带工业绿色发展效率及其影响因素研究》,《江西师范大学学报》(哲学社会科学版) 2018 年第 3 期。

③ 卢曦、许长新:《长江经济带水资源利用的动态效率及绝对 β 收敛研究——基于三阶段 DEA-Malmquist 指数法》,《长江流域资源与环境》2017 年第 9 期;汪克亮等:《长江经济带大气环境效率的时空异质性与驱动因素研究》,《长江流域资源与环境》2018 年第 3 期。

④ 陈芳:《非合意产出约束下长江经济带能源效率评价与影响因素研究——基于非径向方向性距离函数估算》,《安徽大学学报》(哲学社会科学版) 2016 年第 6 期。

⑤ 王旭熙等:《城镇化视角下长江经济带城市生态环境健康评价》,《湖南大学学报》(自然科学版) 2015 年第 12 期。

⑥ 田泽、黄萌萌:《长江经济带终端能源消费碳减排效率与产业结构耦合分析》,《安徽师范大学学报》(人文社会科学版) 2018 年第 1 期。

⑦ 罗来军、文丰安:《长江经济带高质量发展的战略选择》,《改革》2018 年第 6 期。

域，不同地区在文化氛围、经济发展水平、制度环境等方面存在较大差异，本研究探讨了经济增长质量对长江上中下游城市环境污染的影响效应，对分析结果进行了解读，研究结论较为稳健可靠。

（二）机理分析

长江流域是我国东中西部地区互动合作的协调发展带，也是我国高密度的经济走廊之一，在我国经济社会发展中占有重要地位。高密度的产业布局对长江流域自然环境的破坏越来越大，生态环境优化、增长质量提升是长江流域未来一段时间亟须主抓的关键问题，在增长质量提升中促进绿色发展、在绿色发展中促进增长质量提升是未来长江经济带的发展趋势。本部分将从以下维度阐释经济增长质量影响环境污染的内在机理。

高质量发展背景下的经济发展方式转变有利于减少环境污染。改革开放以来，我国经济快速增长取得的成就被世人誉为"世界奇迹"，但这种增长主要依靠大量要素投入，特别是劳动力和资源投入。要素投入是促进经济快速增长的主要因素，与此相对应的是，技术水平、生产率等要素对经济增长的贡献率不高，为此，此阶段的经济增长以粗放型为主要特征，进而也造成生态环境不断恶化。从2007年胡锦涛同志首次提出"转变经济发展方式"到国家"十二五"规划、国家"十三五"规划强调把经济发展的重点放在提高经济增长的质量和效益上，再到党的十九大报告作出我国经济已由高速增长阶段转向高质量发展阶段的判断，可以看出，从"转变经济发展方式"到"高质量发展"体现了我国经济发展思路的演化过程，但从本质上来看，两者之间又是一脉相承、相互关联的，由粗放型经济增长方式向集约型经济增长方式转变，经济增长动力从要素投入逐渐向创新驱动、全要素生产率提升转变，是经济发展方式转变和高质量发展的共同要求。经济发展方式转变也是高质量发展的最核心内涵。因此，随着高质量发展战略的实施，经济发展方式的转变将有利于减少环境污染。

高质量发展背景下的五大发展理念的提出有利于减少环境污染。国家"十三五"规划提出创新、协调、绿色、开放、共享五大发展理念，这也是今后五年乃至更长时间内引领我国经济社会发展的基本方略。首先，党的十九大报告就绿色发展展开大量论述，提出"绿水青山就是金山银山"的发展理念。党的十九大报告也被称为最生态、最绿色、最美丽的党代会报告。可以预见的是，绿色发展理念在影响我国经济发展方式的同时，也会对我国环境质量产生重要影响。其次，创新、协调、开放、共享理念的提出体现了高质量发展的基本要求，特别是对资源集约使用、环境治理等问题的重视。因此，五大理念的实施将成为节能减排的重要推力。

高质量发展背景下的结构调整、增长动力转换有利于减少环境污染。增长动力转换是经济由高速增长阶段向高质量发展阶段转变的重要内容，正如前文所言，消费、投资和出口是拉动我国经济增长的传统"三驾马车"，这种增长模式必然需要以大量要素投入作为支撑，也是生态环境不断恶化的重要诱因。高质量发展背景下我国经济发展方式需要做出调整，增长动力将从要素驱动、投资驱动逐渐向创新驱动转变，在增长动力转换过程中也存在经济结构、产业结构的转型升级问题，进而成为影响资源使用、环境治理的重要因素。因此，高质量发展背景下增长动力转换、结构调整势必成为推动节能减排的关键因素。

高质量发展背景下的居民消费和企业生产行为转变有利于减少环境污染。从环境污染的产生根源来看，企业生产、居民生活中对煤、石油、天然气等化石能源的消费是环境污染的主要来源，并且企业的生产与居民消费需求息息相关，从这个角度来看，居民消费和企业生产行为转变是节能降耗的关键。高质量发展背景下居民对高质量商品的需求随之增加，其中对产品质量、产品环境标准等有着更高的要求，进而影响企业的生产行为，因此，高质量发展背景下居民消费和企业生产行为将成为影响环境质量的关键因素。

（三）研究设计

1. 模型构建

为了实证检验经济增长质量对长江经济带环境污染的影响效应，基于前文的理论分析，并避免内生性影响模型估计结果，将被解释变量环境污染的一阶滞后型作为解释变量引入模型，计量模型构建如下：

$$POLLUTION_{it} = \beta_1 POLLUTION_{i,t-1} + \beta_2 QUALITY_{it} + \beta_3 CONTROL_{it} + \varepsilon_{it} \tag{1}$$

其中，被解释 $POLLUTION$ 为环境污染水平，解释变量 $QUALITY$ 为经济增长质量，$CONTROL$ 为影响环境污染的其他控制变量；t 表示时间单元，i 表示地区单元，ε_{it} 为模型的随机扰动项，β_i 为模型的待估参数。

2. 变量设定

被解释变量（环境污染）：本研究实证研究数据为长江经济带市级面板数据，考虑到数据的可得性，本研究选取工业二氧化硫排放量、工业废水排放量和工业烟（粉）尘排放量表征环境污染。具体的做法是，首先对上述三个指数进行无量纲化处理，其次采用较为客观的获取权重的熵值法得到各变量的权重，最后计算得到长江经济带城市环境污染综合水平，用 $POLLUTION$ 表示。

解释变量（经济增长质量）：经济增长质量的表征前文已有论述，主要有单指标法和综合指标法两种。虽然单指标法（主要采用全要素生产率表征）只能衡量经济增长质量的某个方面，但考虑到本研究实证检验数据为长江经济带市级面板数据，采用综合指数法得到环境污染综合指数较为困难，因此，本研究参考任保平[①]的做法，利用全要素生产率表征经济增长质量。具体的做法是，采用基于投入产出分析的 DEA 方法计算全要素生产率，其中，将各城市劳动从业人员和固定资产投资作为投入要素引入模型，将地区生产总值（GDP）作为产出指标引入模型，采用 DEA 方法算出各地区经济增长质量指数，用 $QUALITY$ 表示。

控制变量：根据现有文献研究可知，经济快速增长会加剧环境污染，而且，经济学家库兹涅茨的研究表明，经济增长与环境污染呈倒"U"形关系，因此，学界用环境库兹涅茨曲线（EKC 曲线）来表示两者之间的关系。为了考察经济增长与环境污染之间的非线性关系，本研究将经济增长和经济增长的二次项引入模型中，进而验证环境库兹涅茨曲线在长江经济带是否成

---

① 任保平：《新时代中国经济从高速增长转向高质量发展：理论阐释与实践取向》，《学术月刊》2018 年第 3 期。

立。经济增长用 *GDP* 表征。对于资源型城市而言，资源开发是影响环境污染的重要因素，因此，本研究将资源禀赋变量引入模型，参考李强和徐康宁[①]的做法，用采掘业从业人员占城市全部从业人员的比重表示资源禀赋，用 *NR* 表示。为了加大环境治理力度，中央与地方政府纷纷出台一系列政策、法规予以推进环境治理，因此，本研究引入环境规制变量，用 *ER* 表征。现有文献对环境规制的标准方法较多，考虑到数据的可能性，本研究采用"三废"去除率表示环境规制。近年来，城镇化的快速发展成为促进我国经济快速增长的重要因素，与此同时也成为影响地区环境污染的关键因素。考虑到城镇化对环境污染的影响，本研究引入城镇化率变量，用 *URBAN* 表征。依托于良好的区位条件，长江经济带沿岸城市是我国吸引外资最为活跃的地区，也是促进长江沿岸城市快速发展的重要动力，但与此同时也给当地环境污染造成重大影响。为了考察外商直接投资对长江经济带环境污染的影响，本研究引入外商直接投资变量，用各城市实际外商投资额占 GDP 的比重表示，用 *FDI* 表征。为了考察产业升级对长江经济带环境污染的影响，本研究引入产业升级变量，用产业结构高级化和产业结构合理化来表示。具体而言，产业结构合理化用经济结构偏离度表示，产业结构高级化采用第三产业产值与第二产业产值之比表示，同样采用熵值法将产业结构高级化和产业结构合理化综合成产业升级指数，用 *UP* 表征。

3. 数据说明

本研究实证研究数据为长江经济带 108 个城市 2004~2016 年市级面板数据，共计 1404 个观测值。考虑到铜仁、巢湖、毕节等长江经济带城市的区划调整，这里将这些城市予以剔除。被解释变量环境污染和各解释变量数据均来源于《中国城市统计年鉴》，个别城市缺失数据通过查阅地方统计年鉴予以补齐。数据处理与编辑均在 stata 软件中进行，对各变量的描述性统计如表 8-10 所示。

---

① 李强、徐康宁：《资源禀赋、资源消费与经济增长》，《产业经济研究》2013 年第 4 期。

表 8-10　变量的描述性统计结果（2004~2016 年）

变量	观测值	均值	标准差	最小值	最大值
POLLUTION	1404	0.88	0.13	0	1
QUALITY	1404	1.01	0.12	0.41	1.93
GDP	1404	0.17	0.31	0.005	6.04
GDP^2	1404	0.13	1.08	0.00003	36.52
NR	1404	0.04	0.07	0	0.54
ER	1404	0.56	0.19	0.12	0.98
URBAN	1404	0.24	0.15	0.02	0.96
FDI	1404	0.02	0.02	0	0.46
UP	1404	0.23	0.21	0.003	1.00

综合而言，长江经济带环境污染水平呈现如下特点：时序演化特征上，相较于 2004 年而言，长江经济带 2016 年各城市环境污染水平总体呈现下降趋势，特别是污染较为严重的城市数量明显减少；此外，中部省份中，江西、安徽环境污染水平呈下降趋势，与之相反的是，湖南、湖北部分城市的环境不断恶化。空间分布上，长江上游、中游城市环境污染指数明显高于长江下游地区，长江下游地区中，上海、江苏、安徽环境质量提升较快。

可知，长江经济带城市经济增长质量不断提高，综合而言，长江上游、中游与下游城市经济增长质量呈上升趋势。

综合可知，长江经济带经济增长质量与环境污染具有较高关联性，经济增长质量较高的长江下游城市，其环境污染水平较低，而长江上游城市经济增长质量不高，却是环境污染最为严重的地区，初步的经验观察表明长江经济增长质量与环境污染呈负相关关系。

（四）实证分析

1. 全样本分析

为实证考察经济增长质量提升对长江经济带环境污染的影响，并避免内生性影响模型计量检验结果，本部分首先采用差分 GMM 估计方法进行估计，并对被解释变量做滞后一期的处理，将解释变量的一阶滞后项作为解释

变量的工具变量，估计结果如表 8-11 所示。表 8-11 最后三行报告了工具
变量的有效性、随机干扰项的一阶和二阶序列相关检验，结果显示，工具变
量的选取是有效的，随机干扰项不存在二阶序列相关问题，表 8-11 中模型
估计结果是有效的。

　　表 8-11 为依次引入解释变量的回归结果，这里重点分析表 8-11 中模
型（5）估计结果。具体而言，表 8-11 模型（1）至模型（5）中经济增
长质量变量系数均为负，并在 1% 的显著性水平上显著，表明经济增长质
量提升有利于降低长江经济带城市环境污染水平。此结论的实际意义在
于，提高经济增长质量对长江经济带的绿色发展具有促进作用，可以预见
的是，随着高质量发展战略的实施，长江经济带城市的环境质量将持续改
善，意味着长江经济带能协同实现高质量发展和绿色发展。研究还发现，
经济增长变量系数显著为正，经济增长二次项变量系数显著为负，表明经
济增长对长江经济带的环境污染具有先促进再抑制的影响，环境库兹涅茨
假说显著成立。资源禀赋变量系数显著为负，意味着资源开发有利于降低
长江经济带环境污染水平，可能的解释是，随着生态文明建设以及绿色发
展理念的提出，长江沿岸城市都较为重视环境污染问题，环境规制强度普
遍增加，对环保不达标企业或项目的监管力度不断加大，进而使得环境污
染水平降低。环境规制变量系数为负，并在 1% 的显著性水平上显著，表
明环境规制强度提升有利于降低长江经济带环境污染水平，意味着提高环
境规制强度是实现长江经济带绿色发展的重要举措。城镇化变量显著为
正，表明城镇化进程的快速推进是加剧我国环境污染的重要因素。因此，
对于人口集中度较高、经济繁荣的长江经济带而言，实施城镇化战略的同
时，污染防治、环境治理势必成为长江沿岸城市发展中应关注的重点问
题。外商直接投资变量系数显著为正，表明外商直接投资在促进经济增长
的同时，也加剧了长江经济带的环境污染水平。此结论的实际意义在于，
对于长江经济带而言，在招商引资过程中需要严把环境质量关。产业升级
对长江经济带环境污染具有显著的负向影响，意味着产业转型升级有利于
降低环境污染水平。

表 8-11　动态面板模型估计结果

模型	（1）	（2）	（3）	（4）	（5）
被解释变量	环境污染	环境污染	环境污染	环境污染	环境污染
估计方法	FD-GMM	FD-GMM	FD-GMM	FD-GMM	FD-GMM
L. POLLUTION	−0.003 （−0.60）	−0.061 *** （−11.34）	−0.086 *** （−17.19）	0.016 *** （3.64）	0.054 *** （9.83）
QUALITY	−0.080 *** （−36.65）	−0.079 *** （−34.34）	−0.073 *** （−38.96）	−0.037 *** （−21.75）	−0.023 *** （−20.01）
GDP	0.052 *** （11.62）	0.086 *** （17.22）	0.104 *** （22.69）	0.200 *** （53.96）	0.228 *** （68.23）
GDP^2	−0.011 *** （−6.96）	−0.014 *** （−9.42）	−0.016 *** （−11.91）	−0.036 *** （−30.82）	−0.043 *** （−49.45）
NR	−0.041 （−1.15）	−0.168 *** （−4.80）	−0.230 *** （−9.23）	−0.255 *** （−13.16）	−0.226 *** （−16.86）
ER		−0.045 *** （−11.12）	−0.072 *** （−18.69）	−0.106 *** （−30.46）	−0.108 *** （−47.57）
URBAN			0.083 *** （22.82）	0.098 *** （31.38）	0.106 *** （40.58）
FDI				1.751 *** （57.89）	1.012 *** （39.83）
UP					−0.057 *** （−26.06）
_CONS	0.967 *** （164.38）	1.034 *** （208.36）	1.045 *** （174.88）	0.879 *** （123.38）	0.852 *** （153.18）
N	1188	1188	1188	1188	1188
AR(1)	0.0000	0.0000	0.0000	0.0002	0.0000
AR(2)	0.4392	0.8421	0.3040	0.9321	0.3698
Sargan test	0.1020	0.1016	0.2143	0.2455	0.4013

注：括号里数字为每个解释变量系数估计的 z 值，" *** "" ** "" * "分别表示 1%、5% 和
10% 的显著性水平。Sargan 检验的原假设是"过度识别约束是有效的"，若接受原假设表明工具变量
设定是合理的。

2. 区域异质性分析

长江经济带横跨我国东中西部地区三大板块，一直以来都是我国经济发展最为活跃的地区，对于我国经济社会发展而言具有一定的代表性。考虑到区域间文化氛围、经济发展水平、制度环境等方面的差异，本部分将探讨经济增长质量提升对长江上游、中游和下游城市（文中长江经济带上游地区是指重庆、四川、贵州和云南等省份的城市，长江中游地区是指湖南、湖北和江西等省份的城市，长江下游地区是指上海、江苏、浙江和安徽等省份的城市）环境污染的影响，回归结果如表8-12所示。为避免内生性影响模型估计结果，分区域检验同样采取差分GMM估计方法进行估计，表8-12中模型（1）至模型（2）为长江上游城市样本的回归结果，模型（3）至模型（4）为长江中游城市样本的回归结果，模型（5）至模型（6）为长江下游城市样本的回归结果，工具变量的选取与表8-11一致，这里不再赘述。表8-12回归结果显示，经济增长质量对长江上游和下游城市环境污染具有显著的负向影响，对长江中游城市环境污染具有正向影响，表明增长质量提升有利于降低长江上游和下游城市的环境污染水平，对长江中游城市（湖南、湖北和江西等中部省份的城市）的环境污染水平的影响不明显。导致此结论的可能原因在于，相较于东部、西部和东北部区域而言，中部地区的经济增长是我国四大区域中最快的。据统计，2017年中部地区经济增长8%，领跑于四大板块；2018年上半年，中部地区经济增长7.91%，同样高于东部地区（6.69%）、西部地区（7.23%）和东北部地区（4.53%）。因此，对于中部地区而言，高质量发展势必成为引领经济增长的指向针，但经济增长也是中部城市的重要任务之一，与经济快速增长相伴而生的是城镇化进程快速推进，固定资产投资、外商直接投资快速增长，进而加剧环境污染水平。因此，综合来看，高质量发展对长江中游城市环境污染的影响显著为正。此结论的实际意义在于，加快长江中游城市发展方式转变、产业转型升级是实现长江经济带绿色发展的关键。研究还发现，环境库兹涅茨假说在长江下游城市显著成立，而在长江上游和中游地区不成立；环境规制对长江下游城市环境污染的影响显著为负，对长江上游和中游城市的环境污染水平的影响不显著。此结论的启示性意义在于，环境治理中需要考虑区域经济发展的阶段差异，进而制定相应的环境政策，同时，在建立跨区域环境治理协同机制时，在环境治理责任的分摊上需要将区域经济发展和环境污染水平考虑进去。此外，城镇化、资源禀赋、外商直接投资、产业升级等变量的影响同表8-11基本一致，这里不再赘述。

表 8-12　分区域分析

模型	（1）	（2）	（3）	（4）	（5）	（6）
被解释变量	环境污染	环境污染	环境污染	环境污染	环境污染	环境污染
估计方法	FD-GMM	FD-GMM	FD-GMM	FD-GMM	FD-GMM	FD-GMM
区域	上游	上游	中游	中游	下游	下游
$L. POLLUTION$	0.014 （0.36）	0.055 * （1.81）	0.110 * （1.75）	0.241 *** （4.44）	0.012 （0.43）	0.102 *** （3.27）
$QUALITY$	−0.020 *** （−2.59）	−0.014 * （−1.76）	−0.006 （−1.03）	0.008 （1.17）	−0.038 *** （−5.25）	−0.030 *** （−3.67）
GDP	−0.029 （−0.46）	0.033 （0.43）	−0.024 （−1.19）	−0.011 （−0.45）	0.215 *** （10.17）	0.222 *** （7.87）
GDP^2	0.111 *** （2.90）	0.074 * （1.88）	0.004 * （1.65）	0.001 （0.22）	−0.058 *** （−10.64）	−0.059 *** （−6.99）
NR	−0.288 *** （−2.62）	−0.235 （−1.55）	0.040 （0.28）	−0.124 （−0.83）	−0.153 （−0.82）	−0.072 （−0.40）
ER	0.029 （1.15）	0.028 （1.05）	0.001 （0.11）	0.013 （1.26）	−0.118 *** （−7.19）	−0.094 *** （−5.28）
$URBAN$	0.040 *** （2.74）	0.040 *** （2.99）	0.078 *** （7.10）	0.073 *** （4.53）	0.099 *** （10.44）	0.109 *** （11.46）
FDI	2.738 *** （8.74）	2.029 *** （4.52）	0.471 *** （3.89）	0.290 *** （3.60）	0.962 *** （10.71）	0.105 （0.54）
UP	—	−0.038 *** （−3.05）		−0.072 *** （−10.04）		−0.076 *** （−6.52）
$\_CONS$	0.878 *** （24.09）	0.844 *** （29.69）	0.780 *** （14.44）	0.663 *** （14.54）	0.851 *** （35.39）	0.786 *** （27.00）

模型	（1）	（2）	（3）	（4）	（5）	（6）
N	341	341	396	396	451	451
AR（1）	0.0057	0.0029	0.0075	0.0102	0.0047	0.0054
AR（2）	0.9319	0.7643	0.3708	0.1219	0.1650	0.1347
Sargan test	1.0000	1.0000	1.0000	1.0000	1.0000	1.0000

注：括号里数字为每个解释变量系数估计的 z 值，"＊＊＊""＊＊""＊"分别表示 1%、5% 和 10% 的显著性水平。Sargan 检验的原假设是"过度识别约束是有效的"，若接受原假设表明工具变量设定是合理的。

（五）研究结论与政策建议

长江是我国第一大河，横跨我国东中西三大经济板块，一直以来都是我国经济发展最为活跃的地区，在我国经济发展战略中占有重要地位。自《国务院关于依托黄金水道推动长江经济带发展的指导意见》发布以来，长江经济带的发展主题经历了"黄金水道""立体交通走廊""绿色发展""高质量发展"的过程，高质量发展与生态环境优化是未来一段时间长江经济带建设中的重要目标任务。为此，本研究以长江经济带 108 个城市为考察对象，聚集长江经济带高质量发展和绿色发展两大主题，在系统阐释经济增长质量影响环境污染内在机理的基础上，基于长江经济带 108 个城市 2000～2016 年市级面板数据，探究经济增长质量对长江经济带环境污染的影响，并分别探讨了经济增长质量对长江上中下游城市环境污染的影响，主要结论如下。

第一，全样本回归结果方面，经济增长质量提升显著降低了长江经济带城市环境污染水平，意味着高质量发展是实现长江经济带绿色发展的重要手段。因此，随着国家高质量发展战略的实施，长江经济带城市的环境质量将得到持续改善，长江经济带将协同实现高质量发展和绿色发展。

第二，分区域异质性分析方面，经济增长质量提升有利于降低长江上游和下游城市环境污染水平，对长江中游城市环境污染水平的影响不明显，经济增长质量对长江经济带不同区域环境污染水平的影响存在异质性特征。

第三，控制变量方面，环境库兹涅茨假说在长江经济带全样本层面回归显著成立，但分区域研究发现，环境库兹涅茨假说在长江下游城市显著成立，而在长江上中游城市不成立。城镇化、外商直接投资是加剧长江经济带环境污染的重要因素，而环境规制、产业升级有利于降低长江经济带城市环境污染水平。

基于前文的理论与实证研究，提出以下政策建议。

第一，发挥长江经济带高质量发展的引领作用，将长江经济带建成我国高质量发展的示范区。长江流域历来是我国经济发展最为活跃的地区，是我国人口、产业集聚度较高的区域，有着较好的产业和经济发展基础，多项发展举措走在全国前列，但同时也是我国环境污染较为严重的区域。为推动长江经济带高质量发展，应落实五大发展理念，加快转变经济发展方式，助推经济结构调整、增长动力转换，实现长江经济带经济增长速度与质量的同步增长，将长江经济带打造成为引领我国高质量发展的先行示范区、示范带。

第二，遵循生态优先、绿色发展原则建设长江经济带，将长江经济带建设成为我国生态文明建设的生态示范带。因此，长江经济带未来的发展应坚持生态优先原则，在招商引资、项目建设中始终遵循绿色发展理念，将生态文明建设贯穿于长江经济带发展的全过程中，为周边地区的经济发展起到示范带动作用，将长江经济带打造成新时代我国经济发展的"新样板"。

第三，在高质量发展中促进绿色发展、在绿色发展中促进高质量发展，协同实现长江经济带高质量发展和绿色发展。根据前文的理论与实证研究，高质量发展和绿色发展之间是相关关联的，高质量发展有利于促进长江经济带的绿色发展，因此，在长江经济带未来的发展中，应当始终坚持高质量发展和绿色发展原则，将高质量发展和绿色发展贯穿于经济发展的全过程。

第四，在长江经济带不同区域推行差异化的经济发展之路，在制定环境政策时考虑区域发展的阶段差异，制定符合地方发展实际的环境治理政策。实证研究表明，长江经济带上中下游城市在经济发展和环境质量上存在较大差异，政策的制定应结合地方特色，切记"一刀切"，这样也有利于提高政策的执行效果。

第五节　文化法治研究

一　以长江文化引领长江经济带高质量协同发展[*]

习近平总书记亲自谋划、亲自部署、亲自推动长江经济带高质量发展。2016 年以来，他的足迹遍布长江上游、中游、下游，三次召开座谈会，从"推动"到"深入推动"再到"全面推动"，从给长江经济带发展定"共抓大保护、不搞大开发"的基调到强调"把修复长江生态环境摆在压倒性位置""探索生态优先、绿色发展新路子"再到"要把长江文化保护好、传承好、弘扬好，延续历史文脉，坚定文化自信"。三次座谈会对长江经济带发展的要求层层推进，充分体现了系统论和辩证法。

三次座谈会释放出长江经济带高质量发展的两个重要方向。一是全面推进协同发展，实现共同富裕。习近平总书记提出的"共抓大保护"的一个"共"字和努力将长江经济带打造成有机融合的高效经济体的定位，都突出了协同发展的内涵。沿江各省市要在国内国际双循环相互促进的新发展格局下找准各自的定位，树立"一盘棋"思想，错位发展、协调发展、联动发展，有机融合，形成整体合力，推动长江经济带高质量发展、一体化建设。二是全面推进绿色发展，实现生态产品价值。"共抓大保护、不搞大开发"不是不开发，而是要绿色发展，要处理好绿水青山和金山银山的关系，要积极探索推广绿水青山转化为金山银山的路径，探索生态产品价值实现机制和政府主导、企业和社会各界参与、市场化运作、可持续的生态产品实现路径，形成"在发展中保护，在保护中发展"的良性循环。

"君住长江头，我住长江尾"，不管是全面推进协同发展还是全面推进绿色发展，都离不开"共饮一江水"的长江经济带共同体的认同感，而这

---

[*] 瞿锦秀，博士，南通大学江苏长江经济带研究院讲师。本部分内容发表于江苏长江经济带研究院微信公众号，2021 年 11 月 12 日。

个认同则源于习近平总书记南京讲话中提到的"长江文化"。这是超越经济上的竞争关系和历史上的不同文化圈划分，形成的一种"沿江就是一家人"的情感，是一种相对一体化的、多样共生的文化体系。习近平总书记强调，长江是中华民族的母亲河，是中华民族的代表性符号，也是中华民族发展的重要支撑和中华文明的标志性象征，是涵养社会主义核心价值观的重要源泉。所以，要以长江文化引领长江经济带高质量发展。

一是"绘蓝图"，统一长江文化内涵的共识，明确长江文化保护的具体对象、长江文化传承的保障制度和长江文化弘扬的行动方法；二是"找联系"，长江文化多元丰富，要求同存异，协同各省市各文化类型的差异化发展和一体化发展，实现各美其美、多元竞美、美美与共的长江文化特色；三是"强创新"，通过价值创新、产品创新、方式创新、技术创新使长江文化的保护、传承和弘扬"活起来"；四是"走出去"，长江与黄河共同孕育了华夏民族，是中国大河文明的典型标志之一，要争取"长江国家文化公园"成为第五个国家文化公园项目，提高中国长江文化话语权，与黄河文化携手构建中国大河文化话语体系，守好中国大江大河文化岗，增强文化自信。

二 长江流域替代性修复模式的实践方向 *

2020年11月14日，习近平总书记在全面推动长江经济带发展座谈会上强调，要把修复长江生态环境摆在压倒性位置，构建综合治理新体系，统筹考虑水环境、水生态、水资源、水安全、水文化和岸线等多方面的有机联系，推进长江上中下游、江河湖库、左右岸、干支流协同治理，改善长江生态环境和水域生态功能，提升生态系统质量和稳定性。

生态修复是长江生态环境保护的重要措施，替代性修复项目的实践模式构建，对于生态环境修复有着关键性作用。有必要将替代性修复项目纳入多元共治的整体框架，既鲜明体现环境行政执法的协调角色，充分借力司法机

---

* 靳国宇，博士，南通大学经济与管理学院讲师。本部分内容发表于江苏长江经济带研究院公众号，2021年11月11日。

关的裁判功能，又注重发掘社会公众在生态修复治理中的能动作用。

（一）环境行政机构作为替代性修复项目的协调者

综观我国司法实践，替代性修复项目常常没有体现在判决书之中，这在一定程度上可能促成了替代性修复方式的形式化倾向，为了真正促进替代性环境项目在我国的实践，法院不妨具体化生态环境替代性修复方案，否则，司法实践中的生态环境修复费用很可能会"名不副实"，甚或演变成筹集资金治理环境污染的借口，导致逐渐偏离生态环境恢复的目标。

然而关于替代性修复方案的协调工作，并不必由法院承担，应该委之于更具有专业优势的环保行政部门，法院只需履行必要的审查功能。长江生态环境的替代修复是一项复杂的系统工程，需要相关政府部门以及社会公众的共同参与，环保行政部门在专业性、灵活性和高效率等方面具有明显优势，让其承担主要协调者的角色，有充分的现实基础。具体而言，生态环境替代性修复方案的制定、执行和结果验收，都需要环保行政部门的联动协助。

（二）社会公众作为替代性修复项目的参与者和推动者

除了相关当事方外，修复方案的确定需要公众的参与，以一定形式充分征求公众或相关利益方的意见，是凝聚众智的需要，这也是消解公众质疑的重要途径。如果法院将之视为掣肘，将是因小失大。在"常州污染案"中，法院将三套方案在受污染场地周边予以公示，并到现场以发放问卷的形式收集公众意见。这些尝试体现了环境法的"公众参与"原则，具有很强的示范意义。

作为利益相关方，原告和被告以及社会公众都有理由参与修复方案的调整，影响修复方案的最终确定；被告作为企业，提高排放标准，显然会增加成本，但无疑也是对其形象的一次"绿色提升"，考虑到当前企业的特殊情况，可以考虑在和解协议中规定一定的强制期，超过强制期，企业可以选择符合法律的最低要求即可；引入社区意见，对修复方案进行评价。补充环境项目，虽然和违法行为致害潜在群体未必相关，但是其利益诉求在同等条件下值得优先考虑。

（三）司法机关作为替代性修复项目的审查者和确认者

考虑到法庭一般难以接触到现场环境，在方案拟定方面并无优势。在方案的拟定方面，不妨发挥环保行政部门的牵头作用，法院可以对之进行审查，并将其体现在判决书中。

环境案件具有不同于一般案件的特点，要求法官适度实现自己角色的超越，对相关项目进行审查。当然，这种审查要进行必要的限制，法院在判决替代性方式时，要注意听取环保部门和环境违法人的意见，尊重环保部门和当事人的意见，以确保取得更好的修复效果。此外，在审查过程中，应注重修复方案的灵活性。

（四）专业评估机构作为替代性修复项目的事后评价者

在替代性修复项目的评价方面，可以采取环保行政部门全程监督下的第三方专业机构评价模式。为了体现司法制衡，相应的减免决定可以采取法院审查的方式。在具体制度的设计上，参照美国等国的替代性修复项目经验，采取阶梯式豁免罚款制度，相关的第三方机构可以对替代性环境项目进行评价验收，对于优质的项目，可以全面免除罚金，相应的保证金予以退还。对于特别优质的项目，还可以建议地方政府予以奖励。

当然，鉴于我国第三方评估机构的发展不尽成熟，环保行政部门要发挥好监督引导作用。上述举措可以激励环境违法者用心管理替代性修复项目，确保实效，防止"空判"情况的发生。

三　长江经济带发展财税支持政策的价值意蕴[*]

2021年9月2日，财政部印发《关于全面推动长江经济带发展财税支持政策的方案》，提出加大各级财政资金支持力度，完善市场化多元化投入机制，健全横向和纵向财政体制，调动政府和市场、中央和地方的积极性，支持长江经济带成为我国生态优先绿色发展主战场、畅通国内国际双循环主动脉、引领经济高质量发展主力军。

中央出台财税政策，可谓是真正洞悉了长江经济带生态保护和高质量发

---

[*] 靳匡宇，博士，南通大学经济与管理学院讲师。本部分内容发表于江苏长江经济带研究院公众号，2021年9月14日。

展的痛点，对于破解资金瓶颈意义重大，也为相应激励机制和动力结构的优化奠定了坚实的基础。但在理解的过程中，可能会出现一些认知过于简化的情形。为避免对其窄化理解，防止错解政策意图，在具体实施中产生偏离效应，需要把握如下几点。

（一）体现了央地协同的思维

财税支持政策明确，引导和鼓励沿江省市落实好流域治理和生态保护修复任务，对相关工作完成效果显著的省市，在分配相关专项资金时给予倾斜。财税政策并非仅止于中央的单向资源供给，也并非授长江经济带以"鱼"而是授其以"渔"。诚然，中央一般性转移支付的作用是财税政策的基础。但其更重大的意义在于调节，在于作为杠杆放大制度效果。国家对地方的"引导"说明了其不仅是统筹者的角色，还有协助者的色彩。中央绝非要包办一切，而是要给地方一定的制度探索空间，转"输血"为"造血"，只有充分调动中央和地方的积极性，才可能确保财税政策真正落地，实现最大化效果。

（二）体现了江海统筹的思维

长江奔流，必将涌入大海。长江不是一个自足的存在，不应该没有海洋的笔墨。财税支持政策明确，做好现行启运港退税工作，解决长江航线长、江海中转耗时久等制约沿江货物出口退税速度的关键问题。长江经济带有鲜明的流域指向性，然而对于沿海等江海交接情形，不应该因其边缘而有所懈怠，水作为主要环境要素的流动性，决定了江海属于自然命运共同体的关系，应该遵循发展的整体性理论，充分运用陆海统筹的思维，予以一体化考虑。

（三）体现了空间整合的思维

长江经济带本身是一个复杂空间，对山水林田湖草沙的生态系统而言具有基础性地位，政策在关注生态空间的同时，强调生活空间、生产空间也是不可偏僻的对象，实现三生空间的同频共振，要求财税政策进行合理的配置。真正起到优化空间结构的效果，防止可能的目标偏离结果的出现。对生态修复等环境治理予以了关注，契合了生态保护的时代任务；对生产的可持續保障做了部署，繼續強化了綠色發展的總基調；對扶貧攻堅保障方面提出了要求，可謂是對人民群眾生活空間發展均衡化的一種深度關切。

（四）體現了民生導向的思維

財稅支持政策明確，支持重點水域禁捕和退捕漁民安置保障，不僅體現了中央深沉的關懷，也說明了相關政策的出台已經跨越了傳統單環境要素施策的歷史局限，實現了治理要素的全面統籌。長江經濟帶財稅政策，並非要建立一個和人疏離的美麗新世界，也不是追求缺少民生導向的經濟發展，而是有著鮮明的民生導向。比如，進一步降低的綠色金融門檻，真正普惠化、平民化。又如，充分體現環境正義的要求，對退捕漁民等環境弱勢群體給予偏向性關懷。

（五）體現了循序漸進的思維

長江經濟帶財稅政策對於優化經濟發展結構、實現產業轉型升級來說，是重大的利好。然而在鼓舞信心之余，也不宜盲目樂觀，而是應該遵循新舊交替動能演進的基本規律，做好基礎性培育工作，掌握好節奏，防止操之過急，以至於發生過猶不及的情形。財稅支持政策明確，加大對沿江省市的傾斜支持力度，積極穩妥化解鋼鐵、煤炭等領域落後產能，聚焦重點產業鏈條，支持開展產業鏈協同創新、公共服務平台建設和首台（套）重大技術裝備保險補償試點，促進產業基礎能力提升，完善產業技術公共服務體系，推動重大技術裝備推廣應用。面對歷史負擔和時代任務，"積極穩妥"依然是一個必要的選項，體現了頂層設計對規律的尊重。

四 以"繡花"功夫守護萬里長江的千年文脈*

2020 年 11 月 14 日，習近平總書記在全面推動長江經濟帶發展座談會上強調，要將長江的歷史文化、山水文化與城鄉發展相融合，突出地方特色，更多采用"微改造"的"繡花"功夫，對歷史文化街區進行修復。"繡

---

* 成長春，江蘇省中國特色社會主義理論體系研究中心南通大學基地主任、江蘇長江經濟帶研究院院長。本部分內容發表於《光明日報》2020 年 11 月 17 日。

花"功夫是习近平总书记在多个领域多个场合提到的关键词和高频词。深刻领会"绣花"功夫内涵，保护弘扬长江文化需要发扬好"绣花匠"精神，精心谋划、按"图"作业；铆劲实干、聚力创新；精准落点、穿针引线。通过绵绵用力、久久为功，让人民寻得见万里长江的千年文脉。

首先，下"绣花"功夫，弘扬长江文化需要精心谋划、按"图"作业，坚持战略思维，做好顶层设计。一是重视文化建设的地位。各省市需要统一认识，把长江文化建设既作为城市层面创新建设的重要抓手，又作为区域层面创新合作的重要联结，更作为国家层面坚定文化自信的具体落实。长江沿线各省市更需要主动承担起繁荣文化的历史使命，把创造性地发展城市文化、打造与众不同的城市品牌形象，自觉纳入国家文化"软实力"建设中。二是树立全球视野。文化是城市的名片，也是人们对一个城市形象认知的显著标识。长江文化建设顶层设计要放眼全球，既要凸显本土文化特色，又要彰显国际视野。当前长江经济带沿线有 11 个城市入选全球创意城市网络，要通过主动传播将自身的文化特质呈现出来，形成城市的文化影响力。三是制定综合性科学规划。注重文化基础研究，实现长江文化建设的系统性、持续性。要认识到长江文化建设是发生在经济、社会各个领域的复杂的系统活动，要更加注重基础研究的引领功能，以精准管理提升城市软实力。

其次，下"绣花"功夫，弘扬长江文化需要铆劲实干、聚力创新，坚持创新思维，建设长江沿线特色城市示范段。一是创新文化产品供给，凸显城市特色。坚持创造性转化、创新性发展，传承弘扬巴蜀文化、两湖文化、吴越文化等优秀传统地域文化，深入挖掘不同文化高地的文化基因，进一步凸显地域的特色化发展。注重文化内容原创生产，结合地域特色推动原创内容向文化产品转化，用"工匠精神"提升文化产品品质，培育新型文化业态，以内容优势和质量优势打造文化标识工程。二是创新"文化+"组合，培育城市发展新动力。用"文化+"开拓文化产业跨界融合发展空间，通过跨门类融合增加文化产品和服务的附加值，延伸文化产业发展链条；通过跨要素融合整合文化产业发展资源；通过跨行业融合实现优势互补；通过跨地域融合实现文化产业的跨区域发展，以模式优势赢得文化产业市场竞争力，培育城市发展新动力。三是创新文化组织机制，建设跨城市示范段。长江文化建设需要一个整体的建设规划和强有力的统筹协调机制来推动。通过科学确定创新目标、积极加强政策扶持、广泛开展文化交流、全面繁荣文化市场、多维培育文化人才，强化配置区域创新资源的功能，建设跨区域的创新合作链，使各省市上下之间的联动与沿线城市之间的互动形成一个整体的方向。

最后，下"绣花"功夫，弘扬长江文化需要精准落点、穿针引线，坚持历史思维，串联各类历史资源创新城市文化空间。一是依托历史文化名城资源，形塑文化长江的面貌，发展长江沿线城市特色，使其各具特色文化面貌，具有文化美度。二是依托百年大学教育遗产资源，涵养文化长江的气质，提升城市文化深度。长江两岸百年大学教育遗产资源丰富。正确保护和开发这些教育遗产资源，可以凸显城市文化的学术气质和文化深度。三是依托名人故事资源，展示文化长江的精神，提升城市文化高度。长江两岸名人荟萃，流传着很多可歌可泣的名人事迹，挖掘这些事迹资源，让人们看到事迹背后所隐藏的人物精神，展示长江创新进取的文化精神和文化高度。四是依托文学作品资源，彰显文化长江的情怀和文化温度。长江两岸闪耀着文学和诗意的光辉，很多优秀文学作品和历史名著与这里有着渊源，挖掘其中与沿江城市的历史关联，创新城市文化建设主题，彰显城市情怀和文化温度。

第六节　创新发展研究

一　协同创新引领长江经济带高质量发展[*]

党的十九届五中全会提出，坚持创新在我国现代化建设全局中的核心地

---

[*] 陈晓峰，南通大学江苏长江经济带研究院兼职研究员，经济与管理学院教授。本部分内容发表于江苏长江经济带研究院微信公众号，2021年9月7日。

位。长江经济带国家战略提出以来，沿线各省市大力实施创新驱动战略，加大创新投入，优化创新资源、提升创新效率，带动全流域创新动能持续迸发，业已成为中国创新驱动的重要策源地和产业转型升级的风向标。

但总体来看，已有创新更多的是囿于一隅或限于一业，尚存在创新合作主体不均衡、创新要素分布及能力不协调、创新合作成果难落地、环境建设与制度创新不充分等问题。缺乏整体联动与相互赋能，"东强西弱"格局愈发严重，进而影响长江经济带协同创新能力的有效提升。

当前，面对新冠肺炎疫情、经济下行、贸易摩擦、技术封锁、产业挤压等各种风险挑战。

首先，应在理念（思路）上把大力提升长江经济带协同创新能力放在更加突出的位置，并从过去的"总量论英雄"向"创新论英雄"转变，注重科技与产业创新的有机融合，重点在于设计有利于创新各主体协同的利益激励机制。

其次，应主动承接国家重大科技项目，瞄准高端装备制造、人工智能、集成电路、生命健康等重点领域和关键环节，部署一批重大科技攻关项目，集合区域优势科创资源建设科技创新共同体，完善部省联合等关键核心技术协同攻关机制，并支持龙头企业与高校、科研院所联合（尤其是注重国家重大科技专项的统筹协调，提升投入—产出效率，做到"精准滴灌"）。

最后，应着力解决长江经济带创新能力不协调不均衡问题。一是上中下游地区应携手互动合作，中央政府要加大对中上游地区（尤其是贵州、云南、四川等少数民族欠发达地区）的转移支付与创新投入力度；二是建立跨区域协同合作机制，强化长江经济带区域协同创新平台建设，利用大数据、云计算、人工智能、智慧信息平台等构建紧密的区际创新网络，优化相关制度环境，提升协同创新效率；三是政府加大资金投入与加强政策引导（尤其是加大各级财政专项扶持与税收优惠力度），不断完善市场化、多元化投入机制，逐步完善专利知识产权保护机制，加快培训高端科技创新人才，汇聚各方力量全面提升全流域协同创新能力。

二　长江经济带科技创新存在问题与对策 *

在全球经济高度融合、国家加快构建双循环相互促进的新发展格局大背景下，推动长江经济带高质量发展是关系国家发展全局的重大战略。党的十九届五中全会提出，坚持创新在我国现代化建设全局中的核心地位，在西方国家实施技术封锁和贸易保护主义的背景下，以科技创新引领长江经济带高质量发展显得尤为重要。

长江经济带国家战略提出以来，沿线各省市大力实施创新驱动战略，加大创新投入，优化创新资源、提升创新效率，带动整个长江经济带创新动能迸发，创新主体、创新支持、创新资源、创新环境发展水平均高于全国平均水平。但仍存在一些影响长江经济带整体创新能力提升的问题。

一是创新合作主体不均衡。长江中下游地区高校、科研院所、科技型企业等数量多且涉及行业范围广，创新网络较为发达，相较之于长江经济带上游地区，中下游地区创新合作主体数量更多、功能更广。

二是科技创新要素分布不均，具有明显的内部差异性特征。科研经费投入强度不均衡，表现为"东高西低"，两极分化较为明显；同时，尽管长江经济带整体研发经费投入占 GDP 比重呈逐年上升趋势，但科技创新产出水平明显低于全国水平，且创新投入—产出呈现明显的区域差异性。区域间创新效率差异显著，上游地区投入产出比较低，创新资源低效、无效配置，影响区域整体创新机制体制建设。科技研发人员配置不均衡；上游地区对人才吸引力较弱，"孔雀东南飞"现象较为普遍；在科技创新专利水平有效量方面也呈现"东高西低"特征。

三是协同创新能力差异较大、创新溢出不显著。长江经济带协同创新能力呈现出长江下游最高、中游次之、上游较低的特点。长三角城市群中除安徽省以外，整体上协同创新能力较强，具有引领长江经济带提升协同创新能

---

* 胡俊峰，南通大学江苏长江经济带研究院兼职研究员，经济与管理学院副教授。本部分内容发表于江苏长江经济带研究院微信公众号，2021 年 9 月 5 日。

力的潜能，但受行政区划与政策制约，中下游地区向上游地区的创新溢出效应不显著，长江经济带中西部地区在协同创新要素投入和部门合作方面仍需加强。

四是创新环境发展不均衡现象严重。下游地区，特别是长三角地区创新政策激励效应显著，创新成果不断涌现，而中上游地区，创新政策的制订与落实面临障碍与瓶颈，影响企业的创新积极性。在创新氛围方面，长江中下游地区"放管服"等体制机制创新走在全国前列，政府服务企业意识较强，企业创新环境优良，而中上游地区，仍存在某种程度的"官本位"现象，亟待改进。

五是创新发展的"东强西弱"格局愈发严重。长江中下游地区，特别是长三角地区拥有两个国家科学中心与众多高水平研究机构，且国际科技交流密切，基础研究与应用研究能力远超上游地区。此外，中下游地区创新服务机构，如科技中介、金融机构，以及法律服务、专利服务、会计师事务所等种类齐全、职能完善；众创空间、孵化器、加速器、科技园区、技术转移市场等载体数量多、功能强，中下游地区的科技成果转化率也远超上游地区。

六是科技创新能力与生态保护之间缺乏协调机制。全流域科技创新专注于区域产业发展，而对长江经济带绿色发展、生态保护的支撑不足。

因此，要解决长江经济带创新能力不均衡问题，一是上中下游地区应携手互动合作，在东部沿海地区经济增长与高科技产业快速发展趋势下，更应关注缩小中西部如贵州、云南、四川等少数民族欠发达地区与东部地区的经济发展差距；中央政府要加大对中上游地区的转移支付与创新投入力度。二是推动整个流域创新资源共享、区际科技要素无阻碍流动与创新资源高效汇聚。三是完善专利知识产权保护机制，加快培训高端科技创新人才。四是建立跨区域协同合作机制，强化长江经济带区域协同创新平台建设，利用大数据、云计算、人工智能、智慧信息平台等构建紧密的区际创新网络，优化区域协同创新的制度环境，促进跨区域协同创新合作，提升协同创新效率。五是政府加大资金投入与加强政策引导，全面提升全流域绿色技术创新能力。

三 走"科创+产业"一体化协同之路 激扬 G60 科创走廊澎湃动力[*]

随着第三届长三角一体化高层论坛在无锡召开，长三角加快推进现代化、率先实现高质量发展等主题进入人们的视野。作为长三角区域创新发展的重要支撑平台、科创与产业协同发展的样板和典范，G60 科创走廊更应走在长三角高质量发展的前列。

科创走廊通常是指以铁路、高速公路等交通要道串联沿线城市形成的廊状科创高地，在全球范围内有许多科创走廊，如旧金山硅谷走廊、东京筑波走廊、波士顿地区走廊等都成为区域创新发展的核心支撑平台和参与全球高科技产业竞争的重要空间载体。

长三角 G60 科创走廊以上海松江为策源地，涵盖 G60 高速公路及沪苏湖、商合杭高速铁路沿线的上海市松江区、嘉兴、杭州、金华、苏州、湖州、宣城、芜湖等城市，覆盖面积约 7.62 万平方公里，是中国经济最具活力、城镇化水平最高的区域之一。从 2016 年上海松江区发起并率先启动"G60 上海松江科创走廊"以来，长三角科创走廊建设取得巨大成就，常住人口、GDP 均占长三角的近 1/4，地方财政收入占长三角的 1/3，拥有高新技术企业 2.1 万家，占全国的近 1/10；科创板上市企业 47 家，占全国的 1/5 以上，集聚 1682 家头部企业和重点高校科研院所，在人工智能、生物医药等战略性新兴产业领域重大科创成果不断涌现，已成为我国区域创新竞跑的新赛道和引领区域高质量发展的新引擎。综观长三角 G60 科创走廊五年来的实践，其活力所在就是通过打破行政区划壁垒，让科创要素自由流动、高效配置，以产业链的一体化推动城市和区域的一体化。

2021 年 4 月 1 日，科技部、国家发改委、工信部等六部门联合发布《长三角 G60 科创走廊建设方案》，明确了其中国创造的先进走廊、科技与

---

[*] 胡俊峰，江苏长江经济带研究院产业与城市发展研究所副所长，南通大学经济与管理学院副教授。本部分内容发表于我苏网，2021 年 6 月 1 日。

制度创新双轮驱动的先试走廊、产城融合发展的先行走廊的战略定位。因此，长三角 G60 科创走廊必须在区域合作、产业发展、创新协同、环境营造、体制机制创新等方面推出一批具有显示度、聚焦度及贡献度的举措，加快落实这一国家重要创新战略。

（一）加强长三角 G60 科创走廊顶层设计

依托长三角区域合作组织机制，充分发挥 G60 科创走廊联席会议制度和长设办公室的沟通协调功能，逐步构建科创走廊高效的区域事权协调机制，融合政府、市场和社会力量，形成区域协同治理主导模式，共商决策、共定准则，促进各城市在规划布局、项目投资、产业联动、创新协同、政策协调、证照互认、人才共享等方面开展全方位合作。促进和协调区域创新主体的跨区域、跨部门的创新合作。

（二）紧盯全球科技发展趋势，面向国家重大需求，培育布局未来产业

把握前沿科技和未来产业发展趋势，扩大开放与国际合作，强化配置全球资源能力，加快布局量子信息、类脑芯片、第三代半导体、基因编辑、细胞工程、酶工程等人工智能、生物医药领域的未来产业。以产业为载体，整合 G60 科创走廊各类创新资源，推动政产学研用协同，提升技术转移转化能力，促进科技成果转化为生产力。构建现代产业体系，聚焦人工智能、集成电路、生物医药等领域，促进产业链一体化布局，通过建立 G60 科创走廊产业规划协调机制，促进产业分工协作、融合发展；构建 G60 科创走廊产业联盟，促进分布于各地的产业上下游优势互补、资源共享，以头部企业为引领，做大做强区域产业。围绕产业与园区合作，推动重大产业项目协同布局。

（三）树立创新共同体理念，加强创新合作与协同治理

G60 科创走廊各城市共商创新规则和创新治理，以制度链创新推动区域间创新协同；以 G60 高速为纽带，促进人才、技术、资金、装置等要素自由流动、高效配置并形成集聚，推进互认互通的人才评价与人才信息发布机制，促进科学仪器开放共享与科技创新券互认互通；以高层次创新联盟，加强高校、科研院所及各类研发机构的协同，加强共性技术研发，聚焦突破

"卡脖子"关键技术，提高基础创新与应用创新能力。通过畅通内外循环，强链补链，强化关键环节、关键领域、关键产品的保障能力，推动产业链、创新链与价值链的联动整合、相互赋能。

（四）打破要素流动壁垒，促进科创要素自由流动、高效配置

打破行政壁垒，统一人才评价标准，实现职业资格互认，加强养老、医疗等社保的异地有效衔接，消除阻碍人才流动的地方保护主义，推动G60科创走廊"人才一体化"进程，改革各项配套公共服务制度，创新人才合作模式，如利用"反向飞地"模式，使得核心城市的创新资源为中小城市所用。打破经济壁垒，以跨省营业执照与工业产品生产许可证为抓手，实行"一网通办"，促进资本要素的流动、运营；推动创新券跨区域使用，加快技术要素流动。打破交通壁垒，消除跨行政边界的"断头路""卡脖路"，加强基础设施与交通"毛细血管"网络建设，降低通勤成本，逐步形成"同城化"效应。

（五）优化营商环境，提升创新服务水平

营造法治化、国际化、便利化和市场化营商环境，深入推进G60科创走廊各城市"放管服"改革联动，优化创新服务环境。创新市场监管与联合执法，全面破除市场准入壁垒，开展跨区域知识产权信息共享、应急联动、协同处置与联合执法。强化诚信体系建设，强化政务诚信、商务诚信、社会诚信、司法公信。构建一体化创新生态体系和开放式创新的网络平台，营造鼓励创新、崇尚合作的社会文化氛围；创优G60科创走廊各城市的创新创业政策体系，强化创新要素市场建设；深化科技体制改革，促进创新资源合理配置、开放共享、高效利用。

附　录

附表1　均衡度指数及其分项得分和排名情况

城　市	B1	排名	C1	排名	C2	排名	C3	排名
上　海	2.747	1	2.583	1	3.048	1	2.661	3
南　京	2.245	4	2.361	4	2.470	4	1.865	6
无　锡	1.924	6	1.994	7	1.765	11	1.991	5
徐　州	1.056	34	1.084	30	0.776	60	1.301	20
常　州	1.546	19	1.915	12	1.269	29	1.338	18
苏　州	2.656	2	2.435	2	2.907	3	2.695	2
南　通	1.593	15	1.737	17	1.254	31	1.743	9
连云港	0.821	59	0.839	55	0.812	58	0.807	68
淮　安	1.010	37	0.980	39	0.817	56	1.244	25
盐　城	0.993	39	1.111	29	0.685	72	1.147	28
扬　州	1.198	26	1.048	33	1.255	30	1.339	16
镇　江	1.274	23	1.560	19	1.107	35	1.065	35
泰　州	1.238	25	1.332	21	1.035	40	1.319	19
宿　迁	0.899	49	0.760	65	0.854	55	1.126	30
杭　州	2.376	3	2.366	3	2.982	2	1.779	8
宁　波	1.766	8	2.033	5	1.747	12	1.434	13
温　州	1.566	18	1.784	16	1.424	21	1.422	14
嘉　兴	1.681	12	1.952	9	2.003	7	1.000	46
湖　州	1.587	16	1.862	13	1.686	13	1.124	32
绍　兴	1.584	17	2.001	6	1.644	14	0.973	48
金　华	1.658	14	1.956	8	1.463	20	1.459	11
衢　州	1.474	20	1.301	24	1.882	9	1.290	21
舟　山	1.658	13	1.919	11	2.065	6	0.904	55
台　州	1.712	10	1.824	15	1.601	17	1.676	10
丽　水	1.356	21	1.408	20	1.641	15	1.000	45
合　肥	1.351	22	1.307	23	1.321	26	1.440	12
淮　北	0.707	82	0.657	86	0.724	64	0.755	73

城　市	B1	排名	C1	排名	C2	排名	C3	排名
亳　州	0.554	102	0.636	89	0.183	110	0.818	66
宿　州	0.560	101	0.611	91	0.184	109	0.870	61
蚌　埠	0.795	62	0.899	47	0.718	66	0.734	75
阜　阳	0.643	92	0.706	72	0.312	106	0.893	56
淮　南	0.613	93	0.698	74	0.467	98	0.648	88
滁　州	0.904	45	0.812	59	0.592	82	1.339	17
六　安	0.579	96	0.658	85	0.398	100	0.657	87
马鞍山	0.986	40	1.197	27	0.981	45	0.712	81
芜　湖	1.119	28	1.252	25	0.940	47	1.124	31
宣　城	0.930	44	0.887	49	0.877	53	1.039	38
铜　陵	0.961	42	0.865	51	1.329	25	0.718	80
池　州	0.904	46	0.895	48	0.595	81	1.226	26
安　庆	0.683	84	0.828	56	0.698	70	0.475	101
黄　山	0.969	41	1.058	32	1.060	36	0.760	72
南　昌	1.096	30	1.310	22	1.005	43	0.905	54
景德镇	0.790	65	0.815	58	1.014	42	0.532	96
萍　乡	0.792	63	0.668	83	1.279	28	0.465	102
九　江	0.773	70	0.798	61	0.660	75	0.852	63
新　余	0.842	56	0.948	42	0.939	48	0.604	95
鹰　潭	0.645	91	0.742	68	0.721	65	0.441	106
赣　州	0.811	60	0.620	90	0.612	80	1.264	22
吉　安	0.777	68	0.678	79	0.681	73	1.005	41
宜　春	0.734	75	0.639	88	0.572	87	1.024	40
抚　州	0.650	90	0.553	97	0.545	92	0.884	59
上　饶	0.747	74	0.678	78	0.496	96	1.092	34
武　汉	1.743	9	1.861	14	1.549	18	1.782	7
黄　石	1.084	31	0.865	50	1.208	33	1.246	24
十　堰	0.825	57	0.717	70	0.881	52	0.910	53
宜　昌	1.077	32	1.063	31	1.304	27	0.868	62
襄　阳	0.894	50	0.957	40	0.709	67	0.999	47
鄂　州	0.883	53	0.936	44	1.031	41	0.663	86
荆　门	0.957	43	0.998	36	0.856	54	1.003	42
孝　感	0.770	71	0.768	64	0.390	103	1.154	27
荆　州	0.791	64	0.812	60	0.591	84	0.964	49

城 市	B1	排名	C1	排名	C2	排名	C3	排名
黄 冈	0.712	81	0.688	76	0.567	88	0.889	57
咸 宁	0.729	77	0.708	71	0.673	74	0.812	67
随 州	0.573	97	0.923	45	0.327	105	0.358	108
长 沙	1.684	11	1.924	10	1.913	8	1.137	29
株 洲	1.115	29	1.145	28	1.142	34	1.047	36
湘 潭	0.823	58	0.981	38	0.980	46	0.454	105
衡 阳	0.719	78	0.819	57	0.613	79	0.696	83
邵 阳	0.484	105	0.575	95	0.391	102	0.456	104
岳 阳	0.734	76	0.744	67	0.516	94	0.940	51
常 德	0.776	69	0.668	82	0.695	71	1.000	43
张家界	0.549	103	0.533	100	0.497	95	0.621	93
益 阳	0.671	85	0.684	77	0.562	90	0.763	71
郴 州	0.659	88	0.728	69	0.622	78	0.605	94
永 州	0.684	83	0.574	96	0.707	69	0.806	69
怀 化	0.562	99	0.458	105	0.554	91	0.708	82
娄 底	0.608	94	0.552	98	0.768	61	0.522	97
重 庆	1.858	7	1.048	34	1.039	39	3.753	1
成 都	2.035	5	1.574	18	2.451	5	2.223	4
自 贡	0.715	80	0.771	63	0.630	77	0.728	77
攀枝花	1.019	35	1.017	35	1.413	23	0.626	92
泸 州	0.849	55	0.862	53	1.004	44	0.675	85
德 阳	0.889	51	0.918	46	0.741	63	1.000	44
绵 阳	1.071	33	0.941	43	1.053	37	1.262	23
广 元	0.866	54	0.605	92	1.244	32	0.827	65
遂 宁	0.666	87	0.594	94	0.781	59	0.644	89
内 江	0.800	61	0.670	81	0.396	101	1.378	15
眉 山	0.766	72	0.864	52	0.521	93	0.883	60
南 充	0.751	73	0.662	84	0.813	57	0.805	70
乐 山	0.901	48	0.847	54	0.935	49	0.938	52
宜 宾	0.780	67	0.705	73	0.931	50	0.726	78
广 安	1.004	38	0.779	62	1.415	22	0.888	58
达 州	0.902	47	0.696	75	1.354	24	0.719	79
雅 安	1.016	36	0.759	66	1.617	16	0.751	74
巴 中	0.564	98	0.506	103	0.577	86	0.628	91

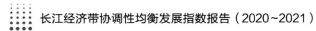

续表

城　市	B1	排名	C1	排名	C2	排名	C3	排名
资　阳	0.789	66	0.670	80	1.043	38	0.692	84
贵　阳	1.149	27	0.986	37	1.778	10	0.732	76
六盘水	0.479	107	0.367	107	0.591	83	0.514	100
遵　义	0.668	86	0.656	87	0.921	51	0.428	107
安　顺	0.509	104	0.517	102	0.489	97	0.519	99
毕　节	0.419	108	0.355	108	0.584	85	0.338	110
铜　仁	0.561	100	0.481	104	0.707	68	0.519	98
昆　明	1.267	24	1.238	26	1.527	19	1.044	37
曲　靖	0.602	95	0.594	93	0.368	104	0.848	64
玉　溪	0.889	52	0.954	41	0.746	62	0.946	50
保　山	0.479	106	0.530	101	0.429	99	0.463	103
昭　通	0.327	110	0.327	110	0.302	107	0.354	109
丽　江	0.718	79	0.538	99	0.648	76	1.028	39
普　洱	0.657	89	0.383	106	0.566	89	1.111	33
临　沧	0.404	109	0.349	109	0.246	108	0.634	90

附表2 协调度指数及其分项得分和排名情况

城 市	B2	排名	C4	排名	C5	排名	C6	排名	C7	排名
上 海	5.812	1	6.902	1	1.409	11	4.486	2	8.763	1
南 京	2.735	4	2.670	6	1.737	3	4.087	3	3.120	4
无 锡	2.877	3	3.315	4	1.257	23	3.156	5	3.665	3
徐 州	1.219	22	1.094	29	1.237	27	1.617	21	1.448	21
常 州	2.147	8	2.299	10	1.620	7	2.804	6	2.569	7
苏 州	3.546	2	5.550	2	1.111	41	3.966	4	3.016	6
南 通	1.480	15	2.157	11	0.966	61	1.011	36	1.488	17
连云港	1.038	31	1.472	16	1.355	15	0.724	51	1.056	35
淮 安	0.935	36	1.211	24	1.584	8	0.806	45	0.921	43
盐 城	0.814	49	1.144	26	1.191	32	0.603	63	0.775	50
扬 州	1.222	21	1.280	22	1.380	12	1.162	32	1.567	16
镇 江	1.614	13	1.740	13	1.058	46	1.752	17	1.909	13
泰 州	1.303	19	1.438	17	1.076	44	0.860	42	1.760	14
宿 迁	0.784	52	0.979	37	1.253	24	0.389	85	1.024	36
杭 州	2.329	5	2.822	5	1.643	6	4.597	1	1.479	19
宁 波	2.247	7	3.341	3	1.201	30	2.440	10	2.065	10
温 州	1.186	24	1.013	34	0.813	79	1.382	23	1.381	25
嘉 兴	2.023	9	2.341	8	0.997	53	2.350	11	2.373	9
湖 州	1.280	20	1.419	18	1.259	22	1.983	14	1.140	32
绍 兴	1.416	17	1.695	15	1.352	16	1.884	15	1.375	26
金 华	1.202	23	0.906	39	0.767	86	2.115	13	1.002	39
衢 州	0.875	42	0.855	44	1.182	35	1.627	20	0.488	73
舟 山	1.092	28	0.708	50	1.678	5	1.000	37	2.014	12
台 州	1.084	29	1.013	33	0.951	63	1.184	31	1.227	30
丽 水	0.648	80	0.598	72	0.770	85	0.955	38	0.256	97
合 肥	1.505	14	1.398	20	1.089	42	2.330	12	1.480	18
淮 北	0.693	71	0.650	62	1.054	49	0.588	66	0.523	67
亳 州	0.772	53	0.346	100	0.905	69	0.356	89	1.278	29
宿 州	0.940	34	0.563	77	0.850	76	0.433	81	1.477	20
蚌 埠	1.049	30	0.626	67	0.969	60	1.136	33	1.434	24
阜 阳	1.972	10	0.497	87	0.736	89	0.775	48	4.665	2
淮 南	1.167	25	0.569	76	1.136	38	0.817	44	2.015	11
滁 州	0.859	44	1.040	32	0.569	96	0.631	60	0.575	63
六 安	0.734	62	0.477	88	1.076	43	0.640	58	0.832	44

城　市	B2	排名	C4	排名	C5	排名	C6	排名	C7	排名
马鞍山	0.704	70	0.968	38	1.044	50	0.759	49	0.293	92
芜　湖	0.974	32	1.217	23	1.243	26	1.294	24	0.727	54
宣　城	0.710	69	0.677	54	0.915	68	0.716	52	0.510	70
铜　陵	0.661	76	0.771	45	1.199	31	0.898	39	0.117	107
池　州	0.523	98	0.515	84	1.212	28	0.558	69	0.324	88
安　庆	0.844	45	0.676	55	0.595	95	0.492	75	0.982	41
黄　山	0.575	94	0.601	71	0.983	56	0.681	54	0.235	101
南　昌	1.396	18	1.408	19	1.314	17	1.776	16	1.441	23
景德镇	0.659	77	0.709	49	0.874	74	0.357	88	0.567	64
萍　乡	0.820	48	0.739	47	1.275	20	1.067	34	0.803	46
九　江	0.938	35	1.358	21	0.660	92	0.730	50	0.453	77
新　余	0.715	67	0.667	57	1.732	4	0.885	41	0.727	53
鹰　潭	0.868	43	0.869	43	1.359	14	1.213	27	0.700	55
赣　州	0.893	40	1.136	27	0.347	104	0.403	84	0.284	93
吉　安	0.751	58	1.001	36	0.523	100	0.503	73	0.314	90
宜　春	0.784	51	0.897	42	0.797	82	0.855	43	0.477	74
抚　州	0.476	105	0.548	78	1.143	37	0.422	83	0.188	104
上　饶	0.770	54	0.672	56	0.805	80	1.186	30	0.246	98
武　汉	2.264	6	2.327	9	1.806	2	2.588	8	3.049	5
黄　石	0.923	37	0.902	41	0.764	87	0.640	57	0.975	42
十　堰	0.658	78	0.603	70	0.643	93	0.464	78	0.219	103
宜　昌	0.876	41	1.084	30	0.966	61	1.239	25	0.383	82
襄　阳	0.745	60	1.076	31	1.189	33	0.615	61	0.508	72
鄂　州	0.741	61	0.626	66	2.357	1	0.450	80	1.443	22
荆　门	0.483	102	0.654	61	0.981	57	0.342	90	0.270	94
孝　感	0.692	72	0.660	58	0.801	81	0.295	96	0.816	45
荆　州	0.585	90	0.467	89	0.879	73	0.524	70	0.592	62
黄　冈	0.521	99	0.448	90	0.557	97	0.113	109	0.511	68
咸　宁	0.626	82	0.632	65	0.920	67	0.643	56	0.451	78
随　州	0.416	109	0.543	79	1.113	40	0.132	108	0.349	86
长　沙	1.654	12	1.702	14	1.366	13	2.563	9	1.721	15
株　洲	0.763	55	0.648	63	0.985	55	0.886	40	0.676	57

城　市	B2	排名	C4	排名	C5	排名	C6	排名	C7	排名
湘　潭	0.906	38	0.717	48	1.057	47	1.038	35	1.109	33
衡　阳	0.795	50	0.538	80	0.832	77	1.204	29	0.783	49
邵　阳	0.562	95	0.361	98	0.546	99	0.429	82	0.443	79
岳　阳	0.755	56	0.657	59	0.792	83	0.799	47	0.676	56
常　德	0.843	46	0.695	51	0.335	105	0.368	87	0.599	61
张家界	0.493	101	0.328	103	0.892	72	0.477	77	0.239	100
益　阳	0.480	103	0.429	91	1.125	39	0.338	91	0.533	66
郴　州	0.690	73	0.747	46	0.718	90	0.656	55	0.420	80
永　州	0.579	91	0.606	69	0.850	75	0.490	76	0.393	81
怀　化	0.748	59	0.401	94	0.326	106	1.211	28	0.243	99
娄　底	0.894	39	0.584	73	0.602	94	1.224	26	0.746	52
重　庆	1.451	16	2.369	7	1.551	9	1.518	22	0.801	47
成　都	1.956	11	1.924	12	1.453	10	2.618	7	2.408	8
自　贡	0.731	64	0.422	92	1.287	19	0.210	102	1.346	27
攀枝花	0.577	92	0.583	74	1.248	25	0.607	62	0.328	87
泸　州	0.668	75	0.682	53	0.973	59	0.337	92	0.652	58
德　阳	0.945	33	0.695	52	0.931	65	0.800	46	1.321	28
绵　阳	0.621	83	0.640	64	1.054	48	0.710	53	0.368	84
广　元	0.576	93	0.352	99	0.823	78	0.638	59	0.301	91
遂　宁	0.732	63	0.608	68	1.204	29	0.275	100	1.093	34
内　江	0.754	57	0.519	83	1.042	51	0.294	97	1.172	31
眉　山	0.643	81	0.534	81	1.166	36	0.520	71	0.747	51
南　充	0.722	66	0.523	82	0.894	71	0.284	98	1.006	38
乐　山	0.613	84	0.506	85	1.008	52	0.593	64	0.509	71
宜　宾	0.729	65	0.906	40	1.271	21	0.499	74	0.642	59
广　安	0.681	74	0.414	93	1.065	45	0.331	94	1.019	37
达　州	0.476	106	0.311	105	0.935	64	0.188	104	0.510	69
雅　安	0.473	107	0.387	96	0.988	54	0.454	79	0.162	105
巴　中	0.513	100	0.251	107	0.927	66	0.186	105	0.533	65
资　阳	0.602	88	0.499	86	1.187	34	0.279	99	0.797	48

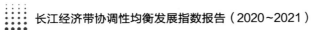

续表

城　市	B2	排名	C4	排名	C5	排名	C6	排名	C7	排名
贵　阳	1.114	27	1.007	35	1.299	18	1.679	19	0.992	40
六盘水	0.711	68	0.387	95	0.325	107	0.515	72	0.472	75
遵　义	0.830	47	1.103	28	0.787	84	0.576	67	0.372	83
安　顺	0.655	79	0.344	101	0.979	58	0.591	65	0.462	76
毕　节	0.527	96	0.119	109	0.387	103	0.306	95	0.220	102
铜　仁	0.607	86	0.200	108	0.243	109	0.336	93	0.354	85
昆　明	1.162	26	1.169	25	0.894	70	1.692	18	0.605	60
曲　靖	0.587	89	0.326	104	0.551	98	0.570	68	0.264	95
玉　溪	0.611	85	0.655	60	0.753	88	0.383	86	0.257	96
保　山	0.448	108	0.264	106	0.713	91	0.180	106	0.130	106
昭　通	0.606	87	0.574	75	0.400	102	0.092	110	0.317	89
丽　江	0.525	97	0.339	102	0.194	110	0.190	103	0.042	109
普　洱	0.479	104	0.379	97	0.316	108	0.211	101	0.032	110
临　沧	0.325	110	0.015	110	0.501	101	0.167	107	0.075	108

附表3　融合度指数及其分项得分和排名情况

城　市	B3	排名	C8	排名	C9	排名	C10	排名	C11	排名	C12	排名
上　海	6.195	1	1.029	56	0.659	76	1.859	9	26.766	1	1.134	1
南　京	2.251	3	1.212	7	1.042	31	2.015	6	5.854	5	1.134	1
无　锡	1.415	14	1.025	57	0.705	69	2.086	5	2.170	12	1.134	1
徐　州	0.946	35	1.156	17	0.852	51	1.076	44	0.509	34	1.134	1
常　州	1.140	19	1.022	58	0.677	75	1.767	10	1.149	17	1.134	1
苏　州	2.016	7	0.920	82	1.256	19	2.340	2	4.532	7	1.134	1
南　通	1.158	18	1.142	22	0.650	79	1.548	18	1.317	16	1.134	1
连云港	0.862	55	1.030	55	0.699	70	0.980	53	0.537	33	1.134	1
淮　安	0.848	59	1.110	26	0.726	67	0.864	61	0.436	37	1.134	1
盐　城	0.931	37	1.050	46	0.706	68	1.187	35	0.632	28	1.134	1
扬　州	1.010	29	1.158	16	0.555	92	1.549	17	0.642	26	1.134	1
镇　江	1.010	28	1.050	47	0.585	89	1.614	15	0.705	25	1.134	1
泰　州	1.053	25	1.072	40	1.114	23	1.321	30	0.637	27	1.134	1
宿　迁	0.756	78	0.754	101	0.618	85	1.019	50	0.955	21	0.000	2
杭　州	2.227	5	0.995	66	0.878	50	2.003	7	6.252	2	1.134	1
宁　波	1.822	10	0.984	69	1.131	22	1.991	8	3.953	8	1.134	1
温　州	0.923	39	0.894	85	1.068	25	0.837	66	0.810	·23	1.134	1
嘉　兴	1.047	27	0.653	104	0.851	52	1.433	24	1.902	13	0.000	2
湖　州	1.175	17	0.990	67	1.461	10	1.335	29	0.999	20	1.134	1
绍　兴	0.921	41	0.835	95	0.497	97	1.732	11	0.544	32	1.134	1
金　华	0.832	63	0.879	90	0.911	42	1.123	40	0.238	60	1.134	1
衢　州	0.924	38	0.624	106	1.345	14	1.497	19	0.231	63	1.134	1
舟　山	2.014	8	1.081	36	6.000	2	1.381	26	0.241	59	1.134	1
台　州	0.980	32	1.107	27	1.055	27	1.196	34	0.411	38	1.134	1
丽　水	0.777	69	0.974	72	0.683	73	1.172	36	0.000	103	1.134	1
合　肥	1.795	11	1.179	13	0.971	37	2.536	1	3.108	10	1.134	1
淮　北	0.659	89	1.127	24	0.624	83	0.319	99	0.138	79	1.134	1
亳　州	0.695	88	0.946	77	0.766	63	0.491	88	0.263	58	1.134	1

续表

城　市	B3	排名	C8	排名	C9	排名	C10	排名	C11	排名	C12	排名
宿　州	0.481	108	0.601	108	0.489	99	0.331	98	0.165	74	1.134	1
蚌　埠	1.053	26	1.135	23	1.490	9	1.290	32	0.173	71	1.134	1
阜　阳	0.747	80	1.004	65	0.927	41	0.396	94	0.371	43	1.134	1
淮　南	0.738	82	0.972	73	0.985	35	0.532	86	0.165	74	1.134	1
滁　州	0.978	33	1.164	15	0.814	58	1.058	46	0.717	24	1.134	1
六　安	0.904	45	1.078	38	0.948	38	0.911	57	0.484	35	1.134	1
马鞍山	0.898	46	0.834	96	1.019	32	1.290	31	0.346	46	1.134	1
芜　湖	1.323	15	1.090	33	1.172	21	2.188	4	1.001	19	1.134	1
宣　城	0.871	52	0.930	81	1.071	24	1.112	42	0.196	68	1.134	1
铜　陵	0.897	47	0.877	91	1.051	28	1.458	21	0.065	91	1.134	1
池　州	0.861	56	1.046	50	1.366	13	0.660	78	0.133	81	1.134	1
安　庆	0.814	66	1.012	61	0.688	71	1.012	52	0.298	54	1.134	1
黄　山	0.996	31	1.288	1	1.279	17	1.146	39	0.033	100	1.134	1
南　昌	1.114	20	1.053	45	0.594	88	1.423	25	1.420	15	1.134	1
景德镇	0.763	75	1.245	5	0.641	81	0.726	76	0.035	93	1.134	1
萍　乡	0.882	51	1.110	25	1.277	18	0.852	63	0.035	93	1.134	1
九　江	0.917	42	1.149	20	0.938	40	0.955	56	0.406	39	1.134	1
新　余	1.110	21	1.156	18	2.212	5	0.884	59	0.098	88	1.134	1
鹰　潭	1.005	30	1.154	19	1.057	26	1.630	14	0.000	103	1.134	1
赣　州	0.914	43	1.281	2	0.503	95	1.043	48	0.562	29	1.134	1
吉　安	0.840	61	1.186	10	0.686	72	0.828	68	0.364	45	1.134	1
宜　春	0.870	53	1.181	12	0.837	54	1.168	37	0.000	103	1.134	1
抚　州	0.887	50	1.260	4	0.900	43	1.039	49	0.035	93	1.134	1
上　饶	0.776	70	1.054	44	0.899	45	0.652	81	0.198	67	1.134	1
武　汉	2.237	4	1.056	43	0.824	56	2.276	3	5.978	3	1.134	1
黄　石	0.587	96	0.790	99	0.803	60	0.840	65	0.035	93	0.000	2
十　堰	0.770	74	1.106	28	0.645	80	0.806	71	0.196	68	1.134	1
宜　昌	1.083	23	0.939	79	1.376	11	1.478	20	0.547	31	1.134	1

续表

城 市	B3	排名	C8	排名	C9	排名	C10	排名	C11	排名	C12	排名
襄 阳	1.071	24	1.088	34	1.374	12	1.435	23	0.311	49	1.134	1
鄂 州	0.848	58	1.049	49	0.819	57	1.056	47	0.228	64	1.134	1
荆 门	0.761	76	1.010	62	0.371	106	1.163	38	0.206	65	1.134	1
孝 感	0.741	81	0.892	86	0.540	94	0.972	55	0.306	51	1.134	1
荆 州	0.757	77	0.847	93	0.768	62	0.823	69	0.371	43	1.134	1
黄 冈	0.778	68	1.013	60	0.750	66	0.737	75	0.339	47	1.134	1
咸 宁	0.946	36	1.006	64	1.245	20	1.019	51	0.376	42	1.134	1
随 州	0.751	79	1.099	29	0.882	49	0.571	85	0.105	86	1.134	1
长 沙	1.637	12	1.144	21	0.940	39	1.655	13	3.331	9	1.134	1
株 洲	1.083	22	1.178	14	0.896	46	1.685	12	0.477	36	1.134	1
湘 潭	0.890	48	1.046	51	0.458	101	1.576	16	0.276	55	1.134	1
衡 阳	0.591	94	1.083	35	0.635	82	0.486	89	0.165	74	0.000	2
邵 阳	0.587	97	1.096	30	0.559	90	0.455	91	0.238	60	0.000	2
岳 阳	0.802	67	1.095	32	0.899	44	1.115	41	0.268	57	0.000	2
常 德	0.889	49	1.261	3	0.825	55	0.866	60	0.309	50	1.134	1
张家界	0.923	40	1.076	39	1.973	6	0.432	93	0.000	103	1.134	1
益 阳	0.771	73	1.035	54	0.777	61	0.740	74	0.238	60	1.134	1
郴 州	0.845	60	1.191	9	0.761	65	0.848	64	0.276	55	1.134	1
永 州	0.772	72	0.954	76	0.680	74	0.655	80	0.559	30	1.134	1
怀 化	0.704	87	0.941	78	0.972	36	0.887	58	0.173	71	0.000	2
娄 底	0.582	99	0.874	92	0.620	84	0.599	83	0.336	48	0.000	2
重 庆	1.942	9	1.021	59	1.019	33	0.853	62	5.837	6	1.134	1
成 都	2.039	6	1.183	11	0.556	91	1.455	22	5.937	4	1.134	1
自 贡	0.834	62	1.206	8	0.654	78	1.108	43	0.035	93	1.134	1
攀枝花	0.821	65	0.543	109	1.815	7	0.798	72	0.070	89	1.134	1
泸 州	0.864	54	1.037	53	0.805	59	0.522	87	0.909	22	1.134	1
德 阳	0.715	86	1.042	52	0.613	86	0.660	79	0.201	66	1.134	1
绵 阳	0.860	57	1.081	37	0.474	100	1.342	27	0.306	51	1.134	1

城　市	B3	排名	C8	排名	C9	排名	C10	排名	C11	排名	C12	排名
广　元	0.559	102	0.979	71	0.428	103	0.260	102	0.130	84	1.134	1
遂　宁	0.604	93	1.096	31	0.390	104	0.436	92	0.033	100	1.134	1
内　江	0.960	34	0.830	97	2.545	4	0.357	96	0.035	93	1.134	1
眉　山	0.724	84	0.936	80	1.014	34	0.259	103	0.406	39	1.134	1
南　充	0.554	104	1.238	6	0.496	98	0.226	106	0.165	74	0.000	2
乐　山	0.567	101	0.760	100	0.765	64	0.394	95	0.000	103	1.134	1
宜　宾	0.827	64	0.969	74	0.432	102	0.597	84	1.143	18	1.134	1
广　安	0.589	95	1.063	42	0.602	87	0.227	105	0.000	103	1.134	1
达　州	0.558	103	0.979	70	0.501	96	0.239	104	0.065	91	1.134	1
雅　安	0.644	91	0.643	105	0.883	48	0.809	70	0.000	103	1.134	1
巴　中	0.525	106	0.984	68	0.374	105	0.082	109	0.196	68	1.134	1
资　阳	0.539	105	1.007	63	0.553	93	0.461	90	0.133	81	0.000	2
贵　阳	2.298	2	0.916	83	6.578	1	1.204	33	1.510	14	1.134	1
六盘水	0.450	109	0.617	107	0.000	110	0.645	82	0.168	73	1.134	1
遵　义	1.539	13	1.050	48	4.783	3	0.695	77	0.394	41	0.000	2
安　顺	0.912	44	0.899	84	1.754	8	0.756	73	0.103	87	1.134	1
毕　节	0.646	90	0.845	94	0.013	109	1.337	28	0.068	90	1.134	1
铜　仁	0.732	83	0.717	103	1.286	16	1.063	45	0.130	84	0.000	2
昆　明	1.306	16	1.069	41	1.048	29	0.974	54	2.368	11	1.134	1
曲　靖	0.577	100	0.754	102	0.655	77	0.272	101	0.303	53	1.134	1
玉　溪	0.774	71	0.967	75	0.891	47	0.833	67	0.138	79	1.134	1
保　山	0.621	92	0.791	98	1.046	30	0.199	108	0.133	81	1.134	1
昭　通	0.180	110	0.400	110	0.198	108	0.056	110	0.035	93	0.000	2
丽　江	0.724	85	0.884	88	1.292	15	0.304	100	0.141	78	1.134	1
普　洱	0.515	107	0.884	89	0.368	107	0.332	97	0.033	100	1.134	1
临　沧	0.585	98	0.889	87	0.841	53	0.217	107	0.000	103	1.134	1

附表 4 基础数据 I

城市	城乡居民人均可支配收入（元）D1	人均社会消费品零售额（元）D2	人均住户年末储蓄存款余额（元）D3	城镇登记失业率（%）D4	每万人拥有病床数（张）D5	每万人拥有公共图书馆藏书（册）D6	城镇职工基本养老保险覆盖率（%）D7	互联网接入用户数（万户）D8	建成区路网密度（公里/公里²）D9	建成区排水管道密度（米/公里²）D10	第二、第三产业占比（%）D11	规上企业利润总额（亿元）D12	"三资"企业数量占比（%）D13	中心城区人口占比（%）D14	城乡居民人均可支配收入比 D15
上海	53405.00	65266.00	13.07	0.90	56.29	33206.49	0.74	890.00	4.44	17.57	99.73	29270744.00	36.66	60.50	2.22
南京	46004.00	83957.00	9.76	0.86	62.94	27352.94	0.46	537.00	7.56	11.99	97.95	6467300.00	19.87	83.53	2.33
无锡	47745.00	45882.00	9.58	0.74	64.04	13593.26	0.55	395.00	8.07	24.61	98.97	12141500.00	18.15	40.66	1.84
徐州	28044.00	40033.00	4.58	0.55	49.42	4577.59	0.35	337.00	8.69	6.74	90.45	2475500.00	6.97	38.86	1.82
常州	44418.00	50711.00	9.22	0.90	48.64	10705.24	0.47	264.00	6.42	17.52	97.88	6878900.00	13.90	64.61	1.91
苏州	51891.00	72683.00	9.74	0.48	56.42	31572.39	0.70	667.00	14.76	13.24	98.98	19530400.00	35.90	34.88	1.95
南通	37260.00	45937.00	9.75	0.75	49.82	9907.08	0.48	354.00	8.68	18.80	95.43	4884800.00	16.21	29.38	2.07
连云港	26726.00	255777.00	3.60	0.42	42.06	6716.91	0.36	175.00	5.86	8.92	88.45	2852600.00	12.10	49.88	1.96
淮安	28760.00	35385.00	3.67	0.59	40.54	8453.96	0.29	179.00	8.07	17.25	90.02	1435600.00	10.66	67.71	2.10
盐城	30537.00	31087.00	5.10	0.37	40.74	6922.00	0.26	282.00	8.81	5.70	89.13	1602400.00	9.62	33.85	1.74
扬州	34442.00	31286.00	7.07	2.82	39.10	12046.60	0.51	185.00	9.60	16.62	94.99	2089081.00	9.17	51.22	1.95
镇江	39749.00	36163.00	7.61	0.58	36.37	12860.93	0.37	162.00	9.47	10.25	96.60	2137100.00	15.16	32.15	1.97
泰州	35166.00	29131.00	7.06	0.53	46.51	7894.57	0.44	206.00	9.73	14.30	94.30	3364200.00	9.20	35.37	2.04
宿迁	24368.00	26741.00	3.09	0.37	59.04	5103.38	0.27	180.00	8.13	13.54	89.53	2575000.00	5.39	36.05	1.69
杭州	51162.00	59726.00	11.27	0.65	77.18	24681.47	0.87	524.00	6.02	13.44	97.88	11261738.00	13.11	63.42	1.82
宁波	50759.00	49971.00	8.75	0.91	43.73	14551.63	0.74	426.00	3.66	14.69	97.31	13398721.00	16.60	35.24	1.77
温州	45584.00	39310.00	8.17	0.58	41.20	14806.45	0.48	405.00	5.92	11.24	97.70	3617133.00	1.89	18.71	2.02

续表

城市	城乡居民人均可支配收入（元）D1	人均社会消费品零售额（元）D2	人均住户年末储蓄存款余额（元）D3	城镇登记失业率（%）D4	每万人拥有病床数（张）D5	每万人拥有公共图书馆藏书（册）D6	城镇职工基本养老保险覆盖率（%）D7	互联网接入用户数（万户）D8	建成区路网密度（公里/公里²）D9	建成区排水管道密度（米/公里²）D10	第二、第三产业占比（%）D11	规上企业利润总额（亿元）D12	"三资"企业数量占比（%）D13	中心城区人口占比（%）D14	城乡居民人均可支配收入比 D15
嘉兴	49677.00	43803.00	8.99	0.94	49.47	20562.50	0.58	187.00	6.62	12.32	97.75	6117657.00	15.93	19.58	1.66
湖州	46916.00	46708.00	7.99	0.76	55.31	9313.73	0.82	204.00	7.22	13.65	95.71	3158985.00	8.95	36.60	1.70
绍兴	50028.00	46521.00	9.34	1.06	43.51	12734.82	0.75	217.00	5.26	12.18	96.40	4979591.00	9.29	44.30	1.77
金华	43930.00	48415.00	9.51	0.44	53.89	9423.90	0.64	305.00	7.68	15.73	96.80	1655044.00	4.25	17.78	2.08
衢州	35680.00	34133.00	6.23	0.82	60.25	14247.07	0.67	88.00	8.29	24.53	94.50	1336570.00	4.69	38.32	1.92
舟山	49132.00	48988.00	8.27	1.12	47.89	18367.35	0.77	56.00	8.05	15.68	89.33	162716.00	6.12	61.22	1.67
台州	45286.00	41376.00	8.67	0.67	45.14	14130.08	0.62	253.00	16.23	8.56	94.51	3315417.00	3.25	26.50	2.00
丽水	34184.00	33346.00	8.32	0.82	59.18	12291.01	0.58	99.00	6.38	18.93	93.23	917963.00	2.17	18.98	2.12
合肥	33933.00	53465.00	5.70	1.78	63.85	8719.01	0.42	348.00	5.95	15.65	96.90	3395829.00	7.92	35.54	2.02
淮北	24390.00	20041.00	3.90	1.08	45.84	4449.34	0.36	67.00	7.22	12.15	93.24	1214996.00	2.36	46.26	2.47
亳州	23256.00	18371.00	2.79	0.23	31.25	2280.07	0.18	124.00	5.61	13.31	86.38	778145.00	0.61	32.30	2.30
宿州	22928.00	18385.00	2.80	0.37	30.99	2421.05	0.18	146.00	9.46	5.56	85.47	907711.00	3.65	33.86	2.47
蚌埠	26847.00	35232.00	3.45	0.71	53.01	2579.13	0.36	92.00	7.50	9.19	88.61	775570.00	3.99	34.00	2.22
阜阳	22962.00	21487.00	3.26	0.15	42.30	2070.47	0.17	199.00	6.38	8.78	87.05	1517601.00	1.19	28.09	2.51
淮南	25038.00	21819.00	3.78	0.96	42.95	2091.69	0.29	87.00	7.60	6.79	89.96	931782.00	2.56	52.44	2.51
滁州	24289.00	27437.00	3.70	0.35	39.64	5305.04	0.28	118.00	8.28	23.92	91.43	3017625.00	4.96	13.50	2.35
六安	22516.00	18696.00	3.46	0.33	27.48	6279.50	0.21	114.00	7.33	5.69	86.60	680238.00	2.58	45.56	2.40
马鞍山	36242.00	32824.00	5.51	1.24	36.42	9572.22	0.43	77.00	4.35	15.95	95.54	1486699.00	5.75	34.73	2.09
芜湖	32405.00	41001.00	5.22	0.56	49.26	6987.82	0.37	135.00	8.33	16.22	95.95	2869446.00	6.59	39.97	1.85

续表

城市	城乡居民人均可支配收入（元）D1	人均社会消费品零售额（元）D2	人均住户年末储蓄存款余额（元）D3	城镇登记失业率（%）D4	每万人拥有病床数（张）D5	每万人拥有公共图书馆藏书（册）D6	城镇职工基本养老保险覆盖率（%）D7	互联网接入用户数（万户）D8	建成区路网密度（公里/公里²）D9	建成区排水管道密度（米/公里²）D10	第二、第三产业占比（%）D11	规上企业利润总额（亿元）D12	"三资"企业数量占比（%）D13	中心城区人口占比（%）D14	城乡居民人均可支配收入比 D15
宣城	28759.00	23045.00	4.28	0.62	44.12	5148.44	0.47	86.00	8.87	15.99	90.40	1342479.00	3.21	32.32	2.28
铜陵	27524.00	20775.00	5.28	0.93	47.29	14442.41	0.34	45.00	3.69	19.70	94.51	886175.00	4.36	55.45	2.49
池州	24923.00	26820.00	4.99	0.51	44.11	4242.42	0.28	49.00	11.23	19.37	89.92	711700.00	2.21	45.12	2.10
安庆	24194.00	23172.00	4.61	0.36	37.93	6478.93	0.33	125.00	4.21	5.80	90.92	1724839.00	2.36	15.67	2.37
黄山	26814.00	32106.00	5.86	0.57	49.05	8867.00	0.38	53.00	8.07	11.54	92.45	230878.00	3.70	33.08	2.16
南昌	31817.00	42302.00	6.46	0.81	55.49	3999.29	0.50	265.00	4.56	8.24	96.20	3451362.00	8.13	56.06	2.26
景德镇	29064.00	22565.00	4.88	1.56	47.64	7971.45	0.40	54.00	7.55	5.70	93.38	304862.00	4.84	28.55	2.23
萍乡	29019.00	16637.00	3.66	1.50	40.81	13858.84	0.41	57.00	8.20	2.17	92.68	1037349.00	4.08	45.34	1.97
九江	26924.00	23591.00	3.88	0.77	38.21	7134.15	0.26	137.00	6.74	11.15	93.21	4970217.00	5.36	20.73	2.41
新余	30046.00	25631.00	5.34	1.23	43.96	7544.01	0.41	39.00	6.22	11.59	93.55	716043.00	3.44	76.28	2.08
鹰潭	27410.00	20687.00	4.49	1.41	50.03	3556.31	0.35	38.00	6.48	6.24	93.12	1001975.00	5.86	54.19	2.10
赣州	22718.00	18826.00	3.88	0.92	36.31	5879.65	0.30	217.00	8.95	13.46	89.17	2018501.00	8.74	26.53	3.28
吉安	28050.00	11623.00	4.04	1.01	36.76	6491.94	0.33	116.00	8.70	13.22	89.20	2945697.00	5.10	12.10	2.40
宜春	25597.00	15866.00	3.85	1.08	37.42	3116.60	0.40	141.00	8.01	13.47	88.97	2678973.00	4.19	20.96	2.13
抚州	25300.00	12874.00	3.66	1.33	34.10	3891.63	0.38	85.00	7.80	13.58	85.76	1044115.00	3.11	42.36	2.15
上饶	26063.00	13364.00	3.54	0.46	40.99	2444.02	0.32	162.00	6.63	16.81	89.12	2104738.00	2.04	33.51	2.55
武汉	38241.00	69341.00	8.02	0.98	73.88	8000.36	0.53	532.00	7.71	9.57	97.66	8672000.00	11.00	80.81	2.09
黄石	27621.00	36342.00	4.35	1.75	54.23	7363.35	0.52	75.00	10.46	19.73	94.12	1246000.00	5.63	25.08	2.34
十堰	22478.00	35109.00	4.84	2.05	60.07	4738.08	0.30	139.00	7.93	10.34	91.48	1230501.00	2.11	35.02	2.95

续表

城市	城乡居民人均可支配收入（元）D1	人均社会消费品零售额（元）D2	人均住户年末储蓄存款余额（元）D3	城镇登记失业率（%）D4	每万人拥有病床数（张）D5	每万人拥有公共图书馆藏书（册）D6	城镇职工基本养老保险覆盖率（%）D7	互联网接入用户数（万户）D8	建成区路网密度（公里/公里²）D9	建成区排水管道密度（米/公里²）D10	第二、第三产业占比（%）D11	规上企业利润总额（亿元）D12	"三资"企业数量占比（%）D13	中心城区人口占比（%）D14	城乡居民人均可支配收入比 D15
宜昌	28299.00	40238.00	5.44	1.28	53.39	8772.57	0.54	141.00	8.01	8.76	90.67	4154688.00	3.65	30.93	2.12
襄阳	28115.00	32796.00	4.65	0.99	44.73	4718.31	0.34	173.00	8.10	10.29	90.67	4009000.00	3.81	40.14	1.97
鄂州	26927.00	39810.00	4.19	1.25	37.77	10097.20	0.43	38.00	5.94	13.98	91.19	992811.00	2.95	105.69	1.79
荆门	28681.00	31645.00	5.06	0.92	48.82	3899.24	0.46	83.00	8.77	15.32	88.06	1916860.00	2.40	22.43	1.79
孝感	26232.00	24653.00	3.75	0.88	33.83	3495.22	0.27	94.00	10.47	15.64	86.51	1328075.00	3.98	19.51	2.07
荆州	27402.00	30008.00	4.27	1.53	39.34	2477.56	0.43	146.00	9.67	7.93	82.73	1371967.00	2.13	19.39	1.90
黄冈	22760.00	21045.00	4.06	0.68	35.51	4847.62	0.33	183.00	7.82	6.87	82.65	844270.00	2.86	5.53	2.10
咸宁	24891.00	24454.00	3.73	1.06	42.37	5062.79	0.32	79.00	7.45	12.54	87.46	1565464.00	2.90	24.73	2.00
随州	25028.00	29475.00	4.73	0.39	34.75	1891.04	0.29	57.00	4.84	5.74	86.56	1025649.00	2.88	29.72	1.77
长沙	43770.00	62506.00	7.78	0.87	77.42	13258.68	0.53	380.00	3.93	8.46	96.89	7428900.00	4.71	43.36	1.71
株洲	34116.00	29218.00	4.97	0.60	53.76	8582.09	0.40	128.00	11.91	7.14	92.65	1513717.00	1.91	32.84	2.15
湘潭	30503.00	26757.00	5.14	1.04	57.17	5694.44	0.37	101.00	3.40	8.50	93.58	1361505.00	2.94	29.86	1.89
衡阳	29892.00	22427.00	3.81	1.07	46.53	3424.66	0.30	140.00	5.77	8.22	88.73	967161.00	2.38	13.84	1.81
邵阳	21279.00	16988.00	3.07	0.35	45.58	3698.63	0.11	139.00	3.03	6.67	83.68	896980.00	1.28	9.45	2.26
岳阳	25997.00	27932.00	2.92	0.83	41.24	2634.32	0.33	144.00	7.03	12.72	89.93	2169938.00	1.52	19.24	2.08
常德	22188.00	25378.00	3.85	0.97	43.93	3258.23	0.42	152.00	6.25	15.53	89.08	2051094.00	2.48	24.44	3.23
张家界	19711.00	16367.00	3.51	0.57	43.20	2775.63	0.28	52.00	8.28	7.03	87.42	75314.00	1.40	34.86	2.42
益阳	26046.00	16477.00	3.35	0.57	43.93	3008.57	0.32	103.00	6.36	11.62	84.36	1016837.00	1.84	30.54	1.77
郴州	25750.00	24060.00	3.66	1.00	57.29	3407.23	0.18	126.00	2.24	13.60	90.19	1242723.00	4.43	16.83	2.15

续表

城市	城乡居民人均可支配收入（元）D1	人均社会消费品零售额（元）D2	人均住户年末储蓄存款余额（元）D3	城镇登记失业率（%）D4	每万人拥有病床数（张）D5	每万人拥有公共图书馆藏书（册）D6	城镇职工基本养老保险覆盖率（%）D7	互联网接入用户数（万户）D8	建成区路网密度（公里/公里²）D9	建成区排水管道密度（米/公里²）D10	第二、第三产业占比（%）D11	规上企业利润总额（亿元）D12	"三资"企业数量占比（%）D13	中心城区人口占比（%）D14	城乡居民人均可支配收入比 D15
永州	23182.00	14576.00	3.21	0.62	53.65	5104.57	0.21	111.00	7.86	9.32	82.63	726837.00	5.30	21.48	2.04
怀化	19989.00	12484.00	3.14	0.67	55.01	4053.54	0.11	115.00	7.02	7.80	86.12	545193.00	1.88	8.03	2.68
娄底	21720.00	15906.00	3.71	0.90	52.54	2765.58	0.40	100.00	5.67	5.99	89.37	1755774.00	1.39	15.73	2.36
重庆	26536.00	36288.00	5.57	0.78	53.53	5930.58	0.46	1372.00	6.32	12.96	93.43	12103190.00	6.29	77.34	2.51
成都	35118.00	50909.00	9.12	1.67	75.79	18542.56	0.74	782.00	5.11	10.64	96.40	7376147.00	8.05	53.64	1.88
自贡	26950.00	23754.00	4.46	1.34	63.40	2020.55	0.18	85.00	8.47	7.56	85.83	609991.00	2.13	50.34	2.12
攀枝花	30108.00	32196.00	5.77	1.51	76.54	7038.83	0.43	45.00	9.48	5.22	90.92	1314459.00	1.80	52.59	2.28
泸州	26892.00	23870.00	4.24	0.49	57.24	3029.60	0.53	136.00	5.26	8.90	89.57	2203434.00	1.89	35.15	2.25
德阳	27736.00	25604.00	5.37	1.02	51.06	2933.71	0.38	135.00	6.29	16.62	89.96	2048761.00	2.26	26.52	2.04
绵阳	27595.00	26282.00	5.20	0.76	56.14	4467.78	0.51	184.00	8.09	17.42	89.41	1384261.00	2.86	36.03	2.11
广元	23304.00	16757.00	4.12	1.11	64.77	5436.82	0.52	88.00	7.44	12.39	83.76	877271.00	1.17	34.50	2.55
遂宁	25606.00	19735.00	3.89	1.79	46.29	2935.67	0.48	79.00	3.79	14.89	86.24	996391.00	3.92	45.60	2.13
内江	26255.00	16065.00	3.81	0.96	41.52	2379.02	0.23	390.00	6.65	9.46	83.22	496385.00	4.36	37.58	2.19
眉山	27460.00	18388.00	5.53	0.87	43.53	1575.07	0.36	111.00	7.41	12.53	85.57	630067.00	3.73	40.21	2.02
南充	24388.00	16598.00	4.14	0.88	51.16	3400.62	0.42	161.00	4.77	12.06	82.59	2212845.00	1.39	30.12	2.25
乐山	26702.00	23462.00	5.48	1.25	57.77	3275.18	0.45	114.00	8.60	11.54	86.97	1262258.00	1.81	35.51	2.19
宜宾	26846.00	22938.00	3.51	1.22	58.10	3050.92	0.46	137.00	5.52	9.84	89.33	4234270.00	1.33	50.48	2.16
广安	26225.00	17412.00	4.74	0.74	63.64	7651.96	0.57	127.00	8.00	10.37	83.65	938739.00	1.96	38.88	2.19
达州	24664.00	17272.00	4.03	0.66	60.79	11363.64	0.35	104.00	8.07	6.75	83.11	997400.00	0.53	30.77	2.18

续表

城市	城乡居民人均可支配收入（元）D1	人均社会消费品零售额（元）D2	人均住户年末储蓄存款余额（元）D3	城镇登记失业率（%）D4	每万人拥有病床数（张）D5	每万人拥有公共图书馆藏书（册）D6	城镇职工基本养老保险覆盖率（%）D7	互联网接入用户数（万户）D8	建成区路网密度（公里/公里²）D9	建成区排水管道密度（米/公里²）D10	第二、第三产业占比（%）D11	规上企业利润总额（亿元）D12	"三资"企业数量占比（%）D13	中心城区人口占比（%）D14	城乡居民人均可支配收入比 D15
雅安	24815.00	17377.00	4.97	0.74	73.13	6428.57	0.69	55.00	8.48	10.31	82.31	418364.00	2.87	40.26	2.40
巴中	23448.00	15276.00	3.06	1.19	45.02	4394.94	0.24	79.00	7.43	7.07	83.55	258208.00	0.94	40.64	2.54
资阳	26914.00	15408.00	4.26	1.29	51.72	5971.34	0.48	64.00	5.02	14.91	81.74	178734.00	5.04	42.60	2.06
贵阳	27758.00	27767.00	5.47	0.73	69.65	13477.09	0.50	194.00	3.77	9.59	96.01	2259476.00	4.75	53.71	2.21
六盘水	22046.00	12304.00	2.54	1.44	49.09	4473.82	0.20	67.00	4.58	10.26	87.78	537000.00	1.28	16.95	2.99
遵义	24964.00	15452.00	3.67	0.67	63.59	3982.86	0.33	151.00	3.84	3.33	87.60	6150000.00	0.98	36.02	2.68
安顺	21621.00	18731.00	2.59	0.75	46.95	2538.50	0.24	53.00	4.71	11.13	82.99	426746.00	2.08	55.85	2.97
毕节	21501.00	6089.00	1.70	0.41	61.63	2025.53	0.16	77.00	3.72	6.02	76.91	264800.00	0.74	25.17	3.15
铜仁	21209.00	18876.00	2.67	1.01	61.79	3669.44	0.18	75.00	5.25	8.50	79.59	280804.00	1.18	15.99	3.13
昆明	31323.00	45852.00	7.71	2.30	81.44	6359.71	0.51	275.00	4.14	12.53	95.83	2483695.00	6.66	46.76	2.83
曲靖	25506.00	14813.00	2.44	0.50	43.19	2929.75	0.16	123.00	8.25	8.94	83.38	690757.00	1.23	22.98	2.72
玉溪	28210.00	34082.00	4.04	0.79	46.53	6236.92	0.27	57.00	9.02	14.91	90.69	1121646.00	3.23	31.39	2.59
保山	23925.00	15981.00	2.71	0.95	40.68	3117.87	0.23	59.00	5.40	7.62	78.69	515145.00	1.87	35.74	2.83
昭通	20243.00	8476.00	1.69	0.57	42.65	1824.30	0.17	71.00	3.97	6.41	83.49	881660.00	4.35	17.00	2.84
丽江	23571.00	19335.00	3.53	1.58	43.77	5299.54	0.27	30.00	5.57	26.20	86.42	163914.00	1.64	12.29	3.11
普洱	21479.00	11921.00	2.15	0.94	46.61	3883.86	0.24	58.00	8.09	21.67	77.26	174478.00	4.49	9.05	2.73
临沧	20716.00	13332.00	1.64	0.89	37.75	3191.49	0.11	65.00	5.52	12.09	72.47	173196.00	0.56	13.00	2.48

附表 5　基础数据 II

城市	社会网络联系度 D16	失业保险覆盖率（%）D17	人口密度比 D18	经济密度比 D19	城镇密度比 D20	万元GDP电耗（千瓦时）D21	万元GDP"三废"排放（吨）D22	建成区绿化覆盖率（%）D23	每万人交通客运量（人）D24	每万人交通货运量（吨）D25	人均GDP（吨）D26	R&D经费支出占财政支出的比重（%）D27	国内100强企业分支机构数（家）D28	世界100强企业分支机构数（家）D29	以水资源保护与水环境综合治理为核心的联防联控机制和生态环境补偿机制（个）D30
上海	0.05	45.93	9.95	19.80	4.50	411.10	0.89	39.70	3.87	44.9500	157279.00	5.44	389.00	401.00	3.00
南京	0.05	43.64	3.35	7.01	2.03	442.97	0.93	45.20	13.3	48.6800	165681.00	6.18	88.00	85.00	3.00
无锡	0.03	45.49	3.70	8.43	2.40	633.50	1.67	43.00	9.64	31.1300	180044.00	5.33	31.00	33.00	3.00
徐州	0.02	14.05	1.95	2.00	1.88	518.99	0.45	43.70	11.03	39.4200	81138.00	5.53	7.00	8.00	3.00
常州	0.03	37.93	2.81	5.57	1.87	683.49	1.60	43.30	10.09	27.3500	156390.00	4.53	18.00	16.00	3.00
苏州	0.03	62.60	3.22	7.31	1.48	802.91	1.90	42.10	27.54	23.1100	179174.00	8.17	69.00	65.00	3.00
南通	0.00	23.89	1.80	2.93	1.31	481.24	1.46	44.40	9.82	25.8900	128294.00	5.33	21.00	18.00	3.00
连云港	0.01	15.80	1.54	1.36	1.42	585.12	1.11	41.80	9.48	31.1200	69523.00	5.80	10.00	6.00	3.00
淮安	0.01	16.44	1.28	1.27	1.27	494.08	0.62	42.40	12.02	25.6100	78543.00	3.52	8.00	5.00	3.00
盐城	0.00	15.84	1.11	1.11	1.04	574.69	1.61	43.00	8.74	33.9300	79149.00	6.96	14.00	5.00	3.00
扬州	0.01	23.38	1.79	2.92	1.62	443.42	1.21	44.10	7.12	26.0100	128856.00	5.27	10.00	9.00	3.00
镇江	0.02	23.35	2.17	3.54	1.95	640.63	1.22	43.10	9.03	22.7200	128981.00	5.97	13.00	8.00	3.00
泰州	0.00	22.36	2.08	2.92	2.06	576.66	0.90	42.60	13.96	52.7900	110731.00	4.85	12.00	7.00	3.00
宿迁	0.00	11.96	1.50	1.20	1.49	675.12	2.15	36.50	9.4	24.3800	62840.00	6.98	25.00	4.00	2.00
杭州	0.04	59.84	1.62	3.05	1.35	531.26	1.32	40.58	13.29	34.6300	152465.00	7.54	111.00	75.00	3.00
宁波	0.01	47.27	2.26	4.02	1.99	674.11	1.30	41.69	6.15	78.2500	143157.00	8.45	62.00	55.00	3.00

续表

城市	社会网络联系度 D16	失业保险覆盖率（%） D17	人口密度比 D18	经济密度比 D19	城镇密度比 D20	万元GDP电耗（千瓦时） D21	万元GDP"三废"排放（吨） D22	建成区绿化覆盖率（%） D23	每万人交通客运量（人） D24	每万人交通货运量（吨） D25	人均GDP（吨） D26	R&D经费支出占财政支出的比重（%） D27	国内100强企业分支机构数（家） D28	世界100强企业分支机构数（家） D29	以水资源保护与水环境综合治理为核心的联防联控机制和生态环境补偿机制（个） D30
温州	0.01	20.39	2.00	1.80	1.76	667.70	0.70	38.22	23.94	18.1300	71225.00	4.06	13.00	11.00	3.00
嘉兴	0.01	46.07	2.95	4.18	2.28	1001.92	3.51	39.00	6.88	52.0800	112751.00	5.84	12.00	43.00	2.00
湖州	0.01	41.90	1.37	1.76	1.54	944.97	2.50	46.38	18.45	68.6300	102593.00	5.92	8.00	21.00	3.00
绍兴	0.01	36.66	1.59	2.30	1.70	799.81	4.65	43.73	4.17	30.2100	114561.00	8.88	7.00	9.00	3.00
金华	0.02	26.86	1.33	1.37	1.42	865.50	1.61	41.14	19.14	19.4300	81224.00	6.03	3.00	4.00	3.00
衢州	0.01	26.61	0.65	0.59	0.92	1170.58	5.72	43.15	17.71	60.9400	71087.00	11.23	6.00	1.00	3.00
舟山	0.00	30.50	2.09	3.09	2.84	477.41	1.06	42.05	50.77	357.1200	116781.00	4.82	2.00	5.00	3.00
台州	0.01	25.54	1.70	1.79	1.49	645.15	0.99	44.41	13.68	48.6200	83555.00	6.57	4.00	8.00	3.00
丽水	0.01	19.65	0.33	0.28	0.66	761.00	1.77	43.00	11.06	24.8800	66936.00	8.17	0.00	0.00	3.00
合肥	0.03	27.94	1.86	2.70	1.43	399.04	0.42	43.08	9.67	53.7800	115623.00	17.47	49.00	43.00	3.00
淮北	0.00	16.73	0.98	0.59	0.71	630.71	1.38	45.38	4.38	40.3800	47654.00	1.10	1.00	3.00	3.00
亳州	0.00	7.44	2.30	0.97	1.84	428.30	0.76	37.32	6.07	47.2900	33314.00	4.59	7.00	1.00	3.00
宿州	0.01	5.23	2.68	1.18	2.01	485.19	7.79	38.57	4.87	27.2900	34773.00	2.68	4.00	1.00	3.00
蚌埠	0.01	12.44	2.19	1.67	1.88	433.88	0.78	42.73	6.03	109.3500	60469.00	10.18	1.00	4.00	3.00
阜阳	0.01	7.99	7.82	3.25	6.79	587.91	0.76	40.58	6.15	60.8600	32855.00	3.60	6.00	5.00	3.00
淮南	0.01	12.79	3.03	1.43	3.44	737.27	3.09	44.64	7.7	61.0500	37140.00	4.59	4.00	1.00	3.00

城市	社会网络联系度 D16	失业保险覆盖率(%) D17	人口密度比 D18	经济密度比 D19	城镇密度比 D20	万元GDP电耗(千瓦时) D21	万元GDP"三废"排放(吨) D22	建成区绿化覆盖率(%) D23	每万人交通客运量(人) D24	每万人交通货运量(吨) D25	人均GDP(吨) D26	R&D经费支出占财政支出的比重(%) D27	国内100强企业分支机构数(家) D28	世界100强企业分支机构数(家) D29	以水资源保护与水环境综合治理为核心的联防联控机制和生态环境补偿机制(个) D30
滁州	0.01	10.94	0.80	0.71	0.99	658.58	0.83	45.91	8.82	42.9300	70429.00	6.55	8.00	13.00	3.00
六安	0.01	9.53	1.31	0.55	1.58	640.43	0.35	42.59	7.59	58.1500	33370.00	9.13	3.00	11.00	3.00
马鞍山	0.01	16.65	0.45	0.51	0.46	997.44	4.35	45.28	7.36	65.0000	89867.00	6.87	2.00	8.00	3.00
芜湖	0.01	18.93	0.97	1.18	0.94	560.34	1.00	43.06	5.47	83.8900	96154.00	15.90	21.00	9.00	3.00
宣城	0.01	13.41	0.70	0.52	1.02	863.29	1.00	41.68	8.41	66.1900	49321.00	9.51	6.00	0.00	3.00
铜陵	0.01	17.69	0.28	0.21	0.25	1023.96	3.26	45.15	6.56	70.1300	58726.00	12.20	2.00	0.00	3.00
池州	0.01	11.47	0.45	0.32	0.75	913.82	0.64	44.90	7	95.7600	56217.00	3.84	3.00	1.00	3.00
安庆	0.00	11.46	1.46	0.93	1.63	488.03	1.20	40.44	8.46	33.3200	50574.00	8.29	7.00	2.00	3.00
黄山	0.00	15.78	0.30	0.22	0.67	501.10	0.91	47.91	22.31	41.1400	70429.00	7.50	1.00	0.00	3.00
南昌	0.02	15.31	1.96	2.49	1.37	441.74	0.71	40.42	7.05	29.6300	100415.00	7.12	22.00	20.00	3.00
景德镇	0.00	11.41	0.83	0.58	1.04	651.62	2.15	50.06	9.49	26.1200	55228.00	4.66	0.00	1.00	3.00
萍乡	0.01	11.81	1.32	0.80	1.22	823.76	0.44	45.50	28.04	23.3400	48007.00	6.84	0.00	1.00	3.00
九江	0.01	12.65	0.67	0.54	0.81	684.56	2.82	48.68	15.57	32.7900	63584.00	6.20	6.00	6.00	3.00
新余	0.01	14.06	0.97	1.01	1.09	935.49	2.29	50.65	10.67	156.7800	81641.00	3.39	3.00	0.00	3.00
鹰潭	0.02	13.02	0.86	0.87	1.24	551.54	1.01	44.79	14.28	46.9500	79883.00	11.68	0.00	0.00	3.00
赣州	0.00	8.33	0.57	0.29	0.51	601.47	1.69	49.89	8.97	15.9200	39968.00	9.82	14.00	3.00	3.00

续表

城市	社会网络联系度 D16	失业保险覆盖率（%） D17	人口密度比 D18	经济密度比 D19	城镇密度比 D20	万元GDP电耗（千瓦时） D21	万元GDP"三废"排放（吨） D22	建成区绿化覆盖率（%） D23	每万人交通客运量（人） D24	每万人交通货运量（吨） D25	人均GDP（吨） D26	R&D经费支出占财政支出的比重（%） D27	国内100强企业分支机构数（家） D28	世界100强企业分支机构数（家） D29	以水资源保护与水环境综合治理为核心的联防联控机制和生态环境补偿机制（个） D30
吉安	0.01	9.06	0.51	0.27	0.71	571.89	1.37	46.42	8.41	33.2600	42060.00	7.25	9.00	2.00	3.00
宜春	0.01	9.47	0.78	0.47	0.85	754.43	1.27	48.00	6.58	51.8200	48182.00	10.25	0.00	0.00	3.00
抚州	0.00	10.35	0.56	0.26	0.18	623.89	1.28	48.90	9.22	49.0900	37272.00	10.08	0.00	1.00	3.00
上饶	0.02	8.11	0.78	0.36	0.08	675.85	2.62	45.61	10.41	45.3000	36839.00	5.94	5.00	1.00	3.00
武汉	0.03	28.65	3.40	6.23	2.45	379.37	0.83	40.02	5.85	52.9500	145545.00	11.28	81.00	95.00	3.00
黄石	0.00	16.26	1.40	1.27	1.34	839.39	1.84	38.72	10.64	36.4000	71511.00	4.06	0.00	1.00	2.00
十堰	0.00	13.17	0.37	0.28	0.48	512.32	0.35	42.07	10.13	24.4700	59163.00	5.08	6.00	0.00	3.00
宜昌	0.01	24.09	0.51	0.69	0.57	524.66	2.26	40.33	24.71	42.0200	107830.00	6.88	6.00	10.00	3.00
襄阳	0.01	12.06	0.75	0.80	0.69	342.32	0.80	40.49	17.21	64.9500	84815.00	9.01	2.00	7.00	3.00
鄂州	0.00	11.64	1.72	2.35	1.76	647.54	1.27	43.21	14.21	26.7700	106678.00	2.43	7.00	0.00	3.00
荆门	0.00	11.56	0.61	0.54	0.18	538.50	1.12	40.78	6.37	12.6300	70203.00	7.71	2.00	4.00	3.00
孝感	0.00	8.45	1.44	0.85	1.10	633.81	1.68	39.26	11.78	10.4100	46772.00	8.28	4.00	5.00	3.00
荆州	0.01	10.31	1.02	0.58	0.94	576.91	1.73	37.49	10.09	35.1400	45097.00	6.86	6.00	5.00	3.00
黄冈	0.00	7.65	0.94	0.44	0.84	601.72	1.14	41.54	12.45	26.3300	36685.00	6.87	5.00	5.00	3.00
咸宁	0.01	12.16	0.68	0.54	0.80	610.03	1.11	41.39	19.69	46.3600	62650.00	7.00	4.00	7.00	3.00
随州	0.00	5.26	0.60	0.40	0.62	395.52	0.28	40.60	10.49	43.6600	52380.00	3.30	0.00	3.00	3.00

续表

城市	社会网络联系度 D16	失业保险覆盖率（%）D17	人口密度比 D18	经济密度比 D19	城镇密度比 D20	万元GDP电耗（千瓦时）D21	万元GDP"三废"排放（吨）D22	建成区绿化覆盖率（%）D23	每万人交通客运量（人）D24	每万人交通货运量（吨）D25	人均GDP（吨）D26	R&D经费支出占财政支出的比重（%）D27	国内100强企业分支机构数（家）D28	世界100强企业分支机构数（家）D29	以水资源保护与水环境综合治理为核心的联防联控机制和生态环境补偿机制（个）D30
长沙	0.03	24.85	1.84	3.22	1.87	342.09	0.34	41.40	7.93	56.4900	139877.00	5.18	44.00	54.00	3.00
株洲	0.01	15.16	0.93	0.88	1.07	376.12	0.69	43.23	12.49	38.6700	74618.00	12.87	6.00	8.00	3.00
湘潭	0.01	18.60	1.49	1.48	1.55	563.51	0.99	41.85	4.33	26.3500	78575.00	11.25	2.00	6.00	3.00
衡阳	0.01	15.68	1.24	0.73	1.29	494.46	0.81	41.94	9.59	25.2700	46379.00	3.06	4.00	1.00	2.00
邵阳	0.00	9.03	0.91	0.34	0.71	460.36	0.72	41.82	11.86	11.7500	29339.00	4.64	3.00	4.00	2.00
岳阳	0.01	11.67	1.01	0.84	1.03	414.60	1.66	42.71	13.38	36.1800	65357.00	7.74	5.00	3.00	2.00
常德	0.00	10.45	0.82	0.66	1.10	344.32	0.13	44.40	11.98	34.1800	62493.00	5.36	3.00	6.00	3.00
张家界	0.00	13.68	0.42	0.19	0.59	514.49	0.17	41.00	50.54	13.5200	35767.00	3.67	0.00	0.00	3.00
益阳	0.00	9.62	0.93	0.48	0.90	480.08	0.57	40.06	10.34	35.1000	40578.00	6.46	3.00	4.00	3.00
郴州	0.01	11.96	0.64	0.41	0.84	547.74	1.51	46.54	8.71	38.7800	50760.00	6.49	2.00	6.00	3.00
永州	0.00	11.56	0.64	0.30	0.85	508.43	0.29	37.68	14.79	13.0900	37013.00	5.95	15.00	2.00	3.00
怀化	0.02	12.90	0.47	0.19	0.55	635.75	0.89	39.48	22.68	13.8100	32453.00	8.98	1.00	4.00	2.00
娄底	0.01	17.62	1.26	0.67	1.19	885.62	1.50	41.05	11.21	18.9800	41675.00	4.81	6.00	4.00	2.00
重庆	0.01	23.13	1.01	0.94	1.40	491.48	0.96	40.36	17.21	34.6500	75828.00	3.71	81.00	91.00	3.00
成都	0.02	45.11	2.96	3.90	2.67	407.83	0.55	43.46	9.51	18.7500	103386.00	7.13	97.00	79.00	3.00
自贡	0.00	10.55	1.73	1.07	2.60	298.95	0.74	43.30	11.46	21.1300	48904.00	9.51	0.00	1.00	3.00

续表

城市	社会网络系统联系度 D16	失业保险覆盖率（%）D17	人口密度比 D18	经济密度比 D19	城镇密度比 D20	万元GDP电耗（千瓦时）D21	万元GDP"三废"排放（吨）D22	建成区绿化覆盖率（%）D23	每万人交通客运量（人）D24	每万人交通货运量（吨）D25	人均GDP（吨）D26	R&D经费支出占财政支出的比重（%）D27	国内100强企业分支机构数（家）D28	世界100强企业分支机构数（家）D29	以水资源保护与水环境综合治理为核心的联防联控机制和生态环境补偿机制（个）D30
攀枝花	0.00	20.58	0.43	0.45	0.67	1339.41	4.87	41.33	19.09	96.8700	82460.00	2.37	0.00	2.00	3.00
泸州	0.00	13.70	0.92	0.56	1.29	463.14	2.02	42.10	12.32	31.3600	48105.00	3.25	2.00	24.00	3.00
德阳	0.00	19.98	1.56	1.30	2.47	550.39	1.53	42.40	8.16	27.8200	65745.00	2.76	4.00	2.00	3.00
绵阳	0.00	16.17	0.62	0.46	0.61	404.27	0.67	40.74	7.64	17.5000	58685.00	10.95	4.00	5.00	3.00
广元	0.01	13.13	0.42	0.19	0.82	635.46	0.71	40.29	5.88	18.9800	35262.00	1.86	4.00	0.00	3.00
遂宁	0.00	8.28	1.56	0.83	2.04	376.60	0.93	41.28	5.95	15.5700	42113.00	3.00	1.00	0.00	3.00
内江	0.00	9.78	1.78	0.88	2.06	562.94	0.67	35.29	33.08	116.2400	38743.00	2.52	0.00	1.00	3.00
眉山	0.00	14.29	1.09	0.64	1.41	890.00	1.20	42.40	10.07	56.2000	46168.00	0.62	6.00	6.00	3.00
南充	0.00	7.22	1.34	0.61	2.14	340.18	0.66	44.50	7.78	18.9500	36073.00	1.40	4.00	1.00	2.00
乐山	0.00	14.58	0.67	0.48	1.08	1163.77	2.35	41.92	11.27	31.2100	56999.00	0.86	0.00	0.00	3.00
宜宾	0.00	12.18	0.89	0.65	1.20	391.85	2.53	40.21	7.29	15.0100	57003.00	3.06	34.00	1.00	3.00
广安	0.00	11.58	1.33	0.65	2.17	528.80	0.79	41.68	11.97	15.1200	38522.00	1.14	0.00	0.00	3.00
达州	0.00	5.72	0.90	0.40	0.92	448.63	0.54	38.15	6.86	22.2100	35625.00	1.60	2.00	0.00	3.00
雅安	0.00	16.14	0.27	0.16	0.49	1554.01	1.09	40.76	12.24	38.3200	46984.00	6.49	0.00	0.00	3.00
巴中	0.00	9.62	0.70	0.20	1.40	466.31	0.21	37.97	6.32	13.0400	22716.00	1.34	6.00	0.00	3.00
资阳	0.00	10.07	1.13	0.45	1.72	358.87	0.43	37.85	9.42	18.8300	31019.00	4.52	3.00	1.00	2.00

续表

城市	社会网络联系度 D16	失业保险覆盖率（%）D17	人口密度比 D18	经济密度比 D19	城镇密度比 D20	万元GDP电耗（千瓦时）D21	万元GDP"三废"排放（吨）D22	建成区绿化覆盖率（%）D23	每万人交通客运量（人）D24	每万人交通货运量（吨）D25	人均GDP（吨）D26	R&D经费支出占财政支出的比重（%）D27	国内100强企业分支机构数（家）D28	世界100强企业分支机构数（家）D29	以水资源保护与水环境综合治理为核心的联控机制和生态环境补偿机制（个）D30
贵阳	0.02	17.91	1.61	1.65	0.83	712.00	1.45	40.39	149.09	103.8000	81995.00	6.82	28.00	17.00	3.00
六盘水	0.00	13.23	0.77	0.42	0.89	842.18	4.76	38.18	0.17	0.0000	43003.00	5.16	3.00	2.00	3.00
遵义	0.00	13.14	0.53	0.37	0.80	717.46	0.40	42.65	90.74	129.9500	55411.00	4.31	11.00	1.00	2.00
安顺	0.01	10.09	0.66	0.33	1.05	754.65	0.43	38.84	39.25	29.6400	39177.00	6.80	1.00	2.00	3.00
毕节	0.00	7.77	0.58	0.21	0.33	536.24	1.12	36.12	0.18	1.1100	28378.00	14.31	4.00	1.00	3.00
铜仁	0.00	7.55	0.46	0.23	0.95	768.86	3.31	38.11	28.46	22.8000	39298.00	10.12	4.00	0.00	2.00
昆明	0.01	34.25	0.85	1.00	0.77	581.18	0.50	41.95	13.63	48.1000	93853.00	2.99	36.00	34.00	3.00
曲靖	0.01	8.39	0.55	0.30	0.44	1126.65	0.62	38.83	7.02	34.9200	42774.00	1.15	5.00	4.00	3.00
玉溪	0.00	13.53	0.42	0.43	0.44	743.95	1.04	41.54	6.72	56.0300	81667.00	2.84	1.00	3.00	3.00
保山	0.00	9.73	0.35	0.16	0.28	839.75	0.90	37.35	19.46	30.0100	36548.00	1.05	3.00	1.00	3.00
昭通	0.00	7.30	0.66	0.18	0.65	1208.12	2.55	32.55	2.58	9.5300	21255.00	1.23	0.00	1.00	2.00
丽江	0.00	9.99	0.16	0.08	0.21	868.50	0.65	39.90	25.98	31.0000	36369.00	2.22	0.00	4.00	3.00
普洱	0.00	10.51	0.16	0.07	0.20	553.37	3.29	40.58	5	16.6100	33097.00	2.89	1.00	0.00	3.00
临沧	0.00	9.41	0.28	0.11	0.19	441.37	1.54	37.01	17.09	19.8100	29926.00	2.00	0.00	0.00	3.00

参考文献

白永亮、石磊：《长江经济带科技创新的空间溢出——效用测度、路径识别与协同放大》，《武汉大学学报》（哲学社会科学版）2019 年第 1 期。

薄文广、安虎森、李杰：《主体功能区建设与区域协调发展：促进亦或冒进》，《中国人口·资源与环境》2011 年第 10 期。

蔡若愚：《长江中游城市群一体化过程漫长》，《中国经济导报》2015 年 4 月 11 日。

曾坤生：《论区域经济动态协调发展》，《中国软科学》2000 年第 4 期。

曾鹏、张凡：《十大城市群"产业—人口—空间"耦合协调度的比较》，《统计与决策》2017 年第 10 期。

钞小静、惠康：《中国经济增长质量的测度》，《数量经济技术经济研究》2009 年第 6 期。

钞小静、任保平：《城乡收入差距与中国经济增长质量》，《财贸研究》2014 年第 5 期。

钞小静、任保平：《中国经济增长质量的时序变化与地区差异分析》，《经济研究》2011 年第 4 期。

陈栋生：《论区域协调发展》，《北京社会科学》2005 年第 2 期。

陈芳：《非合意产出约束下长江经济带能源效率评价与影响因素研究——基于非径向方向性距离函数估算》，《安徽大学学报》（哲学社会科学版）2016 年第 6 期。

陈刚、刘景林、尹涛：《城市群产业、人口、空间耦合协调发展研究——以珠三角城市群为例》，《西北人口》2020 年第 2 期。

陈鸿宇等：《协调发展理念研究：新时代全面发展的制胜要诀》，社会科学文献出版社，2020。

陈建军：《长江经济带的国家战略意图》，《人民论坛》2014年第15期。

陈同滨：《填补长江流域的大河文明空缺》，《中国文物报》2019年7月9日。

陈文玲、胡顺华：《长三角商贸流通产业影响因素及空间溢出实证研究》，《商业经济研究》2019年第2期。

陈修颖、陆林：《长江经济带空间结构形成基础及优化研究》，《经济地理》2004年第3期。

陈秀山、石碧华：《区域经济均衡与非均衡发展理论》，《教学与研究》2000年第10期。

陈运平、黄小勇：《论区域经济的共生发展》，《光明日报》2014年4月2日。

成长春、刘峻源、殷洁：《"十四五"时期全面推进长江经济带协调性均衡发展的思考》，《区域经济评论》2021年第4期。

成长春、杨凤华等：《协调性均衡发展：长江经济带发展新战略与江苏探索》，人民出版社，2016。

成长春：《长江经济带协调性均衡发展的战略构想》，《南通大学学报》（社会科学版）2015年第1期。

程玉鸿、李克桐：《"大珠三角"城市群协调发展实证测度及阶段划分》，《工业技术经济》2014年第33期。

戴翔：《服务出口复杂度与经济增长质量：一项跨国经验研究》，《审计与经济研究》2015年第4期。

第四纪科研组：《巫山发现新石器时代人类化石》，《成都地质学院学报》1975年第Z1期。

段进军：《长江经济带联动发展的战略思考》，《地域研究与开发》2005年第1期。

段学军、邹辉：《长江岸线的空间功能、开发问题及管理对策》，《地理科学》2016年第12期。

樊明：《市场经济条件下区域均衡发展问题研究》，《经济经纬》2006年第2期。

范恒山：《我国促进区域协调发展的理论与实践》，《经济社会体制比较》2011年第6期。

方创琳、王振波、马海涛：《中国城市群形成发育规律的理论认知与地理学贡献》，《地理学报》2018年第4期。

高尚全：《充分利用长江黄金水道 加快区域经济协调发展》，《中国水运》2004年第11期。

郝颖、辛清泉、刘星：《地区差异、企业投资与经济增长质量》，《经济研究》2014年第3期。

何强：《要素禀赋、内在约束与中国经济增长质量》，《统计研究》2014年第1期。

何兴邦：《环境规制与中国经济增长质量——基于省际面板数据的实证分析》，《当代经济科学》2018年第2期。

金其铭、张小林、董新编著《人文地理概论》，高等教育出版社，1994。

靖学青：《长江水运与长江经济带经济增长——基于面板数据模型的实证研究》，《贵州社会科学》2017年第12期。

〔苏〕Ｂ·Ｄ·卡马耶夫：《经济增长的速度和质量》，陈华山、左东官、何剑、陈继男译，湖北人民出版社，1983。

柯蒂：《论湖北"在中部崛起"的突破口——加速长江经济带的改革开放步伐》，《湖北社会科学》1988年第10期。

兰肇华：《我国非均衡区域协调发展战略的理论选择》，《理论月刊》2005年第11期。

李敬、陈澍、万广华、付陈梅：《中国区域经济增长的空间关联及其解释——基于网络分析方法》，《经济研究》2014年第11期。

李具恒：《广义梯度理论：区域经济协调发展的新视角》，《社会科学研究》2004年第6期。

李强、高楠：《长江经济带生态效率时空格局演化及影响因素研究》，《重庆大学学报》（社会科学版）2018 年第 3 期。

李强、高楠：《资源禀赋、制度质量与经济增长质量》，《广东财经大学学报》2017 年第 1 期。

李强、魏巍：《提高经济增长质量会抑制中国经济增长吗》，《财贸研究》2016 年第 1 期。

李强、魏巍：《制度变迁对中国经济增长质量的非线性效应分析》，《经济与管理研究》2015 年第 12 期。

李强、徐康宁：《资源禀赋、资源消费与经济增长》，《产业经济研究》2013 年第 4 期。

李强：《产业升级与生态环境优化耦合度评价及影响因素研究——来自长江经济带 108 个城市的例证》，《现代经济探讨》2017 年第 10 期。

《全省长江经济带发展工作推进会侧记　万众一心唱好新时代长江之歌》，http：//news. jstv. com/a/20180530/1527678617895. html，2018 年 5 月 30 日。

廖耀华、徐凯赟：《新时代区域高质量协调发展战略内涵、机理及路径》，《宁夏社会科学》2019 年第 3 期。

林春：《财政分权与中国经济增长质量关系——基于全要素生产率视角》，《财政研究》2017 年第 2 期。

林光平、龙志和、吴梅：《我国地区经济收敛的空间计量实证分析：1978~2002 年》，《经济学》（季刊）2005 年第 S1 期。

刘伟：《长江经济带区域经济差异分析》，《长江流域资源与环境》2006 年第 2 期。

刘绪贻：《田纳西河流域管理局的性质、成就及其意义》，《美国研究》1991 年第 4 期。

刘志彪、仝文涛：《双循环新发展格局视角下推进区域协调发展——论东北老工业基地振兴》，《江苏行政学院学报》2021 年第 1 期。

刘志彪：《经济全球化中的城市功能变化与房地产业发展机遇——以上海为中心的长三角地区为例》，《南京社会科学》2006 年第 3 期。

刘志彪：《均衡协调发展：新时代赶超战略的关键问题与政策取向》，《经济研究参考》2018年第1期。

卢曦、许长新：《长江经济带水资源利用的动态效率及绝对β收敛研究——基于三阶段DEA-Malmquist指数法》，《长江流域资源与环境》2017年第9期。

陆炳炎主编《长江经济带发展战略研究》，华东师范大学出版社，1999。

陆大道：《2000年我国工业生产力布局》，《地理科学》1986年第2期。

陆大道：《关于"点—轴"空间结构系统的形成机理分析》，《地理科学》2002年第1期。

路洪卫：《完善长江经济带健康发展的区域协调体制机制》，《决策与信息》2016年第3期。

罗来军、文丰安：《长江经济带高质量发展的战略选择》，《改革》2018年第6期。

马丽君、肖洋：《长江中游城市群旅游经济增长空间关联性分析》，《江南大学学报》（人文社会科学版）2018年第6期。

马振宁、米文宝：《人地关系论演变的历史轨迹及其哲学思考》，《城市地理》2016年第12期。

毛其淋：《二重经济开放与中国经济增长质量的演进》，《经济科学》2012年第2期。

孟越男、徐长乐：《区域协调性均衡发展理论的指标体系构建》，《南通大学学报》（社会科学版）2020年第1期。

〔美〕尼古拉斯·亨利：《公共行政与公共事务》（第7版），项龙译，华夏出版社，2002。

潘文卿：《中国的区域关联与经济增长的空间溢出效应》，《经济研究》2012年第1期。

彭劲松：《长江经济带区域协调发展的体制机制》，《改革》2014年第6期。

彭智敏：《长江经济带综合立体交通走廊的架构》，《改革》2014 年第 6 期。

秦月：《长江经济带城市群联动发展研究》，华东师范大学博士学位论文，2020。

秦尊文：《关于推动长江经济带城市群联动发展的思考与建议》，《长江技术经济》2018 年第 2 期。

区域税收政策课题组：《促进区域经济协调发展的税收政策》，《改革》1998 年第 4 期。

权衡：《中国区域经济发展战略理论研究述评》，《中国社会科学》1997 年第 6 期。

任保平、张蓓：《我国省级地方经济增长中数量与质量不一致性及其理论解释》，《社会科学研究》2016 年第 5 期。

任保平：《经济增长质量：理论阐释、基本命题与伦理原则》，《学术月刊》2012 年第 2 期。

任保平：《新时代中国经济从高速增长转向高质量发展：理论阐释与实践取向》，《学术月刊》2018 年第 3 期。

任英华、游万海：《一种新的空间权重矩阵选择方法》，《统计研究》2012 年第 6 期。

沈玉芳、罗余红：《长江经济带东中西部地区经济发展不平衡的现状、问题及对策研究》，《世界地理研究》2000 年第 2 期。

沈玉芳、张浩：《长江流域产业、开发区和港口发展报告》，上海科技文献出版社，2003。

石林、侯景新：《城市外向型功能对城市空间联系的影响——以长江经济带城市为例》，《上海经济研究》2016 年第 7 期。

随洪光：《外商直接投资、汇率甄别与经济增长质量——基于中国省级样本的经验分析》，《经济科学》2017 年第 2 期。

孙海燕、王富喜：《区域协调发展的理论基础探究》，《经济地理》2008 年第 6 期。

孙久文、张皓：《新发展格局下中国区域差距演变与协调发展研究》，《经济学家》2021年第7期。

孙久文等：《区域经济前沿：区域协调发展的理论与实践》，中国人民大学出版社，2020。

孙尚清：《关于建设长江经济带的若干基本构思》，《管理世界》1994年第1期。

覃成林、崔聪慧：《粤港澳大湾区协调发展水平评估及其提升策略》，《改革》2019年第2期。

田时中、涂欣培：《长三角城市群综合发展水平测度及耦合协调评价——来自26城市2002~2015年的面板数据》，《北京理工大学学报》（社会科学版）2017年第6期。

田扬戈：《论区域经济协调发展》，《党政干部论坛》2000年第2期。

田泽、黄萌萌：《长江经济带终端能源消费碳减排效率与产业结构耦合分析》，《安徽师范大学学报》（人文社会科学版）2018年第1期。

汪克亮等：《长江经济带大气环境效率的时空异质性与驱动因素研究》，《长江流域资源与环境》2018年第3期。

王保畬：《略论建设长江经济带》，《长江流域资源与环境》1992年第1期。

王文成：《元谋人与东方人类的起源》，《云南民族大学学报》（哲学社会科学版）2007年第4期。

王晓云、范士陈：《区域开发人地关系时空演进研究——以近现代海南岛为例》，《生产力研究》2012年第9期。

王旭熙等：《城镇化视角下长江经济带城市生态环境健康评价》，《湖南大学学报》（自然科学版）2015年第12期。

王一鸣：《加快长江经济带开发开放的构想》，《中国软科学》1993年第6期。

王振华、李青云、汤显强：《浅谈长江经济带水生态环境问题与保护管理对策》，《水资源开发与管理》2018年第10期。

魏后凯：《区域开发理论研究》，《地域研究与开发》1988 年第 1 期。

魏后凯：《建设长江经济带及重庆应对策略》，《改革》2014 年第 6 期。

魏后凯：《区域经济发展的新格局》，云南人民出版社，1995。

吴传清、董旭：《长江经济带工业全要素生产率分析》，《武汉大学学报》（哲学社会科学版）2014 年第 4 期。

吴传清、董旭：《长江经济带全要素生产率的区域差异分析》，《学习与实践》2014 年第 4 期。

吴传清、黄磊：《长江经济带工业绿色发展效率及其影响因素研究》，《江西师范大学学报》（哲学社会科学版）2018 年第 3 期。

吴殿廷：《区域经济学》，科学出版社，2003。

夏帆：《国际直接投资在中国地区分布影响因素的实证研究》，厦门大学博士学位论文，2006。

夏永祥：《以长江经济带建设促进东中西部地区协调发展》，《区域经济评论》2014 年第 4 期。

夏禹龙、刘吉、冯之浚等：《梯度理论和区域经济》，《科学学与科学技术管理》1983 年第 2 期。

向书坚、郑瑞坤：《增长质量、阶段特征与经济转型的关联度》，《改革》2012 年第 1 期。

向铮：《浙江省城市经济空间关联性及溢出效应研究》，浙江理工大学硕士学位论文，2017。

谢丹：《县域经济增长的空间关联实证分析》，燕山大学硕士学位论文，2012。

徐国弟主编《21 世纪长江经济带综合开发》，中国计划出版社，1999。

徐现祥、舒元：《协调发展：一个新的分析框架》，《管理世界》2005 年第 2 期。

徐长乐：《建设长江经济带的产业分工与合作》，《改革》2014 年第 6 期。

许丰功、易晓峰：《西方大都市政府和管治及其启示》，《城市规划》2002 年第 6 期。

薛绯、朱海雯：《长株潭城市群一体化协同发展研究》，《当代经济》2018 年第 15 期。

薛澜：《城市如何定位需重新考虑》，搜狐网，2018 年 9 月 21 日。

颜鹏飞、阙伟成：《中国区域经济发展战略和政策：区域协调型经济增长极》，《云南大学学报》（社会科学版）2004 年第 4 期。

杨水根、王露：《长三角城市群经济关联、空间溢出与经济增长——基于空间面板计量模型的实证研究》，《系统工程》2017 年第 11 期。

杨万钟主编《上海及长江流域地区经济协调发展》，华东师范大学出版社，2001。

姚锡棠主编《长江流域经济发展论》，上海社科院出版社，1996。

于欣：《辽宁省经济发展的空间关联分析》，辽宁师范大学硕士学位论文，2012。

俞佳立、钱芝网：《长江经济带物流产业效率的时空演化及其影响因素》，《经济地理》2018 年第 8 期。

虞孝感主编《长江产业带的建设与发展研究》，科学出版社，1997。

郁鸿胜：《不断开创长江三角洲区域协调发展体制机制的新局面》，《上海企业》2017 年第 3 期。

詹新宇、刘文彬：《地方官员来源的经济增长质量效应研究》，《财政研究》2018 年第 4 期。

张敦富、覃成林：《中国区域经济差异与协调发展》，中国轻工业出版社，2001。

张鸿武、李涛：《长三角和珠三角城市群创新的空间效应及影响因素研究——基于空间面板杜宾模型的比较分析》，《湖南科技大学学报》（社会科学版）2018 年第 4 期。

张建军、蒲伟芬：《西部区域层级增长极网络开发战略的构想》，《科技进步与对策》2006 年第 9 期。

张来明：《关于经济新常态下的区域合作》，《中国经济时报》2014 年 10 月 16 日。

张庆杰、申兵、汪阳红、袁朱、贾若祥、欧阳慧：《推动区域协调发展的管理体制及机制研究》，《宏观经济研究》2009年第7期。

张晓晶：《扭曲、赶超与可持续增长——对政府与市场关系的重新审视》，《领导决策信息》2019年第5期。

张彦：《长江经济带航运信息平台建设的问题与建议》，《上海经济》2016年第5期。

张长征、李怀祖：《中国教育公平与经济增长质量关系实证研究：1978~2004》，《经济理论与经济管理》2005年第12期。

长江流域发展研究院课题组：《长江经济带发展战略研究》，《华东师范大学学报》（哲学社会科学版）1998年第4期。

孙尚清等：《长江综合开发利用考察报告》，《中国社会科学》1985年第1期。

赵琳、徐廷廷、徐长乐：《长江经济带经济演进的时空分析》，《长江流域资源与环境》2013年第7期。

赵霄伟：《新时期区域协调发展的科学内涵，框架体系与政策举措：基于国家发展规划演变的研究视角》，《经济问题》2021年第5期。

赵兴国、潘玉君、丁生：《云南省区域人地关系及其空间差异实证研究》，《云南地理环境研究》2010年第4期。

《2018年我国长三角城市群航运及铁路发展情况分析》，http://market.chinabaogao.com/jiaotong/03133244322018.html，2018年3月13日。

《长江黄金水道建设还要迈过几道坎儿》，http://www.rmjtxw.com/news/shuiyun/47738.html，2018年8月17日。

《中央经济工作会议在北京举行》，《人民日报》2014年12月12日。

周国富：《中国经济发展中的地区差距问题研究》，东北财经大学出版社，2001。

周叔莲、魏后凯：《论政府在地区经济协调发展中的作用》，《特区实践与理论》1998年第12期。

周毅仁：《加快构建更加有效的区域协调发展新机制》，《中国经贸导刊

（中）》2020 年第 7 期。

朱鸿飞、吕薇、李向平等：《发展与危机：长江流域发展战略思考》，上海人民出版社，1996。

朱江丽、李子联：《长三角城市群产业—人口—空间耦合协调发展研究》，《中国人口·资源与环境》2015 年第 2 期。

朱文康：《空间计量模型的权重矩阵构造与分析》，上海交通大学硕士学位论文，2014。

朱叶菲：《良渚古城：实证中华 5000 年文明的圣地》，《中国自然资源报》2019 年 7 月 11 日。

杨起全等：《调整我们的思路和政策：以创新驱动发展》，《科学发展》2010 年第 1 期。

宗茗：《中部省份区域经济增长空间集聚分析》，南昌大学硕士学位论文，2010。

Anselin, L., "Interactive Techniques and Exploratory Spatial Data Analysis," Technical Issues, Management Issues and Applications, 1988.

Anselin, L., "Non-nested Tests on the Weight Structure in Spatial Autoregressive Models: Some Monte Carlo Results," *Journal of Regional Science*, 2006, 26 (2).

Anselin, L., *Spatial Econometrics: Methods and Models*, Springer Netherlands, 1988.

Anselin, L., "Thirty Years of Spatial Econometrics," *Papers in Regional Science*, 2010, 89 (1).

Anselin, L., Bera, A. K., "Spatial Dependence in Linear Regression Models with an Introduction to Spatial Econometrics," Handbook of Applied Economics Statistics, 1998.

Anselin, L., Bera, A. K., Florax, R. et al., "Simple Diagnostic Tests for Spatial Dependence," *Regional Science and Urban Economics*, 1996, 26 (1).

Anselin, L., Hudak, S., "Spatial Econometrics in Practice: A Review of

Software Options," *Regional Science & Urban Economics*, 2015, 22 (3).

Baltagi, B. H. , *Econometric Analysis of Panel Data*, Chichester, 2005.

Baltagi, B. H. , Song, S. H. , Jung, B. C. et al. ," Testing for Correlation, Spatial Autocorrelation and Random Effects Using Panel Data," *Journal of Econometrics*, 2007, 140 (1).

Barro R. J. , "Quantity and Quality of Economic Growth," Working Papers from Central Bank of Chile, 2002.

Bernard, A. B. , Durlauf, S. N. , "Convergence in International Output," *Journal of Application Economics*, 1995, 10 (2).

Boudeville, J. B. , *Problems of Regional Development*, Edinburgh University Press, 1966.

Elhorst, J. P. , "Serial and Spatial Error Correlation," *Economics Letters*, 2008, 99 (3).

Elhorst, J. P. ,"Specification and Estimation of Spatial Panel Data Models," *International Regional Science Review*, 2003, 26 (3).

Friedman, J. R. , *Regional Development Policy: A Case Study of Venezuela*, Cambridge: MIT Press, 1966.

Griffith, D. , Arbia, G. , "Detecting Negative Spatial Autocorrelation in Georeferenced Random Variables," *International Journal of Geographical Information Science*, 2010, 24 (3).

Hirschman, A. O. , *The Strategy of Economic Development*, Yale University Press, 1958.

Jaffe, A. B. , "Technological Opportunity and Spillovers of R & D: Evidence from Firms' Patents, Profits, and Market Value," *American Economic Review*, 1986, 76 (5).

Krugman, P. R. , "Increasing Returns and Economic Geography," *Journal of Political Economy*, 1991, 99 (3).

Lauridsen, J. , Bech, M. , Fernando, L. et al.," A Spatiotemporal Analysis of

Public Pharmaceutical Expenditure," *Annals of Regional Science*, 2010, 44（2）.

Lu, S. R., Wang, Y. W., "Convergence, Technological Interdependence and Spatial Externalities: A Spatial Dynamic Panel Data Analysis," *Applied Economics*, 2015, 47（18）.

Miller D. Y., *The Regional Governing of Metropolitan America*, Boulder Colorado: Westview Press, 2002.

Myrdal, G., *Economic Theory and Under-developed Regions*, London: Duckworth, 1957.

Perroux, F., "Economic Space: Theory and Applications," *The Quarterly Journal of Economics*, 1950, 64（1）.

Royuela, V., Garcia, G. A., "Economic and Social Convergence in Colombia," *Regional Studies*, 2015, 49（2）.

Vogela R. K., Savitch H. V., Xu J., "Governing Global City Regions in China and The West," *Progress in Planning*, 2010, 73（1）.

Wilson, R., "On the Cliff-Ord Test for Spatial Correlation," *Journal of the Royal Statistical Society*, 1980, 42（1）.

后　记

　　长江是中华民族的母亲河，是享誉中外的世界级大河，也是我国的经济带、城市带、产业带和区域 T 形发展主轴。2013 年 7 月，习近平总书记在考察湖北时指出，要把长江经济带打造成为中国未来经济的新支撑带，随后在重庆、武汉、南京主持座谈会时对长江经济带的发展做出了一系列重要指示，长江经济带也随之上升为重大国家战略，学界也掀起了一场深入探究长江经济带发展的研究热潮。与此同时，江苏长江经济带研究院紧抓长江经济带上升为国家战略的契机，于 2016 年 7 月获批成为江苏省首批重点培育智库，并在 2020 年 4 月的省智库办三年建设综合考核中排名第一，顺利晋级为省重点高端智库。研究院连续三年在省智库办年度考核中获评优秀等次，入选"中国高校智库百强榜"。

　　本书是由江苏长江经济带研究院承担的 2016 年国家社会科学基金重点项目"长江经济带协调性均衡发展研究"（16AJL015）与 2017 年教育部哲学社会科学研究重大课题攻关项目"推动长江经济带发展重大战略研究"（17JZD024）这两项课题研究的中间成果。全书共八章，阐述了协调性均衡发展基本内涵、长江经济带发展概况、长江经济带协调性均衡发展指标体系构建、结果分析、问题诊断、对策建议，以及长江经济带协调性均衡发展的研究进展。

　　本书由成长春、徐长乐拟定写作提纲和研究设计。各章的编写人员分别是：前言，成长春；第一章、第二章、第四章、第六章，叶磊；第三章、第五章、第七章，孟越男；第八章是江苏长江经济带研究院研究团队的新近成果。全书由成长春负责总策划、总编纂、总协调，徐长乐、杨凤华负责具体修改和协调事宜。

　　本书在编写过程中，收集整理了诸多公开发布的统计数据，也吸收并借鉴了中央及地方政府部门发布的报告和国内学者的研究成果，借此对相关单位和专家表示由衷感谢。在编辑出版过程中江苏长江经济带研究院的各位同仁给予大力支持，在此一并致谢。成书难免有疏漏之处，敬请各位领导、专家及广大读者朋友们批评指正。

成长春

2021 年 9 月于南通大学青教公寓

图书在版编目（CIP）数据

长江经济带协调性均衡发展指数报告.2020-2021 /
成长春，徐长乐主编.--北京：社会科学文献出版社，
2022.6

  ISBN 978-7-5228-0136-0

  Ⅰ.①长… Ⅱ.①成… ②徐… Ⅲ.①长江经济带-
经济发展战略-研究报告-2020-2021 Ⅳ.①F127.5

  中国版本图书馆 CIP 数据核字（2022）第 086238 号

长江经济带协调性均衡发展指数报告（2020~2021）

主   编／成长春 徐长乐
副 主 编／叶 磊 孟越男 杨凤华

出 版 人／王利民
组稿编辑／吴 丹
责任编辑／吴 敏
责任印制／王京美

出   版／社会科学文献出版社
        地址：北京市北三环中路甲 29 号院华龙大厦 邮编：100029
        网址：www.ssap.com.cn
发   行／社会科学文献出版社（010）59367028
印   装／三河市东方印刷有限公司

规   格／开 本：787mm×1092mm 1/16
        印 张：22.25 字 数：341 千字
版   次／2022 年 6 月第 1 版 2022 年 6 月第 1 次印刷
书   号／ISBN 978-7-5228-0136-0
定   价／98.00 元

读者服务电话：4008918866